Die subversive Theorie

Johannes Agnoli

Die subversive Theorie

Die Sache selbst und ihre Geschichte

Transkription der Vorlesung vom Wintersemester 1989/90

Herausgegeben von Barbara Görres-Agnoli †

Schmetterling Verlag

Bibliografische Informationen *der Deutschen Nationalbibliothek*
Die Deutsche Nationalbibliothek verzeichnet diese Publikation in der Deutschen Nationalbibliografie; detaillierte bibliografische Daten sind im Internet über
http://dnb.d-nb.de abrufbar.

Schmetterling Verlag GmbH
Lindenspürstr. 38b
70176 Stuttgart
www.schmetterling-verlag.de
Der Schmetterling Verlag ist Mitglied von aLiVe,
der assoziation Linker Verlage

ISBN 3-89657-066-8
1. Auflage 2014
Printed in Poland

Satz und Reproduktionen: Schmetterling Verlag
Druck: sowa, Warschau, Polen

Inhalt

Vorwort

Jede Soziale Bewegung bringt ihre eigenen Theoretiker hervor. Johannes Agnoli galt manchen als Kritiker der Studentenbewegung «von links». Seine letzte reguläre Vorlesung, die hier dokumentiert ist, fand im Wintersemester 1989/90 an der Freien Universität Berlin statt, während des Zusammenbruchs der DDR, inmitten einer historischen Zäsur. Gegen das Frohlocken neoliberaler Apologeten, nun gäbe es «keine Alternative» mehr zum kapitalistischen Getriebe, verwies und verweist Agnoli auf zahlreiche historische Situationen, in denen sich Subjekte konstituierten und für Alternativen stritten. Die als alternativlos postulierte aktuelle Realität wird so zu einem Moment der Geschichte, nicht zu deren Allgegenwart.

Agnolis Vorträge hatte glücklicherweise ein Student, Christoph Hühne, seit der dritten Sitzung heimlich aufgenommen und transkribiert. Das vorliegende Buch beinhaltet alle 15 Vorträge und eine Erläuterung «Zur Sache selbst». Die ersten beiden Vorträge wurden nachträglich von Agnoli rekonstruiert. Anschließend versah er die gesamte Transkription mit handschriftlichen Anmerkungen, die von Gerhard Bauer und Barbara Görres-Agnoli in das Manuskript eingefügt wurden. Ergänzt haben wir den Text um ein Sach- und ein Personenregister sowie um die Angaben der Quellen. Die Zitate wurden überprüft, fast vollständig belegt und kleinere Abweichungen vom Original stillschweigend korrigiert. Zitate ohne Anmerkungen konnten nicht verifiziert werden und müssen als nicht belegt gelten.

Agnolis Intention der Rekonstruktion einer Geschichte der «subversiven Theorie» erläutert er selbst in einem Interview mit Walter Siri, das wir als «Vorbemerkung des Autors» voranstellen. Barbara Görres-Agnoli hatte sich seit langem um eine neue Publikation der «subversiven Theorie» bemüht. Das Erscheinen konnte sie leider nicht mehr erleben. Ihr Vorwort ist hier in Auszügen wiedergegeben.

Auf ihren Wunsch entspricht der Text möglichst dem Wortlaut der Vorlesung. Allerdings offenbarte sich bei der Recherche der Quellen manche Flüchtigkeit, war die Überprüfung von Bezeichnungen ebenso aufwendig wie amüsant. Wer etwa herausfinden möchte, was es mit den so genannten «Circumcensiones» auf sich hat, der wird in einschlägigen Wörterbüchern auf «Vorhautverengung» stoßen. Gemeint sind aber die Circumcellionen, eine militante nordafrikanische Massenbewegung des 4. Jahrhunderts.

Wie sinnvoll und notwendig eine genaue Angabe der Quellen ist, zeigte sich etwa bei der Suche eines Zitats, das Phaleas von Chalkedon zugewiesen wird: Im Internet findet man diesen Phaleas zitiert – nämlich unter Berufung auf Johannes Agnolis «Die subversive Theorie» von 1996. Tatsächlich handelte es sich aber um eine Interpretation Agnolis. Von Phaleas selbst sind nirgendwo wörtliche Zitate überliefert. So entstehen Legenden. Dass jedoch auch die wirkmächtigsten Philosophen falsch zitierten, zeigte sich etwa bei der Überprüfung Agnolis Zitation aus Goethes Faust. Agnoli zitiert: «Verachte nur Verstand und Wissenschaft (...) so hast dem Teufel dich ergeben.» Diese Stelle findet sich in Goethes Text aber nicht. Sie stammt – falsch zitiert – von Hegel. Agnoli hatte einfach Hegels falsches Zitat übernommen.

Ob die hier dokumentierte Vorlesung eines der späten Dokumente sein wird, die Aufschluss geben über den Diskurs und die Theoriebildung der «68er», oder ob sie als eine Grundlage dient für die Selbstreflexion gegenwärtiger und zukünftiger sozialer Bewegungen, das werden auch Sie, die Leser, entscheiden.

Stuttgart und Berlin, 2013
Annette Ohme-Reinicke und Niccolò Agnoli

Vorwort von Barbara Görres-Agnoli †

Wähntest du etwa,
Ich sollte das Leben hassen,
In Wüsten fliehen,
Weil nicht alle
Blütenträume reiften?
(Goethe, Prometheus)

Zu Johannes Agnolis «Blütenträumen» gehörte, im Ruhestand ein «Handbuch der subversiven Theorie» zu schreiben. Im Wintersemester 1989/90 hielt er dann seine im Rahmen seines Lehrdeputats am Otto-Suhr-Institut der FU Berlin letzte Vorlesung über: Die subversive Theorie – die Sache selbst und ihre Geschichte. Er war anschließend sehr erfreut, als ein Student, Christoph Hühne, ihm am Ende des Semesters eingestand, die Lesungen heimlich auf Band aufgenommen und schon begonnen zu haben, sie zu transkribieren. Anfangs war der Gedanke eher der, die Mitschrift zwar als Material für die Realisierung des Handbuch-Projekts zu verwenden, sie aber nicht als eigenständiges Werk zu publizieren.*

Die 1996 erschienene Fassung ist mittlerweile vergriffen. In der jetzt vorliegenden neuen Fassung ist am Wortlaut der Vorlesung so wenig wie möglich geändert worden. Auch sind die handschriftlichen Korrekturen, mit denen Agnoli das Original versehen hatte, soweit wie möglich übernommen

* Vorlesungsprotokolle waren vormals, d.h. vor der Studentenrevolte, eine durchaus übliche Angelegenheit, da es vielen, wenn nicht gar den meisten Professoren nur darum ging, den Studenten ihre eigenen Ansichten zu vermitteln, die diese möglichst genau auswendig lernen mussten, um sie in den Prüfungen dem Herrn Professor exakt vortragen zu können. Derartige Mitschriften wurden zwar vervielfältigt und an Kommilitonen zum Zweck der Prüfungsvorbereitung verkauft, durften aber ansonsten nicht publiziert werden. Agnoli hielt es demgegenüber mit Sokrates, der bekanntlich die Studierenden das Denken lehren wollte. Vorlesungsmitschnitte waren für ihn daher nur eine Vorarbeit für Schriften. Er hat sogar selber eine seiner Vorlesungen mitgeschnitten, über: «Kapitalismus und Faschismus – das korporative System in Italien» (Sommersemester 1978), um sie im Ruhestand schriftlich auszuarbeiten, wozu er allerdings dann doch nicht kam.

– seine Handschrift war nicht immer entzifferbar. Die ergänzenden Anmerkungen sind das Verdienst von Dr. Annette Ohme-Reinicke.

Agnolis Vorlesung hatte gelautet: «Die subversive Theorie». Im Text aber weist er darauf hin, es gebe keine endgültige bzw. «wahre» subversive Theorie. Die Subversion steht am Anfang einer angestrebten gesellschaftlichen Veränderung, ist jedoch als solche kein Ziel, kein Endzustand menschlichen Zusammenlebens – weder als Himmel noch als Hölle. Das Ziel ist wesentlich und für einen kritischen Marxisten wie Agnoli ist das anstrebenswerte Ziel: Freiheit und Gleichheit statt Herrschaft und Knechtschaft. Zudem spricht er des Öfteren von «Theorien der Subversion». Als Agnoli im Verlauf der Vorlesungen gefragt wird, wie Hiob einzuschätzen sei, antwortet er, er wisse es nicht. Theorien sind bekanntlich Handlungsanleitungen und, insofern sein Vorlesungsgegenstand die Subversion war, betont er zwar einleitend, angekündigt sei keine «Vorlesung über die praktische Subversion», gleichwohl war sie als solche eine subversive Tat. Um seine politischen Absichten, die er mit der Vorlesung realisieren wollte, hervorzuheben, sind Auszüge aus einem diesbezüglichen Interview mit Walter Siri vorangestellt, statt einer Vorbemerkung des Autors.

Agnoli nimmt Partei, indem er das Wort Subversion als «Begriff» für die Vorbedingung des emanzipatorischen Umsturzes reserviert. Deutlich wird dies insbesondere bei seiner, von der üblichen Einschätzung abweichenden Beurteilung des Spartakusaufstands. Zudem hat er verschiedentlich darauf hingewiesen, die «Trilussische Revolution»* sei keine Emanzipation gewesen, und weist nach, es hat zwar immer schon Herrschaft gegeben, aber ebenso – wenn auch mit Unterbrechungen – den Aufstand gegen sie und es sei schließlich dem Aufstand sowohl die Humanisierung der zwischenmenschlichen Beziehungen als auch der kulturelle Fortschritt zu danken. Mit anderen Worten, er macht Hoffnung, nicht zu verzagen in düsteren Zeiten, in denen die «Herrschaft des Kapitals» angesichts seiner Entfaltung fast unüberwindbar erscheint, und daher kann sogar eine schlichte Vorlesungsmitschrift vielleicht einer der steten Tropfen sein, die den Stein der Herrschaftsverhältnisse schließlich aushöhlen.

Im Hinblick auf Christoph Hühnes Verdienst ist Agnoli zu zitieren: «Christoph Hühne gebührt mein schlichter Dank.» Außerdem danke ich Prof. Dr. Gerhard Bauer, der mir beim Verständnis von Agnolis handschriftlichen Korrekturen geholfen, vor allem mich auf ungenaue Zitate hingewiesen und überdies die Mitschrift lektoriert hat; sodann Dr. Annette Ohme-Reinicke für die Erarbeitung der Personen- und Sachverzeichnisse sowie der Anmerkungen, bei denen sie versucht hat, sowohl von der Erläuterungsbedürftigkeit

* Nach dem Dichter Trilussa, geb. Carlo Alberto Salustri, aus Trastevere: «Revolution ist, wenn ich sage: Räume den Sessel, ich will selber drauf.»

ihrer Studenten auszugehen, «als auch von der politischer Subjekte (oder solcher, die es werden wollen)»; schließlich Babette Agnoli, ohne deren bereitwillige Mitarbeit Agnoli damals die Rekonstruktion nicht zustande hätte bringen können, und Niccolò Agnoli, der jetzt für mich die Vorlesungsmitschrift gescannt und mir auch ansonsten (angesichts meiner miserablen Computer-Kenntnisse) viel geholfen hat.

Agnolis eigene Worte sind am besten geeignet, um das Vorwort zu beschließen: «Beim geneigten Leser möge diese Schrift gute Aufnahme finden, zum Behuf der Aufklärung, des Vergnügens und der Anleitung zur heiteren Ernsthaftigkeit des rebellischen Lebens.»

Berlin, im April 2011
Barbara Görres-Agnoli

Statt einer Vorbemerkung des Autors: Auszüge aus einem Interview mit Walter Siri*

Der Maulwurf gilt als ein blindes, geheimnisvolles Tier, das nur ungern an die Erdoberfläche kommt. Er ist ebenso nützlich und wertvoll wie scheu und ängstlich.

Otto F. Gmelin, *Mama ist ein Elefant. Eltern entdecken eine neue Sprache: Die Symbolwelt der Kinderzeichnungen*, DVA Stuttgart, 1978

Lieber Walter, hier also meine Antworten.

... und dein Essay über die subversive Praxis?

Zunächst, es handelt sich nicht um ein Essay, sondern um die Mitschrift meiner letzten Vorlesung an der Freien Universität Berlin. Der Titel lautet nicht «Subversive Praxis», vielmehr «Subversive Theorie – die Sache selbst und ihre Geschichte». Der Zusammenhang ist einfach: Ich wollte Abschied nehmen von der akademischen Aktivität mit einer Reise quer durch die Geschichte der Theorie der menschlichen Rebellion gegen jede Form der Macht und der Unterdrückung. Ich hatte zwei Ziele, abgesehen von meinem grundlegenden Wunsch, das Denken anzuregen und das Gehirn kritisch einzusetzen. Als erstes geht es um eine historische Forderung: den anderen Weg der Entwicklung des «Bewußtseins der Freiheit» aus der Vergessenheit zu reißen, selbstverständlich nicht als linearen Prozeß (im Sinne Hegels), sondern als ständige Präsenz. Und ich wollte zweitens verständlich machen, daß dieser Weg noch nicht zuende ist, daß die Hoffnung auf eine Gesellschaft der Freien und Gleichen nicht etwa eine eintägig-vergängliche und bedenkliche Kundgebung ist, sondern vielmehr, um es mit Nachdruck zu sagen, der eigentliche Existenzgrund der Menschheit.

* Das Interview wurde in einer italienischen anarchistischen Zeitschrift veröffentlicht. Walter Siri hatte Agnoli Fragen zugefaxt, die leider nicht mehr auffindbar sind. Agnolis Antwort-Fax vom 12.10.1996 nennt nur Stichpunkte der Fragen, die deshalb von Annette Ohme-Reinicke entsprechend der jeweiligen Antworten nachformuliert worden sind. – Übersetzung: Babette M. Agnoli. Die Fragen Siris sind kursiv gesetzt.

Warum ausgerechnet die Subversion, an wen richten sich diese Gedanken?
Den Grund habe ich wohl bereits klargestellt. Es fällt mir etwas schwer, einen Adressaten zu bestimmen, umso mehr als die Vorlesung sehr bestimmte Hörer/Gesprächspartner hatte, also meine Studenten. Den Text zu veröffentlichen, ist natürlich der Versuch, nicht etwa ein umfassenderes «Publikum» zu erreichen, aber eine größere Anzahl von Personen, die sich nicht einer verzerrten und inhumanen Wirklichkeit anpassen wollen und nicht bereit sind, sich damit abzufinden.

Du setzt die «Subversive Theorie» gegen die Rede vom «Ende der Geschichte»?
Der berühmte Satz von Fukuyama über das Ende der Geschichte* ist keine nichtssagende Redensart, vielmehr eine Dummheit, die inzwischen von den Tatsachen energisch widerlegt worden ist. Und diese Dummheit zu akzeptieren als letzte menschliche Weisheit, wäre nicht nur das Ende des kritischen Denkens, sondern das Begräbnis des Denkens überhaupt. Sicherlich gibt der Satz sich als Entdeckung aus, zwar nicht die Geschichte, aber jede freie und befreite Ausdrucksform beendigen zu können.

Welche Impulse könnten gegenwärtig sinnvoll sein?
Zur Zeit kann ich nur hoffen und versuchen, vor allem mit jungen Leuten zu interagieren. Es handelt sich auch darum, klarzustellen, daß – wie oft im Laufe der Geschichte – in Zeiten, in denen die Revolution gezwungen ist zu überwintern, ein Impuls zur Subversion notwendig ist, sei es, um die soziale Spannung, oder sei es, um die Hoffnung auf eine radikale Änderung aufrechtzuerhalten.

Siehst Du zur Zeit in den Anzeichen, die Dich umgeben, eine Empfänglichkeit für eine subversive Theorie?
Um mich sehe ich die Anzeichen eines beginnenden Herbstes, eben die Einleitung zum Überwintern. Aber ich denke, daß dies auch für die soziale Konfliktlage gilt. Aber vielleicht ist gerade der Herbst die geeignete Jahreszeit, um die «Drachensaat» auszusäen, die dann in einem künftigen «roten

* Francis Fukuyama: *Das Ende der Geschichte. Wo stehen wir?*, München 1992. – Agnoli hielt als Antwort auf Fukuyamas «unsägliche Endlösung der Weltgeschichte» im Sommersemester 1991 einen letzten Kurs – im Grunde eine Ergänzung zu seinem Hinweis auf die «permanente Notwendigkeit des subversiven Denkens». Der Kommentar im Vorlesungsverzeichnis des OSI für das Sommersemester 1991 zu dieser Abschiedsveranstaltung lautete: «Die frohe Botschaft (altgriechisch euangelion) kommt aus den USA: Der Kapitalismus habe sich als Produktionsweise (als «Wirtschaftssystem»), die «Liberaldemokratie» (das ist der ganz normale bürgerliche Staat) als politische Form durchgesetzt; daher gäbe es von nun an keine weitere Veränderung oder Entwicklung mehr: die Geschichte sei zu Ende.»

Frühling» aufgehen wird. Eine Empfänglichkeit? Sicher wird es irgendwo Maulwürfe geben, die unterirdisch an der Destabilisierung des soliden bürgerlichen Systems arbeiten.

12. Oktober 1996

*Die subervsive Theorie, die Sache selbst und ihre Geschichte**

Theorie der Umwälzung: die Subversion als Subjekt des Handelns; oder als Perspektive aller Theorie «in dürftiger Zeit» – die einzige Möglichkeit des emanzipatorischen Denkens. Das ist die Sache selbst. Die Sache selbst entwickelt sich geschichtlich als umwerfende Negation der jeweils «besten Ordnung» und des jeweils geltenden «Wertesystems». Wir wollen eine Entdeckungsreise machen auf der Suche nach dieser Maulwurfsarbeit, die in den gängigen Sammelbänden der «politischen Theorie» sehr wenig oder gar nicht beachtet wird.

* Ankündigung der Vorlesung im kommentierten Vorlesungsverzeichnis des Otto-Suhr-Instituts, Berlin, Wintersemester 1989/90

Zur Sache selbst

Eingangs eine Klärung, um Mißverständnisse zu vermeiden. Angekündigt ist nicht eine Vorlesung über die praktische Subversion und ihre Verwirklichung im Laufe der Geschichte, nebst Anleitung zum Gebrauch derselbigen in der heutigen Zeit. Wer also die Aufforderung erwartet, Unbotmäßiges zu tun, der wird das Haus enttäuscht verlassen. Nicht, daß die Unbotmäßigkeit ungefragt wäre, sie bleibt nach wie vor eine gesellschaftliche Notwendigkeit der Zeit gegen den Zeitgeist. Hier wird sie aber nicht verlangt: Es wird lediglich über sie berichtet – wie es sich eben in einer ordentlichen Lehrveranstaltung gehört – und zwar in ihrer besonderen Form der Subversion. Darüber gibt uns die Etymologie eine erste Auskunft, subvertere heißt: das Unterste nach oben kehren, umstülpen also. Die eindeutige Bestimmung findet sich bei Karl Marx: Es gilt, «alle Verhältnisse umzuwerfen, in denen der Mensch ein erniedrigtes, ein geknechtetes, ein verlassenes, ein verächtliches Wesen ist» (Marx 1976, Bd. 1: 385). Wenn man so will, geht es um die menschliche Würde – wie Kant gesagt hat.

Die Sache selbst: ist die Subversion als Handlung gemeint, als Tat, die bekanntlich immer am Anfang steht (Goethe), das heißt als Praxis, oder ist sie die Überlegung, das Nachdenken über «Verhältnisse, die nicht so sind» (Brecht) und also radikal verändert werden müssen? Somit zeigt die Sache selbst zwei Seiten. Sie erscheinen zuweilen getrennt, zuweilen fallen sie zusammen, ganz gleich, gegen welche Macht man subvertiert: Kirche, Staat, Verband, Religion, Tradition, Konstitution. Die bekannte Paarung von Theorie und Praxis ist allerdings nicht immer in Gleichzeitigkeit gegeben. Praktische Subversion kommt geschichtlich ganz ohne Theorie vor, freilich nicht ohne gedanklichen, rationalen Hintergrund. Michael Kohlhaas kannte keine Theorie, vielleicht nur dunkle religiöse Impulse, dafür aber klare und eindeutige Prinzipien der Redlichkeit und der Rechtlichkeit, der redlichen Rechtlichkeit. Des Jesuiten Juan Mariana theoretische Grundlegung des Königsmords in seinem *De rege et regis institutione* (1598/99) war rein gedanklich. Von ihr ging indessen eine lange praktische Welle aus, die einige gekrönte Köpfe zu Fall brachte.

Diese Verdoppelung finden wir auch in einer Form der Subversion, die nicht immer als solche erkannt wird, im Alltäglichen und hier ohnehin ihre

Wesenheit zu verlieren scheint: in der Utopie. Es wird sich bei der Verhandlung über unseren Gegenstand zeigen, daß Utopisches sich immer beimischt. Utopie zur Zukunft hin, keine «rückwärts gewandte» (so wurde es einmal formuliert): zum Mittelalter hin, wie in der politischen Romantik, keine zu der blonden Horde, wie im deutschen Faschismus. Keine Utopie also der Macht oder der Herrschaft, der Hierarchie und der Führungseliten, sondern emanzipatorischen Impulses. Und Utopie als Hoffnung eines Besseren.

Diese Hoffnung kommt nie zuende, vor allem in dürftigen Zeiten. Utopie, das ist das «Träumen einer Sache», bei dem nur das Bewußtsein fehlt, daß das Träumen kein Blütentraum sein muß, der nicht reift. Gäbe es sie nicht und verschwände alles Utopische aus unserem Denken, geriete damit das subvertere in Vergessenheit, so stürbe das Menschliche an der Gesellschaft. Das Menschliche, das sich nicht im Mitleid für das geknechtete Wesen und in der barmherzigen Hilfe erschöpft, sondern sich für dessen freies Glück einsetzt.

Ein Paradies auf Erden? Hier ist Kritisches zu vermerken. Hölderlin behält immer noch Recht: Wolle man den Himmel auf Erden einrichten, so schaffe man in Wirklichkeit eine Hölle. Nur wird diese Weisheit für die reaktionäre Vorstellung zum billigen Argument, die Wirklichkeit bei den höllischen Verhältnissen zu belassen. Auch gegen ein Paradies auf Erden wäre zu revoltieren. Paradiesisches aber das sind Zustände, in denen *homo homini deus* sein, also schlicht Humanes sich ereignen soll, sind in potentia immer gegeben, können hier auf Erden materialisiert und sollen nicht ins Jenseits verlegt werden.

Zur Zukunft hin. In der Tat denken die Subversiven, die Utopisten allemal, an die kommende, und nicht an die gegenwärtige Zeit. Ebenso zeigt die Sache selbst immer einen Neubeginn an, sie stellt nicht das Ende einer Epoche dar. Aber auswirken kann sie sich auch als Utopie durchaus gegenwärtig: die unterschwellige Wirksamkeit der Subversion. Dies gilt erst recht eben für die Theorie, so sie der Herrschaft absagt.

Die Subvertierung der Verhältnisse bleibt nicht in der bloßen blinden Form stecken. Sie wird konkret in ihrem Inhalt und ihrem Ziel der «Assoziation der Freien und Gleichen»: in der Entelechie* aller humanen Veränderungen. Daß es keine Herrscher und Beherrschten, keine Herren und Knechte mehr geben soll, auch (horribile dictu) keine Regierenden und Regierten mehr, mag nicht nur für heute als so genannte bloße Theorie gelten. Selbst für die Alltäglichkeit, für die unmittelbare gesellschaftliche Erfahrung macht es doch einen Unterschied, ob wir uns am gewohnten, uralten Schema von oben und unten halten oder ob wir uns am Traum, vielmehr

* Entelechie: Eine zielgerichtet wirkende Kraft, die ihre voll entwickelte Form in sich trägt, wie etwa die Raupe den Schmetterling.

an der Entelechie von Freiheit und Gleichheit orientieren. In diesem Fall und aller Absage an die Utopie zum Trotz gestalten sich die gesellschaftlichen Beziehungen im Arbeitsprozeß, in der Schule, zwischen den Generationen und den Geschlechtern, in Ökonomie und Kultur anders: menschlicher, freundlicher, zwangloser. Kantisch gesprochen: Wenn das althergebrachte Schema gebrochen wird, gilt der Mensch endlich als Zweck, nicht als Mittel. Im inzwischen berüchtigt gewordenen Jahr 1968 wurde der Versuch unternommen, dieses Schema umzustoßen – nicht ganz vergeblich, auch wenn die Restauration wieder zu siegen scheint. Wer dagegen das Ende der Utopie verkündet und so nebenher das Subversive kriminalisiert, will genau der Möglichkeit neuer 68iger Anfänge wehren. Solche Vorstellungen fahren sich allerdings im Bewährten des pissenden Denkens (wie Hegel es einmal nannte) fest. Ich will kurz erwähnen, was in diesem schiefen Denken vor sich geht. Zunächst wird richtigerweise der Tatbestand festgestellt, daß es in der Geschichte immer ein Oben und ein Unten, Verfügende und Verfügte, Herren und Knechte gegeben habe – was soviel heißt wie: Immer Genießer der Arbeit anderer und Arbeitende für den Genuß anderer. Alsbald wird aus einem Tatbestand der geschichtlichen Irrungen und Wirrungen, der Kultur und der Barbarei ein Naturgesetz gemacht: Der niederen Hackordnung bei den Hühnern des Bauernhofs, der höchsten Ordnung bei der Hierarchie der Engel, also der mittleren menschlichen Ordnung in Ökonomie und Politik. Am Ende der Vorstellungsreihe gerät das Prinzip ins Moralische: die Trennung von oben und unten als Symbol des Guten. Das unsichere Sein erhebt sich zum Sollen, und wir alle werden derart zum bloßen Mittel. So die Arbeitenden in der Fabrik, die Angestellten im Reisebüro, das Wählervolk in der politischen Aufteilung oligarchischer Macht. Darin liegt wohl der Sinn des Satzes, der Mensch stünde immer im Mittelpunkt («für uns», beteuern alle Politiker). Auch der Kunde wird bekanntlich im Warenhaus des Lebens zum König erkoren. Verschwiegen wird angelegentlich, daß an der Kasse die Guillotine wartet – nicht die jakobinische der Gleichmacherei, sondern die termidorische der freien Anhäufung von Reichtum.

Mit der Perspektive, die Ordnung als Synonym der Herrschaft umzuwerfen, habe ich schon den «Knackpunkt» der Sache selbst freigelegt. Im wörtlichen Verstand des Ausdrucks: Den Punkt, an dem die Herrschaft des Menschen über den Menschen geknackt werden kann. Das ist der archimedische Punkt der Emanzipation.

Zurück zum Gegenstand der Verhandlung und zurück zum alltäglichen Gebrauch des Wortes. In gängigen Wörterbüchern oder Lexika, als da wäre: In den gedrängten Ansammlungen des gängigen Wissens tauchen Unterschiede auf, gesellschaftlich und geschichtlich bedingt, je nach dem, ob der Subversion als Absicht, als Prozeß, als Überlegung, mit Stumpfheit oder mit Offenheit begegnet wird. Ich fange mit zwei Beispielen aus meiner Zweisprachigkeit an: mit dem *Fischerlexikon* (1975) und der *Enciclopedia Generale* De Agostini (1989). Ich nehme noch hinzu Wahrigs *Deutsches Wörterbuch* (1973) und Zingarellis *Vocabolario della Lingua Italiana* (1995). Ich gebe dabei gerne zu, daß italienischen Definitionen zuweilen von mitteleuropäischer Sicht aus gesehen Ungewohntes anhaftet. Beiden Lexika wie auch beiden Wörterbüchern gemeinsam ist die Bestimmung, daß «subversiv» zerstörerisch bedeutet. Nur bleibt das Fischerlexikon beim Zerstörerischen: «subversiv: umstürzlerisch, zerstörend». De Agostini fügt dagegen etwas hinzu: «sovversivo, was auf Umsturz der konstituierten Ordnung aus ist; subversive Theorie: im weiten Sinne, was auf Umstülpung einer Tradition, auf Innovation aus ist». Das Zerstörerische zeigt sich hier als Negation nach vorne. Noch eindeutiger der Unterschied in den angegebenen Wörterbüchern. Während der deutsche Wahrig bei «umstürzend, Umstürzlerisches, zerstörend» stecken bleibt, geht der Zingarelli entschieden weiter: «sovversivo: 1. wer versucht, Institutionen des Staats umzustülpen, ihn in seiner Struktur zu verändern (subversive Theorie); 2. wer auf radikale Innovation, auf Umwälzung von Traditionen aus ist; rebellisch, aufrührerisch». Auf Deutsch gibt es also in der Subversion keine Theorie, im italienischen finden wir nicht nur Rebellion vor, sondern auch Theorie und radikale Erneuerung. Wir wollen sehen, ob darin der Sinn der subversiven Theorie liegt: Im Nachdenken über schlechte Zustände und Einsicht in die Notwendigkeit der Umwälzung, im Entwurf des Neuen. Denn nur so verstanden, konjugiert sich Subversion mit Emanzipation, denn es gibt Angriffe auf die konstituierte Ordnung, die nicht die Freiheit meinen, sondern nur eine andere, noch ordentlichere Ordnung. Sie richten sich gegen institutionelle Zwänge, um einen noch härteren Zwang durchzusetzen. Sie gehen gegen die Macht vor, aber nicht als Gegenmacht, sondern selbst als Macht: Eine Macht gegen eine andere, keine Negation, vielmehr schlicht positiv. Leider kennt die deutsche Sprache trotz ihres Reichtums für diesen Sachverhalt keinen Ausdruck. Wenn aber Sprache Leben des Geistes bedeutet, wenn Bewußtsein, das Produzierende, sich auch in der Form der Sprache verwirklicht, so könnte dieser semantische Mangel etwas verbergen, vielleicht die Identifikation mit den herrschenden Mächten. Diese Art der Kampfansage gegen die Freiheit, die Marx irgendwo die Revolution für die Sklaverei genannt hat, heißt im Italienischen nicht sovversione, sondern eversione. Und bei «Eversion» findet sich in italienischen Lexika kein Hinweis auf Theorie. In der Tat kennt die Eversion Ideologeme, Gefühle und die Logik, die schlimme des Irrationalen.

Nun ist bei mir immer wieder die Rede von Ideen. Und wenn von Ideen und deren Geschichte gesprochen wird, erhebt sich schnell der bekannte

Einwurf, man befasse sich mit Überbauerscheinungen. Hier muß Einiges zum Problem Basis-Überbau gesagt werden, das häufig und irrigerweise mit dem Verhältnis von Sein und Bewusstsein verwechselt wird. Dabei gilt es, einiges neu zu denken und weiterzudenken. So interessant eine Entdeckungsreise im negativen Denken sein mag, ins Erbauliche der geistesgeschichtlichen Betrachtung soll sie ebenso wenig geraten wie zur Besichtigung einer bloßen Heroengalerie. Die Frage lautet aber, ob die subversive Theorie, wie überhaupt eine Idee, zur materiellen Gewalt werden, also auch zur materialistischen Basis gehören kann. So einfach zu klären ist das Verhältnis oder wenn man so will: die Dialektik von Materie und Idee nicht, vor allem nicht in der vulgären Fassung. Sicher bedingt – wie alle wissen – das gesellschaftliche Sein das Bewußtsein. Es kommt aber darauf an, wie beide Pole begriffen werden. Die mechanische Gegenüberstellung vergißt, daß gesellschaftliches Sein kein bewußtloses ist – sonst wäre es bloß ein anorganisches, wenn es höher steigt ein vegetatives Dasein. Zum gesellschaftlichen Sein gehört allemal die Arbeit des Gehirns, die spezifische Form des vorhin erwähnten produzierenden Bewußtseins. Die Widerspiegelungstheorie, also die orthodoxe Farce, zu der Marxens Feuerbachthesen verkamen, übersah schlicht die Wirklichkeit eines Bewußtseins, das nicht bloß rezipiert, noch Ideologien sich ausdenkt, sondern praktisch produziert. Nach dieser Farce sähe der wirkliche Lauf der Dinge so aus, als ob – ein Mysterium oder die religiöse Seite der Widerspiegelung – aus der mittelalterlichen Weise des Webens im Forschritt des Stoffwechsels mit der Natur der mechanische Webstuhl entstanden wäre und das Bewußtsein diesen Tatbestand nachträglich wahrgenommen hätte. Am Ende käme das überraschte Bewußtsein zur erneuten widerspiegelnden Erkenntnis, es begönne nunmehr die industrielle Produktion. Auch dieser Gesichtspunkt soll subvertiert werden, da die wirkliche Entwicklung genau umgekehrt aussah. Als das Gehirn mittels Nachdenkens und der Arbeit des Bewußtseins (wenn ich mich recht erinnere eines englischen Pfarrers) den mechanischen Webstuhl erfand, hielt das Sein der alten Produktionsweise es nicht mehr aus. Daß indes das Tätigsein des Gehirns zu der Basis der Wirklichkeit gehört, hatte Descartes fünfzehn Jahre vor dem mechanischen Webstuhl auf seine, wenn auch verschrobene, weil idealistische Weise schon entdeckt und derart Umsturz angesagt: «cogito ergo sum»[1].

Mit seiner Abhandlung über die Methode hatte Descartes – freilich anscheinend widerwillig – ganze Gedankengebäude in Frage gestellt. Es gibt aber auch entschiedenere Verneiner, die Althergebrachtes einstürzen lassen. Ich erinnere exemplarisch und vorwegnehmend etwa an den Hylozoismus der Vorsokratiker oder an Giordano Brunos Unendlichkeit, an Diderots Atheismus. Nicht von ungefähr steht dabei häufig gerade die Materie als

Begriff und Problem im Vordergrund. Die Aussage, Materie sei belebt, daß zwar «die Materie ohne Geist, der Geist (aber) nie ohne Materie existiert und wirksam sein kann» (Goethe 1948, Bd.13: 48) sagt allem Außerirdischen ab, bricht mit jahrtausendlangen Traditionen und läßt die Götter, den Schöpfungsgott zumal, in die Bedeutungslosigkeit, also in die Nichtexistenz, verschwinden. Auch dies gehört zur Sache selbst.

Unser Unternehmen wird uns durch eine negative Landschaft führen, in der die Negation als Motor der dialektischen Bewegung, das heißt: aller Widersprüchlichkeit wirkt – nicht Negation der Negation, also nicht Versöhnung, sondern Negation sans phrase, als destructio, als eigenwillige Vernunft gegen das faktisch Bestehende, gegen die Logik der Ordnung: Der ordentlichen Produktionsweise, der ordentlich im Staat verfaßten Gesellschaft, des Ordnungsglaubens und eines ordentlich strukturierten Denkens. Das will im Grund heißen: gegen die Formen aller ecclesia triumphans*.

In diesem Sinne will ich unbeschwert auch Ideengeschichte betreiben. Wichtig ist zu erkennen, Erkenntnisse aus der Vergessenheit und der Vergeßlichkeit zu entreißen. Aber es geht hier nicht um abgehobene Vorstellungen und um sogenannte Bildungsgüter, die am Rand der Haupt- und Staatsaktionen des Geistes bleiben. Wir wollen uns mit der fortsetzenden Gegenwart von Brüchen, Hoffnungen und Entwürfen befassen. Mit Gedanken durchaus, und wenn man so will: mit der Philosophie, die wider den Stachel löckt. Sie kann dadurch geschichtlich wirksam werden und Praxis einleiten, da sie Unerwartetes anmeldet und Dämme einreißt. Ich werde versuchen, auch das Unerwartete im Altbekannten zu zeigen. Kant lebte und lehrte wie ein preußischer, genauer ein ostpreußischer, Professor zu leben und zu lehren hatte. Dennoch verdiente er, ein pedantischer, stiller Anbeter der Pflicht, sich einen subversiven Ehrentitel: «der Alleszermalmer». Heinrich Heine sah in ihm einen radikaleren Revolutionär als Robespierre, denn dieser ließ einen König köpfen, Kant aber enthauptete Gott.

Sollte übrigens hie und da die Frage nach der sozioökonomischen Basis auftauchen und das Ganze problematisieren, dann wird eben auch darüber verhandelt.

Sicher können auch aus der subversiven Theorie eine Ideologie und legitimatorische Vorstellungen entstehen. Auch das richtige Bewußtsein, daß das Vorhandene zu verändern sei, kann zum falschen Bewußtsein des bloßen Machtwechsels gerinnen, also zur falschen Wirklichkeit, zur «faulen Existenz» (Hegel 1970, Bd. 12: 53). Ich denke nicht nur an das tragische Schicksal der Bolschewiki; Luthers Rücknahme seines ursprünglichen Umdenkens, seine doppelte metanoia gehört auch dazu.

---

* triumphierende Kirche

Mit diesem Hinweis komme ich auf einen wichtigen Punkt, an dem wir festhalten wollen. Wenn schon von Ideen gesprochen wird, dürfen wir ihren geschichtlichen Zusammenhang nicht vergessen. Auch die geschichtliche Wirklichkeit bedingt das Denken. Ich werde mich in meiner Vorlesung auch mit den vielfältigen christlichen Ketzereien befassen. Ihr werdet von Gioacchino da Fiore (Joachim von Fiore), von Fra Dolcino, von Thomas Müntzer und von den Levellers hören – lauter subversive Elemente, Rebellen zwar, aber Rebellen in Gott. Sie waren alle aufrechte Christen, und es wäre nichts verfälschender, als aus ihnen Vordenker freier, gottunabhängiger, unreligiöser Ideen zu machen. Ernst Bloch nannte Müntzer einen Theologen der Revolution. Gerade seine Theologie gehört wesentlich zu seiner Subversion und soll daher ernst genommen werden. Das Denken dieser christlich subversiven Elemente kam aus dem echten Glauben, nicht aus wissenschaftlicher Erwägung. Dennoch brach in ihren Glauben das Wissen ein: Daß es üble Zustände gäbe und daß ihre Abschaffung bedeutete, die Verhältnisse umzuwerfen. Es war freilich nicht derjenige Glaube, der sich sonst als Instrument der Macht bewährt. Bei ihnen wirkte die Kraft, die sich nicht um Dogmen und um wohlbestallte Systeme sorgte, sondern um Autonomie und um eine menschlichere Wirklichkeit. Vorab sei bemerkt, daß wir in diesen Ketzereien die Spuren von Perspektiven werden verfolgen können, die erst später ihre theoretisch gegründete Bestimmung fanden.

Und nun kann unsere Reise beginnen.

17. Oktober 1989

Finsternis, Licht und das Recht auf Widerstand

Eine normale Reise führt allgemeinhin zu einem Ziel, zu einer Endstation. Hier bei uns kann es sich jedoch nicht darum handeln, zum Schluß der Überlegungen eine abgerundete Theorie der Subversion auszuarbeiten, die «wahre» Subversion ausfindig zu machen. Ich betreibe also keine Suche nach der unzweifelhaft absoluten Wahrheit (gewissermaßen nach dem verum dubio solutum). Uns interessiert auf dem Weg zum Begriff eher der einer Theorie immanente Wahrheitsgehalt, der einzig wissenschaftlich von Bedeutung ist und der sich in mannigfachen Inhalten möglicher Freiheit, Mündigkeit, Emanzipation artikuliert. In der Behandlung der Sache und in der Auswahl der Positionen knüpfe ich übrigens an das Prinzip Parteilichkeit an, so wie es von Kant (Hartenstein 1868, Bd. VIII: 625) formuliert wurde.*

Daß es keine «wahre» Subversion gibt, liegt an der Sache selbst, die sich nie in sich abschließt. Subversion findet im Vorfeld revolutionärer Bewegungen statt und sie kennt so viele Gestalten, wie es Wege zur Revolution gibt. Ihre Theorien stellen sich in der Vielfalt daher eher als Propädeutik zu einer Lage-Analyse dar, die in Form und Inhalt eine Revolution (gesellschaftlich, ökonomisch, politisch, kulturell) einleitet.

Die Vielfalt enthält ebenso die Möglichkeit widersprüchlicher Erscheinungen. So bricht subversive Theorie zuweilen aus dem Denken aus und wird praktisch – wenn aus der Freiheit eines Christenmenschen die Freiheit der gemeinen Leute wird und die Bauern den Aufstand proben. Sie kommt aber ebenso oft auf leisen Sohlen, schleicht sich gewissermaßen unmerklich in ein gestandenes, sogenanntes Ordnungsgefüge ein und läßt es in Langzeitwirkung aus den Fugen geraten. Allein im Verborgenen blüht sie nicht. Subversive Theorie subsumiert sich nicht unter die Regel der freien Gedanken deutscher Bestimmung. Diese ist bekannt: «Die Gedanken sind frei, wer kann sie erraten», wobei also die Freiheit des Denkens ihren Daseinsgrund darin hätte, nicht ins Freie, Offene zu gelangen, vielmehr im Gemüt verschlossen und somit unwirksam zu bleiben. Subversion aber will sich erraten lassen, ins Offene treten. Dennoch scheint sie sich manches Mal hinter einer scheinbaren Demut zu verstecken, um dann umso hochmütiger loszubrechen. Franz von Assisis Lob der Armut und der Kreatürlichkeit verwandelt

* Nur die Wissenschaft sei wahr, die «dem gemeinen Man zu seiner Würde verhülfe».

sich dann bei Margherita la Bella und Fra Dolcino in die Gewalttätigkeit der armen Leute, der wahren Kreaturen, gegen die reichen Herren.

Womit wir wieder bei den Ketzern gelandet wären und bei der Frage, wie sich die Ketzerei zur Theorie verhält. Beim oberflächlichen Hinsehen stehen sich zwei Welten gegenüber, Theorie im allgemeinen Verstand des Ausdrucks setzt Reflexion, tiefe Einsicht, Arbeit des Begriffs voraus – Momente, die der Ketzerei abzugehen scheinen. Anders, wenn man das Verhältnis näher betrachtet. In jeder ketzerischen Bewegung steckt ein harter Kern von Ratio, der sich schließlich in seiner gesellschaftlichen und geschichtlichen Potenz erkennen lässt. Selbst das Absonderliche oder was in der gängigen Wahrnehmung als absonderlich gilt kann sich *für uns* als Erkenntnis zeigen, Denkhorizonte ausweiten und in seiner Radikalität neue Möglichkeiten auch des Handelns eröffnen.

Gibt es keine einheitliche Theorie der Subversion, so lassen sich dennoch gemeinsame Züge ausfindig machen, wenn auch e contrario. Alle subversive Theorie, ganz gleich welchen Inhalts, erscheint der konstituierten Ordnung nicht nur als Produkt lichtscheuer Elemente, sondern selbst als Fremdkörper: ein Feind und Agent des Feindes, der sich in zersetzender Absicht im Reich des Guten einrichtet. Daher gerieten früher die Ketzer, die Hexen, die Atheisten und Materialisten in einen höllischen Geruch: Kreaturen des Bösen, Boten des Teufels. Ihr Andersdenken zeigte für die Ordnung nicht nur Abweichung von der Orthodoxie an, sondern die Perversion eines gewußten Irrtums, an dem man unbelehrbar festhielt. So aber auch im Irdischen der Form Staat, in der Politik, in der ein breiter, leicht gangbarer Weg von der Inquisition zu den heutigen Staatsschutzorganen und zu deren polizeilichen Maßnahmen führt.

Es ist also nicht weiter erstaunlich, wenn alle Definitionen der Subversion als eines strafbaren Tatbestandes und selbst die Art, gegen sie strafrechtlich vorzugehen, wie auch die Einschätzung unbotmäßiger Ideen, in allen politischen Systemen sich nicht unterscheiden. Dies nimmt auch parodistische Züge an, wenn zum Beispiel die tatbeständliche Bestimmung der Subversion im *Kleinen Politischen Wörterbuch* (Berlin-Ost, 1983) und die Hinweise auf subversive Tätigkeiten in der Bundestagsdebatte über die Notstandsgesetze trotz der verständlichen Verschiedenheit der Ausdrucksweise doch wahlverwandtschaftlich nicht nur ähnlich, sondern in der Konsequenz gleich sind. Dies gilt bei der Verurteilung der subversiven Tätigkeit wie auch bei der Abweisung einer subversiven Analyse, die die Zustände als Mißstände aufdeckt. Ost und West, ebenso Nord und Süd einigen sich schnell auf einen Punkt. Es handelt sich dabei nicht um das Denken und Tun freier, unabhängiger Subjekte, sondern angeblich um vom Ausland bezahlte, einmal «imperialistische», einmal «kommunistische» Elemente, die einen «wesentlichen

Bestandteil der Globalstrategie» zum Umsturz des realen Sozialismus, der freiheitlichen demokratischen Grundordnung allemal, und eben des Reichs des Guten bilden. Dabei setzt sich in allen politischen Systemen das Gebot der Treue zur Ordnung in das Verbot um, «das Volk über das wahre Wesen der Konstitution aufzuklären» (Kant)[2], Aufklärungsarbeit als Ausdruck der Subversion. So gesehen gerät jede Form eines Widerstands gegen Macht und Herrschaft in den Bereich Strafbarkeit. Allenthalben sieht der Staat Ruhestörer und gefährliche Subjekte am Werk. Sofern die Ordnung, das jeweils geltende «Wertesystem», das Licht darstellt, erscheinen subversive Gedanken und Täter als finstere Gesellen, eben als lichtscheue Elemente. Wenn aber das jeweils Abgesicherte zugleich die Geborgenheit und die Wärme des Dunkels zeigt, worin die «guten Bürger» (nach Diderots Ansicht in der Enzyklopädie «schlechte Menschen» und «gefährlichste Feinde» der Aufklärung) sich wohlfühlen und Dunkelmänner sich tummeln, können wir im Subversiven den Lichtblick sehen, das Licht, das teils geschichtlich aus dem Scheiterhaufen kam.

Gemeinsame Züge an der Sache selbst gibt es aber nicht nur e contrario. Alle Subversion weist auf ein eindeutiges Prinzip hin, das Prinzip Widerstand. Selbst in der gewalttätigen Form des Aufruhrs oder in der theoretischen Ausarbeitung des Königsmords meldet sich der Widerstand gegen Unerträgliches an. Die Häresien widerstehen dem Totalitätsanspruch der Kirchen auf Wahrheit; Giordano Bruno widersteht dem Zwang, gegen das Wissen glauben zu müssen; Spinoza widersetzt sich dem Willen seiner Gemeinde. Geschichtlich läuft daher die subversive Theorie, vor allem wenn es um Politik geht, auf das Recht auf Widerstand hinaus. Darin lag auch der umstürzlerische Charakter des Widerstandsrechts in der jakobinischen Verfassung vom 24. Juni 1793. Er klang so umstürzlerisch, daß Verfassungsgelehrte zurecht darin gerade die Negation der staatlichen Verfassung einer Gesellschaft sahen: Eine solche Verfassung enthielte in sich selber das Prinzip der eigenen Aufhebung. Die entsprechenden Verfassungsartikel verdienen festgehalten zu werden. Angebahnt wurde der konstitutionell vorgesehene Umsturz der konstitutionellen Ordnung schon in Artikel 9 der Verfassung: «Das Gesetz soll die allgemeine und persönliche Freiheit gegen die Unterdrückung durch die, die regieren, sichern» (Franz 1964: 375). Konkretisiert wird dieser Inhalt im Artikel 34: «Unterdrückung der Gesamtheit der Gesellschaft ist es, wenn auch nur eines ihrer Glieder unterdrückt wird; Unterdrückung jeden einzelnen Gliedes ist es, wenn die Gesamtheit der Gesellschaft unterdrückt wird» (Franz 1964: 379). Und Artikel 35 zieht daraus die Konsequenz: «Wenn die Regierung die Rechte des Volkes verletzt, ist für das Volk und jeden Teil des Volkes der Aufstand das heiligste seiner Rechte und die unerlässlichste seiner Pflichten.» (ibid.) Darin äußert sich die jahrhundertelange Tradition des europäischen Widerstandsrechts und seiner subversiven Qualität. Widerstand ist immer gegen die Machthaber und die Machtinstanzen gerichtet. Nicht mehr jakobinisch, aber immer noch traditionell ist die Bremer Verfassung von 1947 im Artikel 19: «Wenn die ... Menschenrechte durch die öffentliche Gewalt verfassungswidrig angetastet werden, ist Widerstand jedermanns Recht und Pflicht» – eindeutig also in der Anlehnung an das französische Vorbild, jedoch mit hanseatisch kluger Weglassung der Heiligkeit. Die verfassungsrechtliche Verkehrung dieses Verhältnisses, genauer gesagt die grundgesetzliche Perversion des Rechts auf Widerstand gegen die Macht zur Pflicht der Verteidigung der Macht, erfolgte in der Novellierung des Grundgesetzes bei der Ausgestaltung der Notstandsgesetze. Da machte der Bundestag das Recht auf Widerstand als die Berechtigung und die moralische Pflicht aller Bürger fest, die öffentliche Gewalt gegen die Subversion selbsttätig zu verteidigen, wenn andere Abhilfe nicht möglich sei. Das Recht des Widerstands gegen die Staatsgewalt verwandelt sich in die staatsethische Pflicht, gegen die Negation im Notfall von sich aus vorzugehen. Nebenbei, wenn es gegen Subversion, Rebellion und Revolution geht, erklärt sich der Staat grundsätzlich bereit, seine heiligste Kuh zu schlachten: sein Gewaltmonopol.

Erst im Laufe der Darstellung werden sich Kriterien finden, um die Subversion begriffsfest zu machen. Es handelt sich, philosophisch gesprochen, um das alte Problem des «veri criterium». Es liegt auf der Hand, daß wir andere Kriterien finden müssen als die gängigen der bloßen Definition, was Subversion an sich sei. Wichtiger ist, ihren Wahrheitsgehalt an der Frage des cui bono zu klären. Sowohl in der theoretischen wie in der praktischen Fassung lässt sich die Frage nicht umgehen, *wozu* sie denn sein soll, wozu sie gut sei. Auf die Entelechie der humanen Veränderung habe ich schon hingewiesen. Das wird unser Orientierungspunkt bleiben, zugleich der Ausgangspunkt für die Entdeckungsreise. Methode der Darstellung und Auswahlkriterien werden sich im Lauf der Entwicklung selber ergeben und sich jeweils an die geschichtliche Bedingtheit binden. Antike, Mittelalter, Neuzeit bis hin zur Gegenwart lassen sich nicht gleichmäßig darstellen. Es gibt in der Geschichte – wie schon gesagt – keine durchgängige Gleichzeitigkeit. In dem bereits erwähnten Problem des Wahrheitskriteriums findet sich bei Kant eine Antwort auf die Frage, was denn wahre Wissenschaft sei, übrigens eine, an positivistischen Maßstäben und interessierten Wünschen gemessen, durchaus subversive Antwort: Nur die Wissenschaft sei wahr, die dem gemeinen Mann zu seiner Würde verhülfe. (Hartenstein 1868, Bd. VIII: 625) Daran werde ich mich halten in meinem Versuch, der unter anderem einiges und einige aus der Versenkung herausholen will, auch in der Absicht, die Vergangenheit nach Möglichkeit in die Gegenwart zu verlagern. Einiges und einige, die in der gängigen Geschichtsschreibung der Sieger in den Fluß Lethe gestoßen wurden, weil sie unbequem und unerträglich waren. Gewiß besteht nicht alles, was sich in der Negation zeigt, aus Perlen oder aus großen Helden. Die gängige Historie freilich erklärt die subversive Theorie schlichtweg zu — Mist. Aber vergessen wir nicht — wie es in einem hierzulande unbekannten italienischen Lied heißt —, daß auf Diamanten nichts wächst, auf dem Mist aber wachsen die Blumen.

24. Oktober 1989

Weiterarbeit am Begriff

Es wird zunächst noch einmal auf die geschichtliche Bedeutung der Subversion als Vorarbeit zur radikalen Veränderung und als Ferment der Emanzipation hingewiesen. Diese Verbindung Subversion-Emanzipation weitet das theoretische Feld aus und macht es möglich, Umwälzung auch in scheinbar abgelegenen Problemen festzustellen. Auch hier kommt es auf die besondere gesellschaftliche und geschichtliche Situation an, auf die Besonderheit spezifischer «gesellschaftlicher Produktionsverhältnisse». Es wird zu sehen sein, inwiefern Protagoras' «homo mensura»-Satz* oder Brunos Abschaffung des personalen Gottes oder Spinozas theologisch-politische Orientierung an der «multitudo», der scheinbaren philosophischen Abgehobenheit zum Trotz, in Wirklichkeit, das heißt, in dem konkreten und konkretisierbaren Wahrheitsgehalt, zur Umwerfung verkehrter Verhältnisse beitrugen.

Wie eigentümlich die Linien der Begriffsbestimmung verlaufen und wie dabei Verwirrung entstehen kann, wird an zwei geschichtlichen Beispielen erläutert. Erstens: Für die Konservativen galt die SPD im vorigen Jahrhundert (und vermutlich auch später) als «Umsturzpartei», ihre Theorie, der Marxismus der zweiten Internationale, als subversiv. Das Gleiche trifft auf die Kommunistische Partei Italiens (KPI) der 50er Jahre zu. Kratzt man indes die ideologische Verkrustung weg, so entdeckt man eindeutig in beiden Fällen eine Orientierung an den Institutionen des bürgerlichen Staates. Weder Kautsky noch Togliatti verstanden sich als subversiv, waren eher allem Umsturzdenken abhold.

Das zweite Beispiel mag verblüffen. Die Verbindung Subversion-Emanzipation, zumindest ein Aspekt dieses vermittelnden Begriffs, wird vom italienischen Faschismus in einer ungewollten Wendung anerkannt. Mit der Strafrechtsreform des faschistischen Verfassungsministers Alfredo Rocco tritt das «Subversive» ausdrücklich auf die Bühne, mit eigener tatbeständlicher Relevanz – durch die vorgenommene Trennung zwischen kriminellen und politischen Delikten bzw. Tätern. Letztere gehören nicht in die Kategorie normaler krimineller Vereinigungen, sondern in die neu gefaßte Form der «subversiven Vereinigung». Eine Art Würdigung also, gewiß mit einem Pferdefuß versehen. Entfallen bei den Subversiven die sogenannten niedri-

* Der Mensch ist das Maß aller Dinge.

gen Beweggründe und damit die kriminellen Aspekte, so ergibt sich daraus ein umso höheres Strafmaß. Da der Staat für den Faschismus bekanntlich höher stand als das Individuum, wog der Angriff auf den Staat schwerer als der Angriff auf persönliche, individuelle Rechte. Der Gedanke hat durchaus seine innere Logik. Der Bruch des Rechtssystems im normalen Verbrechen negiert die rechtliche Normalität nicht, während im politischen Delikt der Täter die Gültigkeit des staatlichen Rechtssystems leugnet.

Sicher wollte der italienische Faschismus mit einer solchen Trennung die subversiven Elemente umso härter treffen. Aber – auch dies eine List der Vernunft – dadurch fand die Subversion als emanzipatorische Kraft ihre Anerkennung. Die erwähnte Trennung zeigt unter anderem an, daß im Gegensatz zur kriminellen Tat die Subversion auf Desintegration setzt. Es versteht sich, daß ihre Theorie auf die entelechische Entwicklung hinweist. Es wird desintegriert gegen alle Versuche, die Negation zur Ordnung zu rufen, gleich in welcher Art, in die Ordnung zurückzuholen. Mit der gleichen Kraft, mit der subversive Theorie ins Offene tritt, will sie offene Verhältnisse schaffen.

In diesem Zusammenhang wird die Problematik zu betrachten sein, die immer mit umwälzenden Theorien verbunden ist: welche Rolle der Gewalt zukommt. Es ist viel von der Unterscheidung zwischen emanzipatorischer und repressiver Gewalt gesprochen worden. Von Fall zu Fall und von Epoche zu Epoche wird das Problem zu klären sein.

Schließlich wird der Begriff der subversiven Theorie noch einmal an Marxens kategorischem Imperativ erläutert.* Ziel kann nur der Mensch mit aufrechtem Gang sein oder Emanzipation in der allgemeinen gesellschaftlichen Form, nicht reduziert auf Einzelne, auf Gruppen, Klassen oder Geschlechter. Der Begriff findet seine eigene Wirklichkeit und meldet sich nicht im emotionalen Ausbruch oder im instinktiven Fühlen. Subversion ist im Laufe der Geschichte im Kern immer Aufstand der Vernunft gewesen. Gewiß findet kein linearer «Fortschritt im Bewußtsein der Freiheit» (Hegel 1970, Bd. 12: 32) statt. Alles entwickelt sich durch Brüche. Eine andere Frage, ob Subversion immer notwendig ist. Es ist davon auszugehen, daß Restauration immer stattfindet, daß immer neue Götter und Götzen auftauchen. Insofern hört die Aufgabe der subversiven theoretischen Analyse und des subversiven Entwurfes nie auf.

31. Oktober 1989

---

* «Die Kritik der Religion endet mit der Lehre, daß der Mensch das höchste Wesen für den Menschen sei, also mit dem kategorischen Imperativ, alle Verhältnisse umzuwerfen, in denen der Mensch ein erniedrigtes, ein geknechtetes, ein verlassenes, ein verächtliches Wesen ist.» (Marx 1976, Bd. 1: 385)

Negation «sans phrase». Subversive Mythen: Eva, Prometheus, Antigone

Ob es ihr gelingt, weiß ich nicht, aber die Vorlesung selbst will, wenn man so will, versuchen, subversiv zu wirken. Ohne Provokation gäbe es nur eine Wissensansammlung und keinen Denkanstoß. Es kommt immer darauf an, ob man etwas wissen will oder ob man an etwas denken will. Wenn Politisches sich ereignet in einer Weise, die kritisierbar ist oder auch nicht kritisierbar, lese ich nicht die Kommentare der «Frankfurter Rundschau», sondern ich lese die Kommentare der «Welt», weil sie mich provozieren zu Antworten, zum Denken, während die Kommentare der «FR», der «taz» und der «taz»-Leser bestätigen, was ich auch denke. Da besteht kein Anlaß, mich weiter damit zu beschäftigen.

Die Einwände, die sich auf die Form beziehen, sind etwas schwierig für mich. Ich bin lernfähig in den Inhalten und in den Umgangsformen; um lernfähig zu sein in der Art der Darstellung ist es wahrscheinlich zu spät. Die Formulierung ist ein Problem für sich, das gebe ich gerne zu. Das ist das, was ich mit der Form meinte, die ich nicht mehr ganz ändern kann. Ich habe eine gewisse Neigung, eine gewisse gefährliche Neigung, die zu Mißverständnissen führt: ab und zu Bemerkungen zu machen, die man im allgemeinen als ironisch bezeichnet.

Jetzt komme ich zu den Mißverständnissen[3], weil mich das doch etwas überrascht hat. Und zwar bezieht sich das Mißverständnis auf meine Ausführungen über den italienischen Faschismus, von dem ich sagte, daß er eine politische Bewegung war, die nicht nur bildlich die Würde des Menschen mit Füßen trat, sondern die auch programmatisch von der Würde des Menschen überhaupt nichts hielt und an die Stelle des Menschen bekanntlich die Nation oder, in Italien, den Staat setzte.

Zugleich habe ich zum italienischen Faschismus gesagt, er habe der Subversion zu ihrer Würde verholfen. Nun muß man das richtig verstehen, wahrscheinlich habe ich mich doch mißverständlich ausgedrückt. Damit wollte ich nicht sagen, daß der Faschismus etwas Würdevolles, weltgeschichtlich Bedeutsames hätte. Es ist nur eine Ironie der Geschichte, daß der Faschismus aus der subversiven Einstellung, aus der Situation der Subversiven eine Rechtsfigur machte, um sie umso härter zu treffen. Aber: Auf diese Weise hat der Faschismus – bewußtlos – doch gewissermaßen eine Dialektik herausgefordert – insofern, als die subversive Vereinigung dann ihren kriminellen Charakter verlor. Insofern hat das diesbezügliche Gesetz von Alfredo Rocco 1926 die politische Quälität einer bestimmten Straftat anerkannt. Der Kriminelle ist nämlich kein Staatsfeind; und wie wichtig dies ist für die Würde der Subversion, das merken wir auch heute, wo wir die Umkehrung des Verhältnisses haben – wo der Staatsfeind ein Krimineller ist.

Damit habe ich nicht etwa den italienischen Faschismus gelobt, sondern, ich wiederhole: Bewußtlos hat der italienische Faschismus festgestellt, daß der subversiven Vereinigung, der subversiven Tat und dem subversiven Denken eine politische Qualität zukommt, die diese Tat, dieses Denken, diese Vereinigung unterscheidet von der normalen, sonst strafrechtlich verfolgbaren Aktion. Soweit zum Faschismus.

Ich habe der Waffenschwester (deutsch für Kommilitonin) in dieser Sache auch mitgeteilt, ob da nicht eine gewisse linke Schwierigkeit mit der unbewältigten Vergangenheit vorliegt; insofern, als man davon ausgeht, daß man allemal den Faschismus offen bekämpfen muß – und dann hat man eine gewisse Angst, wenn man, wenn auch widerwillig, feststellen muß, daß er, ungewollt, Brauchbares hervorgebracht hat. Man kann zum Beispiel gegen den italienischen Faschismus sagen, was man will, aber die Schulreform von 1938 war so gut, daß die italienische Republik sie unverändert übernommen hat. Heute gilt sie als demokratische Errungenschaft im italienischen Schulsystem. Man muß also diese Ängstlichkeit im Umgang mit der Vergangenheit doch weglassen, dann ist man eher in der Lage, auch wirklich mit der Vergangenheit fertig zu werden.

Einwand einer Kommilitonin: Es ging um den Begriff «Würde» und daß es für mich nicht geht, zu sagen, daß Faschisten irgendwem oder irgendwas Würde verleihen.

Also hier merke ich, daß nicht ich mich mißverständlich ausgedrückt habe, sondern daß ich nicht verstanden werde. Denn ich habe eindeutig – ich wiederhole: eindeutig – nicht gesagt, daß der Faschismus etwas Würdiges getan hätte. Ohne es zu wissen und ohne es zu wollen, hat der Faschismus den Subversiven bescheinigt, daß sie keine Kriminellen sind! Ist es jetzt klar? – Die Ironie der Geschichte bedeutet: Ohne es zu wissen und ohne es zu wollen, hat der Faschismus durch dieses Gesetz der Subversion eine spezifische Qualität gegeben. Er hat sie ent-kriminalisiert, während wir heute in unserem Rechtsstaat die Umkehrung dieses Verhältnisses haben: Der Staatsfeind, der Subversive wird kriminalisiert.

Die Formulierung ist ein Problem für sich, das gebe ich gerne zu, doch der zweite Einwand* ist wichtiger, er trifft die Sache selbst, nämlich: Ich würde sehr anthropozentrisch verfahren. Das ist also kein Einwand, sondern hat wirklich mit der Sache selbst zu tun – insofern, als die Zentrierung am Menschen zu den Elementen der Subversion geradezu gehört. Es ist der Mensch, der sich als Subjekt versteht, sich gegen das bloße Objektsein wehrt: in der Politik, in der Religion, in der Philosophie, als Einzelner, als Gruppe, als Masse. Man kann sagen, daß die Subversion als solche ein menschliches Phänomen ist. Der Mensch wendet sich dagegen, Spielball der göttlichen Allmacht zu sein. Dort ist er Gegenstand, Objekt. Ebenso Objekt ist er als Knecht des Herrn, ganz gleich, ob wir das gesellschaftlich oder religiös fassen. In der Politik ist er nie Mittelpunkt der Politik (wie die Parteien sagen), sondern er ist ein Mittel der Politik – etwa im Wahlakt als bloßes Mittel der Machtverteilung der Parteien untereinander. Und vor allem Objekt bleibt er, wenn er in Unwissenheit, bewußt in Unwissenheit gehalten wird, sei es institutionell, sei es in Denksystemen von Geboten und Verboten. Dagegen subvertiert der Mensch. Subversion gegen die Natur findet einfach nicht statt. Man kann sich gegen die Natur wehren, wenn sie Purzelbäume schlägt, aber die Natur zu subvertieren ist nicht möglich. Umgekehrt gibt es in der heutigen Situation eine andere Form der Subversion, die mit der Natur zu tun hat: Das ist die Subversion nicht etwa gegen die Natur, sondern die Subversion für die Natur. Die Subversion gegen Denk-, politische und ökonomische Systeme, die die Natur bedrohen und damit immer doch auch den Menschen.

Im Zusammenhang mit der Entwicklung der Emanzipation ist häufig gesagt worden, daß der Zeitpunkt (im großen geschichtlichen Sinne) des Übergangs zum bewußten Menschen gekennzeichnet sei durch den Übergang vom Mythos zum Logos, vom Glauben zum Denken. Das kann heute durchaus wiederum Gegenstand eines Mißverständnisses sein, weil sich heute das Verständnis etwas verschoben hat. An sich ist es nicht problematisch, zu sagen, Emanzipation beginne mit dem Übergang vom Mythos zum Logos. Ich kann vorwegnehmen, daß ich mich heute mit drei klassischen Fällen von Subversion innerhalb der Mythologie befassen werde, die im allgemeinen entweder wenig oder gar nicht als subversive Ereignisse gefaßt werden. Heute stellt man eher – wenn auch nicht überall – einen Rückfall in den Mythos oder gleich in die Mythologie fest, und die von mir angedeutete Linie der Emanzipation als Unikum der Ratio, als Unikum der Vernunft, wird in Frage gestellt. Bei mir tritt die Theorie als solche schon subversiv auf: Umsturz der gottgewollten kosmischen Ordnung, Aufbegehren gegen die Anan-

* Auf welchen Einwand Agnoli sich hier konkret bezieht ist nicht mehr rekonstruierbar.

ke, gegen die objektiven Zwänge (Ananke bedeutet: Schicksal, notwendige, objektive Zwänge). Heute aber sieht man, wenn von Subversion und Emanzipation gesprochen wird, rot, wo man lieber grün sehen möchte, und anstelle der Ratio möchte man gerne die andere Position setzen, andere Werte, andere Zustände und Umstände: die Innerlichkeit. Die Innerlichkeit, die Sinnlichkeit tritt immer stark hervor, wohl unwissend, daß der Sinnlichkeit die Rationalität immer ausgegangen ist im Laufe der Geschichte des menschlichen Lebens. Das Gefühl und das Herz und vor allem die Sinne scheinen da an die Stelle der von mir so gelobten und geforderten Ratio zu treten und als das Gute zu gelten.

Das Schlechte verlagert sich auf den wissenschaftlichen Gebrauch des Verstandes – ein wissenschaftlicher Gebrauch, der sich aber interessanterweise aller rationalen Kontrolle entzogen hat. Da haben wir wieder die Rationalität. Sie ist keineswegs das, was so die instrumentelle Vernunft genannt wird. Das bedeutet: Daß Wissenschaft die Technik instrumentell zur Zerstörung führt, verbürgt die Tatsache, daß gar keine Ratio dahintersteht. Es handelt sich mehr um eine wissenschaftlich-technische Tätigkeit, die weitgehend durch Emotionen, Ehrgeiz, wissenschaftlichen Ehrgeiz vorangetrieben wird – bedingt durch Irrationales. Denn irrational ist der Machthunger, der in der Wissenschaft eine Rolle spielt, irrational ist vor allem der Mehrwerthunger, der die Ökonomie vorantreibt – nachzulesen in Band 1 des *Kapitals* von Marx.

Aber auf der anderen Seite darf ich auch an Goethe erinnern, der im «Faust» den Mephisto sagen läßt: «Verachte nur Vernunft und Wissenschaft, (...) und du bist dem Teufel bald ergeben».[4]

Wir müssen also bedenken, daß bei aller Kritik an der Form der Rationalität, die wir kennen, wir es hier mit irrationalen Problemen zu tun haben. Wir können von der Irrationalität der Akkumulation, der akkumulativen ökonomischen Logik, sprechen, die sich zweifellos der Ratio bedient, die Ratio aber zurückwirft in das Dienstverhältnis mittelalterlicher Prägung. War im Mittelalter die Ratio eine Magd der Philosophie, so wird heute die Ratio wie alle Theorie zu einer Magd der Herrschaft gemacht. Gewiß ist die moderne Naturwissenschaft etwas, das die Büchse der Pandora geöffnet hat. Hier muß man sehen, daß zwar aus der Büchse der Pandora alles Übel herausgekommen ist, daß man aber trotzdem vorsichtig sein muß in der Klärung des Verhältnisses zwischen Ratio und dem, was tatsächlich passiert. Man spricht etwa von der «Entfesselung» der Atomspaltung; davon, daß der Mensch die Natur beherrschen will und also eben die Atome gespalten habe; und von einem Befreien gewissermaßen des Anorganischen – das Anorganische wird vom Menschen freigesetzt. In Wirklichkeit ist es genau umgekehrt.

Was die Atomforschung getrieben hat, war die Entfesselung von Kräften, die durchaus in der Natur in gebundener Weise vorhanden waren. Und ihnen, diesen nicht mehr gebundenen, sondern entfesselten Kräften, ist der Mensch hiermit preisgegeben. Dagegen, wie gesagt, ist Subversion durchaus möglich. Insofern sprach ich vorhin davon, daß Subversion gegen die Natur nicht stattfindet – und Subversion für die Natur besteht dann darin, daß man dieses spezifische Verhältnis kündigt. Es ist die radikale Kündigung eines Verhältnisses, in dem den Menschen die Gefahr droht, ins Anorganische zurückzufallen. Was das bedeutet, brauche ich nicht näher zu erklären.

Es gibt allerdings auf der anderen Seite eine innige, versteckte Verwandtschaft zwischen dem nuklearen Wahn, der uns ins Anorganische zurückfallen lassen könnte, und einer sehr besonderen Form des romantischen Todestriebs. Wenn ich von romantischem Todestrieb spreche, so bitte ich das nicht zu verwechseln mit dem Todestrieb Freuds, von dem ich gar keine Ahnung habe. Ich denke eher an Novalis' «Hymnen an die Nacht», an die Romantik des Todes, die in der deutschen Romantik zutagetrat: die Sehnsucht nach der Vereinigung mit der Mutter Natur. Gottfried Benn hat es auf den Begriff gebracht. Was möchte er sein? «Ein Klümpchen Schleim in einem warmen Moor.» Das ist das Zurückströmen in die Naturhaftigkeit und der Rückfall ins Anorganische. Dagegen ist Subversion notwendig, denn das ist ein Rückfall in den Zustand des Nicht- und Noch-nicht-Menschen oder des Nicht-mehr-Menschen. Dem entgegen steht nicht nur der Logos, sondern dem steht, dem Logos vorgelagert, auch der Mythos entgegen. Das heißt, noch bevor die Theorie als solche selbstbewußt in Europa auftrat, noch bevor also – im antiken oder auch modernen Sinne des Wortes – Philosophie entstand, bevor Wissenschaft auftauchte und bevor die Subversion gewissermaßen eine bewußte Handlung war, die sich unmittelbar verknüpfte mit der Arbeit des Logos, finden wir im Mythos auch eine eigene subversive, epochale (also an die bestimmte mythische Epoche gebundene) Rationalität. Freilich handelt es sich hier um eine negative Rationalität – wobei wir sehr häufig sehen werden, daß wahrscheinlich darin einer der interessantesten Punkte der Subversion liegt, daß die entfaltete Rationalität oft negativ ist.

Ich sagte schon, dies sei der Kern: die Negation. Ich meine nicht die Hegelsche Negation der Negation, die in einer Versöhnung sich auflöst, sondern die Negation «sans phrase», die Negation im Urzustand, die Negation, die nur das Vorhandene, das Verkrustete, das Bewährte und Knechtende einfach zerstören will. Die Negation: teils dem Logos vorgelagert und emblematisch auch die Richtung angebend, die dann tatsächlich auch das Denken der Subversion einschlagen wird.

Natürlich ist der Mythos keine Theorie im modernen Sinne. Der Mythos ist ein Ereignis, schildert ein Ereignis, gibt ein Ereignis wieder, indem er – in der Sprache des Heroenzeitalters – gesellschaftliche Inhalte vermittelt. Er ist zwar keine Theorie, aber im Ereignis selbst und im Inhalt dieses Ereignisses kündigt sich in der Tat die fundamentale Absage an: die Absage an Gebote, an Verbote, an Staatsgesetze, die Absage an all die Prinzipien, Strukturen und Schemata, die den Menschen den Zugang zu einem humanen Leben versperren wollen oder auch bewußtlos versperren. Mit anderen Worten: Schon im negativen Mythos (vor Beginn des logischen Denkens) bäumt sich der Mensch gegen die Einsperrung auf. Er ist eingesperrt in den Verzicht auf Genüsse, die nur den Göttern vorbehalten sind; er ist eingesperrt in die das Subjektive tötende Gesetzestreue.

Es handelt sich hier eher um drei spezifische Mythen, über die ich nun kurz berichten will – wobei es natürlich noch mehrere dieser negativen Mythen gibt. Sie siedeln sich zeitlich gleich zu Beginn des Kampfes im sogenannten europäischen, spezieller gesagt im mittelmeerländischen Kultur raum an. Es ist mir aus schlichter Ignoranz nicht bekannt, ob wir auch in der «Edda» oder der «Nibelungensage» ähnliche negative Elemente finden können. Ich meinerseits finde sie z.B. im «Gilgamesch-Epos»: Gilgamesch, der sagenhafte König von Uruk, Babylonien, Ende des zweiten Jahrtausends; hier sind Elemente der Rebellion enthalten und, in der Urphase der Rebellion, auch der Subversion. In der nordischen Sage sind sie mir nicht bekannt, man muß einen Germanisten fragen, ob es dort ähnliches gibt.

Wir bleiben also bei uns im Mittelmeerraum. Hier finden wir, daß Humanität gegründet wird von drei mythischen Gestalten: von der biblischen Eva, vom Griechen Prometheus und von der Griechin Antigone. Es ist nicht nur der Aufstand gegen die Gottheit, der dem zugrundeliegt, sowohl in der griechischen wie in der christlichen Mythologie. (Ich bitte die Christen unter euch um Verzeihung, wenn ich von der biblischen Eva als von der mythologischen Eva rede, also das Bibelereignis als einen Mythos bezeichne.) Allen drei Fällen ist gemeinsam das Aufbäumen, das Aufbegehren, die Negation des Bestehenden, die Negation des Gebots, des Verbots und die Negation des politischen Gesetzes, des gesellschaftlichen Gesetzes. Man kann sagen, daß die Humanitas auftaucht als eine Form des Austritts aus dem pflanzlichen Dasein und als Abwehr des Untergangs, dem sonst die Menschheit ausgeliefert wäre.

Als Austritt aus dem pflanzlichen Dasein also, als Absage und Abwehr gegen den Untergang beginnt die Subversion, Umsturz gegen den biblischen Gott, Umsturz gegen die von Zeus gewollten Zustände. Es geht zweifellos in allen drei Fällen um eine Bruchsituation. Was da bewußt – obwohl in der mythischen Sprache gehalten – gebrochen wird, ist die Fremdbestimmung (wie man heute sagen würde) des Menschen, das reine Objektsein, die durchgängige Fremdherrschaft über den Menschen.

Gott ist der Schöpfer, und seine Geschöpfe sind seine Gegenstände. Aber nicht viel anders ist es bei den Griechen. Die Ananke, die große göttliche, die Notwendigkeit des Schicksals, ist die Kraft, der gegenüber der Mensch nur ein Spielzeug ist. Auf der einen Seite ist also der Mensch hilflos Zwängen ausgeliefert, er existiert dumpf unwissend im paradiesischen Zustand oder er taumelt blind durch die Weltgeschichte oder er ist wie bei Antigone der Willkür eines größenwahnsinnig gewordenen Königs ausgeliefert. Was diese drei Gestalten machen, ist ein Aufstand gegen eine urtümliche Teilung, die bis auf den heutigen Tag weiterbesteht. Bei Bert Brecht ist auch davon die Rede: die Teilung der Menschheit durch zwei besondere Formen des Monopols. Auf der einen Seite ist dies das Monopol des Wissens. Der Mensch wird aus dem Wissen hinausgedrängt oder gar nicht zugelassen. Auf der anderen Seite ist es das Monopol des Genusses und des aufrechten Ganges, des freien und glücklichen Lebens, ein Monopol, das in der griechischen Mythologie bekanntlich bei den Göttern liegt. Es handelt sich also um die urtümliche Teilung in diejenigen, die im Licht leben, und diejenigen, die im Schatten leben. In der griechischen Mythologie sind die Götter immer Lichtgestalten, und die lichte Welt ist die Welt der Götter – genauso, wie in der biblischen Mythologie das große Licht von Gott kommt. Gegen diese Verteilung setzt sich die Subversion durch. Eva folgt der Schlange und ißt den Apfel; Prometheus raubt listig dem Zeus das Feuer und gibt damit den Menschen eine Überlebenschance – so ist das im Mythos. Daß die Macht damals gewonnen hat – wie sie das sehr häufig tut –, ist ja bekannt; daß die Rache der Herrschaft auf dem Fuße folgte, ist auch bekannt: Antigone beging Selbstmord, Eva wurde aus dem Paradies vertrieben (zusammen mit dem ihr zugedachten Mann), und Prometheus wurde auf Grund seiner frevelhaften Tat an den Kaukasus gekettet. Eva also ist vorbildlich. Warum aber Antigone?

Man könnte sagen, Antigone gehöre an sich schon zur Geschichte der Rebellion, des Aufstands und des aufrechten Ganges, – aber was hat das mit Subversion zu tun?

Antigone, Tochter des Ödipus, wie wenige unter euch vielleicht nicht wissen, im Knechtdienst bei König Kreon stehend, weigert sich, diesem zu folgen und ihren Bruder nicht zu beerdigen. Kreon hatte die Beerdigung verboten, die andererseits jedoch ein göttliches Gebot war. Man könnte sagen, daß das, was bei Antigone vorkommt, die erste mythisch-literarische Gestalt des Widerstands gegen das Gesetz (Kreons) ist. Es ist insofern literarisch, als Sophokles (gest. 406 v. Chr.) das tragisch gestaltet hat. Aber es geht nicht etwa bloß um die religiöse Frage: daß also Antigone das göttliche Recht, zu beerdigen, gegen das menschliche Gesetz des Verbots vertritt.

Das, was für Antigone und für Sophokles das gültige göttliche Recht ist, ist etwas anderes, etwas eben, das mit Humanitas zu tun hat – und das ist nichts weiteres als die Verwirklichung eines subjektiven Rechts gegen das objektive Recht des Gesetzes. Und insofern kann man sagen, daß auch hier Subversion vorliegt – denn wir werden sehr häufig hinter subversiven Dingen einen wesentlichen Punkt sehen: den Kampf für die Verteidigung der subjektiven Rechte gegen objektive Rechtssysteme, übrigens bis auf den heutigen Tag. Das gehört keineswegs der Vergangenheit an und betrifft auch nicht nur bestimmte Regionen der Welt, sondern ist etwas Allgemeines.

Nun gibt es allerdings mit Eva das erste weltgeschichtliche Symbol der Emanzipation. Sie subvertiert schon deshalb, weil sie handelt. Denn sie *handelt*. Sie folgt der Schlange und ißt den Apfel. Sie handelt, obwohl sie ein Abgeleitetes ist. Das ist das Eigentümliche an dieser Gestalt, daß sie im doppelten Sinne abgeleitet ist: Sie ist abgeleitet aus der Rippe Adams und sie ist abgeleitet in der hierarchischen Struktur der ursprünglichen paradiesischen Familie. Also: Aus dem Zustand des doppelten Abgeleitetseins subvertiert sie die Ordnung, will sie die Ordnung subvertieren. Die Ordnung liegt im Verbot, das da heißt: den Apfel nicht zu essen – im Verbot des Wissens. Was sagt die Schlange? «Iß den Apfel, und ihr werdet sein wie Gott, wissend des Guten und des Bösen.» Dies durfte aber das paradiesische Paar nicht wissen, denn Gott hatte das absolute Wissensmonopol.

Eva ist die Verkörperung der ersten Subversion, während ihr gegenüber Adam das andere Prinzip verkörpert. Er verkörpert das, was ich vorhin das pflanzliche Dasein genannt habe, das glückhaft pflanzliche Dasein – das gewissermaßen tolpatschige, gedankenlose Leben, ganz Paradies, ganz Natur. Adam ist die Unschuld vom Lande. Er hört auch, er hört aber nur die Stimme des Herrn. Er ist unmittelbar zu Gott. Gerade als paradiesischer Mensch ist er unmittelbar zu Gott. Eva hört diese Stimme nicht, sie hört die Stimme der Ratio – ausgerechnet jene Stimme, die sonst, ich bitte um Nachsicht, die Feministinnen dem Manne zuschlagen. Warum soll der Mensch im Zustand der Unbewußtheit gehalten werden?

Diese Überlegung setzt sich übrigens in der christlichen Tradition fort – wenn auch nur sehr sporadisch und am Rande der Entwicklung, in bestimmten Sekten, vor allem bei den Katharern, die als Spätfolge einer der ersten großen Häresien begriffen werden können: der Häresie der Ophiten im Urchristentum des zweiten Jahrhunderts. Ophytis heißt auf griechisch: die Schlange. Die Sekte der Ophiten interpretierte die Schlange in einer Weise, die gewissermaßen den subversiven Charakter der Handlungsweise von Eva bestätigt. Und die Schlange, die ja für die Griechen das Symbol der Weisheit war, vertritt für die Ophiten den wahren Gott. – Das mag zwar für uns heute belanglos sein, wir leben immerhin an der Schwelle zum dritten

Jahrtausend, doch erscheint es mir für die Entwicklung von Denkmotiven interessant. Denn nur ein falscher Gott, Demiurg genannt, nur ein böser Gott kann den Menschen verbieten, zu wissen, was gut und böse ist. Und in der phantasiereichen Häresie der Ophiten ist die Schlange nichts anderes als die Ankündigung eines wahren Gottes – Christus –, der den Menschen ja dann mitgeteilt hat, z.B. in der Bergpredigt, was gut und böse ist, was zu tun und zu lassen sei. Interessant ist übrigens auch hier die Deutung in verschiedenen Lexika, die bestimmten geschichtlichen Phänomenen, in diesem Falle Sekten zuteil wird. Ich hatte das letzte Mal Gelegenheit, zwei verschiedene Lexika zu zitieren, bei denen ich konstatieren konnte: Für das eine Lexikon bedeutete die Subversion nur Umsturz und Zerstörung, während sie für das andere Lexikon zwar auch Umsturz und Zerstörung bedeutete, jedoch ergänzt durch: «im weiten Sinne Innovation». In dem erstgenannten Wörterbuch wird von den Ophiten berichtet, sie seien eine Sekte, die das Prinzip des Bösen, die Schlange, vergöttert hätte gegen den himmlischen Gott. In dem anderen Wörterbuch steht korrekterweise, es handle sich um eine Sekte, die in der Schlange das Prinzip des Guten gesehen hätte und die deshalb die Schlange vergöttert hätte. Aber das sind Sachen, die im Laufe der Geschichte passieren, die Parteilichkeit ist bekanntlich ein allgemeines Phänomen. Ich habe das Problem schon angedeutet: Gehört Antigone in diesen Zusammenhang?

Zu Recht ist gesagt worden: Antigone folgt dem göttlichen Gebot, den Bruder zu beerdigen, und demgegenüber steht das weltliche Gesetz des Königs Kreon. Ich habe auch präzisiert: Es ist die Sprache der Zeit – was man damals göttliches Gebot nannte, nennt man heute Menschenrecht. Wir müssen schon diese Übersetzungsarbeit selbst leisten, sonst müßte ich auch sagen, daß Eva ein Stück von der Rippe des Adam wäre und nichts weiter.

Auch wenn wir uns mit dem Mittelalter befassen, müssen wir immer wieder darauf achten, daß wir die Sprache der Zeit zu respektieren haben; daß wir die religiöse Identität eines Thomas Müntzer nicht verfälschen sollen, indem wir sagen, er sei im Grunde gar kein Christ, sondern ein Revolutionär. Nein, wir müssen schon sagen, daß er als Christ ein Revolutionär war. Und für Antigone heißt das, daß das, was in der weltgeschichtlichen Perspektive das Recht der Humanitas war, bei ihr in Form der Gültigkeit des göttlichen Gebots auftaucht. Hier merkt man den Unterschied zu dem Gebot des biblischen Gottes. Denn der biblische Gott spricht nicht das Gebot aus, ein Recht zu verwirklichen: das Recht der Beerdigung, sondern er verbietet, daß der Mensch das Wissen erlangt, was gut und böse ist. Es ist also kein Gebot, sondern ein Verbot. Gegen dieses Verbot verlangt Eva eben das Auch-Wissen. Und dieses Recht auf Wissen ist deshalb so gefährlich für den biblischen Gott, weil in dem Moment, in dem der Mensch weiß, was gut und böse ist, das Herrschaftsverhältnis zwischen dem Herrn, der weiß, was gut und böse ist, und der Herr über Leben und Tod ist, und dem Geschöpf plötzlich umkippt – in dem Moment nämlich, in dem dieses Wissen erlangt wird, verliert Gott eigentlich seine Existenzberechtigung. Das war die Botschaft der Schlange und auch der Grund des Zornes Gottes.

Wir werden dies später in der Aufklärung wiederfinden, schon in der Renaissance, doch in der Aufklärung in sehr eindeutiger Weise, daß der christliche Gott, der überlieferte Gott der Kirche nicht mehr zu existieren braucht ab dem Moment, in dem der Mensch weiß, was gut und böse ist. Das haben wir bei Kant (auf den ich vielleicht noch zu sprechen komme), der Gott zu einem bloßen Postulat der moralischen und praktischen Vernunft macht; auch er spricht Gott die wörtliche Existenz ab.

Prometheus – der gewissermaßen schon zur Menschheitsgeschichte und nicht zum biblischen Ursprung der Welt gehört – verkörpert etwas anderes. Ich habe gesagt, daß die Götter das Recht des aufrechten Ganges für sich behielten. Prometheus verkörpert nun dieses Recht, aufrecht zu gehen, zugleich verkörpert er noch etwas weiteres: Im Mythos des entwendeten Feuers steckt auch Ökonomisches. Wenn man so sagen will: Ökonomisches, das wir später in der Französischen Revolution in voller Wucht zum Aufbruch werden kommen sehen: das Recht nicht nur aufs Überleben, sondern das Recht auf ein besseres Leben.

Wir müssen den Mythos also nicht nur so interpretieren, daß Prometheus das Feuer entwendet, weil die Menschen auf die Götter neidisch wären, sondern es ging tatsächlich darum, für die Menschen Lebenszustände zu schaffen, die das ermöglichten, was wir heute Humanitas oder Humanität nennen. Das wäre das subversive Element der griechischen Mythologie. Da wird nicht nur Zeus in seine Schranken verwiesen – auch er Herr über Leben und Tod übrigens –, sondern das Objekt-Subjekt-Verhältnis wird umgekippt. Die Schranke zwischen Gott und Mensch wird niedergerissen – wenn nämlich der Mensch den gleichen Zugang zu den Genüssen hat wie die Götter selbst. Und mit der Möglichkeit des Menschen, den Göttern etwas wegzunehmen, was nach den objektiven Zwängen oder Gesetzen der Ananke den Menschen nicht zusteht, wird auch die Macht des Schicksals oder die Blindheit des menschlichen Schicksals gebrochen.

Was die Ananke, die Notwendigkeit sei, ist euch bekannt vom Ödipus-Mythos, der leider inzwischen zu einem bloßen Komplex verkommen ist. Ödipus ist – das ist das Tragische an ihm – nicht etwa ein bewußter Täter. Es handelt sich um einen Mord, der sich in der großen griechischen Tragödie kraft des Notwendigen ereignet, um das Schicksal so zu zeigen, daß der Mensch als sein Spielball erscheint. Ödipus weiß bekanntlich nicht, daß er seinen Vater tötet. Und er weiß nicht, daß er seine Mutter heiratet. Er ist das bewußtlose Opfer eines Gesetzes, das ihm nicht nur fremd ist, sondern sogar völlig unbekannt, dem er sich also nicht entziehen kann.

Eine ähnlich tragische Verstrickung stellt meines Erachtens auch die völlig schief gesehene Gestalt des Judas im Neuen Testament dar. Judas ist ebenso nichts weiter als ein Instrument des Schicksals. Da der allmächtige Gott festgelegt hatte, daß Christus verraten werden sollte von einem der Jünger, mußte einer der Jünger dies tun. Etwas anderes wäre nicht möglich gewesen. Judas ist im Grunde wie Ödipus auch nichts anderes als ein Opfer des göttlichen Willens.

Wie gesagt: die Rache blieb nicht aus. Eva blieb, nachdem sie die Ratio entdeckt hatte, doch ausgeliefert. Sie blieb nämlich Gottes Allmacht ausgeliefert, und Gott übertrug bekanntlich diese seine Allmacht auf den Mann, auf Adam, der eigentlich am liebsten gottgefällig in der ratiofreien paradiesischen Natur und Natürlichkeit weitervegetiert hätte. Man könnte sagen — wohlgemerkt: ich bin kein Feminist —, daß Adam bis auf den heutigen Tag Eva noch nicht ganz verziehen hat, durch sie aus dem paradiesischen Zustand herausgetrieben worden zu sein. Faszinierend im Sinne unseres Gegenstandes ist, daß ausgerechnet die Frau hier auftritt als die Kraft, die den Menschen, den soeben geschaffenen Menschen, aus der wohligen Naturumklammerung herausreißt. Das ist das erste mir bekannte Zeichen der menschlichen Subjektivität gegen das Prinzip der bloßen Kreatürlichkeit.

Prometheus geht noch einen Schritt weiter. Auch er wird bestraft, doch erklärt er den Göttern den Krieg: «Mit einem Wort, ganz hass ich all und jeden Gott» (Aischylos 1968: 149). Das ist die Feinderklärung, die Kriegserklärung gegen die Götter. Und als Hermes, der Gott der Diebe und des Handels, ihn bemitleidet und ihn auffordert, doch nachzugeben, das Feuer zurückzugeben und also aus den Ketten des Kaukasus befreit zu werden, antwortet Prometheus: «Mit einem Frondienst möcht ich dies mein Jammerlos Vertauschen nimmer, hör es deutlich: nimmermehr! HERMES: Ja, schöner ist es, da dem Fels fronhaft zu sein, denn Vater Zeus zu dienen als ein Bote treu!» (Aischylos 1968: 148) — aus Aischylos' Tragödie «Prometheus»; Aischylos starb 456 v. Chr. Dies ist also das eigentliche subjektive Element: Lieber im Leiden leben und gekettet sein, als in Fröhlichkeit zwar leben, aber als treuer Bote dem Vater Zeus zu dienen. Das heißt — daher spreche ich von dem aufrechten Gang —, Prometheus will nicht, daß der Mensch ein Diener, ein Knecht, ein Sklave sei. Das ist auch der Grund, warum Karl Friedrich Marx — so hieß er damals als junger Student in Berlin — in seiner Dissertation zur Erlangung der Doktorwürde im März 1841 zu Berlin am Schluß der Vorrede schreiben konnte: «Prometheus ist der vornehmste Heilige und Märtyrer im philosophischen Kalender». (Marx 1976, Bd. 1: 263) Es beginnt also mit Prometheus der philosophische Kalender. Schon hierin ist der Gedanke enthalten, daß der Aufbruch der Humanität zu sich selbst – in der Form der ursprünglichen Subversion gegen das Gegebene – in den mythischen Urzeiten zu sehen, bis in die Anfänge zurückzuverfolgen und nicht ein bloßes Produkt des Logos ist. Prometheus und Eva und auch Antigone sind also die Vorboten unseres akademischen Denkens, die Vorboten der Denksubversion.

Ich mache für heute Schluß. Das nächste Mal werden wir mitten in die Theorie der Subversion treten, womit aber auch gemeint ist: in den Beginn des Subvertierens. Dabei haben wir zwei Phänomene zu beachten, auf die ich eingehen werde. Wenn ich sage, die Theorie tritt als Subversion auf, so meine ich das wörtlich. Sobald die Theorie sich als solche zu formulieren begann – in der griechischen Geschichte, in der Geschichte der mittelmeerländischen Philosophie, bei Thales von Milet –, begann sie schon Gedanken zu fassen, die nicht dem Mythos, nicht den Überlieferungen entsprachen. Wenn Thales in einer tiefgründigen Naivität zum Beispiel sagt, daß das Wasser das Prinzip aller Wirklichkeit sei, so würden wir heute natürlich leicht lächeln. Dieses Lächeln würde uns jedoch gleich vergehen, wenn wir dann von dem soeben verstorbenen von Ditfurth ein Buch lesen mit dem Titel: «Am Anfang war der Wasserstoff» (Ditfurth 1975) – am Anfang der organischen Entwicklung der Welt. Aber es ist nicht Ditfurth oder die moderne Wissenschaft, die das entdeckt hat, sondern Thales. Das gleiche gilt für andere: Anaximander, Anaximedes.

Das bedeutet für uns, daß nicht mehr die Götter noch eine irgendwie mystisch gefaßte, in göttlicher Gestalt erscheinende Natur «Arche», also: Prinzip der Welt, Prinzip der Wirklichkeit ist, sondern daß die Natur in sich selbst ihr Prinzip hat. Das wurde schon damals als Gottlosigkeit bezeichnet. Was diese ersten sogenannten Vorsokratiker, diese Naturphilosophen, in ihren Kosmogonien taten, war der Anfang. Sie versuchten, die Welt zu erklären, ohne sich überhaupt Gedanken darüber zu machen, ob die Götter damit etwas zu tun hätten oder nicht.

Der eigentliche Schnitt wird dann bei den Sophisten erfolgen. Bei den Sophisten finden wir mit der ersten Aufklärung unserer Geschichte – nicht der Weltgeschichte – auch die erste begrifflich konkrete Form dessen, was Subversion hier zu sein hat – wenn auch einschränkend hinzuzufügen ist, daß nicht alle Sophisten subversive Gedanken hatten.

Frage eines Kommilitonen: Würde sich der Teufel nicht auch anbieten in dieser Richtung des Subvertierens?

Wir sehen, daß ein Unterschied besteht zwischen den beiden erwähnten Lexika, wenn vom Teufel die Rede ist. Für das eine Lexikon – das, für das die Subversion nur zerstörerisch ist – war die Schlange vom Teufel geschickt. Nun, ich meine, es wäre auch die Frage zu stellen, inwiefern nicht der Teufel eine viel sympathischere Gestalt ist als der liebe Gott – nicht von ungefähr hieß er Luzifer, der «Lichtträger». Ihr seid alle hochgebildete Absolventen deutscher Schulen, ihr wißt ja, daß Goethe es übernommen hat, aus dem Teufel etwas sehr Menschliches zu machen. Er, der Geist, der stets verneint, ist schon die Negation, von der wir hier sprechen. Aber ist er auch der Geist, der Böses schafft? Das, was er an Bösem geschaffen hat im «Faust», das hat Faust zugrunde gerichtet. Aber am Ende hat Faust sich wohlgefühlt im Zugrunde gerichtet sein, er ist doch gen Himmel gefahren – das ewig Weibliche hat ihn hinauftransportiert, wie ihr wißt.

Aber die Frage ist ungeheuer faszinierend, weil tatsächlich in vielen – zwar marginalen, nur am Rand vorhandenen – Häresien des Mittelalters wir sehr häufig etwas finden, was nichts zu tun hat mit dem heutigen Satanskult: die Umkehrung, das Umkippen des Verhältnisses zwischen Jehova – Jehova wohlgemerkt, dem biblischen Gott – und dem Teufel. Für die von mir erwähnten Ophiten war die Schlange schon die Vertretung Luzifers, aber eines von Gott dank seiner Allmacht zu Unrecht gestürzten Engels. Mit anderen Worten: Für diese Häresie hatte Luzifer recht – aber er hat etwas gemacht, was Gott nicht akzeptieren konnte: Er wollte sozusagen – modern gesprochen – die berühmte Mitbestimmung. Er wollte Partizipation bei der Schaffung der Welt. Dafür wurde er von Gott bestraft. Natürlich sind das Mythen. Doch der heutige polnische Papst Wojtyla ist der Ansicht und kämpft seit Jahren dafür, daß der Teufel als eine Wirklichkeit genommen wird. Aber damit ist die Frage immer noch nicht geklärt, ob diese Wirklichkeit wirklich so böse ist oder ob das Böse nicht in der Umkehrung des Verhältnisses gelegen hat. Soviel zum Teufel.

Frage eines Kommilitonen: Würdest du auch das Buch Hiob als einen Zeugen des subversiven Denkens betrachten?

Meine Bibelkenntnisse stammen aus der Kenntnis der Häretiker. Wäre Hiob etwas ähnliches wie Antigone, andererseits aber der Mann, der alles duldete?

Einwand eines Kommilitonen: Und gleichzeitig ist er derjenige, der von Gott für etwas Rechenschaft fordert. Was Gott damit abwehrt, daß er ihn ja schließlich erst geschaffen habe. Insofern ist das zwar vielleicht keine Subversion, aber immerhin Rebellion. Denn es ist in der Bibel vorher nicht vorgekommen, daß jemand von Gott, von seinem Schöpfer, Rechenschaft für dessen Taten verlangt.

Das würde ich nicht als Subversion bezeichnen, denn ich habe gesagt: Die Subversion ist nicht die Rebellion, sondern sie ist eine Vorbereitung zur

Rebellion. Subversion findet statt, wenn die Situation nicht revolutionär ist, — insofern ist sie eine Vorbereitung.

Eine zumindest ebenso wichtige Frage wie die nach Hiob ist in diesem Zusammenhang: Funktioniert das überhaupt? Was passiert nach einer Revolution? Findet dort Subversion statt oder ist das Konterrevolution? Kronstadt als Beispiel. Die Enragés als Beispiel. Waren die Enragés in der Französischen Revolution, als sie anfingen, gegen die Jakobiner vorzugehen, nicht das eigentlich subversive Element, das tatsächlich viel später zum Tragen kam und dann — laut Marx zumindest — theoretisch in die Arbeiterbewegung einfloß, in den Verteilungskommunismus?

Übrigens ist es das, was die Subversion ausmacht: Gerade bei den Enragés, namentlich bei Leclerc, haben wir gewissermaßen die moderne Fassung der Subversion von Prometheus. Leclerc sagte: «Was heißt denn Gleichheit vor dem Gesetz? Was heißt hier Gleichheit des Eigentums? Was wir Enragés verlangen, ist die Gleichheit der Genüsse! Ein jeder hat das Recht, zu genießen. Das ist die wirkliche Gleichheit.»[5] Eine Sache, die nicht ohne Sprengkraft ist.

Die Gleichheit der Genüsse wird dann später von Marx in seiner «Kritik des Gothaer Programms» (Marx 1976, Bd. 19) übernommen als die neue Form, eine nicht mehr bürgerliche Form der Gleichheit: Die bürgerliche Form der Gleichheit ist die Gleichheit vor dem Gesetz oder, jakobinisch gesprochen: die Gleichheit des Kleineigentums. Marx versteht unter Gleichheit das gleiche Recht eines jeden, seine eigenen Bedürfnisse zu befriedigen. Das ist eine andere Form von Egalitarismus als die jakobinische des Kleineigentums.

Zu Hiob und dem Teufel müßtet ihr den Kollegen Heinrich von den Religionswissenschaftlern fragen.

7. November 1989

Der Durchbruch vom Mythos zum Logos
Das Prinzip der Gleichheit und der Öffentlichkeit
Der Mensch als Maß aller Dinge — die Sophisten

Wir können uns durchaus vorstellen, daß manchmal die Subversion auf leisen Sohlen daherkommt. Die Geschichte bereitet uns manchmal erfreuliche Überraschungen. Inzwischen haben wir gemerkt, daß die Subversion selbst in entlegenen Kirchengemeinden beginnen kann – als Denkprozeß, als unmerklicher. Und auf einmal ist die Subversion weg, und stattdessen ist die Vernunft auf der Straße – und zwar millionenfach. Und die Straße wird zur Tribüne des Volkes und steht als Vernunft gegen die Unvernunft der Herrschenden auf.

Daß sie in Kirchengemeinden angefangen hat, die Subversion im anderen Teil der deutschen Nation, ist gewissermaßen eine weltgeschichtliche Wiedergutmachung, wenn man sich überlegt, was aus dem biblischen Mythos geworden ist.

Dies bezieht sich nicht auf Prometheus. Prometheus ist in der Überlieferung nicht umgekippt, nicht umgedreht, nicht verfälscht worden. Selbst im Siegeszug der Rationalität und des Logos im Perikleischen Athen hat der Philosoph Demokrit (460–370 v. Chr.) in Prometheus immer noch das Emblem der Absage an alle Herrschaftsmonopole und an alle Göttermacht gesehen.

Eva hingegen widerfuhr etwas ganz anderes. Schon biblisch wurde sie bekanntlich abgestempelt als die Schlechte in dieser Sache. Die Vollendung vollzog sich dann durch den Apostel Paulus, der aus dem Emblem einer möglichen emanzipatorischen Subversion das Symbol allen Übels, eine Art Urquell aller Sündhaftigkeit gemacht hat. Auf Paulus komme ich noch zu sprechen – in bezug auf die Stellung der Frau in der Antike. Es wäre vielleicht besser gewesen, wenn er Saulus geblieben wäre.

Wenn man sich in der Geschichte der Philosophie erkundigt nach der Entwicklung der Ideen, der ideengeschichtlichen Perspektive und der Begriffe, so widerfährt einem etwas ganz Eigentümliches: Man hat den Eindruck, als ob die Ideen selbst leben würden, als ob die Menschen nur – mit Marx gesprochen – Charaktermasken wären; Träger von Ideen, Träger von Geist, der sich selber bewegt, zu sich selber kommt, aus sich selbst heraus etwas findet. Das sieht dann so aus, als ob sich die Ideen ohne jeden nennenswerten Bezug zur gesellschaftlichen, politischen und wirtschaftlichen Wirklichkeit selber bewegen würden. Selbst in der von mir so geschätzten «Geschichte der Philosophie» von Windelband – fraglos die beste Geschichte der Philosophie, die es in deutscher Sprache gibt, und eine Problemgeschichte dazu – sind die Probleme, die da immer wieder auftauchen, ein sich von selbst bewegendes Konglomerat. Aus dem Problem x wird das Problem y, und aus dem Problem y von Aristoteles, das nicht ganz geklärt wurde, entsteht schließlich die postaristotelische Philosophie. Selbst die Philosophien haben also einen abstrakten, einen leblosen Charakter, sie sind im Grunde nichts weiteres als – Texte. Das hätte man früher die «Arbeit des Begriffs» genannt. Dieses Wort stammt von Hegel und ist ein sehr wichtiges Wort. Gemeint ist damit, daß einem Begriffe eben nicht von allein einfallen. Es ist gewissermaßen die Aufforderung, ernsthaft zu lernen und zu studieren. Aber diese Arbeit des Begriffs muß auch mit der wirklichen Entwicklung in Bezug gebracht werden. Erst dann ist man in der Lage zu verstehen, warum in bestimmten Epochen, in bestimmten Situationen der Weltgeschichte etwas Neues, etwas Innovatives entsteht – oder auch Rückfälle sich bilden, Involutionen zum Alten hin, Restaurationen bis zur Reaktion.

Es ist ein langer Weg in der Wirklichkeit von dem berühmten «Aus dem Himmel, glaubten wir, würde Jupiter donnernd herrschen»[6] bis zu dem «Die Heroen sind nicht vom Himmel gesandt worden»[7] – ein langer Weg, der sich nicht etwa daraus ergab, daß im weiteren Nachdenken der Glaube überwunden wurde, sondern daß dieser Konkretisierung erst darin fand, daß die Könige entthront wurden. Die Entthronung der Idee ist nur die ideelle Seite der Entthronung, die in der Wirklichkeit stattgefunden hat. Die Helden sind nicht vom Himmel gefallen, weil die Menschen erkannt haben, daß die Könige eben nicht von Gott sind.

Es ist bei der Entwicklung unserer Thematik also mit einer langen Zeit der Kämpfe zu rechnen; einer langen Zeit der Kämpfe im alten Griechenland – wir sind immer noch im Mittelmeerraum –, die zunächst begannen als Revolte des Adels gegen die allmächtigen Könige, die dann aber sich weiterentwickelten zum Kampf des Adels untereinander um oder gegen die jeweilige Tyrannis, um einzumünden in den Kampf zunächst der Demoi gegen die Hegemonialherren, und der dann, innerhalb des Demos und der einzelnen Demoi, sich weiterentwickelte zum Kampf der verschiedenen Interessen.

Im Demos finden wir sie alle vereint – ohne die Könige – und nicht in schöner Harmonie: Der Adel, das heißt: die Grundbesitzer, ist noch da, die Handwerker, die Hafenarbeiter und die Fischer sind da, Frauen – nein, die nicht. Darüber später.

Man kann sagen, daß dieser lange Weg ein Weg der permanenten Stasis, wie es auf griechisch heißt, gewesen ist. Warum aus dem Wort Stasis das Wort Statik geworden ist, weiß ich nicht – ich bin kein Etymologe. Stasis heißt auf griechisch: Aufruhr, Aufstand. Zunächst also Stasis gegen die Könige, Stasis gegen den Tyrannen, Stasis gegen die Adligen und dann Stasis innerhalb des Demos: der verschiedenen Interessengruppen und Klassen untereinander. Es ist eine gewisse Ironie der Geschichte oder, wie Hegel sagen würde, die «List der Vernunft» (Hegel 1970, Bd. 6: 452), daß im Verlauf dieser permanenten Stasis bestimmte Vorstellungen, die zunächst einen adligen Charakter hatten, gewissermaßen demokratisiert worden sind. Man kann es wiederum die «List der Vernunft» oder die »Arbeit des Begriffs» (Hegel 1970, Bd.3 : 65) nennen, die in bestimmten gesellschaftlichen Gruppen den umwälzenden, den subversiven Charakter in der politischen Position erkennt und diese Position weitertreibt. Die Isonomia, die politische Gleichheit – heute würde man von Rechtsgleichheit sprechen – ist keineswegs eine demokratische Erfindung in Griechenland gewesen, sondern die Isonomia war als «gleiches Prinzip» das Kampfmittel gegen den Tyrannen, des Adels gegen die Könige. Das gleiche gilt für die Redefreiheit – auch sie ein Kampfmittel. Es war die Freiheit, sich offen gegen den Tyrannen auszusprechen, ihn offen zu denunzieren. Das sind erst später Prinzipien der Subversion geworden, die weiterentwickelt wurden.

Eine ähnliche «List der Vernunft», eine ähnliche Ironie der Weltgeschichte haben wir in der berühmten «Magna Charta Libertatum» von 1215 (Franz 1964: 498ff), die von der Ministerin Thatcher als das wichtigste Dokument der Weltgeschichte bezeichnet wurde, viel wichtiger als die Menschenrechtserklärung der Französischen Revolution. Um eine Ironie der Weltgeschichte handelt es sich hier, weil die Libertates, die in der Magna Charta verkündet wurden, keineswegs die späteren Rechte des Engländers gegenüber der Krone waren, sondern es war wie im alten Griechenland mit der Isonomia die Bedrohung des Königs oder die Verwirklichung der Rechte der englischen Barone gegen den König: sich dem willkürlichen Befehl des Königs zu widersetzen, ja ihn abzusetzen. Das war allerdings die Andeutung einer weiteren Entwicklung, weil auch das Privateigentum abgesichert wurde vor dem willkürlichen Zugriff von Seiten des Königs.

In England wie im alten Griechenland also tauchen Prinzipien auf, deren revolutionierender Charakter in der Politik, zumindest in der politischen Form, nicht erkennbar war.

Im Vorverlauf zu dieser Konkretisierung der früheren Positionen – nicht zur politischen Theorie – können wir hier, nebenbei bemerkt, etwas feststellen, was zwar nur von geschichtlicher Bedeutung ist, was aber vielleicht wichtig ist zur Bereicherung des Wissens und der Bildung: Wir leben heute mit Begriffen, die in der damaligen Zeit entstanden sind. Man kann gerechterweise sagen, daß zwei Zentren der Antike sich das Geburtsrecht unserer politischen Sprache teilen: sowohl die attische Welt wie die römische Welt. Selbst das Wort «Politik» kommt bekanntlich von «Politeia», dem «öffentlichen Leben». «Polis» ist dann gewissermaßen die organisatorische Form des öffentlichen Lebens. Wir wissen, daß das Wort «res publica», Republik, auch nichts weiter bedeutet als die «öffentliche Sache». Selbst die Kirche, «Ecclesia», die noch im Wort «ekklesiastisch» nachklingt, hat diesen politischen Urgrund. Ecclesia war das griechische Wort für die Volksversammlung.

Und jetzt komme ich auf Paulus zurück; auf das berühmte Wort von Paulus, das in letzter Zeit von Teilen der katholischen Kirche immer wieder vorgebracht wird: Die Frau habe in der Ecclesia zu schweigen. Es ist viel wichtiger und greift viel tiefer als im heutigen Verständnis, daß die Frau auszuschalten sei aus dem Priesteramt. Denn Ecclesia bedeutete damals noch nicht Kirche oder Gemeinde, sondern: Volksversammlung – der Sinn dieses Wortes lautet also, daß die Frau von der Entscheidungsinstanz der Volksversammlung, und das war in jener Zeit die Entscheidungsinstanz der Urgemeinde, auszuschließen sei.

Auch Bezeichnungen, die wir sonst immer wieder im alltäglichen politischen und politologischen Geschäft gebrauchen: Aristokratie, Monarchie, Oligarchie, Timokratie – das sind alles Wörter, die aus dem Griechischen stammen und im Laufe der Kämpfe entstanden sind. Es ist außerdem keineswegs so, daß irgendein Philosoph – etwa Aristoteles – sich anheischig gemacht hätte, die Staatsformen rein begrifflich zu definieren. Aristoteles in seiner «Politica» (Aristoteles, Werke, 1991) hat vielmehr die ihm bekannten Verfassungen mit ihren vorhandenen Problematiken einfach deskriptiv aufgenommen und ihnen den Namen gegeben, den sie sich selber gegeben hatten. «Aristokratie», das ist die Herrschaft der Besten; «Oligarchie», das ist die Herrschaft weniger; «Monarchie» ist die Herrschaft des einen und «Timokratie» sollte die Herrschaft der Gesetze sein. Bei dem Wort «Demokratie» scheitert Aristoteles, und hier zeigt sich, was er in Wirklichkeit war: ein ganz konservativer Denker. Demokratie übernimmt er in einer neuen Form, die auf deutsch dann «Pöbelherrschaft» heißen könnte. Doch das Wort «Pöbel» ist ja neulich auch in unserem Westberliner politischen Leben gefallen, als das Volk sich zu Wort meldete in unbotmäßiger Weise.

Aber es ist auch die andere Seite in Erinnerung zu bringen. Wir leben in einer Republik, gewissermaßen also voll aus dem Römischen; wir haben einen Senat, der auch römischen Ursprungs ist, ebenso wie Plebiszit, Proletariat und Klasse. Interessant ist das Plebiszit, das heute ein Modewort der Basisdemokratie geworden ist: die Zustimmung des Volkes. Sie war zunächst nur auf die Plebs bezogen; nur die Plebs hatte das Recht, ein Plebiszit durchzuführen. – Aber wie gesagt: Ihr sollt nicht vergessen, daß das, was damals sich mühsam entwickelte, keineswegs ein historisches Gut ist – nur für Historiker gut. Sondern das ist etwas, aus dem wir schon deshalb lernen, weil es inzwischen zum Teil unseres unmittelbaren Lebens geworden ist.

Das alles zum Vorverständnis für die erstaunliche Tatsache, daß in Griechenland das Denken gewissermaßen als Subversion begann – allerdings nicht etwa in der Form, daß da lediglich kluge Köpfe auf subversive Gedanken gekommen wären; ich hatte schon darauf hingewiesen. Die Umwälzung, die eigentlich stattgefunden hat, die Umwälzung des Überlieferten ist gewissermaßen dieser Denkarbeit vorgelagert. Die Denkarbeit selbst ist Folge schon veränderter Verhältnisse. Jedoch: Keineswegs ist es so, daß die Frage klar entschieden werden könnte, ob zunächst subversives Denken etwas in Bewegung gebracht hätte oder umgekehrt: ob die Wirklichkeit, in Bewegung gebracht, dazu geführt hätte, daß die klugen Köpfe begannen, sich zu bewegen und anders zu denken.

Der Grund ist schon die Stasis, ist das, was Heraklit meinte: «Der Konflikt (nicht der Krieg) ist der Vater aller Dinge.»[8] In der Tat war der Konflikt in der jeweiligen konkreten geschichtlichen Gesellschaftssituation immer der Ursprungspunkt für neue Denkanstöße. Die Stasis also, der permanente Aufruhr in diesen Stadtstaaten, war die Bedingung für die Entwicklung des subversiven Denkens. Nicht von ungefähr fanden Platon und Aristoteles in der Stasis, im Prinzip Aufruhr immer den Grund allen Übels; und sie schrieben eben ihre «Politeia» der eine und «Politik» der andere in dem Versuch, aus dem Zustand des permanenten Aufstands herauszukommen und eine politische Ordnung zu finden, die in sich selbst die Garantie tragen sollte, daß es zu keiner Rebellion und zu keiner Störung der Ordnung mehr kommen sollte.

Wie Platon dem gegenüberstand, brauche ich hier nicht anzuführen. Ob Platon subversiv gedacht hat, könnte man vielleicht in einer Minute sagen. Er gilt als einer der Urahnen des Kommunismus, aber nur deshalb, weil die marxistischen Historiker sich immer große Mühe gegeben haben, Urahnen zu finden, um sich geschichtlich abzusichern – aus keinem anderen Grund.

Aristoteles' «Politik» ist das Grundbuch der Politik und von allen Politologen zu lesen – zwecks Staatsexamens vor allem. Das Buch ist stellenweise eigentlich ein Traktat zur Verhütung von Umsturzmöglichkeiten und -versuchen.

Alle klugen Köpfe sind in Bewegung gebracht – allerdings nicht nur durch die innere Situation, sondern auch durch die äußere Situation; durch die äußere Situation zum Beispiel des Krieges gegen die Perser; durch die Situation, die hervorbrach nach dem Sieg gegen die Perser. Diese Situation führte zu einer wirtschaftlichen Blüte, die auch zum Teil den Grund lieferte für die kurz darauf einsetzende, unerhörte kulturelle Blüte. Man nennt das Perikleische Zeitalter eine der größten Epochen der Kulturgeschichte.

Aber es ist ja wie gesagt nicht nur die Tatsache, daß man anfängt zu denken, die dazu führt, daß das Denken auf einmal Unbotmäßiges produziert, sondern dies liegt auch daran, daß sich aus wirtschaftlichen, internationalen und gesellschaftlichen Gründen Zentren bilden, Zentren einer auch politischen Kultur neuen Typs, nämlich der Demokratie. Ich denke hier natürlich an die Perikleische Demokratie. Perikles herrschte von 461 bis 429 und war der Anführer der radikalen Demokraten. Auf die radikale Athener Demokratie werde ich nachher noch kurz zu sprechen kommen.

Das bedeutet also: Daß das politische Denken in einem umwälzenden und nicht botmäßigen Sinne sich entwickelt und wahrhaft stattfindet, liegt schon politisch in der Ablösung der Adelsvorherrschaft durch den Einbruch der Demoi in die Politik begründet – bedingt durch die Persersiege. Kleisthenes' große Reform im Jahre 507, sieben Jahre vor der Geburt von Perikles, war gewissermaßen das auslösende politische Moment für diese Umwälzung. Im Grunde hat er in seiner Reform etwas sehr Einfaches gemacht. Obwohl er selbst ein Adliger war – vergessen wir nicht, daß im Grunde auch Perikles zu den Adelsfamilien gehörte – wollte er erreichen, daß das Volk unmittelbar mit seinen Repräsentanten zwar in der Agora, auf dem Marktplatz, zusammenkam, daß aber das ganze Volk von Athen sich sogenannte Fraktionssprecher wählte. Der Name dieser Fraktionssprecher ist in Mißkredit geraten – es waren die Demagogoi, die Demagogen. Warum das Wort in Mißkredit geraten ist, verstehe ich nicht, denn wenn die Demagogen schlecht sind, dann müßten die Pädagogen auch schlecht sein; erstaunlicherweise macht man da den Unterschied heute nicht. Kleisthenes wollte die Vorherrschaft, die Hegemonie des Adels dadurch zerschlagen, daß er an die Stelle des Familienverbandes, einer qualitativen Größe, die reine Quantität setzte. Dies war im Grunde vielleicht der erste Schritt zur Demokratisierung der politischen Entscheidungsprozesse. Er teilte Athen in gleichmäßig große Phylen ein – die später dann «Demos» hießen –, die quer durch die Familienverbände gingen und damit deren Vormacht zerstörten. Damit war der Weg zu der Möglichkeit offen, daß in der einzelnen Phyle – weil die Familienverbände nicht mehr herrschten – der Demos selbst, das Volk, unmittelbar zur Sprache kommen konnte. Demos hieß übrigens zunächst gar nicht «Volk». Es war vielmehr die geographisch-gesellschaftliche Bezeichnung einer Bevölkerungsgruppe, also primär gesellschaftlich. Aber geographisch insofern, als der Demos die Lokalisierung dieser Gruppe bezeichnete. Am treffendsten würde man auf Berlinerisch das Wort Demos eigentlich mit «Kiez» übersetzen. Die Herrschaft des Demos ist also nicht die Herrschaft des Volkes, sondern die Herrschaft der vielen Kieze.

Die Isonomia – aller Freien allerdings nur – hatte noch eine andere Wirkung. Erstens muß man sagen, daß die Zerschlagung der Familienverbände durch Kleisthenes auch dazu führte, daß als naturgegeben erachtete Bindungen zerschlagen wurden, daß also der lebendige Organismus einer Familie seinen tragenden Charakter, seine tragende Eigenschaft verlor. Sie löste sich auf – nicht der lebendige Organismus – und machte den einzelnen Menschen Platz. Und das ist wichtig. Es wird daraus ersichtlich, daß aus dem Prinzip der Isonomia aller Freien, aus dem Prinzip also, daß alle Freien unter sich gleich sind, erst die Möglichkeit gefunden wird, um aus der naturhaften Umklammerung des Familienverbandes, aus den Noch-Überresten mythischer Umklammerung, aus der Natur herauszutreten und sich selbst als Mensch – subjektiv – seines eigenen Wertes bewußt zu werden. Man kann also sagen: Die Isonomia hat dazu geführt, daß diesen wenigen Freien anstelle der Orientierung an der Natur, die in der vorattischen Philosophie noch gang und gäbe war – ich zitierte Thales: «Das Wasser ist das Prinzip aller Dinge»[9], die Naturelemente wurden an die Stelle der Götter gesetzt –, der Mensch in den Mittelpunkt gerückt. Nicht mehr die Natur ist das Wesentliche für das Interesse der Menschen, sondern der Mensch selbst. Der sogenannte Anthropozentrismus wird also gewissermaßen aus dem Geist aller Freien geboren.

Die Sophisten sind in diesem Zusammenhang keineswegs die Vertreter oder gar die Begründer der Demokratie. Sie sind vielmehr die Denker einer Demokratie, die sie überhaupt erst hervorgebracht hat. Hier ist die Athener Demokratie gemeint, denn die Sophisten waren die eigentlichen Philosophen oder Wanderlehrer der Athener Demokratie. Die Athener Demokratie hat bekanntlich ihre Probleme – vor allem für uns: die Demokratie in ihrer Grundlage und in der Zuspitzung ihrer Problematik, die dann später zur Auflösung der Polis führte. Ich brauche darüber nicht im einzelnen zu berichten, es gibt viele Bücher dazu. Die eigentlichen Prinzipien sind bekannt: Souverän ist das Volk, das sich in der Agora trifft, auf dem Markt; das große Prinzip ist das Prinzip der Öffentlichkeit, alles wird öffentlich verhandelt. Wichtig also sind: Ecclesia – Volksversammlung –, Agora – Markt – und Prinzip Öffentlichkeit.

Dann, bei Perikles, erfolgte die Öffnung der höchsten Gerichtsbarkeit auch für die Mitglieder der Unterschichten des Volkes. Perikles versuchte, gerade den Angehörigen der unteren Schichten des Volkes die Beteiligung an der Ecclesia zu ermöglichen. Die unteren Schichten bestanden aus Handwerkern, Hafenarbeitern und Fischern, für die die Teilnahme an den Volksversammlungen verbunden war mit einem Verlust an Lohn oder an Gewinn. Der Adel war ja frei. Perikles versuchte das mit einer Methode, die euch allen bekannt ist und die in unserer Zeit eine etwas unrühmliche Rolle spielt: Er erfand die Diäten. Diejenigen, die nicht über Eigentum verfügten und von der eigenen Hände Arbeit lebten, bekamen an jedem Tag der Volksversammlung eine Bezahlung, eine Diät. Das alles ist bekannt, darauf brauche ich nicht einzugehen, und es ist auch nichts Subversives.

Das Problem lag aber darin, daß die Demokratie in Athen als Polis eine Polis der gleichen Freien war. Eine Polis nicht der Gleichen und Freien, sondern der Freien, die unter sich blieben und nur unter sich gleich waren. Isonomia war nicht etwa wirtschaftliche Gleichheit, wie in Sparta, sondern politische Freiheit und Redefreiheit, die Freiheit der politischen Argumentation. Die Freien waren nicht nur die Reichen, die Gutsbesitzer. Es waren, wie gesagt, auch die Handwerker, die Hafenarbeiter und die Fischer – sie waren die Freien.

Im Grunde ist das Prinzip richtig, daß in einer Demokratie nur freie Menschen entscheiden dürfen. Das Prinzip ist richtig, doch die Verwirklichung schloß einfach aus dem Kreis der Freien und aus dem Segen der Isonomia die Frauen, die Metöken und die Sklaven aus.

Daß die Frauen und die Metöken aus der Ecclesia ausgeschlossen wurden, ist oftmals an der Athener Demokratie bemängelt worden – manchmal nicht ohne komische Aspekte. So gibt es einige Werke des vorigen Jahrhunderts, in denen zwar immer wieder lobend von der Perikleischen Demokratie gesprochen wird, doch jeweils mit dem Einwand, eine eigentliche Demokratie hätte es nicht gegeben; denn zum Beispiel seien die Frauen aus allen politischen Entscheidungen ausgeschlossen gewesen – gerade so, als hätte es im vorigen Jahrhundert das Frauenwahlrecht gegeben. Daß die Metöken, also die Fremdarbeiter, aus der Politik ausgeschlossen wurden, obwohl sie Steuern zahlen mußten, dies an der Athener Demokratie zu bemängeln wäre vielleicht dann berechtigt, wenn wir hier ein Ausländerwahlrecht hätten. – Mit anderen Worten: Aus der Athener Demokratie waren diejenigen Bevölkerungsgruppen ausgeschlossen, die auch lange nach dem Siegeszug der parlamentarischen Demokratie im Westen von dieser ausgeschlossen blieben.

Die Konsequenz war, daß es sich zwar um eine freie Gesellschaft gehandelt hat, doch es war eine ausgesprochen geschlechtsspezifisch geschlossene, eine eindeutig homoerotisch-männliche Gesellschaft. Das festzuhalten ist wichtig, weil gerade gegen diese männliche Gesellschaft, gegen die Reduzierung der Isonomia nur auf die Männer, sich schon damals Stimmen erhoben. Das ist das eine.

Das zweite ist, daß wir es nicht nur mit einer Gesellschaft der gleichen Freien zu tun haben, sondern – in einem anderen Wortsinn – mit einer Arbeitslosen-Gesellschaft. Es war eine Gesellschaft, in der zweifellos Handwerker, Hafenarbeiter und Fischer gearbeitet haben, gegen Lohn – das gab es schon damals: Lohnarbeiter. Das galt jedoch nicht für die Träger der Kultur und für die Demagogoi, die gewählten Sprecher des Volkes. Sie waren allesamt reich. Die eigentlichen Träger des Reichtums und der Kultur lebten im Zustand der Arbeitslosigkeit. Dieser Zustand wurde nicht nur nicht als Mangel betrachtet, sondern er wurde als eine spezifische Form des gesellschaftlichen Glücks angesehen. Die Athener Demokratie war eine Sklavenhalter-Gesellschaft.

Es wird ja so leicht dahergesagt: eine Sklavenhalter-Gesellschaft. Man muß aber vielleicht einiges differenzierter sehen. Friedrich Engels machte sich einmal in etwas grober Weise lustig über die – durchaus berechtigte – Lobpreisung der griechischen Kultur: Diese Herren, diese Kulturmenschen, Burkhard zum Beispiel, seien so fasziniert von der Größe der griechischen Kultur, Kunst, Literatur, Dichtung, Philosophie und wüßten nicht, daß all die Künstler, Philosophen, Dichter, Denker und sonstigen Literaten nur deshalb so gut leben konnten, weil die Sklaven auf den Feldern für sie die Agrargüter bereitstellten. Es handelt sich also nicht um eine Sklavenhalter-Gesellschaft in einem bloß abstrakten Sinne, – doch muß hinzugefügt werden: Diese ist nicht zu verwechseln mit der Sklavenhalter-Gesellschaft des nordamerikanischen Südens in den berüchtigten Plantagen. In diesen Plantagen war der Sklave ein beliebig auswechselbares Werkzeug, während der Sklave in der Antike – auf jeden Fall in der griechischen Antike – als durchaus kostbares Gut betrachtet wurde. Der schon erwähnte Demokrit sagt in seinem Fragment 270: «Gebrauche deine Sklaven wie Glieder deines Körpers» (Capelle 1968: 456). Es herrschte also eine andere Auffassung vom Sklaven, als wir sie in späteren Gesellschaften finden. Eines aber stand fest, und das nicht nur bei Aristoteles, sondern im allgemeinen Denken: Der Sklave sei eine Sache. Er war also kein Mensch. Doch in Wirklichkeit war diese Sklavenhalter-Gesellschaft noch etwas anderes: Das berühmte Prinzip des Schönen und Guten war möglich, weil es sich nicht eigentlich um eine Sklavenhalter-Gesellschaft handelte, sondern um eine von Sklaven getragene und am Leben erhaltene Gesellschaft.

Sokrates fand es skandalös, daß die Sophisten – er war zwar auch einer – gegen Geld bereit waren, zu lehren: zu lehren, was Tugend sei. Er konnte gut reden, denn er gehörte auch zu denen, die nicht zu arbeiten brauchten. Das eigentlich Skandalöse für das griechische Bewußtsein war damals (und das ist eben das Interessante), daß da Philosophen nicht nur philosophierten und nicht nur von Gastmahl zu Gastmahl gingen, um kluge Gespräche zu führen, sondern daß Philosophen gegen Entgelt Philosophie lehrten, gegen Bezahlung also im Volke die Weisheit verkündeten. Diese Einstellung hat sich lange gehalten: Ich kann mich erinnern, daß es in meiner Studienzeit gang und gäbe war – wahrscheinlich ist es heute noch genauso –, über die Sophisten schon deshalb abfällig zu sprechen, weil sie gegen Bezahlung Philosophie lehrten, – als ob die Professoren der Philosophie heute ohne Bezahlung lehren würden.

Aber wie gesagt: Das war damals skandalös, weil das Arbeiten, das handwerkliche Arbeiten oder gar das Arbeiten auf dem Lande als etwas Negatives gefaßt wurde. Nicht etwa, daß der Gedanke selber falsch wäre, denn ihr wißt ja alle, daß die Arbeit im Grunde eine Plackerei ist und daß der ideale Zustand der Gesellschaft nur darin liegen kann, daß das Maß an gesellschaftlich notwendiger Arbeit auf ein Minimum reduziert wird. Aber nicht so, daß dieses Minimum reserviert wird für einen Teil der Bevölkerung, während der andere Teil in Muße seine schöpferische Tätigkeit pflegen kann. Die gerechte Verteilung der Arbeitslosigkeit sozusagen – das ist etwas anderes als das, was damals in Griechenland gang und gäbe war.

Noch eine Bemerkung zum Logos. Ich sagte, daß die Zeit des Durchbruchs vom Mythos zum Logos, zum Denken, eine lange Zeit war und auch eine Zeit des Umbruchs. Aber es war keine Zeit des gesellschaftlichen Bruchs. Man kann sagen, daß der Übergang im Denken sich durchaus allmählich subversiv vollzog. Die Theorie war schon am Anfang umstürzlerisch, wenn auch befangen in der Beschaffenheit des ursprünglichen Denkens. Doch in Griechenland fand keine Änderung dessen statt, was wir heute Produktions- und Reproduktionsweise nennen. Änderungen fanden nur in der Politik, in der politischen Reform statt. Hier liegt zum Beispiel ein großer Unterschied der griechischen Entwicklung gegenüber der römischen, in der wir einen ziemlich harten Bruch konstatieren können zwischen der alten römischen Bauernrepublik, die fast ohne Sklaven auskam, und der späteren Klassenwirtschaft, die erst nach den Siegen über Karthago anfing, sich wirklich zu entwickeln.

Allerdings fand in Griechenland eine Revolution des Bewußtseins statt. Diese Revolution begann – wie ich schon das letzte Mal sagte – mit dem Nachdenken über die äußere Wirklichkeit. Die Kosmogonie, die Theorie des Kosmos: Wie Kosmos entsteht, wie äußere Realität entsteht, war ein Jahrhundert vor Perikles das eigentliche Motiv des Denkens. Demokrit sagte später sogar über die Zeit, daß es überhaupt keinen Anfang in der Weltentwicklung gegeben habe. Das war eine geradezu spekulativ und metaphysisch gehaltene naturphilosophische Abschaffung der Götterwelt. An die Stelle der Schöpfung trat eine natürliche Evolution – eine materialistische Theorie übrigens –, die mit ihrer Auffassung der Entstehung der Welt und des Kosmos immer wieder verfolgt wurde bis in die Zeit von Kant. Aber das war natürlich nicht Subversion im politischen Sinne. Diese Vorsokratiker, wie sie oft genannt werden, haben zwar wirklich die ganze Gedankenwelt in Bewegung gebracht, und insofern haben sie umstürzlerisch gewirkt, aber sie haben gewissermaßen auf neutralem Boden – eben dem der Naturgewalten – gearbeitet.

Etwas anderes war es mit zweien von ihnen, die wohl zu den größten gehören, die nicht nur in der von ihnen versuchten philosophischen Systematisierung der Wirklichkeit subversiv dachten, sondern die von vornherein die beiden großen Stränge begonnen haben, die wir in der weiteren Geschichte der Subversion immer wieder feststellen werden: Der eine Strang ist der materialistische, der andere ist der idealistische. Der Kampf zwischen Geist und Materie gewissermaßen, zwischen Idealismus und Materialismus, beginnt gleich am Anfang der Philosophie. Anaxagoras heißt der eine, Demokrit der andere. Beide von den Athenern der Gottlosigkeit angeklagt, mußten ins Exil gehen.

Anaxagoras ist geistes- und philosophiegeschichtlich sehr interessant. Er ist, so könnte man sagen, der Begründer des Idealismus; und es ist schon eine verblüffende Erscheinung, daß in der gleichen Zeit, in der seine philosophischen Kollegen sich stritten, ob das Wasser oder das Feuer oder die Luft oder alle drei, ob die Bewegung oder das absolute Sein das Prinzip der Welt sei – daß Anaxagoras vielmehr das Prinzip der Wirklichkeit im «Nous» fand, in dem unendlichen Denken, in dem er die Einheit – durchaus die Einheit der Widersprüche – konstatierte. Man kann sagen, daß Anaxagoras als erster Idealist zugleich auch der erste Dialektiker ist, der den Dualismus im wirklichen Zusammenhang von Sein und Materie gesehen hat. Ob das Gottlosigkeit war, wie die Athener meinten, könnte man bezweifeln. Es gibt eine christologische Interpretation des Anaxagoras, die einfach sagt: Anaxagoras habe mit «Nous» den alleinigen und allmächtigen Gott gemeint. Man könnte also folgern, er sei nicht gottlos gewesen, doch dürfen wir nicht vergessen, daß für die Griechen der Monotheismus ein Greuel war.

Anders Demokrit, der Begründer der Atomlehre, der Erfinder des Begriffs «Atom» überhaupt: Für ihn war die Wirklichkeit nichts weiter als eine durch bestimmte Bedingungen und auch Zufälle bewirkte Zusammensetzung von einzelnen Atomen. In einem Punkt war er auch Anhänger des früheren Heraklit. Von Heraklit stammen die Worte: «Der Konflikt ist der Vater aller Dinge» und «Alles fließt». Dieses Prinzip des Heraklit wurde von Demokrit übernommen und auf seine Atomlehre übertragen. Er war auch einer der ersten Philosophen, die sich ihrer eigenen gesellschaftlichen Bedeutsamkeit durchaus bewußt waren. «Lieber einen einzigen Beweis finden, als König der Perser sein.»[10] Das war ihm also wichtiger. Und in seinem Beweis meldet sich schon der Materialismus als Dialektik an. Im Anschluß an Heraklits Auffassung von der Bewegung und der Entwicklung als Grundelementen der Wirklichkeit sagt Demokrit, daß das Nichts eher entstanden sei als das Ichts — das Nichts und das Ichts sind griechische Wortspielereien, die man schlecht ins Deutsche übertragen kann. Noch lange vor Hegels berühmtem Satz also, daß das Sein das Nichts sei, entdeckt Demokrit, daß das Nichts die Daseinsvoraussetzung des Wirklichen ist. «Erst die Leere», sagt er zu Recht, «erst das Nichts ermöglicht überhaupt die Bewegung der Atome»[11], die Konstitution von Wirklichkeit. Zum ersten Mal erscheint hier — in sehr roher Fassung noch — der Gedanke, daß die Negation der eigentliche Ausgangspunkt der Wirklichkeit sei; ein Gedanke, der auch politisch nicht ohne Bedeutung blieb.

In dieser Welt — sei es des Nous, sei es der Atome — finden die Götter keinen Platz. Und wo die Götter keinen Platz mehr haben und die Naturgewalten sich auflösen — entweder in einem Spiel der Atome oder in dem durchdringenden Wirken des umfassenden Denkens —, da finden auf einmal die Menschen Platz.

Schon die Gewinnung des Feuers — Prometheus-Mythos — war für diese Philosophen das Zeichen, daß der Mensch sozusagen ins Menschsein eingetreten ist und daß er sich eben als Subjekt erkennt. Demokrit selbst sagt: «Der einzelne Mensch ist ein Kosmos im kleinen» (Capelle 1968: 422), das heißt, der einzelne Mensch ist und trägt in sich praktisch die ganze Welt. Die Gewinnung des Feuers wurde mit einem Wort bezeichnet, das bis auf den heutigen Tag weiter gilt und gerade neu problematisiert wird. Es wird die gesamte Problematik der Beziehung zwischen Mensch und Natur gewissermaßen zur «Technai», zur Erfindung. Die Übersetzung des Mythos von Prometheus in die neue Sprache der Philosophie, die Technai, ist gefunden — der Mensch kann sein Leben selbst gestalten.

Der Anthropozentrismus kommt also auf die weltgeschichtliche Bühne bei den Sophisten, die die eigentlichen Philosophen des Anthropozentrismus gewesen sind aus Gründen, die — ich wiederhole — keineswegs lediglich in ihren Köpfen zu finden waren. Sie waren Wanderlehrer in einer Demokratie, in der die Redekunst, die Argumentation wichtig war. Und sie waren Wanderlehrer in einem Gemeinwesen, in dem auf einmal nicht mehr irgendein von Gott geschickter König, nicht mehr der Adel — der ja im Grunde auch mit den Göttern verbunden war — das Sagen hatte, sondern der schlichte, einfache gleiche Mann. Die Sophisten hatten ein eigentümliches Schicksal. Heute ist es ja üblich, von Sophisterei zu reden im Sinne des Erschleichens eines Beweises, der Vortäuschung falscher Tatsachen, eines üblen Tricks und Betrugs. Es hat lange Zeit gedauert, bis dieses Urteil über die Sophisten korrigiert wurde. Meines Erachtens war Hegel der erste, der in den Sophisten nicht Meister der Erschleichung von Beweisen sah, sondern, wie er sagt, die Vertreter der altgriechischen Aufklärung. Mit anderen Worten: Was die Aufklärung in neuerer Zeit gemacht hat, mit dem Überlieferten des Mittelalters aufzuräumen, das hätten die Sophisten in Griechenland gemacht.

Gewiß ist die griechische Aufklärung nicht die europäische Aufklärung, das hat Hegel übersehen, weil er eben Idealist war. Die europäische Aufklärung — das waren die Jahre der Französischen Revolution — war verbunden mit dem Aufstieg der Bourgeoisie auf der klassenpolitischen Seite und, ökonomisch gesehen, mit dem Beginn der großen Entfaltung der kapitalistischen Produktionsweise. Die griechischen Aufklärer haben schon die politische Form vorgefunden, in der sie leben konnten — im Gegensatz zur französischen Aufklärung, die ja ein Vorbote der damaligen Demokratie war. Sie haben diese Wirklichkeit schon vorgefunden und: Diese Wirklichkeit war charakterisiert lediglich durch die Änderung der politischen Form, keineswegs aber durch eine Änderung dessen, was man früher als Basis und Produktionsweise bezeichnete, was man also das ganze sozioökonomische System nennen könnte.

Das aber, was die Sophisten als Aufklärer erzielt und bewerkstelligt haben, ist in der französischen Aufklärung nur ansatzweise zu finden, bei Voltaire vielleicht am stärksten, bei Diderot schon weniger: Die Sophisten haben zwar immer mit dem Logos gearbeitet, sie haben die Vorherrschaft des Denkens betont, doch haben sie ihn zugleich auch verfügbar gemacht. Mit anderen Worten: Der Logos ist nicht nur freigesetzt worden, sondern er ist in seiner Freisetzung wieder zurückgekoppelt worden an bestimmte Interessen, Gruppen und jeweils begründete Parteinahmen. Man könnte sagen, daß das eigentliche Problem der Sophisten nicht die sogenannte Sophisterei war, sondern daß sie den Logos freigegeben haben für die Begründung aller möglichen Positionen. Das war schon im Prinzip der Redefreiheit enthalten, denn diese Redefreiheit bedeutete auch: alle Positionen begründen zu können. Es kam also auf die Freiheit und auch auf die Fähigkeit des Argumentierens an — und zwar bis hin zur radikalen Relativierung aller überlieferten Werte. Gerade die Tatsache jedoch, daß der Logos verfügbar gemacht wurde, führte dazu, daß keinesfalls gesagt werden kann, die Sophisten seien per se subversive Denker gewesen.

Es gab vielmehr in der Möglichkeit der verfügbaren Parteinahme das, was ich als «Eversion» bezeichnet habe: daß also die Sophisten nicht nur daran interessiert waren, auf der Seite der Mächtigen zu sein, sondern selbst mächtig zu werden. Da sind Namen wie Thrasymachos und Kritias, Namen, die uns eigentlich nichts zu sagen brauchen. Sie verteidigten das Recht des Stärkeren. Antidemokratisch eingestellt, trachteten sie nach der Wiederherstellung des Rechts des Adels. Kritias wurde dann selber nach dem Ende der Perikleischen Ära zum Tyrannen von Athen.

Anders bei anderen Sophisten – bei Protagoras vor allem und in einem geringeren, aber zerstörerischen Sinn bei Gorgias. Zerstörerischer Sinn: Vergessen wir nicht, die Definition von Subversion heißt Umsturz und Zerstörung! Protagoras lebte von 481 bis 411, Gorgias von 485 bis 380.

Protagoras war, wie übrigens auch Anaxagoras und Demokrit, mit Perikles verbunden; daher die Verknüpfung zwischen Philosophie und Politik in der Perikleischen Ära. Protagoras ist derjenige, der wohl am stärksten hat argumentativ arbeiten können, der als Lehrer auch den größten Erfolg gehabt hat. Deshalb war Protagoras der eigentliche Gegenspieler von Sokrates. Zu beachten ist: Für den Erfolg ist immer auch die gesellschaftliche Wirklichkeit zu sehen, die Agora, der Marktplatz. Eine in der Agora stattfindende Politik verlangt in der Tat die Verfügbarkeit des Logos, denn sie verlangt, daß jede Partei, jede Interessensgruppe ihren eigenen Demagogos findet, ihren eigenen Sprecher, der in der Lage ist, mit den anderen argumentativ zu diskutieren – vor allem deshalb, weil die Argumentation in keinem geschlossenen Raum stattfindet, sondern in der Öffentlichkeit.

Diese Öffentlichkeit war damals ein Lebenselement, heute ist es bekanntlich anders. Wenn heute wichtige parteiinterne Fragen zu entscheiden sind, heißt es immer, man solle das nicht auf dem Markt austragen – während der wirkliche Sinn der Demokratie darin liegt, gerade die schwierigen Dinge auf dem Markt, also öffentlich, auszutragen.

Agora und Demokratia verlangen jedoch nicht nur die öffentliche Rede und Redefähigkeit, sondern sie verlangen tatsächlich auch den Anthropozentrismus, weil auf einmal nicht mehr Naturprobleme diskutiert werden, sondern gesellschaftliche Probleme. Die in der Volksversammlung zusammenkommenden Demoi der Athener Polis hatten nicht zu entscheiden und wollten auch nicht entscheiden über religiöse Fragen, über Gott, die Welt, die Natur, sondern über Steuergelder, Krieg und Frieden und Eroberung oder Nichteroberung anderer Länder. Und vor allem: In dieser Situation der Beteiligung an der Politik erkennt der Mensch – daher der Anthropozentrismus – sich selbst als Subjekt und als selbstbestimmt. Es ist nicht mehr der Gott noch der König, der über das Schicksal des Gemeinwesens zu entscheiden hat, sondern: Eine jede Stimme zählt – würde man heute sagen, wenn auch die Realität vielleicht etwas anders aussah. Daher der berühmte «Homomensura-Satz» von Protagoras, der nicht nur in die Geschichte eingegangen ist, vielmehr als vorhandene Wirklichkeit Geschichte gemacht hat: «Der Mensch sei der Maßstab aller Dinge, der seienden, daß sie sind, der nichtseienden, daß sie nicht sind.» (Capelle 1968: 327) Mit anderen Worten: Der Mensch entscheidet, was existentiell wichtig und existentiell wirklich ist.

Die Entscheidung über die Wirklichkeit einer Sache wird in Ansehung des Menschen getroffen, in Ansehung der Beziehung der Sache zum Menschen und des Menschen zur Sache. Das wird heute wohl kaum in Frage gestellt. Damals sah es anders aus, war es in der Tat ein Gedanke, der die Welt erschüttern konnte. Der Mensch war nicht mehr Spielball der Ananke, der Notwendigkeit, des Schicksals, sondern aus ihm wurde der Mittelpunkt der ganzen Welt.

Es ließe sich natürlich viel über das eben Gesagte debattieren, weil wir heute in eine andere Situation geraten sind. Neulich hörte ich eine Fernsehdiskussion von jungen Leuten, von denen einer mit großem Ernst sagte, er habe doch einige Zweifel, ob der Mensch wirklich die Krone der Schöpfung sei. Nun: Ich teile diesen Zweifel, weil ich nicht an die Schöpfung glaube. Doch die Frage danach ist schon zu stellen. Ich habe darüber mit einem euch vielleicht bekannten Bergsteiger diskutiert, dem Messner. Und er sagte auch – also er ist in Wirklichkeit ein Südtiroler Anarchist, das habt ihr wahrscheinlich nicht gewußt; er ist auch einer der Anführer der autonomen Liste für ein anderes Südtirol –, natürlich sei der Mensch nicht die Krone der Schöpfung. Da er Bergsteiger ist, sagte er: «Man kann sagen, daß die Krone der Natur alle Berge sind über dreitausend hinaus.» Worauf ich ihm antwortete: «Das Eigentümliche ist – und das finden wir bei Protagoras, daß der Mensch entscheidet, daß die Achttausender die Krone der Natur sind. Die Natur weiß das gar nicht und die Berge auch nicht.» – Das ist also der Sinn des Wortes, daß der Mensch das Maß sei all der Dinge, die sind, daß sie sind und all der Dinge, die nicht sind, daß sie nicht sind. Es ist wichtig und richtig, um noch einmal auf die Frage zu kommen, auch zu sagen, daß die Natur den Menschen nicht braucht, der Mensch aber die Natur braucht. Aber ebenso wichtig ist es, hinzuzufügen: Nur der Mensch weiß das, die Natur weiß es nicht.

Das ist also wiederum eine Umzentrierung auf den Menschen hin. Ich finde es an und für sich sehr gut, daß man immer wieder von Umweltschutz spricht, denn dieses Wort Umweltschutz zeigt, daß es etwas gibt, um das herum die Natur heil zu bleiben hat: den Menschen.

Es war nicht nur die Zentrierung der Wirklichkeit auf den Menschen, was die Lehre von Protagoras ausmacht. Genauso wichtig für die Politik, genauso das Überlieferte zersetzend war die Entthronung des Absoluten, die er vornahm. Die Entthronung des Absoluten war die Entthronung des Prinzips von Sokrates: zum Beispiel, daß die Tugend erkennbar sei, daß also die Tugend etwas Absolutes sei, unabhängig vom Willen und von den Interessen des Menschen. Und daß eben als solches absolutes, vom Menschen befreites Gut, die Tugend zu erlernen sei; dadurch könne der Mensch zum absoluten Wissen des Guten und Bösen kommen und selber gut werden. Dagegen setzte Protagoras das Prinzip, daß Tugend immer in Relation zu bestimmten Interessen zu sehen sei, zu bestimmten Zielen; und daß die Tugend vor allem in Relation zu sehen sei zu den Gefühlen von Lust und Unlust, die sie hervorbringen kann. Es handelt sich hier also um eine sehr materialistische Auffassung von der Tugend, aber das war nicht das Wichtigste.

Das, was eigentlich die Überlieferung durcheinanderbrachte, war, daß diese Rückkoppelung der Tugend – die an sich ein Allgemeingut sein sollte – mit bestimmten weltlichen und alltäglichen Dingen eine Relativierung des Wertesystems mit sich brachte. Diese Relativierung bedeutet für Protagoras, daß nicht auszumachen sei, was gut, was tugendhaft ist und was nicht; und daß es möglich sei, etwas, was als nicht tugendhaft erscheint, als tugendhaft durchzusetzen. Er meinte das nicht nur in bezug auf die Tugend, er meinte das in einem viel gefährlicheren Sinn bezüglich der Überlieferung der alten Wertesysteme. Er mache sich anheischig, sagte er, die schwächste Sache durch das Reden zur stärksten zu machen. Was das bedeutete, haben die vorhin erwähnten Kritias und Thrasymachos, Vertreter der konservativen Sophisten, wohl erkannt. Zu Recht sahen sie darin ein gesellschaftspolitisches Moment sich auswirken, weil sie – richtigerweise – aus diesem Satz das Motiv heraushörten: Also wäre es möglich, die Schwächeren in der Gesellschaft zu den Stärkeren zu machen und damit auch den Adel restlos zu entthronen. Sie bezeichneten diese Position von Protagoras daher als naturwidrig, und als Konservative verstanden sie unter Natur immer etwas, wo das Recht des Stärkeren herrschen müsse. Wenn Protagoras also sagt, es sei möglich, aus dem Schwächeren den Stärkeren zu machen, so liegt darin in der Tat eine Gefahr für die überlieferte Ordnung.

Diese Gefährdung geht bei Gorgias einen Schritt weiter – bis zur Auflösung nicht nur aller Ordnung, sondern aller Stabilität des Denkens überhaupt. Insofern ist Gorgias der echte Sophist im üblichen geschichtlichen Sinne. Für ihn bleibt auf Grund seiner Erkenntnistheorie wirklich nur die Kraft der reinen Argumentation übrig, alles andere ist verfügbar, kann ausgetauscht und umgetauscht werden. Die einzelnen Schritte von Gorgias klingen relativ einfach. Ich erwähne sie hier, um zu zeigen, wie ein festgefügtes System im Denken destabilisiert wird. Gorgias macht den berühmten doppelten Dreischritt:

1. Es ist nicht zu entscheiden, ob etwas sei; der Mensch kann also nicht entscheiden, ob etwas überhaupt Wirklichkeit ist;
2. ebensowenig ist zu entscheiden, ob nichts sei;
3. desgleichen ist nicht zu entscheiden, ob etwas sei und zugleich nicht sei.

Das war gewissermaßen die spekulative Grundlage seiner eigentlichen Erkenntnistheorie, die in den offenen Skeptizismus einmündet, nämlich:

1. Es ist unmöglich, etwas adäquat zu erkennen;
2. wenn der Mensch etwas adäquat erkennen kann, ist er nicht in der Lage, es adäquat mitzuteilen;
3. wenn er es adäquat mitteilt, ist niemand in der Lage, es adäquat zu verstehen. (Capelle 1968: 345ff)

Da bleibt in der Tat nur die Redekunst und nur das Erlernen der reinen politischen Argumentation übrig.

Diese Auflösung hatte noch ganz andere Folgen. Sie war übrigens durchaus verbunden mit der Auflösung der Polis-Gesellschaft und mit dem allmählichen Untergang der attischen Kultur – nicht in einem modernen gesellschaftspolitischen Sinn, aber im Sinne eines neuentstehenden, heute würde man sagen: internationalen Zusammenhangs, in dem die Polis keine Rolle mehr spielte; und interessanterweise: in dem die Polis mit dem Verlust ihrer internationalen politischen Macht auch ihre eigene Kulturfähigkeit verlor und einer ganz anderen Art von Kultur, Philosophie und Denken Platz machen mußte. Aber die Auflösung, sagte ich, hatte noch andere Folgen – solche, die wir in viel tieferem Sinne, von heute aus gesehen, als subversiv bezeichnen können, wenn wir von der berühmten, euch sicherlich in Erinnerung gebliebenen Definition der Subversion ausgehen, die ich gemacht habe anhand von Marx. Denn: Wenn die alte Ordnung nicht mehr gilt, wenn es Gorgias gelingt, sie ad absurdum oder gar ins Lächerliche zu ziehen, so gibt es immer noch die Möglichkeit, eine andere Ordnung an die Stelle der alten zu setzen. Und da wird der Gedanke der Isonomia radikalisiert und tatsächlich in einem Sinne weitergetrieben, der eher unseren heutigen Vorstellungen entspricht.

Hippodamos aus Milet und Phaleas aus Kalkedonien sind zwei wichtige Vertreter dieser sogenannten linken Sophisten. Sie lebten um die Jahrhundertwende zum vierten Jahrhundert. Hippodamos war ein Architekt, der unter anderem einen ausgeklügelten städtebaulichen Plan hinterlassen hat in dem Bemühen, durch die Einteilung der Stadt in bestimmte abgezirkelte und sich selbst genügende Größen sein Ziel zu erreichen: die Auflösung aller Ungleichheit.

Man kann sagen, daß sie deswegen linke Sophisten genannt werden, weil sie die Isonomia materiell und nicht nur formalrechtlich verwirklichen wollten. Ob sie auch, wie einige meinen, zu den Kommunisten zu rechnen sind, ist eine Frage, die ich für geschichtlich falsch halte. Es waren radikale egalitäre Denker, die nicht nur die Ungleichheit innerhalb der gleichen Freien abschaffen wollten durch eine Umverteilung des Besitzes – insofern also egalitär und nicht richtig kommunistisch –, sondern die auch den Unterschied zwischen Freien und Unfreien abschaffen wollten. Isonomia kennt für die beiden diesen Unterschied also nicht mehr. Das beides spielt eine Rolle: sowohl, daß der Mensch als Mittelpunkt sich selbst gleicht, daß also alle Menschen gleich sind, wie auch die Relativierung der alten Werte. Selbst die Relativierung wird so verstanden, daß, wenn alles relativiert und kein Mensch in der Lage ist, von sich zu behaupten, er besitze das Wahre, auch vom Relativierungsprinzip her alle Menschen gleich sind. Das alte Wertesystem der politischen Teilung entfällt und insofern entfällt die Teilung zwischen Mann, Frau, Metöken und Sklaven. Beide, vor allem Phaleas, vertreten – also tatsächlich zum ersten Mal in der Weltgeschichte – die Ansicht, daß es zwischen Mann und Frau keinen Unterschied gibt. Noch weiter geht Phaleas, wenn er etwas für die damalige Zeit Unerhörtes verkündet: daß es keinen Unterschied gebe zwischen den Hellenen und den Barbaren – etwas, was im Grunde zum Fundament der griechischen Kultur gehörte. Die strikte Trennung zwischen der eigenen Kultur, der eigenen Ethnie – auch wenn diese in sich zerrissen ist; Sparta, Athen und Korinth bekämpften sich permanent gegenseitig – wird nun nicht mehr akzeptiert, während vorher alle Leute, die nicht griechisch sprachen, von den Griechen einfach «Barbaroi» genannt wurden.

Die Fragmente, die wir von den beiden haben, sind sehr spärlich. Wir haben auch nur Fragmente von den Sophisten, von den Vorsokratikern, und es ist klar, daß diejenigen, die diese Fragmente gesammelt haben – vor allem Aristoteles, was Politik betrifft –, den allergrößten Wert darauf legten, das besonders wenig Überzeugende dieser Denker in die Zukunft zu tradieren. Von Phaleas beispielsweise übernimmt Aristoteles eine sehr alltägliche, aber im Grunde sehr sinnreiche Begründung für die Aufhebung allen Unterschieds zwischen den Hellenen und den «Barbaroi». Er gibt zwar folgendes zu, das ist richtig: Wenn die bloße Meinung ohnehin das einzige ist (wie Gorgias meint und auch Protagoras), wenn das absolute Wissen fehlt, so sind alle Meinungen gleich, so sind die Menschen, die irgendwelche Meinungen haben, auch unter sich gleich. Doch Phaleas sagt eigentlich – im ironischen Sinn wahrscheinlich, was Aristoteles vielleicht nicht ganz verstanden hat, denn Aristoteles war ein sehr ernster Philosoph –: Schauen wir uns einmal die Barbaren an und schauen wir uns die Hellenen an; schauen wir uns die Männer und die Frauen an: Sie essen alle mit dem Mund, sie sehen alle mit den Augen, sie hören alle mit den Ohren und sie haben alle eine Nase.[12]

Wie gesagt: Wir kennen leider zu wenig von diesen Sophisten und von den Vorsokratikern, die im Grunde große Bücher geschrieben haben, weil bekanntlich die Weltgeschichte immer die Geschichte der Sieger ist und eben nur diejenigen übriggeblieben sind, die als große Philosophen in die Weltgeschichte eingingen.

Diese großen Philosophen haben also Fragmente der Sophisten und Vorsokratiker hinterlassen, weil sie ab und zu aus den ihnen bekannten großen dicken Büchern des Demokrit, des Anaxagoras, des Protagoras zitieren. Ein Fragment ist nichts weiter als das Zitat eines anderen Autors. Und leider ist die mangelnde Kenntnis über die Sophistiker gerade darin begründet, daß nur die Gegner der Sophistik uns darüber informieren, was die Sophisten selbst dachten.

Sie informieren uns über eine andere Einzelheit der Sophisten, aber sie geben eine Information, die für uns wenig wert ist: Aristoteles macht sich darüber lustig, daß es unter den Sophisten auch Frauen gibt, daß es also nicht nur Wanderlehrer gab, sondern auch Wanderlehrerinnen. Und es ist bezeichnend, daß Aristoteles uns von diesen Wanderlehrerinnen kein einziges Fragment hinterlassen hat.

Man könnte nun fragen, inwiefern vielleicht auch Platon ein subversives Element in seiner «Politeia» entwickelt hat, indem er tatsächlich in bestimmten Aspekten seines Werkes auf die Gleichheit von Mann und Frau pocht – ebenso wie auf die Gütergemeinschaft. Das eine wie das andere ist, meines Erachtens, mißverstanden worden, wie es gewiß manchmal passiert. Jemand liest ein Buch, interpretiert in das Buch sich selbst hinein, veröffentlicht das Ganze – das nennt man Sekundärliteratur –, und die Sekundärliteratur wird ab da permanent zitiert. Von Kommunismus kann bei Platon keine Rede sein, weil er nicht etwa sagt, daß die Güter allen gemeinsam gehören sollen, sondern etwas anderes. Er spricht immer von einer Gütergemeinschaft insofern, daß die von den Sklaven produzierten Güter nicht das Privateigentum einer einzelnen Person innerhalb einer bestimmten Gruppe sein können. Das ist aber kein Kommunismus, denn es wäre eine seltsame Form von Kommunismus, die da will: Die Sklaven müssen arbeiten, und das, was sie produzieren, gehört gemeinsam den Männern und Frauen der Oberschicht.

Gewiß sagt Platon an einer Stelle seiner «Politeia» etwas damals Unerhörtes, das vielleicht subversiv klingt: daß auch Frauen das Recht haben, nackt in den Palästen Gymnastik zu treiben.

Hier dürfen wir nicht vergessen, daß in Athen die Frau kein öffentliches Leben hatte. Die einzigen, die ein öffentliches Leben hatten, waren – es handelte sich um eine Männergesellschaft – die Hetären. Die berühmteste von ihnen war Aspasia, die langjährige Freundin des Perikles. Mit diesem simplen Satz: «Die Frauen haben das Recht, Gymnastik zu treiben»[13] hebt Platon einen wesentlichen gesellschaftlichen Unterschied auf: daß der Mann öffentlich leben kann, der Frau aber der Zugang zur Öffentlichkeit versperrt wird: Die Frau mußte in Frauengemächern bleiben und dort leben. Aber auch hier ist es keineswegs so, daß Platon meint, dies gelte für alle Frauen des Volkes. Er bezieht sich lediglich auf die Frauen der Oberschicht, also auf die Frauen der Könige und der Waffenträger. Aus den Waffenträgern, der wehrhaften Schicht der Klasse wurden von den sieben, acht Königen weitere Könige hinzugewählt. Und auf die provozierende Frage von einem anderen in der «Politeia» zitierten Sophisten, ob denn auch Frauen Königinnen werden dürfen, antwortete Sokrates mit der berühmten Selbstverständlichkeit: «Natürlich, in dem Moment, in dem es keine Unterschiede mehr gibt zwischen Mann und Frau, können auch Frauen Königinnen werden». Aber das bezieht sich, wie gesagt, nur auf die Oberschicht. Es hat nichts Emanzipatorisches, dort sehe ich nichts Subversives.

Das, worauf es Platon ankam, war die Absicherung der Macht der Könige. Er sah zwei große Gefahren für die Sicherung der Macht der Oligarchie, die doch vielleicht auf etwas hinweisen, das bis auf den heutigen Tag des Nachdenkens wert ist. Die eine große Gefahr war das Eigentum: Es bewirke, daß Rivalitäten innerhalb der herrschenden Klasse entstehen und daß diese Rivalitäten zur Schwächung und zum Sieg des Demos führen können. Platon war ein Vertreter der Aristokratie. Eigentum also als Gefährdung der Macht – ein Gesichtspunkt, aber nur deshalb eine Gefährdung der Macht, weil die herrschende Klasse ja arbeitslos wurde, weil sie im Reichtum leben konnte. Schließlich standen ihr alle von den Sklaven produzierten Güter zur Verfügung.

Die zweite Gefahr war die Auflösung der Familie. Diese Auflösung der Familie bei Platon hat eine seltsame Geschichte: Man sprach immer von der Platonischen Weibergemeinschaft. Sie war aber genausogut eine Platonische Männergemeinschaft. Das eigentliche Prinzip war ein anderes. Platon meinte, daß in der Oberschicht die freie Ehe und die freie Familiengründung unmöglich seien, daß vielmehr der Rat der Könige zu bestimmen – eine geradezu kühne Vorwegnahme des Rassehygienischen Instituts zu Berlin – und die besten Männer und Frauen auszuwählen habe, die dann die Pflicht hätten, Kinder zu zeugen. Die Auflösung der Familie bestand nicht darin, daß die Könige bestimmten, wer mit wem sich paaren sollte, sondern – ein viel wichtigeres Prinzip – die Auflösung der Familie bestand in der Gemeinschaft der Kinder. Nicht also Weibergemeinschaft, sondern Kindergemeinschaft. Die Kinder durften ihre Eltern nicht kennen, sie gehörten der ganzen Oberklasse, der gesamten herrschenden Klasse an. Auch hier nicht etwa um der Isonomia willen, nicht um ökonomische Unterschiede aufzuheben, vielmehr wegen der möglichen Gefährdung der Konsistenz der Macht durch Erbstreitigkeiten der Kinder; und durch den Wunsch der Eltern, daß ihre Kinder zu mehr Macht kommen als die Kinder anderer Eltern. Mit anderen Worten: Auch hier sehe ich keine Subversion im Gange – wenn auch vielleicht etwas, was wir für uns heute subversiv anwenden können.

Doch ging die Geschichte des politischen Denkens schon über Platon und Aristoteles hinaus, selbst wenn man bedenkt, daß es heute immer noch

Theoretiker der Politik oder Politiker gibt, die ernsthaft an Aristoteles' «Politica» festhalten als an einer endgültigen wissenschaftlichen Aussage über das politische Leben. Ich empfehle euch, das Buch zu lesen. Vor allem empfehle ich es den Frauen – sie werden dann geheilt sein. Dort findet sich zum Beispiel die Begründung für die Herrschaft des Mannes über die Frau mit schöner logischer Konsequenz, diese Leute konnten wirklich logisch denken: Es ist doch gut, es ist immer gut, wenn das Bessere – nicht *der* Bessere, *das* Bessere – über das Schlechtere herrscht. Und da der Mann bekanntlich das Bessere sei, sei es für die Frau sogar gut, vom Besseren beherrscht zu werden. Das ist also wohl etwas, was mit Subversion sehr wenig zu tun hat.

Für uns ist wichtig:

In der Eliminierung der Trennung zwischen Hellenen und Barbaren kündigt sich, wie schon gesagt, das Ende der attischen Kultur an, die trotz aller stattfindenden Bürgerkriege im Grunde ihre eigene Identität immer wieder in der Abgrenzung gegenüber den Barbaren fand. Die großen Barbaren waren damals die Perser.

Vor allem steht kurz vor der Tür Alexander, genannt «der Große». Er war wahrscheinlich der einzige Politiker, der diesen Namen verdient. Durch seine Politik wollte er endgültig die Trennung aufheben zwischen Hellenen und Nicht-Hellenen – deshalb auch seine berühmt gewordene Vermählung mit einer indischen Prinzessin. Sein Ehrgeiz war es, zwei verschiedene Kulturkreise miteinander zu verlöten, miteinander zu versöhnen.

Aber für uns steht auch etwas anderes vor der Tür: die große Absage an die Politik überhaupt, die große Absage an die Macht, die wir bei den Epikureern, bei den Stoikern und bei den Kynikern finden. Diese drei vertreten die sogenannte hellenistische Philosophie, die nach-attische Philosophie, und bilden gewissermaßen die Brücke zur späteren, neu entstehenden Denkweise des Christentums. Gewiß hat das Christentum sehr wenig oder gar nichts von Epikur übernommen. Von den Kynikern könnte vielleicht die Askese übernommen worden sein, von den Stoikern hat das Christentum viel übernommen. Über diesen Übergang zum Christentum werde ich das nächste Mal berichten.

14. November 1989

Subversion gegen die monarchische Ordnung Die neue Gleichheit bei den Epikureern, Stoikern und Kynikern

Ich kenne natürlich nicht alle Geschichtsbücher der Welt. Aber zumindest von den Büchern, die ich kenne, die sich mit der hellenistischen Periode befassen – sie dauert etwa vom Einfall der Makedonier in Griechenland bis zum Einfall der Römer ins gleiche Land –, gibt es keines, in dem nicht zu lesen stünde, daß es sich um eine Periode der Gärung handle; eine Periode der Gärung, in der große Philosophen nicht auftreten. Wobei ich hierzu bemerken muß, daß – bis auf Platon, Aristoteles und ein paar andere – diese großen Philosophen durch den Verlust ihrer Bücher verlorengegangen sind. Der Verlust ist übrigens darauf zurückzuführen, daß irgendwelche Leute die Alexandrinische Bibliothek in Brand gesetzt haben. So haben wir nur einige Reste.

Aber wie gesagt: Kein geschichtliches Buch unterläßt die Bemerkung, daß es sich um eine Periode der Gärung gehandelt habe. Das Erfreuliche und Sympathische und Beruhigende dabei ist, daß es auch kein Buch gibt, in dem überhaupt eine Periode als eine Periode der Nicht-Gärung bezeichnet worden wäre. Das heißt mit anderen Worten: Die ganze Geschichte, die europäische zumal, ist eine ständige Periode der Gärungen.

Über diese Gärungen wäre heute abend zu sprechen. Aber zuvor muß ich ein Versprechen einlösen, das ich das letzte Mal in einer kurzen Diskussion gegeben habe. Ich werde das Versprechen doppelt einlösen, indem ich über ein bestimmtes Thema rede – und zwar ohne Ironie. Als eine Waffenschwester meinte, ich hätte die Frauen vergessen – wie immer –, und ich sagte, ich werde es nachholen, da meinte sie: «Bloß nicht!», denn ich würde das sofort mit Ironie tun. Ich habe also versprochen, es ohne Ironie zu machen, weil es da wirklich nichts zu ironisieren gibt.

Die Schwierigkeit liegt darin, daß sich das Problem der Frau in der attischen Gesellschaft und Kultur nicht so leicht geschichtlich rekonstruieren läßt. Es fehlt das Material, und das vorhandene Material besteht meistens in von Männern geschriebenen Darstellungen. Es ist deshalb kaum möglich, jetzt die Kruste der parteilichen Männlichkeit wegzuräumen und das Problem als solches richtig zu erkennen. Auf jeden Fall entzündete sich die Frage an meiner Behauptung, daß die griechische Gesellschaft einen dunklen Punkt habe: daß die Kultur, die Gesellschaft, also das reiche Athen – nicht das Athen der Hafenarbeiter – getragen werde durch die Sklaven, die Sklavenarbeit. Und sofort bin ich hingewiesen worden auf die Arbeit der Frau. Ich muß hinzufügen, daß ich heute bereit bin, eine Mode mitzumachen, die ich sonst nicht mitmache: die Mode oder den Mythos des großen I – also SklavInnen. Aber das ist nicht das eigentliche Problem. Das eigentliche Problem liegt in der Frage, warum die andere Frau – auch die Nicht-SklavIn – nicht genannt wurde. Hier muß ich zugeben, daß die griechische Gesellschaft ja nicht nur aus dem Adel bestand, aus der Aristokratie, die von der Arbeit des Sklavenstandes lebte, sondern sie bestand als Gesellschaft der gleichen Freien auch aus Handwerkern, aus Tagelöhnern und aus Hafenarbeitern. Ich mache den Unterschied zwischen Tagelöhnern und Hafenarbeitern aus dem einfachen Grunde, weil die Hafenarbeiter staatlich bezahlt wurden. Sie waren also gewissermaßen Staatsarbeiter und keine privaten Tagelöhner.

In der Tat haben wir im Verhältnis Mann-Frau in den unteren Schichten der freien Bevölkerung das, was wir heute auch als Problem der Hausarbeit, als Hauptsache der gesellschaftlichen Reproduktion betrachten. Diese Frauen trugen auch die Gesellschaft, haben zur Reproduktion der Athener Polis beigetragen. Aber man muß differenzieren. Es waren, wie gesagt, Frauen, die bei den unteren Schichten der Bevölkerung die Hausarbeit zu leisten hatten, während in der Oberschicht, der Aristokratie nicht die Ehefrau arbeitete, sondern die SklavInnen. Sie hatte also SklavInnen zur Verfügung, die aber wiederum nicht etwa ihr unterstanden wie in der römischen res publica, wo die HaussklavInnen der Domina unterstellt waren und der Dominus nichts zu sagen hatte. Die SklavInnen der Athener Polis waren zwar in der Verrichtung der Tagesarbeit der Gattin unterstellt, sie gehörten aber als Sachen nach wie vor dem Herrn des Oikos*, dem Mann. Wir haben also eine Situation, in der der Adels-Oikos nach wie vor in den Händen des Herrn ist. Das muß erwähnt werden, weil im ganzen Glanz der attischen Kultur, in dem wir uns bis auf den heutigen Tag sonnen, eines nicht zu vergessen ist: Diese attische Gesellschaft – vor allem die athenische in der Glanzzeit des Perikles – war nicht nur eine reine Männergesellschaft, sondern sie war auch eine Gesellschaft, in der die Frauenverachtung zur Norm des Alltags

* Nach Aristoteles: Die Verbindung der kleinsten Gemeinschaften – Mann-Frau, Herr-Sklave sowie Vater-Kind – bilden den Oikos. Dieser Verband aus Familienmitgliedern und Sklaven versorgt alle Mitglieder mit den lebensnotwendigen Gütern und garantiert die Reproduktion. (A.O.-R.)

und zur Norm des politischen und gesellschaftlichen Lebens gehörte. Daher auch Aristoteles' Gleichung in der «Politica» zwischen Sklaven und Frauen. Er ist zwar noch vorsichtig, er räumt der Frau – gemeint ist immer die Ehefrau – zwar eine andere Stellung im gesellschaftlichen Leben ein, aber im Grunde zieht er die Schlußfolgerung, daß die Frau auch ein Ding ist, eine Sache und kein Mensch. Also: Die Frau wird dem Sklaven gleichgesetzt.[14]

Ich bin jedoch der Meinung, daß zur Herstellung einer begrifflich klareren Situation Demosthenes mehr beiträgt als Aristoteles. Demosthenes (384–322) ist euch bekannt als Autor der Philippiken, der großen Reden gegen Philipp, den König der Makedonier (Demosthenes 1985). Demosthenes war also der letzte große Verteidiger der Athenischen Freiheit und der Athenischen Demokratie gegen den Machtanspruch des makedonischen Königs. Und doch hat Demosthenes in puncto Frauen nicht viel anders gedacht als die anderen Athener. Nur machte er eine Differenzierung, eine Dreiteilung, die mir zutreffend zu sein scheint für die Charakterisierung der Rolle der Frau in der griechischen Gesellschaft. Er sagt wörtlich: «Wir haben (wir Männer, J. A.) Hetären für die Freuden des Geistes, Pallaken für die Sinnenfreude und Gattinen, um uns Söhne zu schenken» (zit. in: Beauvoir 1996: 115).[15] Wir finden also eine Dreiteilung, in der ausgerechnet die Ehefrau an der untersten Stufe steht. Die Hetäre ist die damalige Kurtisane – wobei zu bemerken wäre, daß die Kurtisanen im Zeitalter des Absolutismus viel mehr Macht hatten als die Hetären. Die Hetären waren da für die Vergnügungen des Geistes; aber selbst Aspasia, die langjährige Freundin des Perikles, übte nicht die Macht aus, die etwa Madame Pompadour ausüben konnte, die nach Belieben Minister absetzte, neu ernannte oder in die Bastille schickte und so weiter.

Aber das Interessanteste an dieser Dreiteilung ist, daß im Umkreis des Mannes drei Typen von Frauen herausgestellt werden: Die Hetäre, das ist eine freie Frau, die auch Besitz hat, die an keinen Mann gebunden ist, die sich jederzeit von einem Mann wieder entfernen kann und insofern ihre Unabhängigkeit behält; die Pallaké als Nebenfrau, die auch eine Sklavin sein kann, die für das Vergnügen der Sinne zur Verfügung steht, sie ist die eigentliche Bettfrau des Mannes; und ausgerechnet die Ehefrau ist diejenige, die nicht nur nichts zu sagen hatte – die Pallaké hatte auch nichts zu sagen –, sondern die auch nichts bedeutete – man würde heute von einer reinen Gebärmaschine sprechen. Die Ehefrau finden wir also auf der untersten Stufe und ihr gegenüber die Hetäre. Wie gesagt hatte die Hetäre Eigenbesitz – wie der zustande kam, habe ich nicht ausfindig machen können – und sie verkörperte die damals in Athen mögliche Form der emanzipierten Frau. Aspasia verkörpert gewissermaßen die spätere freie Form gegenüber der im Grunde versklavten Ehefrau.

Das war aber nicht alles. Griechenland bestand nicht nur aus Athen, es bestand auch aus Sparta, aus Lakedaimon – Lakedaimon ist der alte Name für Sparta. Und in Lakedaimon war die Stellung der Frau anders als in Athen, jedoch auch hier mit einem beachtlichen Unterschied: Die Frau der unteren Schichten war genauso ein Ding wie die Frau in Athen. Anders bei den Spartiaten, bei den Adelsgeschlechtern Lakedaimons; die Spartiaten hatten eine gesellschaftliche Formation entwickelt, in der, aus welchen Gründen auch immer, die Frau zwar nicht völlig, aber doch fast ebenbürtig war; nur fast ebenbürtig, weil sie zwar in der Öffentlichkeit lebte, aber keinen Zugang hatte zu den höchsten Stellen des Staates. Platons Darstellung der Frau, die auch Königin werden könne, ist orientiert an der spartiatischen Frau, an der Frau der Spartiaten. Sie war also gleichberechtigt darin, nackt in den Palästen Gymnastik treiben zu dürfen; sie war gleichberechtigt in der Ausübung der Kriegskunst, und sie war an keine Ehe gebunden. Hier könnte man sich überlegen, inwiefern das Fehlen des Instituts Ehe in Sparta damit verbunden war, daß Sparta nur ein Gemein- und kein Familieneigentum kannte. Es bestehen ganz enge Beziehungen – am Römischen Recht wird das noch am besten ersichtlich – zwischen dem Verhältnis von Privateigentum als sozioökonomischem Verhältnis auf der einen Seite und der Institution Ehe auf der anderen Seite. In Sparta, wo es nur Gemeineigentum gab und deshalb auch keine Erbschaftsfragen, war die Ehe als Institution zwar vorhanden, doch es war eine sehr eigentümliche Ehe: Sie konnte jederzeit sowohl vom Mann als auch von der Frau für ungültig erklärt werden. Es gab in dieser Stadt praktisch keinen Ehebruch. Auch die Form der Weiber- und Kindergemeinschaft, die ich das letzte Mal etwas aufzuklären versucht habe, geht auf dieses spartanische Vorbild zurück.

Auf der anderen Seite muß noch eines gesagt werden, und darin liegt für mich das Problem: daß wir eine Polis vor uns haben, Athen, in der die Isonomia, die männliche freie Gleichheit, herrscht, die demokratische Formen entwickelt hat, welche wir heute als basisdemokratisch bezeichnen könnten, in der zugleich aber die Frau restlos entmündigt und entpersonalisiert ist; während wir eine andere Polis vor uns haben, Sparta, in der die Frau – nur der Spartiaten, versteht sich – als fast ebenbürtig erscheint, aber eben in einer Stadt, in der der Demos, die Bevölkerung, kein Mitspracherecht hat – es war also praktisch ein Militärstaat, in dem nur die Könige hierarchisch herrschten. Wo kann da, um auf unser Thema zurückzukommen, die Subversion entstehen? Mit anderen Worten: Wie ist es möglich, nehmen wir Athen oder die attische Welt im ganzen, daß wir eine so prägnante Wirklichkeit vorfinden, die sich nicht zu Worte meldet?

Simone de Beauvoir hat allerdings auf Aspasia und auf Sappho hingewiesen als zwei Frauen, die schon aufgrund ihrer ökonomischen Unabhängigkeit in der Lage waren, Protest zu erheben. (Beauvoir 1996: 118) Die Proteste der Aspasia sind bekannt aus den pseudoplatonischen Briefen. Aber es sind Proteste, die sich nicht beziehen auf jene Frauenemanzipation, von der wir heute sprechen, sondern es sind Proteste, die sich nur auf die Mißachtung der Frau durch die Ehemänner beziehen; sie waren eher ein Protest angesichts der Bevorzugung der Pallaké gegenüber der Gattin als wirklich ein verallgemeinerbarer Protest zur Emanzipation der Frau. Sappho gehörte einer aristokratischen Familie an; sie mußte beim Sieg des Demos von Lesbos die Insel Lesbos verlassen.

Über Sappho scheint mir bei Simone de Beauvoir ein Mißverständnis vorzuliegen. Ich kenne nicht alle Gedichte von Sappho – sie gehörte bekanntlich zu den größten Dichterinnen nicht nur damals, sondern auch heute, und sie gehörte damals zu den größten Dichtergestalten der griechischen Kultur. Ich kenne von Sappho nur drei Gedichte, die sich sehr scharf gegen die Männer wenden, dies jedoch in einem ganz anderen Zusammenhang: In zwei Gedichten protestiert sie sehr leidenschaftlich gegen die Hartherzigkeit der Liebhaber, und in dem dritten Gedicht leidet sie darunter, daß Phaon, ein Jüngling, in den sie sich verliebt hatte, ihre Liebe nicht erwidert – woraufhin sie übrigens Selbstmord beging.

Anders ist es mit einer Frau des Protestes oder der Subversion, die von Simone de Beauvoir erwähnt wird und die auch eine geschichtliche Gestalt hervorgebracht hat, die ich gerne in diesem Zusammenhang rehabilitieren möchte. Simone de Beauvoir meinte – sie denkt im Grunde auch in den traditionellen Kategorien –, daß die einzige Möglichkeit der athenischen Frau, sich vom permanenten Joch des Mannes freizumachen, gewesen sei, ihm das Leben im Oikos, also zuhause, einfach unerträglich zu machen. Und dann nennt sie eine ganze Reihe von Möglichkeiten, die die Frau gehabt habe: ständig lärmen, schimpfen, heulen et cetera. (Beauvoir 1996: 118ff.) Und diese Form, die im Grunde auch eine Subversion ist, eine praktische Subversion, ein Versuch, die Hausordnung dadurch zu verändern, daß der Herr des Hauses einfach hinausgejagt wird, diese Subversion fand ihre Gestalt, ihr Emblem in Xanthippe, der berühmten Frau des Sokrates. Wer von euch die Platonischen Dialoge kennt oder Xenophons Beschreibung des Sokrates, weiß, daß es Sokrates praktisch unmöglich war, zuhause zu bleiben. Er ging zwar von Gastmahl zu Gastmahl, aber er hatte eine fürchterliche Angst, nach Hause zu gehen.

Die Umwertung, die jetzt vorzunehmen wäre, daß wir aus dieser Gestalt Xanthippe, die immer als Repräsentantin des zänkischen Weibes in die Literatur und in die Geschichte eingegangen ist, das machen, was ich schon mit Eva gemacht habe. Man soll also dieser Gestalt die Ehre geben, die ihr geschichtlich gebührt. In der damaligen Situation ist es Xanthippe tatsächlich gelungen, den Ehemann aus dem Hause zu verjagen, um dann zuhause walten zu können, wie sie wollte.

Man muß allerdings auch eine andere, ökonomische Differenzierung vornehmen, denn die Frage, die mir gestellt wurde, lautete: Haben die Frauen nicht gearbeitet? – In der Tat, gearbeitet haben sie ganz eindeutig – und zwar durchaus im Sinne der traditionell gewordenen Arbeitsteilung, heute würde man sagen: Beruf und Hausarbeit – die Frauen der Demoi, die auch keine SklavInnen hatten; die Frauen der Handwerker, der Tagelöhner, der Hafenarbeiter und der Fischer. Es wurde im Grunde auf die Art gelebt, die wir noch heute haben: Der Mann geht seinem Beruf nach, der Töpfer macht seine Töpfe, bringt das Geld nach Hause, und die Hausfrau sorgt für seine Reproduktion. Allerdings hat dies auch hier, bei den unteren Schichten der freien Gleichen, keineswegs die Bedeutung, daß die Hausarbeit als gleichwertig anerkannt wird. Die Ehegattin des Töpfers war im Grunde genauso ein Ding, sie war eben die einzige Sklavin, die der Töpfer, Tagelöhner oder Hafenarbeiter zur Verfügung hatte. Die Tatsache, daß ja auch die Frau gearbeitet hat, bedeutet keineswegs, daß sie gesellschaftlich anerkannt worden wäre: Sie konnte genausowenig in die Agora laufen und an der Ecclesia teilnehmen wie die anderen Frauen, auch die Frauen des Adels.

Die Frauen des Adels aber waren im Grunde – siehe das, was Demosthenes sagte; Demosthenes meinte natürlich immer die Einschätzung der Frau durch die Adelsschicht, durch die Adelsmänner – noch weniger frei als die Frauen der Unterschichten. Denn die Frau der Unterschichten hatte wenigstens noch innerhalb des ökonomisch Gegebenen die Möglichkeit, darüber zu verfügen; während in den Adelsfamilien der Ehegattin die Chance des Kommandos über die Hausarbeit gewissermaßen genommen wurde. Ich will das an zwei Fällen charakterisieren. Es ist bezeichnend, daß in der griechischen Adelsfamilie die Mahlzeiten nicht etwa von Köchinnen, von SklavInnen zubereitet wurden, sondern von einem Sklaven, einem Koch. Das heißt, der Koch ist der Repräsentant der Hausarbeit – so auch in der «Politica» des Aristoteles und in der «Politeia» des Platon. Erstens. Und zweitens ist interessant, daß die Frau, gerade die Gattin – deshalb Gebärmaschine und sonst nichts – für ungeeignet gehalten wurde, die Kinder zu erziehen. Sobald die Kinder das Gehen gelernt hatten, wurden sie der Mutter entzogen und einem Lehrer übergeben. Zuständig für die Küche war also der Koch, zuständig für die Kinder war der Lehrer. Insofern kann man sagen, daß die Edel-Ehefrau zwar nicht des Wohlstands beraubt war, aber wohl restlos der Persönlichkeit und der Mündigkeit.

«Was machte sie den ganzen Tag?» wurde ich dann gefragt von der aktiv gewordenen Waffenschwester. Meine Antwort ist: Man solle bei Frau Thyssen oder bei Frau Henkel nachfragen, was sie den ganzen Tag machen.

Allerdings gibt es da einen Unterschied: Frau Thyssen und Frau Henkel können in die Öffentlichkeit gehen. Sie sind öffentlich präsent, gesellschaftlich präsent, während die Frau von Demosthenes das nicht war. Ich glaube, daß dies das entscheidende Moment für die Charakterisierung der Situation der Frau in Griechenland war: daß für sie die Polis eigentlich nicht existent war, genauso wie sie für die Polis nur existent war als – wie Demosthenes sagte – Mittel der Fortpflanzung und sonst nicht.

Die Möglichkeit der Frau, als Teil der Öffentlichkeit ihren Platz zu behaupten, treffen wir allerdings später in der nun zu behandelnden hellenistischen Zeit; allerdings in Formen, die zeitlich und örtlich sehr begrenzt sind. Da taucht wieder die emanzipierte Frau auf, doch, wie gesagt, nicht als allgemeines Phänomen der Gesellschaft. Als allgemeines Phänomen der Gesellschaft wird es ziemlich lange dauern, bis die Frau tatsächlich die Öffentlichkeit erobert, bis sie in ihrer gesellschaftlichen Existenz anerkannt wird. Eine Ausnahme könnte eventuell die römische Situation in der republikanischen Zeit bilden. Doch es würde den Rahmen sprengen, darüber zu reden. Immerhin: Das Interessante an der Situation der römischen Frau – es ist wieder die Rede nicht von den SklavInnen, sondern von den Matronae – ist, daß gerade das Römische Recht zwar die härteste Kodifizierung der Herrschaft des Mannes gebracht hat: die Gestalt des «Pater familias», also des Familienvaters, der absoluter Herr über Leben und Tod der eigenen Frau und der eigenen Kinder war, bis zum Recht des Tötens hin; daß auf der anderen Seite aber in der römischen res publica die Frau eine gesellschaftliche Anerkennung gefunden hat, die in Griechenland nicht vorhanden war. Wir haben also in Athen eine Demokratie, in der die Frau einfach nicht existiert, und wir haben in Rom eine Republik, die keineswegs demokratisch ist, in der aber die Frau anerkannt wird.

Schon auf der ökonomischen Ebene gibt es nicht nur wie im Oikos, dem griechischen Haus, den Herrn, sondern es gibt den Dominus und die Domina mit getrennten Verfügungsbereichen, mit getrennten Aufgaben. Und vor allem tauchen, emblematisch gewissermaßen, im Laufe der römisch-republikanischen Zeit immer berühmte Frauengestalten auf. Ich nehme an, daß der Unterschied keineswegs daran liegt, daß die Römer – ein Bauernstaat zunächst, ein bäuerliches Gemeinwesen, und später dann ein kriegerisches und imperiales Gemeinwesen – von sich aus besonders human gewesen wären. Ich vermute – das ist bloß eine Vermutung –, dies kommt daher, daß die römische Kultur, die römische Gesellschaft nicht ein Produkt der Latiner war, sondern einer Mischung aus Latinern und Etruskern. Ihr wißt ja, daß Rom im ersten Jahrhundert nach der Gründung von etruskischen Königen beherrscht wurde. Rom war sozusagen eine etruskische Kolonie, und die Etrusker hatten eine Gesellschaft entwickelt, in der von Matriarchat zu reden meines Erachtens falsch wäre, aber in der in der Tat — wir wissen es von Votivtafeln — die Gleichstellung von Mann und Frau nicht nur gegeben war, sondern auch dadurch erhärtet wurde, daß die Frau den Familiennamen weitergab und nicht der Mann. Es mag also sein, daß durch diesen etruskischen Einfluß in einer an sich männlichen Gesellschaft wie der römischen republikanischen die Frau zu einem anderen Ansehen kommen konnte als in Griechenland. Aber für uns geht es jetzt darum, die Gründe herauszustellen, die zu den neuen Formen, den hellenistischen Formen der gesellschaftlichen Negation geführt haben.

Wir wissen, was sich in Athen ereignet hat; in erster Linie sind die Sophisten zu nennen. Doch ist inzwischen eine andere Situation entstanden, und wir müssen überlegen: Wie sieht die neue Negation aus, da wir nun keine Polis mehr haben — denn die Polis ist zugrundegegangen. Wir haben zu tun mit einem Übergang von der in der Politik tätigen Negation — denn die Sophisten waren politisch tätig — zu einer Negation, die im Grunde in einer Absage an das politische Handeln besteht, da die Polis untergegangen ist und das Gemeinwesen keines mehr ist, sondern wesentlich nur Herrschaft, nämlich Herrschaft des makedonischen Königs. Die beiden äußeren geschichtlichen Ursachen sind bekannt: Der Peloponnesische Krieg (431—404) führte zur restlosen Zerrüttung nicht nur der politischen Kultur, sondern auch der wirtschaftlichen Struktur des Peloponnes. Da haben sich die griechischen Städte gegenseitig zerstört, und nach achtzig Jahren kam es dann zum Einfall Philipps von Makedonien und 338 zu seinem Sieg.

Mit dem Jahr 404, mit der Niederlage Athens, war die Athener Kultur, die Athener Demokratie zuende; mit dem Jahr 338 war die ganze Polis-Welt zuende. Es kam zur Bildung von Großreichen mit drei Folgen: Erstens kam es — vor allem durch das spätere Wirken Alexanders, des Sohnes von Philipp und übrigens Schülers von Aristoteles — zu dem, was man die Internationalisierung des kulturellen Horizonts nennen kann. Diese Internationalisierung des kulturellen Horizonts war für die Griechen verbunden nicht nur mit dem Verlust der politischen und gesellschaftlichen, sondern auch der kulturellen Identität. Schon die Göttervermischung, die von Alexander sehr robust vorangetrieben wurde, führte dazu, daß diese zwar immer in sich zerrissene, aber doch geschlossene Polis-Gesellschaft restlos zerrüttet wurde. Durch die Bildung der Großreiche kam es daher zu einem Identitätsverlust; die Polis war nicht mehr jene lebendige Einheit, die sie früher war; die Einheit, in der eben ein jedes menschliche Wesen männlicher Art ein zoon politicon war.

Das zweite — auch durch die Eroberungszüge Alexanders bewirkt — war die ökonomische Ausweitung zu einer Art Weltökonomie. Man kann sagen, daß Alexander so etwas vorhatte wie die Herstellung eines einheitlichen

Weltmarktes; genannt sei hier sein Versuch etwa, Handelslinien von Spanien bis Indien zu schaffen; oder seine schon ins Wahnsinnige gehenden Pläne der Völkervermischung, indem er ganze Bevölkerungsteile des Westens nach dem Osten transportierte und umgekehrt; seine phantasmagorische Massenhochzeit, in der er seine Soldaten und Generäle zwang, iranische und indische Frauen zu heiraten.

Das alles zeigt, daß ökonomisch, gesellschaftlich und kulturell die Grenze der Polis gesprengt war. Und damit war auch die Stabilität des städtischen, in sich geschlossenen Marktes gesprengt. Also: Identitätsverlust und Verlust der Stabilität des städtischen Marktes auf der einen Seite; auf der anderen Seite aber durch die Bildung der großen Königreiche ein Wechsel in der politischen Machtstruktur: von der früheren patriarchalischen Form des Königtums oder der immer noch in Sparta bestehenden, zur ausgesprochen dynastischen Form des Königtums.

Das ist ein sehr wichtiger Schritt. Diese Dynastisierung des Königtums bedeutet im Grunde eine Orientalisierung der Institution. Denn die Könige, sowohl in Sparta wie im alten Griechenland, waren immer das, was man später «Wahlkönige» genannt hat, während die Dynastien das Kennzeichen der orientalischen Despotien waren. Philipp von Makedonien hat für eine kurze Zeit eine Dynastie errichtet, die dann nach dem Tode Alexanders zerbrach.

Wichtig für uns, um den Übergang zur neuen Form der Negation zu verstehen, ist festzustellen, daß mit dem Ende der Polis eine gleichwie geartete Negation, die sich unmittelbar artikuliert in der Politica, in der öffentlichen Hand, den öffentlichen Angelegenheiten nicht mehr gegeben ist. Die Agora ist tatsächlich nur noch Markt, die Ecclesia findet nicht mehr statt, und die Kunst des Redens ist nicht mehr notwendig. Die Sophisten sterben deshalb ab.

Man kann sagen, daß, emblematisch gesprochen, ein Wechsel stattgefunden hat vom Marktplatz, von der Straße, zum Palast: zu einem in sich geschlossenen Zentrum der Herrschaft und der Macht. Das Zentrum der Entscheidung war eben nicht mehr die Ecclesia, die Volksversammlung, sondern der Hof. Das, was da veröffentlicht wurde, war nicht mehr die sich artikulierende Öffentlichkeit der freien gleichen Bürger der Polis, vielmehr lediglich die Veröffentlichung des privaten Willens des Königs. Aus der res publica – Polis heißt res publica – wurde die Res privata des Monarchen.

Wenn aber schon die Öffentlichkeit zu einer privaten Sache wird, wie ist es dann mit der Philosophie bestellt, mit einer Philosophie, die in der Athener Demokratie nicht nur in, sondern auch von der Öffentlichkeit lebte?

Es gab natürlich nach wie vor Philosophen, ob große oder kleine spielt in diesem Fall keine Rolle, Dutzende von Philosophen. Wer sich der Mühe unterziehen will, sie alle namentlich kennenzulernen, soll den 1. Band von Ueberwegs «Geschichte der Philosophie» lesen. Sie sind hier alle in allen Einzelheiten angeführt und sogar zitiert. Allerdings war Ueberweg ein deutscher Gelehrter der Jahrhundertwende: Sie werden alle zitiert auf altgriechisch. Es waren Schulphilosophen, weil sie aus den Schulen des Platon und des Aristoteles kamen; Schulphilosophen, die sich in den Dienst des Königs stellten. Im Grunde waren es beamtete Berater des Königs, die als beamtete Berater natürlich die Philosophie nicht als Negation betrachten und betreiben konnten, sondern nur als Apologie, also affirmativ. In der Tat: In allen politischen Schriften dieser am Hofe lebenden Philosophen findet man nur zwei Grundgedanken. Erstens, daß die Garantie für die Ordnung und für die Existenz der Gesellschaft nur in der Gestalt des Monarchen liegen kann. Und zweitens, daß ein Staatswesen, eine Monarchie nur dann gut sei, wenn der Monarch seinen Untertanen gegenüber Milde und Güte walten ließe – Argumente übrigens, die später im aufgeklärten Absolutismus wieder auftauchen werden.

Nun scheint die Negation keinen Platz mehr zu haben. Sie findet außerhalb des Palastes statt, aber im Palast werden die Entscheidungen getroffen, wird Politik gemacht. Das ist der Grund dafür, warum in allen mir bekannten Texten nachzulesen ist, daß der Übergang von der attischen zur hellenistischen Philosophie – oder von der hellenischen zur hellenistischen –, also von der echt griechischen zu der von Griechenland herkommenden Philosophie charakterisiert sei durch einen Rückzug der Philosophie aus der Politik und ins Private. Beim ersten Hinsehen mag dies durchaus zutreffen. Wenn wir zum Beispiel an Aristippos aus Kyrene denken – er lebte zwischen dem 5. und dem 4. Jahrhundert, also auf dem Höhepunkt der Krise –, dann könnte man tatsächlich meinen, daß mit dem Verlust der Areté, der bürgerlichen Tugend, und mit dem Verlust der Polis-Öffentlichkeit nur das Private übrigbleibt – und was ist das Private anderes als die Möglichkeit, das Leben so weit wie möglich zu genießen? Gegenüber den ganzen Aristotelischen, Platonischen oder Sokratischen Definitionen der Tugend – also der Areté – und des Guten hat er eine simple Begiffsbestimmung: Gut ist, was einem Lust bereitet. Also nicht Freud, sondern Aristippos aus Kyrene ist der Erfinder des Lustprinzips. Man nennt das auch Hedonismus, also den Versuch, soviel Lust wie möglich zu erleben, sich so weit wie möglich von der Unlust zu befreien.

Das klingt natürlich sehr privat: Lustprinzip anstelle der gutbürgerlichen Tugenden. Doch muß man vorsichtig sein, denn dieses Lustprinzip kann, wie wir wissen, durchaus eine gesellschaftliche Qualität annehmen. Ich erinnere an Leclerc, einen der Repräsentanten der Enragés, des extrem linken Flügels der Französischen Revolution. Leclerc entdeckte, daß die wahre Gleichheit nicht die Gleichheit vor dem Gesetz sei, sondern die Gleichheit der Genüsse. Da wird also Lust gewissermaßen politisiert. Wenn nun Aristippos sagt, daß nur das gut sei, was Lust bereitet, so meint er nicht nur eine bloße Bejahung des Hedonismus. Mit der Bejahung des Hedonismus war ebensosehr verbunden eine Kritik an allen Normen, an allen Ordnungen. Die Gemeinde wurde sozusagen durch das Lustprinzip zerrüttet. Ich erinnere an Gorgias' Relativismus; an die sechs Schritte, nach denen bei Gorgias gar nichts Festes, gar nichts Zuverlässiges herauskam im Prozeß der Erkenntnis. Das finden wir bei Aristippos wieder, indem er das Gute und das Böse gerade in der Orientierung am Individualprinzip der Lust betrachtet, das Gute und das Böse also als bloße Konventionen. Sie sind keine Nomoi, keine Gesetze: weder von der Natur gesetzt noch vom Menschen gemacht, sie sind nur Konventionen. Er geht so weit zu sagen, der weise Mann werde gelegentlich auch stehlen, Ehebruch treiben und Tempelraub begehen. – Ich bitte, das jetzt nicht als Aufforderung zu verstehen*. – Aber wenn die Norm eine Konvention ist und man ebensogut sagen könnte, daß es gut sei, gelegentlich auch zu stehlen, Ehebruch zu betreiben und Tempelraub zu begehen – Tempelraub war damals das höchste Verbrechen –, so ist dies etwas, das wir am Ende des Mittelalters wiederfinden werden in dem berühmten Wort von Johannes Duns Scotus: «Wenn gut ist, was Gott will, so kann Gott, da er allmächtig ist, auch wollen, daß der Diebstahl etwas Gutes sei.»[16] – Wir werden noch einmal darauf zu sprechen kommen. Es ist ein Element, das keineswegs plötzlich auftaucht und wieder verschwindet.

In seiner Darstellung der griechischen Philosophie in «Pipers Handbuch der politischen Ideen» Band 1 auf Seite 464 spricht Münkler (Fetscher/Münkler 1988) von der apolitischen Komponente eines ethischen Relativismus bei den Hedonikern oder Kyrenaikern und zitiert dann einen angeblich apolitischen Satz von Theodoros von Kyrene, einem Spätnachfolger von Aristippos, bei dem mir Zweifel kommen, ob wirklich der Rückzug der Philosophie aus der Politik ins Private das Kennzeichen dieser neuen Negation ist, denn Theodoros, der natürlich auch mit allen Ordnungen aufräumen will, sagt da: Es ist vernunftgemäß, «daß der brave Mann sich nicht für das Vaterland dem Tode preisgibt» (zit. nach Fetscher/Münkler 1988: 464). Warum ist das apolitisch? Warum ist das eine apolitische und relativistische Komponente? Man könnte genausogut sagen: Es ist Folge des ethischen Relativismus, zu meinen, daß es süß und ehrenvoll sei, für das Vaterland zu sterben. Was

* «Vor langer Zeit, 1966, habe ich in einer Vorlesung über den Faschismus unglückseligerweise den Satz geprägt, der Diebstahl sei nur ein Versuch der Umverteilung des Reichtums mit ungeeigneten Mitteln. Als daraufhin diese von allen Göttern und Normen freigewordenen Studenten anfingen, in den Berliner Büchereien Bücher zu stehlen, wurde ich dafür verantwortlich gemacht. – Das bin also nicht ich, sondern das ist Aristippos, der behauptet, alle Normen seien Konventionen.» (J. A.)

hinter diesem Mißverständnis sich verbirgt, ist im Grunde nichts weiteres als die gang und gäbe bürgerliche – vielleicht aber nicht nur bürgerliche – Identifizierung von Öffentlichkeit und Politik, verstanden als Funktionieren von institutionellen Machtstrukturen. Wenn Politik nur dort gesehen wird, wo Herrschaft bestimmte institutionelle Strukturen im Staat vorfindet, so ist es klar, daß die Öffentlichkeit nur dann als Öffentlichkeit gilt und nicht als Privatheit, wenn sie sich einfindet in diese Strukturen.

Wir haben das gleiche Problem der Beurteilung etwas später, in unserer Zeit, bei der bekannten Absage an den politischen Kampf seitens der revolutionären Syndikalisten um die Jahrhundertwende bis zum Ersten Weltkrieg. Alle bürgerlichen Theoretiker sagen, es sei bezeichnend für die revolutionären Syndikalisten, daß sie, da sie nicht an Wahlen teilnehmen wollten, den politischen Kampf ablehnten. Aber sie verstanden unter dem politischen Kampf etwas anderes: durchaus eine öffentliche Konfliktsituation zur Zerschlagung des Kapitals und des Staates. – Diese Gleichsetzung von Politik und Öffentlichkeit ist also nicht in der Lage, sich das vorzustellen, was Karl Marx genannt hat: eine Öffentlichkeit ohne politischen Charakter sei eine Öffentlichkeit ohne Herrschaftsstrukturen.

Die Wirklichkeit war bei diesen Philosophen anders, und wir müssen sie anders betrachten. Gewiß war die polis-bürgerliche Areté nicht mehr gefragt, denn sie hat zur unbedingten Voraussetzung, daß es eine Öffentlichkeit gibt, die politisch wirksam ist. In dem Moment, in dem die Öffentlichkeit nicht mehr wie in der Ecclesia das Zentrum der Entscheidung ist, verliert das Politische jene Unmittelbarkeit der Präsenz auch der Masse des Volkes, die früher da war. Wenn das Politische reduziert wird, seine Wahrheit findet in der blanken Unterscheidung zwischen dem König und seinen Untertanen, dann verliert die Philosophie oder verlieren die griechischen Philosophen die Lust an der Politik. Denn es war durchaus lustvoll, in der Ecclesia zu diskutieren, mit dem Gegner fertig zu werden.

Der Philosoph verliert also die Lust an der Politik und propagiert die Lust am eigenen Leben, an der eigenen Wirklichkeit. Aber diese Propagierung der Lust an der eigenen Wirklichkeit war nicht etwas Privates, etwas im Elfenbeinturm, sondern sie wurde öffentlich ausgetragen. Diese Philosophen waren keine Privatleute, sie waren keine «idiotés»*, sondern sie waren Teile der Öffentlichkeit, eben einer Öffentlichkeit, die sich im Dissens befand zum Palast und zur neuen politischen Wirklichkeit. Es war also eine andere Art von Öffentlichkeit, eine, die sich völlig außerhalb des Machtsystems ergab, die jedoch mitten in der Gesellschaft wirkte. Nicht von ungefähr waren diese alten Philosophen keineswegs isolierte Einsiedler, sondern

* idiotés: bezeichnet im Altgriechischen eine Person, die sich nicht am politischen Leben beteiligt und auch kein öffentliches Amt inne hat.

sie hatten auch ihre Schulen, sie schrieben auch ihre Bücher, sie wirkten als Wanderlehrer und bildeten sogar, wie Epikur, Wohngemeinschaften.

Hinzu kamen aber auch die Veränderungen, die der Isonomia einen anderen Sinn gaben. Wir wissen, was Isonomia heißt: Das ist die Gleichheit — aber nur der Freien. Ich erinnere daran, daß Phaleas von Kalkedonien einer der wenigen sogenannten linken Sophisten war, für die die Isonomia eine allgemeine Bedeutung erlangen sollte. Die Isonomia solle sein: die Gleichheit zwischen Mann und Frau, zwischen Barbaren und Hellenen. Das gleiche finden wir hier. Aber es ist nicht etwa bloß eine Weiterführung der linkssophistischen Idee der Isonomia, die sich da auswirkt, sondern es ist auch zugleich die Folge von ökonomischen Veränderungen; ökonomischen Veränderungen, die zusammenhängen mit der neuen, angehäuften Form des Reichtums, die nicht mehr gebunden ist an die alte Klassenstruktur, an den alten Adel. Das, was früher eine klare Scheidung zwischen Herr und Sklave war, löst sich auf, weil nun eine ganz andere ökonomische Wirklichkeit zu einer ganz anderen sozialen Schichtung innerhalb der Bevölkerung führt und auch innerhalb der Öffentlichkeit. Im 5. Jahrhundert noch war der ärmste Tagelöhner dem reichsten Metöken — also Fremdinsassen, der auch ein Bankier sein konnte — in Athen weitaus überlegen. Denn der Metöke hatte zwar Geld und Reichtum, aber keinen Platz in der Ecclesia. Jetzt, da die Ecclesia verschwunden ist, bleibt dem Tagelöhner nicht mehr die Möglichkeit der politischen Entscheidung, ihm bleibt nur die Möglichkeit, arm zu sein.

Das heißt: An die Stelle der früheren klaren Scheidung von Gleichen und Sklaven tritt eine ganz anders geartete Scheidung: die zwischen Reich und Arm; eine Scheidung, die offensichtlich die frühere sozioökonomische Konstellation völlig durcheinanderbringt und auch zu einer anderen Einstellung in der Philosophie gegenüber der Gesellschaft führt. Wenn nämlich der Unterschied nicht mehr besteht zwischen Herrn und Sklaven, sondern nur noch der Unterschied zwischen Reich und Arm, so besteht auch kein Grund mehr, die Trennung zwischen den gleichen und freien Armen und den Sklaven aufrechtzuerhalten. Es ist gerade das Kennzeichen des öffentlichen Charakters der hellenistischen Philosophie, daß sie das Prinzip der Gleichheit für alle gemein hat.

Das Prinzip der Gleichheit wird verallgemeinert von den Stoikern, von den Epikureern und von den Kynikern. Diese neue Gleichheit, könnte man sagen, war der Kern der neuen Subversion gegen die von den makedonischen Königen hergestellte neue, monarchische Ordnung.

Als die wichtigste dieser drei Gruppierungen werden immer die Stoiker betrachtet. Der Name stammt von dem Wort «Stoa» — Halle —, in der Zenon von Kition (336—263), der Gründer der Schule, zu lehren pflegte.

Daher «Stoiker». Wenn einer heute sagt, er habe ein stoisches Verhalten, so hat sich das Wort vom Ursprung völlig losgelöst; ein Stoiker bedeutet ursprünglich nichts weiter als ein Philosoph, der in der Stoa lehrt. Die von Zenon begründete Stoa wird schon deshalb für viel wichtiger gehalten als die beiden anderen Richtungen, weil sie geschichtlich wirksamer geworden ist. Sie hat bis in die römische Kultur hineingewirkt, aber schon in der Art, wie sie gewirkt hat, merkt man, daß der Stoizismus sehr ambivalent war. Denn wir finden Elemente des Stoizismus sowohl bei den Gracchen, den zwei Volkstribunen, die in Rom eine Revolution veranstalten wollten, wir finden sie aber auch bei dem konservativen Cicero, der neben Aristoteles als Vertreter des liberalen Konservatismus gelten kann. Diese Ambivalenz ist in der Stoa selbst, im Verhalten der Stoiker, begründet: Sie waren Kosmopoliten. Insofern repräsentierten sie etwas, was sich gerade gegen die neue Form von Staatlichkeit richtete, die sich gebildet hatte: Sie erkannten den Staat nicht an; sie erkannten das neugeschaffene Königreich nicht an. Sie bekannten sich als Weltbürger, und zugleich waren sie treue Bürger des Staates. Es waren also Weltbürger, die nie auf die Idee gekommen wären, wie die Kyniker etwa, keine Steuern zu zahlen. Man kann sagen: Die Stoiker waren die Erfinder der inneren Emigration. Gerade im weiteren Verlauf der Geschichte haben auch sie ein sehr eigentümliches Schicksal erleiden müssen.

Seneca (4 v. – 65 n. Chr.), der größte römische Stoiker, hatte einen Schüler, dem er wirklich Kosmopolitismus beigebracht hatte; dem er beigebracht hatte, daß alle Gedanken im Grunde gleich seien, daß die Toleranz und das natürliche Recht des Menschen das Wichtigste sei. Dieser Schüler hieß Nero. Aber das gehört auch zu der Ambivalenz. Eine andere Ambivalenz sehen wir bei dem berühmten Philosophen auf dem Kaiserthron, Mark Aurel. Mark Aurel war ein Stoiker, und es gibt nichts, was so ergreifend wäre wie die Bekenntnisse des Mark Aurel. Der Stoiker Mark Aurel, der in seinen Bekenntnissen sich zum Prinzip der natürlichen Rechte bekannte, war ein sehr rigoroser Kaiser, ein sehr stabiler Eroberer, und außerdem verfolgte er die Christen in einer Weise, der gegenüber die berühmte Mär von der Christenverfolgung durch Nero nur verblassen kann.

Aber das Wichtige, das eigentlich Subversive bei den Stoikern war zweifellos ihre Erfindung des Naturrechts. Das, was wir unter Naturrecht verstehen, geht auf die Stoiker zurück. Dabei ist der Unterschied zum Naturrecht des Kritias darin zu sehen, daß der rechte Sophist Kritias mit Naturrecht das Recht des Stärkeren meinte. Er benutzte also den physischen Begriff von Natur, während die Stoiker, schon als Folge der griechischen Aufklärung, unter der Natur des Menschen die Vernunft des Menschen verstanden. Sie nannten es auch göttliches Recht. Doch das göttliche Recht der Stoiker ist von einer Göttin geprägt, von der Göttin Vernunft. Das Naturrecht der Stoiker ist bis auf den heutigen Tag in seinen Grundzügen intakt geblieben. Das, was wir heute als Menschenrechte, Grundrechte etc. haben, ist im Grunde schon im Prinzip des stoischen Naturrechts begründet. Wichtig an diesem Prinzip ist, wie gesagt, das Prinzip der Gleichheit.

An einem Punkt konnten die Stoiker nicht über ihren griechischen Schatten oder über ihren männlichen Schatten springen. Für sie blieb die Gleichheit doch geschlechtsspezifisch beschränkt: Sie war keine Gleichheit von Mann und Frau. Bei anderen taucht diese Gleichheit auf, und zwar bei denjenigen, die in der normalen Geschichtsschreibung der Philosophie als die Geringeren erscheinen; als die Geringeren, weil sie in der Tat weniger geschichtswirksam gewesen sind.

Epikur (341–270) war fraglos einer der größten Philosophen der damaligen Zeit; nicht nur einer der größten Philosophen – ein Materialist übrigens, ein Schüler des Demokrit –, sondern auch einer der absonderlichsten. Er ist der erste, der außerhalb der bestehenden gesellschaftlichen und politischen Ordnung eine eigene Gesellschaftsformation begründet hat, der «Garten des Epikur» genannt. Der Ausdruck «Garten» verlockt natürlich sehr zu dem Mißverständnis, es handle sich da um ein privates Unternehmen. Epikur nannte es den »Garten», genau wie Zenon seine Schule die »Stoa» nannte. Der Garten war in Wirklichkeit zwar keine Polis, aber eine öffentliche Einrichtung – ich sagte: Wohngemeinschaft –, die sich nicht am Prinzip der Zugehörigkeit zu einer staatlichen Ordnung orientierte, sondern die ein Prinzip hatte, mit dem wir vielleicht sehr wenig anfangen können: das Prinzip der Freundschaft. Das war der eine Punkt. Viel wichtiger als das Prinzip der Freundschaft ist jedoch, daß für Epikur eine derartige gesellige Gemeinschaft von Freien und Gleichen nur entstehen kann nicht etwa aus traditionellen Gründen, vielmehr durch eine freie Abmachung.

Sind die Stoiker die Erfinder des Naturrechts, so ist Epikur vielleicht in dem Punkt geschichtswirksam geworden, daß er der erste ist, der eine Vertragslehre entwickelt hat. Recht, Gemeinschaft, Gesellschaft, Gemeinwesen – all das ist weder von der Natur her bestimmt noch von der Geschichte her. Es entsteht nur durch den freien Vertrag, durch eine freie Abmachung der freien Gleichen untereinander. Vielleicht ist er nicht so geschichtswirksam gewesen, weil man im Laufe der späteren Zeit vergaß, daß Epikur der erste war, der anstelle des organisch gewachsenen Gemeinwesens oder anstelle des von oben befohlenen Gemeinwesens, des Königtums, den Gedanken eines »Contrat Social» entwickelte, eines Gesellschaftsvertrages, aus dem ein Verband entstehen konnte, in dem nicht nur alle gleich waren, sondern aus dem man jederzeit auch austreten konnte. Und bei Epikur – im Gegensatz zu den Stoikern – taucht endlich einmal wieder die emanzipierte

Frau auf. Eines der Grundprinzipien des Epikur – das man eigentlich bei dem Naturrecht der Stoiker hätte finden sollen – war die nicht nur formelle Gleichheit von Mann und Frau, sondern die von Platon gewünschte Gleichstellung auch in den politischen Machtstrukturen. Der Garten hatte eine frei gewählte Leitung, und es waren viele Frauen, die diese Leitung übernahmen – ich weiß nicht, in welcher Reihenfolge. Mit anderen Worten: Das, was im klassischen Griechenland, auch in Rom und im Mittelalter – bis auf gewisse Päpstinnen – undenkbar gewesen wäre, war in Epikurs Garten gewissermaßen alltägliche Praxis: In einer Art Rotationsverfahren wurden ohne Ansehen des Geschlechts entweder Frauen oder Männer Leiter oder Leiterinnen des Gartens.

Am weitesten aber in der Subversion der Ordnung sind die Philosophen gegangen, die unter dem Namen «Kyniker» in der Weltgeschichte bekannt geworden sind. Der Gründer der Schule, ein Antisthenes aus Athen, lebte von etwa 455 bis 360, also auch in der Übergangszeit vom 5. ins 4. Jahrhundert. Einige meinen, daß das Wort «Kyniker» aus dem Gymnasium von Antisthenes stamme, aber in Wirklichkeit stammt es von «Kyon», von dem Wort «Hund». Die Kyniker nannten sich selber «die Hündischen». Dies war schon eine ziemlich robuste antikulturelle Kampfansage an alle Traditionen. Antisthenes hat – wie aus den Fragmenten zu erkennen ist, die wir von ihm haben – nicht nur die Riten, Institutionen, Normen abgelehnt, sondern er ist der erste, der in ganz präziser Form, in politologischer Form das, was wir heute die «Form Staat» nennen, nicht nur kritisierte, sondern ablehnte.

Der größte Kyniker – ihr kennt ja die Geschichte des Wortes: heute sagt man Zyniker und meint etwas anderes – ist der euch allen bekannte Diogenes von Sinope (um 400 – um 325). Das ist der Diogenes mit der Tonne und mit dem Alexander. Dies beides sind zwar Legenden, aber keine Legende ist, daß Diogenes, als er von Alexanders Strategen Krateros zu einem Festbankett eingeladen wurde, antwortete: «Lieber in Athen Salz lecken, als bei Krateros an der vollen Tafel sitzen.» (Diogenes Laertius 1998: 275; zit. nach Fetscher/Münkler 1988, Bd.1: 466) Ihr erinnert euch an den Satz von Demokrit: «Lieber einen einzigen Beweis finden, als König der Perser zu sein.» (nach: Capelle 1968: 414) Diogenes von Sinope ist also teils als Karikatur, teils als seltsames Emblem in die Geschichte eingegangen. In Wirklichkeit war er ein sehr ernsthafter Wanderlehrer und hinterließ auch ziemlich große Schriften, die leider verlorengegangen sind: Über Natur, Recht, Staat etc. Man kann sagen, daß wir mit ihm – das sagt selbst Ueberweg, also ein handfester bürgerlicher Historiker – schon die Anfänge einer proletarischen Auffassung von Kultur haben. Denn es ist keineswegs so, daß seine Tätigkeit sich erschöpfte in der Absage an kulturelle Formen, sondern er versuchte auch, neue Formen von Kultur, von geselligem Leben zu entwickeln – jenseits allerdings der traditionellen Normierungen und jenseits vor allem der inzwischen königlich-politisch gewordenen Machtordnung. Er ist wahrscheinlich in der Antike der schärfste und erbittertste Kritiker der Machtstrukturen und der gesellschaftlichen Normierungen. Eine Umkehrung der Werterelation hat er auch vorgenommen: Er sagt in einem Fragment – um zu zeigen, daß die normale Gesellschaft falsch funktioniert –, daß in der normalen Gesellschaft gerade das Wertvollste mißachtet wird und das Wertloseste am meisten wert ist: «Das Wertvolle, ein Maß Mehl, kostet zwei Stück Kupfermünzen, das Wertlose, die Bildsäule, dreitausend Stück Kupfermünzen.» (Diogenes Laertius 1998: 266; zit. nach Fetscher/Münkler 1988, Bd. 1: 466) Soweit also zu Diogenes. Daß er inzwischen verkannt wird, ist hoffentlich von heute an bei euch nicht mehr der Fall, genauso wie bei Eva und bei Xanthippe. Die Legende der Tonne weist also auf diese Art der proletarischen Kulturauffassung hin, die Legende mit Alexander meint etwas viel Wichtigeres: die Mißachtung der Macht. Ihr wißt ja, Alexander tritt vor Diogenes und fragt ihn, was er sich von ihm wünsche, worauf Diogenes erwidert: «Geh mir bitte aus der Sonne»[17] – und sonst nichts.*

Wir haben den Kynikern noch etwas anderes zu verdanken. Ich habe schon erwähnt, daß es, namentlich nicht bekannt, unter den Sophisten auch zwei Sophistinnen gab. Sowohl Platon wie Aristoteles erwähnen das, doch mehr in der Form der Ablehnung, in der Form des Nachweises, wie inkonsistent die Sophistik eigentlich gewesen sei. Anders ist es bei den Kynikern. Der unmittelbare Nachfolger und Schüler von Diogenes, ein Krates aus Theben (um 360–280), machte etwas, was einige Jahrhunderte später Franz von Assisi auch tat. Er war ein reicher Mann, veräußerte seinen Reichtum an das Volk, zog als Wanderlehrer durch die Lande und war so überzeugend, daß er eine reiche Frau namens Hipparchia überzeugte, auch Kynikerin zu werden. Sie ist die erste Philosophin der Weltgeschichte, die namentlich genannt wird. Wenn ihr aber meint, diesen Namen in einer normalen Geschichte der Philosophie zu finden, dann werdet ihr enttäuscht werden. Es ist ein Name, der eben zu finden ist bei solchen präzisen bürgerlichen Historikern wie Ueberweg, die wirklich niemanden auslassen. Leider haben wir weder von Krates noch von Hipparchia irgend etwas Schriftliches; wir

* «Diogenes von Sinope wird manchmal verwechselt mit Diogenes Laertius. Das ist aber ein ganz anderer Mann, ein Philosophiehistoriker, der etwa fünfhundert Jahre später gelebt hat. Ich habe einmal ein Buch, ein zweibändiges Werk, in die Hand bekommen, von einem Autor, dessen Name so schwierig auszusprechen ist, daß ich ihn vergessen habe, die ‹Kritik der zynischen Vernunft›. Ich nahm das Buch und legte es gleich wieder weg, denn wenn ein Mann, der sich als Fachmann ausgibt, schreibt: er hielte sich am liebsten an Diogenes Laertius, und er meint Diogenes von Sinope, also da ist für mich als Bildungsfan der Mann schon erledigt. Das sind immerhin 500 Jahre Unterschied zu dem Diogenes Laertius, dem wir übrigens alle diese Fragmente zu verdanken haben. Er war einfach ein Geschichtsschreiber der Philosophie.» (J. A.)

wissen nur, daß sie gelebt haben. Diogenes Laertius erwähnt beide, er erwähnt auch die Frau, die – sie war ja eine reiche Frau – auf ihr gesamtes Vermögen verzichtete.

Wichtig für uns ist: Dies ist die erste mit Namen erkennbare Philosophin in der Geschichte der Philosophie. Und ausgerechnet sie, genauso wie die zwei unbekannten Sophistinnen, gehört in die Linie der Eva'schen Subversion.

Das waren also die drei Hauptrichtungen der hellenistischen Philosophie, bei denen noch nicht die Form der Subversion, die wir vielleicht bei Späteren haben – etwa bei Thomas Müntzer –, aber ganz eindeutig die Negation des Bestehenden in einer der neuen geschichtlichen Situation angemessenen Form auftaucht. Wie gesagt: Leider sind die meisten Werke verlorengegangen, aber es sind da Zenon, der Stoiker, Epikur und Diogenes von Sinope. Das sind Namen, die es wirklich verdienen, in die, wie Marx sagen würde, Galerie der Heroen der Menschheit eingereiht zu werden.

Das nächste Mal werden wir Griechenland verlassen, und das nächste Mal stehe ich vor einem Problem: mich mit einer Situation zu befassen, die theoretisch nicht vorhanden ist oder war. Gab es überhaupt in der römischen Tradition eine subversive Theorie oder eine Theorie, die auf die Negation des Bestehenden zielte? – Ich kann keine erkennen. Seneca war, obwohl Stoiker, bestimmt kein subversiver Denker; Cicero war ein konservativer Denker; Lucretius? Gut, er war Epikureer, er hat ein großes Epos geschrieben: «De rerum natura», das Grundbuch des Materialismus der Antike, aber ich würde ihn nicht als subversiv erachten. Mein Problem liegt darin, daß in Rom die Subversion praktisch auftaucht: mit den berühmten Sezessionen, den Streiks der Plebs. Ich werde also jetzt in mich gehen, um zu sehen, ob Rom – wenn es denn auch keine subversive Theorie geliefert hat – in der Anti-Institution des Volkstribunats etwas in die Geschichte eingebracht hat, was wie die Französische Revolution bis auf den heutigen Tag wirkt, nämlich: das Prinzip, daß die Kontrolle der Macht nur dann gegeben ist, wenn die Vernunft permanent auf der Straße tagt.

21. November 1989

Die praktische Subversion der römischen Plebs
Die Anti-Institution des Volkstribunats
Subversive Tendenzen im Christentum

Denkbar ist – ob es auch gut wäre, weiß ich nicht –, daß die Kreuzberger Autonomen, so es sie noch gibt, beschließen würden, sich aus der Gesellschaft gänzlich zurückzuziehen, eigene Magistrate zu wählen, ein eigenes Fiskalsystem zu errichten, also eigene Kassen, aus denen sie leben können, und überdies das Recht für sich in Anspruch nähmen, approbativ, das heißt mit dem Vetorecht, einzugreifen in alle Schritte des Senats.

Dann hätten wir die Situation, über die heute zu reden ist; eine Form, in der die Subversion – wie ich das letzte Mal andeutete – gewissermaßen das theoretische Problem hat, nicht von einer Theorie her, sondern unmittelbar praktisch in Anwendung gekommen zu sein. Das Problem ist, soweit ich beurteilen kann, sehr aktuell. Was wir also heute machen, wäre die Aktualisierung der Römisch-Republikanischen Verfassung – eine Schwierigkeit, eine Tendenz, eine grundlegende Perspektive, die wir heute alle kennen. Auf jeden Fall ist es in der römischen res publica zum ersten Mal in der mir bekannten Geschichte dazu gekommen, daß das Verhältnis von Emanzipation und Institution sich hart stellte im politischen Kampf, im Alltag; und daß die Beziehung zwischen der politischen Autonomie eines Teils der Gesellschaft und den Regelungen allgemeinen Charakters, die also für alle gelten, zum Ausdruck kam. Dies aber nicht übersetzt etwa in eine mögliche Pluralität divergierender Gruppen, derart also, daß in der römischen Gesellschaft diverse verschiedene Interessen sich gruppiert, organisiert und dann in der Pluralität versucht hätten, so etwas wie gesellschaftliche Autonomie zu gewinnen, sondern in einer eindeutig antagonistischen Form, in der tatsächlich die res publica sich gespalten hat. Das ist das eine Problem, der geschichtliche Sachverhalt, den wir zu untersuchen haben.

Ich füge einen anderen Aspekt hinzu, der damit zu tun hat. Ich sprach von dem Vetorecht der Kreuzberger Autonomen gegen die Entscheidungen des Senats. Und dieses, das zweite Problem, ist die Frage, wie Macht am besten kontrolliert werden kann. Die Altägypter nannten es: den Palast. Sie sagten nicht etwa: der Hof der Pharaona, das Gemeinwesen oder die

Führung des Gemeinwesens. Sie nannten einfach die Struktur der Macht den Palast.

Die Frage, die sich auch heute stellt, zum Beispiel in Ungarn, in der DDR etc., ist eben, welche Kontrolle der Macht am wirksamsten ist. Ist die Kontrolle der Macht, die sich hinein in den Palast begibt, um von innen her die Macht einzuzäunen, besser oder ist die Kontrolle besser, die auf der Straße bleibt und von der Straße aus ihre Funktion ausübt? Bei meinem kurzen Auftritt in Ostberlin am vorvorigen Freitag vertrat ich unter allgemeiner Zustimmung der Anwesenden auf dem Bebelplatz die Ansicht, daß die verlorengeglaubte Vernunft sich wiedergefunden habe auf der Straße und daß sie am besten auf der Straße zu bleiben habe, um die Macht zu kontrollieren. Doch wir wissen, daß auch da das Problem wieder auftaucht, ob es nicht besser ist, sich in die Institutionen zu begeben.

Subversion, so wie wir sie bis jetzt verhandelt haben, ist natürlich auch im Palast möglich. Sie hat in diesem Fall einen besonderen Namen: Man spricht von U-Booten; von U-Booten, die also in die Institution hineingebaut werden. Aber gerade das Kennzeichen dieses U-Bootsystems ist, daß die U-Boote nicht etwa im Palast immanent Subversion betreiben, sondern immer Subversion betreiben im Auftrag, in Verbindung mit Kräften, die außerhalb des Palastes stehen. Die Beispiele, die wir heute haben, sind sehr vielfach und in sich widersprüchlich, und es ist zweifellos nicht an mir, euch Vorschläge zu machen, noch an uns, über etwas zu entscheiden.

Hier steht heute zur Diskussion – wie immer, wie gehabt – das mögliche subversive Denken in der Periode, die etwa dauert von der Römischen Republik bis zu den ersten Anzeichen des Christentums.

Vom römischen politischen Denken zu sprechen, erübrigt sich. Ich habe das letzte Mal die Gründe dafür genannt. Nicht, daß es ein solches nicht gegeben hätte, aber das klassisch römische politische Denken – Cäsar, Tacitus, Sallust, Cato Maior, Cato Minor, Cicero vor allem – bezeichnet nur die konservative Wende der stoischen Philosophie und interessiert uns hier also nicht einmal am Rande. Überdies ist es politisches Denken, das keineswegs von Anfang an die Entwicklung der Römischen Republik begleitet hätte. Dieses politische Denken setzt schon eine lange Geschichte voraus. Es taucht interessanterweise erst am Ende der Römischen Republik auf und findet dann später auch in der imperialen Zeit seine konservative imperiale Fortführung. Überhaupt ist über die römische Kultur zu sagen, daß die uns allen bekannte und auf den Gymnasien vermittelte nicht die ursprüngliche römische Kultur ist; vielmehr ist das die Kultur des imperialen Rom, von Kaiser Augustus an bis zum Ende des Römischen Reiches.*

* «Ich erwähne nebenbei, daß Rom angeblich gegründet wurde am 21. April 753 (die Italiener feiern heute noch den 21. April als Gründungstag des alten Rom). In

Ich habe darauf hingewiesen, daß zweifellos die Römer ein großes Kulturgut geschaffen haben, nämlich das Römische Recht, das Römische Privatrecht, und später sogar das Völkerrecht; doch auch dies erst in späterer Zeit. Was die res publica selbst hervorgebracht hat, waren nur die zwölf Tafelgesetze (449 v. Chr.). Diese zwölf Tafelgesetze waren zwar sehr wichtig – der erste Satz lautete: das Wohl des Volkes sei das höchste Gesetz[18] –, aber das war auch das einzig Interessante, öffentlich Interessante. Alles andere regelte im wesentlichen nur die Familienverhältnisse, die Erbverhältnisse, die Stellung der Macht des Mannes, der Frau und der Familie. Das patriarchalische System wurde begründet. Es war also zwar eine wichtige Leistung, aber eine, die im Grunde einging in das klassisch zu nennende Römische Recht.

Für uns ist wichtig die von mir schon erwähnte Einwirkung des stoischen Gedankens, des Gleichheitsgedankens, auf zwei Volkstribune, deren Namen euch allen von der Schule her bekannt sind: Tiberius Gracchus, (163–133), er wurde dann ermordet; und sein Bruder Gaius Gracchus (154–121). Beide wurden nicht allgemein durch die Stoa beeinflußt, sondern durch ihren Lehrer, einen Stoiker. Beide versuchten, als Tribune der Plebejer, diesen Gleichheitsgedanken durchzusetzen: zunächst durch ein Ackergesetz, das den Zweck verfolgte, die eroberten Staatsgüter, die sonst nur den Patriziern zugeschlagen wurden, diesen wegzunehmen und unter den Plebejern zu verteilen. Eine Umverteilung also des Eigentums. Tiberius Gracchus rief sogar die Plebs zum Aufstand auf und wurde dann entsprechend von den Emissären des Senats der Patrizier ermordet. Er mußte übrigens ermordet werden, weil es eine andere institutionelle Möglichkeit gar nicht gab, einen Volkstribun loszuwerden. Sie galten als sakrosankt, als unantastbar. Die einzige Möglichkeit war, sie zu ermorden.

Dieses Werk des Tiberius wurde von Gaius Gracchus fortgeführt, der noch weiter ging – zwar nicht auf der wirtschaftlichen Seite, aber in der politischen Durchsetzung bestimmter Prinzipien der Gleichheit –, durch eine Reform des Magistrats, durch eine Reform der Justiz, die dazu führte, daß das Recht, Richter zu stellen dem Patriziat praktisch weggenommen wurde. Die Rechtsprechung war also nicht mehr Sache der Patrizier. Das erinnert an die berühmte Perikleische Reform, von der ich berichtet habe: als Perikles den Demoi den Zugang zum Magistrat eröffnete.

Ebenso wichtig war allerdings in Fortsetzung der Agrargesetzgebung, daß Gaius Gracchus die sogenannte «Frumentatio» einführte. Frumentatio heißt an sich «Korn», «Weizenkorn». Die Frumentatio bedeutet nichts weiteres als die Festlegung des Brotpreises. Man kann sagen, daß hier zum

---

Wirklichkeit fand die Gründung etwa hundert Jahre später statt.» (J. A.)

ersten Mal der berühmte politische Brotpreis auftaucht, der in späteren Gesellschaften – man denke an die Französische Revolution, an die jakobinische Wirtschaftspolitik – eine große Rolle spielte. Gaius Gracchus wurde zwar nicht ermordet, er verübte jedoch Selbstmord – das war die einzige mögliche subversive Einwirkung der Stoa, die wir in der römischen Geschichte finden. Aber gerade die Ermordung von Tiberius Gracchus im Jahre 133 bedeutete zugleich offiziell das Ende der Republik, weil das, was nachher kam, nicht mehr die «öffentliche Sache» im ursprünglichen Sinne des Wortes war.

Daß kein Glanz diese Republik charakterisierte, hing zum Teil mit dem Prinzip der Römer zusammen: «Primum vivere deinde philosophari» – erst leben, danach philosophieren –, zudem auch damit, daß – anders als in Griechenland – das römische Gemeinwesen im Grunde ein bäuerlich-kriegerisches Gemeinwesen war; bäuerlich-kriegerisch bis zur großen Ausweitung des römischen Einflusses auf Nordafrika, der Eroberung von Karthago und dann auch der Eroberung Makedoniens, der Verwandlung Makedoniens in eine römische Provinz. Bis dahin war Rom natürlich auch eine Sklavenhaltergesellschaft, jedoch in einem ganz anderen Sinn als Athen.

Ich habe versucht zu zeigen, daß gerade das Charakteristische der großen Athener Kultur darin lag, daß, wie Friedrich Engels sagte, ihre Existenzmöglichkeit in der Tatsache bestand, daß die Aristokraten, die Künstler und die Dichter nicht zu arbeiten brauchten. Die Patrizier in Rom arbeiteten selbst. Sie waren zwar Grundeigentümer, bestellten aber ihre Felder selbst. Natürlich gab es Sklavinnen und Sklaven, aber sie waren nicht eigentlich die tragende Kraft der gesellschaftlichen Produktion. Die tragende Kraft waren die Patrizier als Bauern und die Plebejer in der Stadt als Handwerker, Tagelöhner etc. Daher auch die ganz anders geartete Zusammensetzung der Stadt, daher auch dieser Antagonismus, der sich unmittelbar auswirkte. Man kann sagen: Rom konnte keine glanzvolle Kultur entwickeln in der Republik, eben weil diese keine Sklaven kannte.

Das System war relativ einfach. Natürlich war Rom ein expandierendes Gemeinwesen. Es hat im Laufe von vierhundert Jahren ganz Italien erobert, aber es hat diese Eroberung anders gefaßt als die sonstigen kriegerischen Eroberungen anderer Länder. Die römische republikanische Außenpolitik verstand es, aus den jeweils geschlagenen Völkern Verbündete zu machen, die allerdings Geld oder Korntribute zu entrichten hatten. Erst mit den Punischen Kriegen (ab 264 v. Chr.) begann die Sklaverei sich zu entwickeln.

Vom Traum Alexanders des Großen sprach ich das letzte Mal: Er dauerte nur einige Jahre. Die große Athener Demokratie dauerte ein Jahrhundert. Die res publica Romana war, wie gesagt, weder ein Traum noch eine glanzvolle Welt: Bauern, die ab und zu in den Krieg zogen, mehr war das nicht –

aber sie überdauerte immerhin vier Jahrhunderte in der ursprünglichen republikanischen Form.

Das Verblüffende ist, daß dieses Gemeinwesen, diese «öffentliche Sache», nicht etwa ein harmonisches Gemeinwesen war; daß im Gegenteil dieses expandierende Gemeinwesen, das in der Lage war, ganz Italien zu erobern, ein in sich zerrissenes war und eine disunio bildete; eine disunio in Permanenz in den vierhundert Jahren der res publica. Von 560 – da wurde die Verfassung gewissermaßen gegründet, die Dreiteilung, auf die ich noch zu sprechen komme – bis zur Ermordung des Gracchus hat der Klassenkampf in Permanenz bestanden. Also: Wir finden Expansion in Italien und über Italien hinaus – 146 wurde Karthago zerstört und Makedonien erobert –, und gleichzeitig gab es in der gleichen Stadt in Permanenz die Auseinandersetzung der Plebejer mit den Patriziern um die Gleichheit – daher später bei den Gracchen die Agrargesetzgebung.

Man könnte sagen, daß der Unterschied einfach darin liegt, daß, während im Athen des Perikles der Klassenkampf politisch aufgehoben und institutionalisiert wurde in der Isonomia, in der Gleichheit der Ecclesia, der Klassenkampf in Rom seine politische Pflicht tat: Er tobte. Er tobte im wörtlichen Sinn; es gab kaum eine Woche ohne Tumulte, Straßenaufstände, Straßenschlachten. In der Tat handelte es sich um einen echten Klassenkampf und nicht nur um verbale Auseinandersetzungen.

Dies ist ein Merkmal der Römischen Republik, das wir uns merken sollten, weil sich darin auch der Unterschied zur Athener Demokratie zeigt: Die res publica war keine Demokratie, sie kannte keine Gleichheit. Der Kampf der Plebejer gegen die Patrizier ging gerade um die Erreichung der Gleichheit. Dafür gab es aber in Rom die Libertas; anstelle der Gleichheit also die Freiheit, eine Freiheit, die viel weiter ging als in Athen. Rom kannte zum Beispiel die berühmten Gottlosigkeitsprozesse nicht, die auch für das demokratische Athen charakteristisch waren. In Rom konnte jeder denken, wie er wollte, und konnte jedesmal kämpfen, wann er wollte und wo er wollte. Doch ging der Kampf schon um die Erreichung der Gleichheit.

Man kann also sagen, daß in der Athener Demokratie die Entwicklung lief von der Isonomia in Richtung auf eine größere Freiheit, die sich dann auflöste in der entpolitisierten Freiheit der Stoiker und der Epikureer – während in Rom umgekehrt der Kampf von der Freiheit her in Richtung auf die Gleichheit ging.

Das wurde schon immer als ein geschichtliches Problem empfunden. Denn es ist einerseits im allgemeinen so, daß ein Gemeinwesen sich nur erobernd betätigen kann, wenn es in sich geschlossen ist; und andererseits hat gerade der expansive Krieg die Aufgabe, die innere Zerrissenheit zu überwinden. Im republikanischen Rom ist jedoch kein Eroberungskrieg dazu in der Lage gewesen. Machiavelli hat lange über die Gründe von Roms Größe räsoniert, über die Gründe eines zerrissenen Gemeinwesens, das ganze Landstriche sich einverleibte. Er sah den Grund für Roms Größe gerade in der disunio, gerade darin, daß durch den permanenten Kampf zwischen Patriziern und Plebejern die Freiheit sich entfalten konnte; und daß durch diesen Kampf auch politische Energien immer wieder in Permanenz präsent waren. Durch die ständig stattfindenden Tumulte kam Rom sozusagen nicht zu jener Harmonie, zu jener Ruhe, die bekanntlich manchmal das Ende aller Freiheit sein kann. Insofern waren für Machiavelli eindeutig die Plebejer die Garantie der berühmten und immer gerühmten republikanischen Freiheiten Roms.

Aber weil dies eben aus dem permanenten Klassenkampf entstand, ergab sich in Rom eine Situation, von der man als Verdoppelung des Staates sprechen könnte. Das Wort ist nicht ganz richtig, weil die res publica zwar ein Gemeinwesen, ein in sich zerrissenes Gemeinwesen war, aber kein Staat. Man kann von einer Verdoppelung der Institutionen reden oder, um es präziser zu sagen, davon, daß die römische Plebs – daher mein Hinweis auf die Autonomen – eine eigene Autonomie erreicht hat; eine Autonomie, die eine eigene politische Entfaltungsmöglichkeit bietet, und zwar außerhalb der Institutionen.

Das Extrainstitutionelle, von dem heute geredet wird, von dem zumindest ich heute rede, ist also eine, wenn nicht *die* Erfindung der römischen Plebejer. Die Römische Republik ist bekanntlich durch eine Formel gekennzeichnet, die zum ersten Mal im Jahr 560 auftaucht: «Senatus populusque Romanus», der Senat und das Volk von Rom.

Der Senat und das Volk von Rom waren institutionell verfaßt, geregelt in drei Machtgruppen: in der Autorität des Senats («Senatus auctoritas»), in der Macht des Magistrats mit zwei Konsuln, die praktisch die exekutive Macht hatten, und dann in dem «Populi imperium», in der Herrschaft des Volkes. Worin lag diese Herrschaft des Volkes?

Ich muß vorausschicken, daß die Macht der Plebs darin lag, daß sie von den Patriziern, den Aristokraten, also vom Senat gebraucht wurde. Es waren zwar keine Sklaven, aber es ist ja bekannt, daß ein Land nur Eroberungszüge machen kann, wenn Soldaten zur Verfügung stehen. Die Soldaten wurden gestellt von der Plebs, den Plebejern. Jeder Krieg, der von den Plebejern geführt wurde, war für sie eine günstige Gelegenheit, neue Forderungen zu stellen. Das finden wir bis zum Ende des Römischen Reiches: Die Soldaten waren keine Söldner, sondern es waren römische Bürger, die bereit waren, sich abschlachten zu lassen unter der Bedingung, daß ihnen bei ihrer Rückkehr nicht nur der Dank des Vaterlandes gewiß war, sondern konkrete ökonomische Vorteile. Das war das eine. Militärisch war der Senat also auf die Plebs angewiesen, aber ebensosehr auch ökonomisch. Die Patrizier bestellten zwar ihre Felder selbst, aber sie hatten Tagelöhner, Landarbeiter, und die kamen aus der Plebs. Notwendig für die Patrizier waren auch die Handwerker, so daß die Plebs im Grunde die ökonomische Bedingung war für die Existenz der Patrizier. Und dessen wurde sich die Plebs bewußt, als es darum ging, festzustellen, was denn der Populus in diesem schönen Signum «SPQR» – Senatus populusque Romanus – sei; und als es auch darum ging zu sehen, inwiefern dem Populus – als Masse der Plebs verstanden – Potestas, Macht, zukommen könnte. Die politische Macht lag ja in den Händen der beiden Konsuln, die von den Patriziern ernannt wurden. Der praktische Weg der Plebs waren die sogenannten Sezessionen. Die Sezessionen sind die ursprüngliche Form des Streiks. Das bedeutet nichts anderes, als daß die Plebs sich zu arbeiten weigerte und sich auf einen heiligen Berg zurückzog. Hier lebten die Plebejer weiter, während die Patrizier in der Stadt blieben und nicht wußten, wer das Brot backen und wer die Werkzeuge für die Feldbestellung bereitstellen sollte.

Die Plebs war die berühmte Hand, die arbeiten mußte, damit der Magen voll wurde. Und in der Tat: Als Menenius Agrippa, der erste Erfinder der Elitetheorie übrigens, in seiner berühmten Rede die Plebs überzeugte, in die Stadt zurückzukehren, da sagte er: «Natürlich ist der Senat, sind die Patrizier der Magen, natürlich werden die Patrizier von euch gefüttert – aber: können die Hände arbeiten, können die Füße gehen ohne den Magen?» (Titus Livius 1960: 29f) Und die Plebejer ließen sich überzeugen. Heute ist übrigens das Verhältnis anders, heute wird nicht mehr der Magen herangezogen als Symbol der Elite – da waren eben die Römer sehr materialistisch ihrem Satz treu: Erst leben, dann philosophieren –, heute ist es im allgemeinen der Kopf, von dem gesagt wird, ohne ihn könnten die Hände ja gar nicht arbeiten, und insofern habe der Kopf eine führende Rolle in der Gesellschaft zu spielen.

Wichtig bei diesen Sezessionen war allerdings, daß die Plebejer bereit waren, den Streik abzubrechen, daß sie zugleich aber eine institutionelle Forderung stellten. Von Interesse ist auch – nicht nur der Kuriosität wegen–, daß ein moralischer Grund gewissermaßen der unmittelbare Anlaß für den Streik, für die Abwanderung der Plebs war; ein moralischer Anlaß, der begründet ist durch eine der vielen berühmten römischen Frauengestalten: Virginia, ein plebejisches Mädchen, das von einem Patrizier, wie es heißt, entehrt, also vergewaltigt wurde. Daraufhin verlangte Virginia, den damaligen Sitten entsprechend, daß ihr Vater sie töte. Und da der Vater ohnehin das Recht und die Pflicht hatte, sie zu töten, um die Ehre der Tochter zu retten, wurde Virginia von ihrem Vater getötet. Hierauf geschah der erste Aufstand, der erste Streik der Plebs. Was verlangten die Plebejer?

Sie verlangten die Bildung einer eigenen Machtinstitution, einer «Potestas negativa»: das Volkstribunat. Die Plebs beginnt ihren weltgeschichtlich bewußten Gang also damit, daß sie für sich selber eine Institution verlangt, die von der verfaßten Ordnung der res publica nicht vorgesehen war. Das Volkstribunat ist eine negative Macht, eine Macht, die überhaupt nichts zu tun hat mit dem Magistrat, dem Senat und dem sagenhaften «Populus» – eine Macht, die sich dort etablierte, wo die Plebs wohnte, und die auch von der Plebs in Schutz genommen wurde.

Die Plebs aber schafft nicht nur eine eigene Institution der Macht, sondern sie geht noch weiter. Es gab in Rom erstaunlicherweise keine einheitliche Religion. Im Zusammenhang mit der gesellschaftlichen Autonomie schuf sich die Plebs auch eine eigene Religion, mit den gleichen Göttern zwar, aber es gab wichtige Unterschiede zum Beispiel zwischen der plebejischen und der patrizischen Venus. – Nicht nur eine eigene, negative, Machtinstitution also, sondern sogar eigene Götter, Sitten und Gebräuche. Es ging jedoch noch weiter in dieser seltsamen politischen Form, die völlig jenseits der res publica stand, wie gesagt, ein Doppelstaat, wirklich ein Anti-Staat, der sich auch auf dem Boden der Beschlüsse – von Gesetzgebung kann man nicht sprechen – auswirkte in den «Concilia» – im Gegensatz zu den «Consulta» des Senats –, also in den Räten, weil in den Räten die «Plebiscita» verkündet wurden. Das Wort «Plebiszit» kommt daher: von «Plebiscitum», das heißt «von der Plebs beschlossen». Und diese Beschlüsse galten auch nur für die Plebs. Mit anderen Worten: Die Plebs hatte eine eigene Gesetzgebung.

Negative Macht also. Die Möglichkeit des Eingriffs in die Entscheidungen des Senats war in der Tat sehr groß, eben weil der Senat, weil die Patrizier ohne die Plebs nicht leben konnten. So konnten die Volkstribunen, die Tribunen der Plebs, gegen alle Beschlüsse des Senats, gegen alle Consulta Einspruch erheben, sie konnten die Konsulwahl bestreiten. Vor allem aber konnten sie mit ihrem Einspruch gegen die Consulta dagegen vorgehen, daß die Beschlüsse für alle galten. Das bedeutet: Die Autonomie ging so weit, daß der Volkstribun das Recht hatte, zu beschließen, daß Senatsbeschlüsse nur die Patrizier betreffen und nicht das gesamte römische Volk.

Die zweite Sezession fand im Jahre 449 statt und hatte einen rein rechtspolitischen Hintergrund, wie man heute sagen würde. Die Plebs wollte das erreichen, was wir Rechtssicherheit nennen könnten. Daher war die Folge dieses zweiten Streiks die Schaffung der zwölf Tafelgesetze. Ich gehe auf diese zwölf Tafelgesetze nicht ein.*

---

* Agnoli wies nur darauf hin, »daß das, was wir heute noch haben und was in einigen Gegenden der Welt in Auflösung begriffen ist, nämlich die Ehe, aus den zwölf Tafelgesetzen stammt. Es ist also ein Irrtum, wenn immer wieder behauptet wird,

In der dritten großen Sezession, im Jahre 287, gelang endlich der Plebs der volle Einbruch in die Machtinstitutionen des Senats. Durch die Lex Hortensia konnte anstelle der disunio, der Trennung, das Konnubium, die Vermählung, die Verschmelzung oder Verlötung von Plebejern und Patriziern erreicht werden. Man kann sagen: Mit dieser Lex Hortensia wurde der Populus zum ersten Mal eine Wirklichkeit. Auf einmal konnten die Plebejer selbst den Konsul zur Wahl stellen, und die Plebiszite errangen den Charakter eines allgemeinen Gesetzes. Die Beschlüsse der plebs galten nun auch für die Patrizier: ein plebejischer Erfolg gewiss, zugleich aber das sichtbare Zeichen der Integration. Die Institutionalisierung der Klassenstruktur verband sich mit der Integration, so daß das gelöste Problem in Wirklichkeit ein aufgelöstes war – wo blieb da die Autonomie der Plebs, die aus der institutionellen Ohnmacht lebte, weil sie außerinstitutionelle Kraft entfalten konnte? Der letzte große Sieg der Plebs geriet derart zum Beginn der eigenen Niederlage. Folgt man Machiavellis Interpretation, so fiel dies auch – mit dem Entfallen der Klassenspannungen – mit dem Ende der republikanischen Freiheiten zusammen.

Die römischen Patrizier waren kluge Leute und hatten bis dahin mit Erfolg entwickelt, was man heute die «institutionelle Strategie» nennen kann. Um zu verhindern, daß der Einbruch der Plebs dazu führte, daß dann die Plebejer auch mehrheitlich Macht bekämen, kamen die Patrizier, kam der Senat auf die Idee, der Plebs einen Zuwachs an Macht anzubieten: Warum denn nur zwei, warum nicht zwölf Tribune? Und da damals die Politische Wissenschaft nicht massenhaft bekannt war, meinte die Plebs wirklich, daß durch die Erhöhung die Zahl der Tribunen eine Erhöhung ihrer Macht zustande käme. In Wirklichkeit stammt aus dieser Zeit gerade das berühmte Motto «divide et impera», teile und herrsche, denn es war für die Patrizier ein Leichtes, die Tribunen gegeneinander aufzuhetzen. Die Patrizier erfanden – und die Plebejer akzeptierten das – eine andere Form des Vetorechts: Ein jeder Tribun konnte gegen das Veto eines anderen Tribunen seinerseits Veto einlegen. Man kann sagen, daß durch den Einbau in die Institutionen die gesellschaftliche Autonomie der Plebs verlorenging.

Das also war es, was ich das letzte Mal die praktische Form der Subversion nannte. Aber wie man sieht, war es eine Subversion, die sich am Ende selbst auflöste. Was danach mit Rom passiert, ist, für uns zumindest, nichts Nennenswertes.

Gewiß gab es zwischen 74 und 71 vor Chr. die berühmten Sklavenaufstände, vor allem im Jahre 71 den Sklavenaufstand von Spartakus. Spartakus gelang es, mit einem Heer von 60.000 entlaufenen Sklaven bis Ober-

---

die Ehe sei eine christliche Einrichtung. Die Christen haben die Ehe als Einrichtung wörtlich von den Römern übernommen». (J. A.)

italien vorzudringen – sie wurden allerdings geschlagen. Es ist auch die Frage, ob das zur praktischen Subversion zu rechnen ist, ich hege da einige Zweifel. Spartakus ist zwar ein Symbol und sollte auch weiterhin eines bleiben; aber im Grunde stand hinter den Sklavenaufständen nicht, wie bei den plebejischen Streiks, ein gesellschaftspolitisches Programm, eine gesellschaftspolitische Perspektive. Diese Sklaven hatten ein viel konkreteres, verständlicheres und unmittelbareres Interesse: Sie wollten wieder nach Hause, sie wollten freigelassen werden. Wahrscheinlich war das auch der Grund, warum es selbst dem Spartakus, der offensichtlich ein großer Sklavenführer war, nicht gelang, alle diese Leute zusammenzuhalten. Diese 60.000, die nach Oberitalien marschierten, hatten alle ein anderes Ziel vor Augen: nicht etwa den Einbau in die römische res publica, sondern so schnell wie möglich wieder frei nach Hause zurückzukehren – und die Heimat der 60.000 war bestimmt nicht die gleiche.

Also nichts Nennenswertes nach dem Ende der res publica. Bis dann das Neue kam, als im Jahre 746 ab urbe condita, nach der Gründung der Stadt – so war der berühmte Kalender: nicht vor Christus, nicht nach Christus, sondern nach der Gründung der Stadt – Augustus die bekannte Volkszählung befahl, die euch allen schon deshalb in guter Erinnerung ist, weil bald Weihnachten ist. Diese Volkszählung fand also statt im Jahre 746, was übrigens bedeutet, daß, wenn die Mathematik keine bloße Meinung ist, sondern eine exakte Wissenschaft, sieben Jahre vor Christi Geburt Jesus von Nazareth dort geboren wurde. Das ist kein Witz, sondern eine feststehende Tatsache, die einiges in ein anderes Licht rückt: Es war nicht der 14-jährige Jesus, der da anfing, mit den Tempelpriestern zu diskutieren, sondern er war 14 plus 7 Jahre alt. Es war der 21-jährige Christus, der in der Tat in der Lage war, mit den Rabbinern zu reden. Wie gesagt, das Neue kam mit dem Christentum, vor allem mit der ursprünglichen Form des Christentums.

Ich habe gewisse Schwierigkeiten, das Christentum – selbst in der ursprünglichen Form – mit subversiven Tendenzen zu verbinden. Daß Subversion im Gange war, lag nicht so sehr an der Person Christi, denn damals waren die Heilande überall verstreut; es gab überall Religionsstifter, es war überhaupt die Zeit der Religionsstiftungen. Ich habe schon erwähnt, daß im Grunde nicht Christus das Christentum gestiftet hat, sondern der zu Paulus gewordene Saulus. Doch subversive Tendenzen gab es zweifellos in dieser neuen Religion, vor allem von der sozialen Zusammensetzung der Urchristen her. Wir wissen, daß in der Tat vor allem die unteren Schichten des Volkes und die Sklaven stark angezogen wurden durch diese im Grunde egalitäre Fassung der Religion. Es war eine egalitäre Fassung mit einem besonderen Charakter: Der Egalitarismus bestand nicht etwa in der Gleichheit der Menschen als Personen, sondern in der Gleichheit aller als Kinder Gottes. Aber immerhin subversiv an dieser frühen Form des Christentums war die soziale Tendenz, die Klassengegensätze zu sprengen. Denn in den Katakomben gab es auf einmal keine Patrizier mehr, keine Aequites, also Ritterschaft, heute würde man sagen: Bürgertum, keine Plebejer und keine Sklaven – es herrschte der sogenannte «Liebeskommunismus» oder «Urkommunismus». Das Wort Liebeskommunismus ist gewiß von den Gegnern des Christentums immer benutzt worden als Zeichen und als Beweis für die moralische Depravation der Christen. Und es muß gesagt werden, daß in den Katakomben das Konkubinat gang und gäbe war, was zwar nicht in jedem Fall subversiv ist, aber subversiv sein könnte; es ist auf jeden Fall etwas Neues und hier auch Subversives. Das Konkubinat wurde gewissermaßen erzwungen durch die rechtliche Regelung der Ehe seitens des Römischen Rechts. Da es in den urchristlichen Gemeinden, in den Katakomben keine Unterscheidung der Klassen, keine sozialen Unterschiede mehr gab, war es möglich, daß tatsächlich eine Sklavin mit einem Patrizier oder eine Patrizierin mit einem Sklaven sich verbinden, aber nicht vermählen konnte im rechtlichen Sinne, weil das verboten war. Das Konkubinat war also eine Absage an die römische Fassung der Ehe, im Grunde die Abschaffung der Ehe. Umso erstaunlicher ist es vielleicht, daß später, als das Christentum Staatsreligion wurde, dieses sinnige Institut des Römischen Rechts wieder aufgenommen wurde. Doch wie gesagt: Ich habe Bedenken, diese Subversion gewissermaßen übersetzen zu können in die Verwirklichung der Würde des Menschen; und zwar deshalb, weil im christlichen Sinne die Würde nichts Personales war, sondern etwas vom Jenseitigen her Abgeleitetes. Alle waren Kinder Gottes, sie waren also nicht in bezug auf sich selber würdig, sondern nur im Rückbezug auf Gott. Auch die Libertas, die Freiheit, war: Gehorsam gegen Gott. Das ist ein bekannter Satz. Es ist vielleicht einigen von euch nicht bekannt, daß dieser Satz: «Freiheit ist Gehorsam gegen Gott» von Spinoza[19] zunächst und dann von Hegel[20] und später von Engels übersetzt wurde in die säkularisierte Form: Freiheit sei die Einsicht in die Notwendigkeit. (Engels 1976, Bd. 22: 106) Dieser berühmte Satz ist also die Säkularisierung des christlichen Satzes, daß wahre Freiheit Gehorsam gegen Gott sei.

Es gibt die Möglichkeit, vielleicht aus der Bergpredigt subversive Gedanken herauszuhören. Doch auch hier habe ich wieder Bedenken, wahrscheinlich, weil ich zur Christologie ein etwas gebrochenes Verhältnis habe. Die Bergpredigt war zwar gegen Gewalt – was für die damaligen Verhältnisse etwas Subversives ist –, aber sie war auch gerichtet gegen die Möglichkeit der Durchsetzung von Rechtsansprüchen einzelner Personen. Und vor allem: Sie sprach zwar von einem Verzicht auf Besitz, aber sie enthielt keine allgemeine Absage an das Eigentum. Die staatlich gewordene Kirche, die «Ecclesia triumphans», also die triumphierende Kirche, ließ die Bergpredigt ohnehin fallen – doch muß hinzugefügt werden, daß auch die Ketzer, auch die Subversion innerhalb des Christentums von der Bergpredigt sehr wenig hielt. Man kann nicht gerade behaupten, daß die großen ketzerischen Bewegungen, von den Ophiten angefangen über die Donatisten bis zu den Münsteraner Rotten der Wiedertäufer, sehr gewaltfrei gewesen seien.

Am Christentum wichtig waren allerdings die Häresien. Denn sie entwickelten das, was im Christentum an möglicher Negation der Gesellschaft, an möglicher Negation des Bestehenden enthalten war. Diese Häresien waren in einem doppelten Sinne gesellschaftlich bedingt. In der Tat haben die Häretiker vom Neuen Testament her ganz andere Schlußfolgerungen für die gesellschaftlichen Verhältnisse abgeleitet als aus dem Alten Testament. Ich habe schon bei meiner Würdigung und Lobpreisung der Gestalt der Eva erwähnt, wie da zwischen dem Alten und dem Neuen Testament keineswegs eine Kontinuität bestand und daß tatsächlich in vielen christlichen Sekten – die Ophiten erwähnte ich, die Anbeter der Schlange, und in der Nachfolge bei den Katharern und Albigensern – die Auffassung vorherrschte, daß Gott als Weltschöpfer das eigentliche Prinzip des Bösen sei, gegen das dann Christus – vorweggenommen durch die Schlange – die wahre Religion gebracht habe. Gesellschaftlich bedingt waren diese ersten Häresien aber auch aus einem anderen Grund. Ich sprach schon davon, daß die eigentliche Würde immer bestand in der Dienerschaft zu Gott. Schon bei den Ophiten beginnt sich eine andere Auffassung von menschlicher Würde, von menschlicher Autonomie durchzusetzen, weil die Ophiten, – in Anlehnung an meine Interpretation des Eva-Mythos, die sie damals nicht kannten –, durchaus die Würde oder: die eigentliche Eigenschaft des Menschen darin sahen, fähig zu sein, das Gute zu erkennen. Das heißt also: Der Mensch war für sich selbst eine Person und nicht erst abgeleitet von der Kindschaft Gottes.

Das ist ein Motiv, das vor allem seinen Ausdruck fand bei der Sekte – einige sprechen von einer Sekte, andere von einem Kirchenschisma – der Pelagianer, der Anhänger des Bischofs Pelagius (384 – um 420). Pelagius, auch genannt Pelagius der Große, ein Gegenspieler des Augustinus (354–430), war stark beeinflußt von der stoischen Aufklärung. Gerade durch den Einbruch dieser stoischen Form der Aufklärung in das christliche Denken kommt bei Pelagius das Individuelle viel stärker zum Ausdruck als bei den Ophiten selbst. Da er im Grunde christlicher Stoiker oder stoischer Christ war, galt für ihn die menschliche Natur als befähigt, das Gute zu erkennen. Wenn sie aber befähigt ist, das Gute zu erkennen, so hat sie auch das Recht auf ein diesseitiges Gut. Das ist etwas, was für die inzwischen triumphierend gewordene Kirche sehr dubios war, weil die triumphierende Kirche durch den Appell des heiligen Augustinus geprägt war, also durch eine ausgesprochene Feindseligkeit gegen alle Form der Sinnlichkeit. Vor allem aber wichtig bei der Personalisierung des Pelagius war, daß er die Kirche als Vermittlerin zwischen Mensch und Gott ablehnte. Er lehnte deshalb auch die Sakramente ab als das eigentliche Machtmittel der Kirche, um sich des einzelnen Menschen zu bemächtigen; vor allem die Kindertaufe nahm er aufs Korn, denn durch sie, meinte er, werde das Kind entpersönlicht: Ohne sein Wissen und ohne sein Wollen werde es zu einem Kind Gottes gemacht.

Gegen das wohlgeordnete System der «Civitas Dei» des Augustinus war diese Sekte, diese Ketzerei, allerdings ohnmächtig, das heißt, sie konnte sich nicht durchsetzen. Sie konnte sich nicht durchsetzen, weil die Kirche inzwischen mächtig war und in der Lage, gegen solche Ketzer mit Gewalt vorzugehen. Der wesentliche Punkt, in dem sich Pelagius nicht durchsetzen konnte, war, daß der Mensch von sich aus in der Lage sei, gut zu handeln. Nach Ansicht des Augustinus und seiner Prädestinationslehre war die Möglichkeit und Fähigkeit des Menschen, gut zu handeln, nur ein Ausfluß der Gnade Gottes. Die berühmte Augustinische Gnadenlehre besagt, daß der Mensch durch den Sündenfall in sich böse ist, aber durch Gott und seine unermeßliche Güte dazu begnadet werden kann, Gutes zu tun. Für Augustinus war die Kirche die Verwalterin der Gnade, wegen der Sakramente, eben durch die Möglichkeit, von den Sünden zu erlösen. Aber bei ihm war, wie gesagt, die Religion schon Staatsreligion. Konstantin hatte im Jahre 313 durch das «Mailänder Toleranzedikt» praktisch das Christentum zur Staatsreligion erklärt, und von dieser Erklärung her zog Augustinus seine Begründung, um gegen Pelagius und vor allem gegen die Donatisten zu Felde zu ziehen.

Die Donatisten – ebenfalls benannt nach einem Bischof: Donatus – waren als Häretiker viel mächtiger als die Pelagier, weil sie eine Massenbewegung waren; eine Massenbewegung des verarmten nordafrikanischen Landproletariats. Man kann sagen, daß die Donatisten zum ersten Mal die Kirche der Armen schufen – gerade in dem Augenblick, in dem in der Perspektive des Augustinus, in der Nachfolge der Konstantinischen Politik die Kirche zur Kirche der Mächtigen geworden war. «Kirche der Armen» bedeutet in diesem Fall – weil politisch motiviert – nicht nur, daß sich die Armen in der Kirche erkennen, sondern daß die Kirche sich gegen allen Reichtum und gegen alle Macht wendet, also auch gegen den Staat. Daher die Forderung nach der absoluten Priesterzunft – womit nichts anderes gemeint war als das, was der spätere Franz von Assisi auch verlangte: daß die Priester arm zu sein hätten. Die Rigorosität der Massenbewegung verband sich mit einer eindeutig sozialrevolutionären Tendenz. Deren Träger waren die «Circumceniones», die erste Armenrotte der Weltgeschichte. Wörtlich übersetzt heißen sie «die umherschweifenden Haufen». Es war eine Massenbewegung, die in der Tat durch die Lande zog – angeführt von den entsprechenden Priestern – und sozialrevolutionär für eine Veränderung der Verhältnisse nicht nur eintrat, sondern auch kämpfte. Ein Autor der damaligen Zeit, auch er ein Bischof, schrieb über die Circumceniones folgendes: «Als diese Leute von Ort zu Ort zogen und ihre Anführer sich von diesen Unglückseligen als Häupter bezeichnen ließen, konnte niemand mehr sich seines Eigentums sicher fühlen; Schuldverschreibungen besaßen nun keinen Wert mehr, kein Gläubiger konnte mehr die ihm zustehenden Zahlungen eintreiben. Alles erschrak vor den schrecklichen Anordnungen dieser beiden Männer, die sich brüsteten, die Führer der Heiligen zu sein. Und wer bei ihren Befehlen zögerte, über den brach plötzlich eine Bande von Fanatikern herein, der schon Furcht und Schrecken vorauseilten, und brachte alle Gläubiger in Lebensgefahr. Wen man sonst um Anleihen fragen mußte, der war nun gezwungen, sich wie ein Bittsteller zu erniedrigen, weil er sonst um sein Leben fürchten mußte. Alles bereitete sich vor, auf die Schulden, auf die man Anspruch hatte, zu verzichten, auch wenn es sich um äußerst hohe Summen handelte. Und man sah sich schon darin in einem Vorteil, wenn man ihren Gewalttaten entging. Die Straßen waren nicht mehr sicher, man warf die Herren vor ihre Wagen, und sie mußten wie Sklaven vor ihren eigenen Bediensteten einherlaufen, die sich an ihre Stelle setzten. Auf ihr Urteil und ihren Befehl hin wurde das Verhältnis zwischen Sklaven und Herren einfach ins Gegenteil verkehrt.»[21]

Soweit also die Donatisten. Wie man sieht, keine liebliche christliche Sekte, sondern schon die Vorankündigung derjenigen Bewegungen, die uns später weiter interessieren werden, die im Mittelalter die Macht durcheinander brachten.

Gegen die Donatisten zog sofort Augustinus ins Feld und leistete sich etwas, das ihm zu Recht den Titel eintrug, Vater des Abendlandes zu sein. Zum ersten Mal in der Weltgeschichte rief er Soldaten, und zwar Soldaten des Teufels, Soldaten des Römischen Reiches, das für ihn das Reich Satans war und nicht Gottes. Denn das Reich Gottes war nicht der weltliche Staat, sondern die Kirche. Er rief also die Legionen des Teufels an im Kampf gegen die Donatisten. 414 begann dann der Ausrottungskrieg gegen sie.

Alles in allem ist der heilige Augustinus insofern schon zu Recht der Vater des Abendlandes zu nennen, weil er der erste Anstifter eines Religionskrieges war, der erste Mann, der die Waffengewalt ins Feld rief, um der christlichen Wahrheit zum Sieg zu verhelfen.

Ich empfehle euch, zur Klärung dieses erstaunlichen Phänomens die Lektüre des 93. Briefs «ad Vincencium», in dem Augustinus dieses sein Eintreten für die Gewaltanwendung gegen die Ketzer rechtfertigt. Da ist die Rede von der Berechtigung der gewaltsamen «Rettung»: denn es sei für diese armen Seelen besser, getötet zu werden, wenn sie sich nicht konvertieren wollen. Es ist davon die Rede, daß der Zwang – sofern er jemanden dazu bringt, die Wahrheit zu erkennen – etwas Gutes sei. Und es ist davon die Rede – zum ersten Mal –, daß der Zweck die Mittel heiligt. Nicht Machiavelli also, der vielgescholtene, ist der Erfinder dieses Satzes, sondern der heilige Augustinus. Im Jahre 354 geboren, wurde er übrigens von Ambrosius, dem Bischof von Mailand, 387 konvertiert, zum Christentum bekehrt; vorher war er Manichäer – eine antichristliche Religion, die vom persischen Raum herkam –, und er wurde 395 Bischof in Nordafrika.

Er hat uns etwas sehr Lesenswertes hinterlassen, was einiges enthält, das wir überraschenderweise in Freuds Psychoanalyse auch finden – denn er war sehr ehrlich, dieser Augustinus, vor allem in der Art, wie er das Verhältnis zu seiner Mutter beschreibt. Seine Mutter war nämlich schon eine Christin, und er wurde praktisch von seiner Mutter, nicht von Ambrosius, zum Christentum erzogen. Sehr interessant ist es, bei den «Confessiones» nachzulesen, mit welchen Mitteln seine christliche Mutter ihn hinderte, das zu erfüllen, was Pelagius so am Herzen lag: die Freude der Sinnlichkeit. Und einige von euch, die sich vielleicht bekanntgemacht haben mit bestimmten katholischen Internatssitten, werden vielleicht überrascht sein, daß da in den christlichen Internaten häufig bei den jungen Männer, die eventuell nächtens im Schlaf bestimmte sexuelle Handlungen an sich vollführen könnten, die gleichen Mittel angewendet werden, die die Mutter des Augustin ihrem Sohn gegenüber anwandte.

Das war der Beginn einer neuen Zeit; das war nicht etwa Frühmittelalter, das war Spätantike. Es war die Zeit, in der das Römische Reich zusammenbrach; eine Zeit, die in der deutschen Geschichtsschreibung sehr zu Recht die Zeit der Völkerwanderung genannt wird, während die französische, italienische und spanische Geschichtsschreibung in parteiischer Form unsachlich von der Barbareninvasion spricht. Diese Barbaren zerstörten also das Römische Reich, und in Wirklichkeit wurden sie, wie man sagt, in die Pflicht genommen. Die Barbaren konnten kämpfen, zerstören, plündern, erobern – gegenüber der Macht einer in sich schon institutionell organisierten Kirche aber waren sie im Grunde machtlos. Sie alle wurden Opfer des Christentums, oder man kann es so sagen: Sie wurden alle des Glückes teilhaftig, christlich zu werden.

Diejenigen, die sich an den Barbareninvasionen nicht beteiligten, blieben heil; die Sachsen zum Beispiel, die in der Tat – man sagt, daß sie fußkrank waren – zuhause blieben. Hier sorgte dann der berühmte Frankenkönig Karl, genannt der Große, dafür, daß auch die Sachsen des Glückes teilhaftig wurden. Da erst beginnt das Mittelalter. Und wir werden sehen, daß das Mittelalter zweifellos, wie immer gesagt wird, ein finsteres Mittelalter war. Aber dieses finstere Mittelalter hat doch erhebliche lichte Momente – das waren eben die Momente der Ketzereien und Häresien. Das sind auch die Momente, die politisch Gedanken entwickelt haben, die erst später in der Aufklärung auftauchen werden.

Ich möchte zum Schluß noch etwas sagen. Es gibt in der normalen Geschichtsschreibung, in Ost wie in West, immer einige irrtümliche Bemerkungen zu dieser mittelalterlichen Zeit. Ich las zum Beispiel in einer sehr verdienstvollen Arbeit aus Berlin-Ost über die früheren Sekten, daß sie scharf bekämpft wurden von der byzantinischen Kirche, und es ist die Rede davon, daß die Inquisitoren ziemlich rabiat gehandelt hätten. Wohl kaum, denn der Kampf der byzantinischen Kirche gegen diese ersten Ketzer vollzog sich im vierten, fünften und sechsten Jahrhundert, während die Inquisition erst 1215 gegründet wurde.

Noch ein anderer Irrtum ist in diesem Zusammenhang zu berichtigen. Ich habe neulich von den mittelalterlichen Hexenverfolgungen in einer Zeitung gelesen. Das das Eigentümliche an der Hexenverfolgung ist aber, daß es im Mittelalter zweifellos Hexenprozesse gab – jedoch nicht wegen Hexerei, sondern wegen Ketzerei. Die Hexenverfolgung ist nämlich ein Produkt der modernen Zeit, der Gegenreformation. Im Mittelalter wurden die Hexen also nicht verfolgt, aber: Wer weiß das schon?

28. November 1989

«Ecclesia triumphans» und Häresien: Die Ophiten — Herrschaftskampf zweier Mächte Die Zwei-Schwerter-Theorie oder Das «finstere Mittelalter» Das Hochmittelalter — Aufblühen der Städte, der Zünfte und Neubeginn der Subversion — Der «Universalienstreit»

Schon Goethe sprach von dem «Gesetz, nach dem du angetreten» bist (Goethe 1960, Bd. 17: 568), und es ist immer wieder bei der Beurteilung geschichtlicher Entwicklungen oder philosophischer Verwicklungen die Rede vom «Gesetz des Anfangs». Es kann sein, daß die Entstehung und die Ausbreitung der christlichen Kultur unter einem schlechten Gesetz des Anfangs standen oder unter dem Gesetz eines schlechten Anfangs.

Auf dem Konzil von Nizäa (325) wurde die Frage entschieden, ob Christus Gott gleich sei oder Gott ähnlich. Es hatte sich nämlich wieder einmal eine Häresie gebildet: die Arianer, vom Bischof Arius (um 260 – 336), die behaupteten, daß Christus keineswegs Gott gleich wäre – ihr wißt ja, Ketzer sind manchmal sehr phantasiereich –, sondern ein direkt von Gott erschaffenes Wesen, das von Gott dann wegen seiner Güte – der Güte dieses Wesens – als Sohn anerkannt wurde. Also: Christus sei nur wesensähnlich, nicht wesensgleich. Die anderen Bischöfe waren für die Wesensgleichheit, das heißt, für die berühmte Trinitätslehre, daß Vater, Sohn und Heiliger Geist eine Einheit bilden. Nun, auf dem Konzil von Nizäa erschien der Kaiser Konstantin, genannt «der Große», und entschied sich für die Wesensgleichheit Christi mit Gott. Seitdem ist das ein Dogma.

Warum war das ein schlechter Anfang? Weil auf dem Konzil von Nizäa Konstantin als Römischer Kaiser und zugleich Pontifex Maximus, also höchster Papst, das Recht hatte, über das wichtigste Dogma des Christentums zu entscheiden – und er war damals noch ein Heide. Erst etwa zehn Jahre später ist er von einem Bischof zum Christentum konvertiert worden. Er war nicht nur Heide, sondern er war auch mehrfacher Mörder; ich meine jetzt nicht in dem Sinne, daß er als Soldatenführer hat viele hinschlachten lassen entsprechend den gängigen Prozessen dieser Zeit. Er war ein Mörder im wirklichen Sinne des Wortes. Auf dem Weg zur Befestigung seiner Staatsmacht, seiner kaiserlichen Macht, hat er – ich weiß nicht genau wie viele

– Menschen umgebracht, auf jeden Fall gehörte seine Mutter dazu, zwei seiner Brüder gehörten dazu und eine ganze Anzahl von Vettern und sonstigen Verwandten. Er war also ein ausgemachter Mörder. Und ausgerechnet ein Mörder, ein ungetaufter dazu, traf kraft Amtes und nicht kraft Glaubens die wichtigste dogmatische Entscheidung des Christentums. Das also war der schlechte Anfang.

Wann nun das Mittelalter angefangen hat – wir befinden uns jetzt im Mittelalter – wäre noch festzustellen. Es hat bestimmt nicht mit dem Konzil von Nizäa angefangen, denn da war noch Spätantike, da war noch das Römische Reich vorhanden, obwohl Konstantin bekanntlich die Hauptstadt von Rom nach Konstantinopel brachte und dadurch gewissermaßen Rom den Bischöfen oder: der neuen Religion zur Verfügung stellte, die tatsächlich daraus dann auch ihren Hauptsitz machte. Man kann meinen, daß der vom heiligen Augustinus organisierte Vernichtungszug gegen die Donatisten im 5. Jahrhundert der Anfang des Mittelalters gewesen sei. Aber die Weichenstellung für die Konflikte, die im Mittelalter auf philosophischem, religiösem und politischem Gebiet stattfanden, wurde schon früher gelegt. Eine Weichenstellung, sagen wir, für das zukünftige Dissidententum innerhalb der christlichen Religion und zum Teil gegen die christliche Religion selbst. Ihr kennt inzwischen zur Genüge den Mythos der Schlange. Diese Schlange behielt offensichtlich immer noch ihre Kraft.*

Die Schlangenlinie der Ophiten traf nun gleich am Anfang des Christentums mit einer sehr mächtigen philosophisch-mystischen Strömung zusammen, die in bezug auf das Problem der Erkenntnis eine ganz andere Auffassung vertrat als die Kirchenväter des Christentums. Es handelt sich um die Gnosis. Gnosis heißt «Erkenntnis»; Erkenntnistheorie ist Gnoseologie. Es war eine philosophische Strömung eklektischen Charakters mit vielerlei Motiven. Sie holte sich bestimmte Aspekte aus der jüdischen Religion, also aus der Bibel, aus der hellenistischen Philosophie und auch aus dem Christentum und baute ein philosophisches System zusammen, das keineswegs ein klares und wohlgeordnetes war. Es handelte sich vielmehr um eine Strömung, in die auch zum Beispiel der Neoplatonismus von Plotin (um 205 – 270) einfloß, ein wichtiges Element – das nur nebenbei –, weil Plotin einer der Begründer der radikalen Emanenz ist. Für ihn ist alles eine Emanation Gottes, das heißt: Gott ist bei uns. Alles ist göttlich, was auf der Welt umherläuft. Er ist der Begründer des Pantheismus. Im Gegensatz zum Christentum allerdings, zu den Kirchenvätern, behauptete die Gnosis – und

* «Ich berichtete hier über die Ophiten, die Schlangenverehrer. Ihre Lehre lautet kurzgefaßt: Der Schöpfer der Welt ist der böse Gott, die Schlange verkündet den guten Gott, den wahren Gott, und der wäre eben Jesus Christus.» (J. A.) (dazu: Windelband 1980: 224)

das war das Gefährliche, da traf sie mit der Schlangenlinie zusammen –, daß das Heil der Menschen, nach dem in der damaligen Zeit gesucht wurde, nicht von der Offenbarung her komme, nicht aus einer religiösen Eingebung, auch nicht aus dem Erlösenswerk Christi, sondern daß das Heil des Menschen abhängig sei von der Arbeit des Erkennens; von der Erkenntnis der Geheimnisse der Welt und der Geheimnisse Gottes. Hier merken wir schon eine gewisse Verbindung.

Ich hatte zu Beginn gesagt, die Subversion begann mit dem Kampf gegen das absolute Wissensmonopol Gottes. Bei der Gnosis kommt nun auch das gleiche Element heraus: Der Mensch ist in der Lage, hinter die Geheimnisse der Welt und auch die Geheimnisse Gottes zu kommen. Die Gnosis war keine Häresie, sie war eine philosophische Strömung. Doch war sie so wichtig, daß seitdem im Laufe der Entwicklung der christlichen Philosophie oder der katholischen Theologie zumal die Gnosis gewissermaßen immer als das Werk des Teufels erscheint, auch in politischen Dingen. Eric Voegelin, ein Politikprofessor und politischer Philosoph aus München, der inzwischen gestorben ist, ein Katholik, meinte zum Beispiel noch 1968, daß die Studentenrevolte nichts anderes sei als der letzte Ausfluß der Gnosis, dieser gefährlichen Auffassung also, daß der Mensch in der Lage sei, die Wahrheit zu erkennen.*

Die Gnosis, die an sich im Osten angesiedelt war, wurde von einem Bischof, Marcion (um 85 – um 160), nach Rom gebracht. Er gewann innerhalb der christlichen Gemeinde Einfluß, der allerdings den damaligen papistischen Intentionen entgegenstand, so daß Marcion im Jahre 144 aus der römischen Gemeinde ausgeschlossen wurde. Er ging nach dem Osten und gründete dort eine eigene Kirche, die dann übrigens eine lange Geschichte hatte; eine eigene Kirche, die einfloß in häretische Strömungen wie die der Bogomilen im 10. Jahrhundert. Die Bogomilen, es waren Slawen, hießen «die Gottesfreunde». Wie häretisch und wie brüchig das Verhältnis dieser Richtungen zum Christentum war, zeigt sich vielleicht geschichtlich daran, daß die Bogomilen im 14. Jahrhundert mit fliegenden Fahnen zum Islam übertraten.

Was war die eigentliche These von Marcion, warum mußte er aus der Gemeinde ausgeschlossen werden? Er vertrat etwas wie die These der Gnosis, aller gnostischen Strömungen, von der diesseitigen Möglichkeit, das Jenseits zu erkennen; das heißt also die Möglichkeit, das Jenseits, das göttliche Wesen, die göttliche Weisheit, das, was Gott will und erschaffen hat, also auch die Schöpfung Gottes, zu erkennen, ohne daß eine Offenbarung notwendig wäre. Nur nebenbei wichtig war, daß auch Marcion und diese

* Siehe dazu: Voegelin 1994 und Voegelin 2007

Häresie die Teilung des Wesens Gottes vornahmen: ein schlechter Gott als Schöpfer der Welt, ein guter Gott als schließlicher Erlöser der Welt. Aber wichtig für Marcion und die Seinen war eben, daß dieses Erlösungswerk Christi nicht darin bestand, daß durch den reinen Glauben an diese neue Offenbarung die Wahrheit zu erkennen sei, sondern die These war vielmehr, daß Christus dem Menschen die Möglichkeit gegeben habe, von sich aus, diesseitig, in der Emanenz der Welt bleibend, das Wahre zu erkennen. Es war also eine gegen die Offenbarung gerichtete Position. Und da meldete sich der erste große Kirchenvater sofort zu Wort – lange noch vor Augustin –, ein Kirchenvater, der sogleich die Gefährlichkeit dieser rationalen Tendenz erkannte und gegen diese rationale Tendenz die absolute Absage an alles Philosophieren aufstellte: Tertullian (um 160 – um 220), der erste wirklich große Kirchenvater. Er will gewissermaßen die Ratio ausschließen aus dem Prozeß des Erkennens, er will nur den Glauben gelten lassen. Der Satz, mit dem er seine Position zusammenfaßte, ist geschichtlich berühmt geworden, und in diesem Satz ist im Grunde die ganze Irrationalität enthalten, die im Laufe einer geschichtlichen Entwicklung von Tausenden von Jahren immer wieder aufgetaucht ist: «Credo quia absurdum est», ich glaube, weil es absurd ist. Das ist die radikalste Absage an die Möglichkeit der Vernunft und der Erkenntnis, die mir bis jetzt bekannt ist.

Dies ist die Weichenstellung, von der ich sprach, die von der Schlange herkam; das Ausspielen der Offenbarung gegen das menschliche Erkennen. Im Laufe der Zeit, im Laufe der Entwicklung von Philosophie und Theologie im Mittelalter, spitzte sich dies zu und gilt – bis auf den heutigen Tag übrigens – als der Kampf, die Auseinandersetzung zwischen der Vernunft und dem Glauben. Politisch übersetzt – denn auch dies ist nicht etwa nur ein Philosophem geblieben –, bedeutet das für die damalige Zeit: Der Kampf der Vernunft gegen den Glauben war zugleich gewissermaßen ideologisch symbolisch für den viel härteren Kampf, der stattfand zwischen der Macht der Kirche einerseits und der schon damals so genannten Christenfreiheit. In der Verschiebung ins Politische merkt man, wie eng verbunden der philosophische und theologische Kampf – Vernunft gegen Glaube – war mit der politischen Auseinandersetzung.

Arnaldo von Brescia, auf den ich das nächste Mal zu sprechen kommen werde, war nicht von ungefähr ein Schüler von Abaelard, von dem ich heute rede, und Abaelard war ein Vertreter des Rationalismus. Auf der anderen Seite finden wir auch die gleiche Verbindung zwischen Franz von Assisi, dem bekannten Heiligen – der nur als Heiliger bekannt ist, als Freund der Sonne, der Natur, der Tiere und vor allem als Freund der Armen –, der zugleich aber Anlaß war für die Massenausbrüche [aus dem Alltag, A.O.-R.] des Mittelalters; Massenausbrüche, von denen ich schon gesprochen habe und von denen ich sagte, daß nicht nur die offizielle Kirche, sondern auch die Häretiker die Bergpredigt nicht so ernstgenommen hätten. Doch das war später.

Zwischen Marcion, der nach Rom zog und im Jahre 144 ausgeschlossen wurde, und Tertullians Rede vom «credo quia absurdum est» auf der einen Seite und Abaelard (1079—1142) auf der anderen liegt das sogenannte «finstere Mittelalter», das auf lateinisch auch «saecula obscura» genannt wurde, die dunklen Jahrhunderte. Wenn man von dunklen Jahrhunderten spricht, so scheint das im Widerspruch zu stehen zur Lebendigkeit der mittelalterlichen Auseinandersetzungen. Man darf hierbei nicht vergessen, daß das Mittelalter eine ziemlich lange Geschichtsperiode gewesen ist, sie dauerte immerhin bis zum 15. Jahrhundert. Sie dauerte etwa tausend Jahre, und von diesen tausend Jahren kann man sagen, daß sechshundert Jahre wirklich die Jahre der Finsternis waren. Es gab da nur Aktionen, die literarisch gewissermaßen — wenn dieser ungute Vergleich erlaubt ist — auf einem BILD-Zeitungs-Niveau sich vollzogen. Das war wirklich eine Zeit, die völlig kulturlos war und in der nur die Macht, das Kämpfen, die Heere und Heerscharen, die blonden Reiterfürsten aus dem Norden oder die Päpste aus dem Süden das Sagen hatten. Das eigentliche Datum, das das Ende der römischen Kultur und des Römischen Reiches kennzeichnet und sozusagen den offiziellen Beginn des Mittelalters, des finsteren Teils des Mittelalters, ist das Jahr 410. Im Jahre 410 eroberte der Ostgotenkönig Alarich Rom und ließ Rom zerstören. Er ließ es übrigens nicht aus religiösen oder politischen Gründen zerstören, sondern aus Wut darüber, daß er eine arme, leere Stadt vorfand. Inzwischen hatte sich nämlich die römische Gesellschaft, die eine patrizische war, ins Abseits begeben. Es gibt viele Gründe, warum Rom untergegangen ist. Einer dieser Gründe liegt bestimmt darin, daß die römische kulturelle Welt sich restlos sozusagen privatisierte; sie meldete sich ab, sie stieg förmlich aus aus der Geschichte — eine Form also, die keineswegs nur modern ist. Sie stieg aus der Geschichte aus, und das bedeutete auch: Sie stieg aus der städtischen Kultur aus. Und einige Historiker wissen zu berichten, wie diese reichen Römer von ihren prunkvollen Sitzen und Villen, von den «Castelli Romani» aus, von den Hügeln um Rom herum, auch ohne Fernglas beobachteten, wie Alarich eine völlig verarmte Stadt sinnlos zerstörte.

Diese Zerstörung war aber symbolisch aus einem anderen Grunde. Sie bedeutete nicht nur die Zerstörung einer inzwischen arm gewordenen Stadt, sie bedeutete zugleich — und dies ist der Grund für die Finsternis des Mittelalters — die Zerstörung der städtischen Kultur. Ich erinnere daran, daß zumindest die mediterrane Kultur des Westens eine städtische Kultur war. Die Demokratie und die Kulturblüte in Athen hingen bestimmt nicht zusammen mit den Gutsbesitzern auf dem Lande, sondern mit den Demoi, die in der Stadt lebten. Und ich habe auch schon erwähnt, daß die eigentliche Größe der Römischen Republik nicht bei den Latifundienbesitzern lag, bei den Patriziern, die nicht die res publica, sondern die res patrium hatten, nicht also die «öffentliche Sache», sondern die «Sache der Väter», während die res publica bei der städtischen Plebs lag, die gewissermaßen den Motor der Geschichte darstellte.

Zu der Zeit, im 5. Jahrhundert, begann die Entvölkerung der Städte, und damit begann gewissermaßen auch der Verlust des Bodens, auf dem damals die Kultur zur Blüte gelangen konnte. Die Entvölkerung der Städte führte dazu, daß die damaligen römischen Städte zu «Castra» wurden. – Es ist immer die Rede vom Westen. Der Osten war inzwischen mit dem Byzantinischen Reich einen eigenen Weg gegangen, doch ist das eine ganz andere Problematik, denn es gab in dem reichen Reich der Byzantiner, genau wie im dunklen Mittelalter des Westens, keinen Platz für Subversion. – Man kann «Castra» mit «Wehrdörfer» übersetzen; Wehrdörfer, in denen wirklich nur die arme Bevölkerung lebte, bar jeden gesellschaftlichen Lebens und zwar deshalb, weil der Handel und das Handwerk – im Grunde das damalige Bürgertum – in den Städten nicht mehr leben konnten. Sie mußten sich dorthin begeben, wo es Arbeit und Brot gab, also zu den Feudalherren. Man könnte sagen: Es war eine Zeit, die deshalb finster war, weil sie ohne Gesellschaft verlief. Es war eine Zeit ohne Konfliktualität. Ihr werdet fragen: Wieso ohne Konfliktualität, wenn ich doch davon sprach, es sei eine Zeit des ständigen Krieges gewesen. Eben deshalb. Es war genau keine Zeit, in der gesellschaftliche Konflikte ausgetragen wurden, stattdessen eine Zeit, in der das gesamte politische Leben sich konzentrierte und reduzierte auf die Auseinandersetzung, auf den ständigen Herrschaftskampf zweier Mächte, die weder Staat waren noch Gemeinwesen, sondern lediglich Gewalt- und Reichtumsstrukturen: die Bischöfe auf der einen Seite und die Reiterfürsten auf der anderen Seite. Das war die Zeit der neuen Produktionsweise: Sowohl die Reiterfürsten als auch der Klerus lebten auf Kosten der ausgebeuteten Landbevölkerung. Es ist die Zeit der feudalen Produktionsweise, die Zeit der Leibeigenschaft. Diese Zeit umfaßte während der sechshundert dunklen Jahre auch Handwerk und Handel, weil Handwerk und Handel in den ehemaligen Städten keine Arbeit, keine Entfaltungsmöglichkeiten mehr hatten.

Natürlich gab es zu dieser Zeit auch eine Theorie, eine politische Theorie, die aber mit unserem Thema gar nichts zu tun hat, eine Theorie, die im Grunde nur der ideologische Ausdruck des permanenten Kampfes zwischen den Bischöfen und den germanischen Reiterfürsten war. Das ist die Theorie des Papstes Gelasius (von 492 bis 496 Papst), der die «Zwei-

Schwerter-Theorie» entwickelte. Es ging im Grunde um das Problem der «Reductio ad unum», der Notwendigkeit, das Machtzentrum gewissermaßen zu vereinheitlichen. Auf der einen Seite gab es die Reiterfürsten, auf der anderen Seite die Bischöfe, aber es war doch notwendig, daß die Herrschaft neu fixiert wurde. Und da kam Gelasius auf die Idee zu sagen, daß Gott zwei Schwerter in die Hand der Menschen gelegt hätte: das geistliche Schwert des Papstes und das weltliche Schwert des Kaisers. Das war zwar sehr gut gesagt, und es ging auch durchaus gut, solange der eine oder der andere die Oberhand gewonnen hatte. Am Anfang hatten die Reiterfürsten eindeutig das Sagen, das beste Beispiel dafür – oder: das historische Ereignis – war die Kaiserkrönung Karls des Großen, des Fränkischen Königs, durch Leo III. im Jahre 800 – ein Symbol der Übermacht, der vorläufigen Übermacht der Reiterfürsten über die Bischöfe.

Diese Zwei-Schwerter-Theorie krankte daran, daß es sich nicht um eine saubere – heute würde man sagen – Gewaltenteilung handelte, sondern um die Festlegung zweier Prinzipien, die miteinander nur kämpfen konnten und die in der Tat diesen Kampf bis zum Jahre 1000, bis zum Ende des Milleniums, austrugen.

Es gab eine Subkultur, allerdings eine, die gewissermaßen im Hintergrund – wie alle Subkulturen – die Tradition des Denkens fortsetzte in einem sehr flachen, sehr handwerklichen Sinne. Die Klöster waren die Bibliotheken der damaligen Zeit, dort wurden eifrig die alten Texte abgeschrieben, und auf diese Weise kamen auch die alten Texte bis in die neuere mittelalterliche Zeit hinein. Allerdings waren die Klöster auch aus einem anderen Grunde wichtig: Sie waren gegenüber den Reiterfürsten, die nur plünderten und ausraubten, in der Lage, landwirtschaftlich produzierende Einheiten zu bilden. Und da diese landwirtschaftlich produzierenden Einheiten zugleich die eigentliche Geldquelle für die Kurie, für Rom, für den Papst waren, kam es im Laufe der Zeit allmählich dazu, daß die nur auf die Reiterhaufen sich stützende Macht der Kaiser deutscher Nation immer schwächer wurde gegenüber der ökonomisch viel besser fundierten Macht des Papstes.

In dieser dunklen Zeit gab es einen Lichtblick der Subversion: den Philosophen Johannes Scotus Eriugena. Er lebte von 810 bis 877. Doch war er ein Ire, der in Irland lebte und wirkte, also völlig außerhalb dieses kriegerischen Schauplatzes, der Europa, Frankreich, Deutschland und vor allem Italien umfaßte. Es war insofern ein Licht der Subversion, weil Johannes Scotus Eriugena, dessen Bücher später verboten wurden, zum ersten Mal – im Anschluß übrigens an gnostische Gedanken – von der Einheit von Gott und Natur sprach. Das war also die erste Fassung einer neuen Sicht des Verhältnisses zwischen Gott, Natur und Menschen, eines Verhältnisses, das wie die Gnosis später in den Pantheismus einmündete. Es handelte sich im Grunde um die Negation der Transzendenz, um die Negation der Behauptung, daß Gott eine jenseitige Macht sei. Aber das war ein Lichtblick, der erstens verlorenging, das heißt, sofort ausgelöscht und dann auch verboten wurde. Er ist übrigens auch einer der ersten Dialektiker der Scholastik; er hat sehr interessante Bücher mit interessanten Details geschrieben: das Erscheinen, das nicht erscheint; das Nichterscheinen, welches erscheint etc.

Um das Jahr 1000 herum siegte der Papst gegen den Kaiser, und um 1000 herum begann also eine andere Epoche des Mittelalters. Man spricht vom Hochmittelalter. Es handelt sich um eine Epoche, die charakterisiert war nicht nur durch ein hohes Niveau, sondern auch durch die Wiederaufnahme des philosophischen Denkens. Diese Wiederaufnahme des philosophischen Denkens eben zur Zeit des Sieges des Papstes war begleitet von der Wiederbelebung der städtischen Kultur. Nun ist es keineswegs so, daß der Papst der eigentliche Wiederentdecker oder Wiederschöpfer der städtischen Kultur gewesen wäre. Vielmehr begann die Stadt wieder ein Zentrum des Lebens zu werden und begannen die Handwerker und Händler in die Städte zurückzukehren, weil durch den Sieg der Bischöfe, die in den Städten residierten, die Städte wieder eine Basis bilden konnten für diese erste Form des Bürgertums. Erstaunlicherweise stammt das Wort «Stadtluft macht frei» aus dieser Zeit. Es bedeutet: Die Handwerker und Händler, die gezwungen gewesen waren, die Stadt zu verlassen und sich in den Dienst des Feudalherren zu begeben, kehrten in die Stadt zurück und wurden wieder freie Handwerker und freie Händler.

Die Wiederentdeckung der Stadt, der «Communitas» – das heißt eigentlich: Gemeinschaftsschwur, eine Art Vertrag, den die Leute in der Stadt unter sich schlossen – führte dann auch zu jener Kommunalbewegung, die vor allem in Frankreich und Italien, aber zum Teil auch in Mitteleuropa zur Bildung blühender Städte führte, die freie Städte waren, die also sowohl vom Kaiser als auch vom Papst sich befreien wollten. Daß dabei dann Kaiser und Papst immer wieder mit diesen freien Städten spielten, um sich gegenseitig auszutricksen (der Kaiser den Papst und vize versa), ist ein anderes Problem. Wichtig ist, daß durch die Wiederherstellung der städtischen Kultur auch eine neue soziale Formation sich zu entwickeln begann, die nichts oder sehr wenig mehr zu tun hatte mit dem Feudalsystem. Insofern ist es falsch zu sagen, daß das Mittelalter insgesamt allein die feudale Produktionsweise gekannt hätte, also eine landwirtschaftliche Produktionsweise, die zweifellos die Basis war, begründet auf dem Prinzip der Leibeigenschaft und auf dem Prinzip der sauberen Trennung zwischen Herrn und Knecht. Die Städte entwickelten eine andere soziale Struktur, eine soziale Struktur, die sich immer mehr verfestigte, aber nicht im Sinne der harten Gegenüberstellung von Herr und Knecht, sondern im Sinne der vielstrukturierten, daher viel komplizierteren Hauptform der Zünfte, der Korporationen. Gerade das Zunftwesen trug dazu bei, daß tatsächlich aus der Stadt auch wieder ein Zentrum der Kultur wurde. Doch eben weil in den Städten sich der Geist der Unabhängigkeit regte und weil diese Unabhängigkeit im wesentlichen konzentriert war in dem Versuch, sich soweit wie möglich freizumachen von der Kirchenmacht, begann mit der Regung der Unabhängigkeit zugleich der Prozeß der Repression. Es ist ja bekannt, daß alle Freiheitsregungen im allgemeinen Repressionen hervorrufen. Die städtische Freiheit stieß sozusagen gegen die Macht, gegen den Machtanspruch sowohl des Kaisers – Barbarossa, der Mailand erobern will – wie auch und vor allem gegen den Machtanspruch der Kirche. Und eben deshalb, aus diesem Zusammenhang vom Wiederaufblühen der städtischen Kultur, aus dem Zusammenwachsen der Zünfte in einer andersgearteten gesellschaftlichen Formation, mit dem Unabhängigkeitskampf gegen den Papst entstand jene Atmosphäre, die für die erneute Subversion günstig war.

Man könnte sich hier eine historische Frage stellen: ob nicht das, was ich Subversion genannt habe, das heißt eine sehr spezifische Form der menschlichen Emanzipation in Zeiten, die nicht emanzipiert sind, aber auch in Zeiten, die keine offene Revolution zulassen, – ob diese Subversion nicht doch unmittelbar verbunden ist mit der städtischen Kultur selbst. Insofern also macht die Stadtluft frei. Das scheint mir ein Gedanke zu sein, der in einer Zeit vielleicht wichtig werden könnte, in der – aktualisierend – eher der Versuch unternommen wird, aus der Stadt auszusteigen und außerhalb der Stadt die Freiheit zu suchen. Aber wie gesagt: Das ist nur eine Hypothese, ein Arbeitsvorschlag, den ich mache.

In dieser nun neu beginnenden Subversion, die sich übrigens thematisch auch zum Teil an die Subversion der Antike anschließt, an die Sophistik teilweise, vor allem aber an die Stoiker und an die Epikureer, kann man im Hochmittelalter drei Linien erkennen; drei Linien, die keineswegs abstrakt nebeneinander herlaufen, sondern die ineinander verwoben sind. Ich erwähnte schon, daß Arnaldo von Brescia, der später die Römische Republik neu gründen wollte, aus der Philosophie Abaelards kam und wie aus der Philosophie von Franz von Assisi die kriegerische Bewegung der Fraticelli, der «kleinen Mönche» des Franziskanerordens, hervorging. Auch das Politische ist mit dem Philosophischen verbunden. Das ist der Grund, warum in der philosophischen Linie der Subversion, bei der es um die allmählich zunehmende Auflösung des Glaubens ging – das heißt praktisch, um die Auflösung des Wahrheitsanspruchs der Offenbarung und des Anspruchs der Offenbarung, überhaupt die Wahrheit zu sein –, ein rein theoretischer Streit eine große Rolle spielte, der zum Teil deshalb in den Büchern zur Geschichte der

Philosophie in mißverständlicher Form dargestellt ist, weil das nur als scholastisches philosophisches Treiben gesehen wird: der «Universalienstreit». Ich erläutere kurz, worum es sich handelt und worin seine gesellschaftliche Bedeutung liegt.

Der Universalienstreit ging auf Platon und Aristoteles zurück. Es ging um den Realitätscharakter, den Wirklichkeitscharakter der Universalien, also der allgemeinen Begriffe. Was ist wirklich? Ist der allgemeine Begriff wirklich, der allgemeine Begriff «der Mensch»? Oder ist die Wirklichkeit erst die Individualisation des allgemeinen Begriffs in den einzelnen Menschen? Oder ist der allgemeine Begriff ein bloßer Name und: der Roger hier oder ich oder der Johann da, ist die Wirklichkeit? So einfach ist die Sache nicht, denn bis auf den heutigen Tag ist immer noch nicht geklärt, ob wir wissen, daß der Apfelbaum ein Apfelbaum ist, weil Äpfel daran hängen, oder weil wir zunächst wissen, was denn ein Baum überhaupt ist. Was war der soziale Hintergrund dieses Streits?

Das Eigentümliche war, daß keineswegs etwa Philosophen sich da um ein erkenntnistheoretisches Problem stritten, sondern daß diese Philosophen praktisch nichts weiter waren als die damaligen Ideologen der gesellschaftlichen Fraktionen. Es kam also nicht von ungefähr, daß Emanzipationsbewegungen und die von mir so genannte Subversion sich von Anfang an mit dem Nominalismus verbanden, das heißt also mit der Auffassung, daß der konkret lebende Mensch die Realität sei und nicht die Idee des Menschen – während die Vertreter der absoluten Autorität der Kirche Realisten waren, d.h. also: Idealisten in der heutigen Sprache. Realisten wurden diejenigen genannt, für die der allgemeine Begriff eine Realität war; Nominalisten wurden diejenigen genannt, für die der allgemeine Begriff ein bloßer Name war. Die Mitte hingegen, die berühmte goldene, ästhetische Mitte, vertreten von Thomas von Aquin, war der Ansicht, daß weder das eine noch das andere richtig sei, vielmehr sei die Wirklichkeit zu finden in der jeweiligen Inkarnation des allgemeinen Begriffs im einzelnen Ding oder im einzelnen Menschen.

Soweit zum Universalienstreit. Aber, wie gesagt, hinter dem Übergang vom Realismus zum Nominalismus stand immer auch die Frage: Was ist eigentlich die Quelle des menschlichen Erkennens? Liegt sie im Menschen selber? Ist der Mensch es, der bestimmt, daß ein bestimmter Gegenstand «Baum» heißt und ein anderer Gegenstand «Tisch»? Oder sind das Begriffe, die – wie die Realisten meinten – vorgeprägt sind im göttlichen Intellektus und die daher dem Menschen sozusagen auf dem Weg der Offenbarung zur Kenntnis gebracht werden?

Das ist die philosophische Linie. Auf sie werde ich heute zu sprechen kommen. Auf die beiden anderen komme ich ausführlich das nächste Mal zu sprechen, es sind für euch vielleicht die interessanteren Linien: die häretische und die politische. Die häretische Linie finden wir bei den Sekten, bei den Ketzern – wobei es immer zu bedenken gilt, daß es da zwei Typen von Ketzereien gibt. Es gibt den einzelnen Ketzer, den Häretiker, auf der einen Seite, und es gibt auf der anderen Seite die ketzerische Bewegung, die Katharer, die Waldenser oder die Fraticelli, die zum Teil auch revolutionäre Haufen gebildet haben und entsprechend sich verhielten. Der häretischen Linie ging es also praktisch um die radikale Veränderung erstens des Verhältnisses zwischen Kirche und Gemeinde, zweitens aber des Verhältnisses zwischen dem Papst und der Hierarchie auf der einen Seite und dem Volk auf der anderen Seite. Dahinter stand als allgemeines Motiv das, was wir schon in der Antike gefunden haben und auch im Ursprung der Kirche im Urchristentum: die Auffassung der Gleichheit, daß also der Unterschied zwischen arm und reich abzuschaffen sei. Die häretische Linie ist im Grunde ein ständiger Kampf der Armen gegen die Reichen: der armen Gemeinden gegen die reiche Kirche; der armen Volksschichten, der Bauern, gegen die reichen Feudalherren; und auch des armen Klerus, der Bettelorden zum Beispiel, gegen die reichen Bischöfe.

Die politische Linie, die wir schon im Hochmittelalter erkennen und die im Spätmittelalter dann eindeutig zum Durchbruch kommt, ist der Versuch, neue politische Formen herauszukristallisieren; ein Versuch, der damals scheitern mußte oder höchstens in gewissen Abstraktionen nur gedacht und in gewissen nur formellen Institutionen verwirklicht werden konnte. Es geht um den Versuch der Schaffung neuer politischer Formen erstens in Richtung auf die kommunale Selbständigkeit, auf die Autonomie der Kommunen, und dann aber, innerhalb dieses als republikanisch verstandenen Gemeinwesens, um das Verhältnis der drei Mächte untereinander: Gott, der Fürst und das Volk. Das ist das alte und immer wieder auftauchende Problem, von wem die Staatsgewalt kommt. Ich habe, glaube ich, hier schon erwähnt, daß im Parlamentarischen Rat zu Bonn zwischen der CSU-Fraktion und den anderen Fraktionen bereits bei der Abfassung des Artikels 20 GG darüber gestritten wurde, wo die Staatsgewalt herkäme, und daß die CSU-Fraktion grundgesetzlich festgelegt haben wollte, daß alle Staatsgewalt von Gott komme. In das Grundgesetz ist aber der Gedanke eingegangen, der gerade im Spätmittelalter das erste Mal – bei Marsilio von Padua und bei Wilhelm von Ockham – aufkommt; ein Gedanke, der dieses Verhältnis von Gott, Fürst und Volk völlig umdreht: Der Fürst ist nicht mehr von Gott legitimiert, wie Paulus sagte, sondern der Fürst findet seine Legitimation nur durch die Zustimmung des Volkes.

Ich sagte, daß es eine sehr formelle Form der Volkssouveränität war; denn es kommt wie immer so auch hier darauf an, was unter «Volk» verstanden wurde. Und es mußten allerdings viele knifflige institutionelle Fragen geregelt werden, weil damals erstens das städtische Volk in Zünfte gegliedert war und zweitens es auf dem Lande kein Volk im eigentlichen Sinne gab, sondern nur Leibeigene. Es mußte also politisch versucht werden, eine Linie zu finden: das mißlang. Man kann sagen: Sowohl die häretische wie die politische Linie der Subversion mußte mißlingen, weil, wie es so schön heißt, die Zeit nicht reif war.

Die Zeit war aber reif für die andere, für die philosophische Linie. Der erste Anstoß zu einer Revision des Verhältnisses zwischen Vernunft und Glauben, zu der Umkehrung dieses Verhältnisses ging von der arabischen Philosophie aus, von der arabischen, nach Spanien gekommenen Philosophie. Aber ich bitte da zu bedenken: Es war keine islamische Philosophie, weil gerade die Hauptvertreter dieser Philosophie zwar Araber waren, jedoch vom Islam selber als Ketzer betrachtet wurden. Hierbei handelt es sich um Avicenna (arab. Ibn Sina) und Averroes (Ibn Ruschd). Avicenna lebte von 980 bis 1037, also gerade am Ende des Milleniums, Averroes von 1126 bis 1198. Was war wichtig an dieser arabischen Philosophie, vor allem an der ersten von Avicenna, die gewissermaßen den anfänglichen Impuls gab? Es war nicht etwa nur der immer wieder betonte und zweifellos sehr wichtige Umstand, daß sie eine materialistische Aristoteles-Interpretation vornahm. Aristoteles ist mehrfach interpretiert worden. Wenn er in seiner «Metaphysik» sagt, daß Gott der erste Beweger ist, der nicht bewegte Beweger, so ist das eine Formulierung, die sehr wenig aussagt, denn es heißt auch nicht «Gott», sondern: Das Seiende sei im Seienden das nicht bewegte alles Bewegende. Die Christologie hat daraus den fundamentalen Begriff für »Gott» abgeleitet. Für Avicenna und später Averroes war dies in Wirklichkeit von Aristoteles materialistisch gemeint. Mit anderen Worten: Nach der Auffassung dieser arabischen Philosophen war eigentlich schon Aristoteles ein Materialist, der das, was die «Jenseitigkeit» genannt wurde, die Transzendenz, im Grunde nicht erkannt, sondern gewissermaßen in die Welt hereingeholt habe. Das war fraglos sehr wichtig, denn es war schon per se eine Häresie, solches zu behaupten; und daß dies in der europäischen Philosophie begierig aufgenommen wurde, war für die Dogmatik der christlichen Religion gefährlich.

Doch ebenso wichtig und noch subversiver eigentlich war die von der arabischen Philosophie behauptete Theorie der doppelten Wahrheit. Denn aus dieser Theorie erst konnte das Verhältnis von Vernunft und Glaube neu bestimmt werden. Die Theorie der doppelten Wahrheit geht im Grunde sehr friedlich und sehr harmoniesuchend mit dem Problem der Wahrheit um. Seitdem Tertullian diesen Streit gewissermaßen hervorgeholt hat, weiß man nicht, ob die Wahrheit erkennbar ist durch die Offenbarung oder ob die Wahrheit erkennbar ist durch das Denken. Avicenna und Averroes meinten, es gebe nicht nur eine einzige Wahrheit, sondern es gebe eine theologische Wahrheit, diese sei die Wahrheit der Offenbarung, und es gebe eine andere Wahrheit, die der Mensch auf Grund seines «lumen naturale», seines natürlichen Lichtes — später heißt bekanntlich die Aufklärung «Illuminismus» —, also durch die Anwendung seiner Vernunft und von sich aus, erkennen könne. An sich wäre das nicht weiter gefährlich gewesen, und es war auch von Avicenna sehr friedlich gemeint; als Versuch eben, Theologie und Philosophie, Vernunft und Glauben gewissermaßen zu versöhnen. Doch gingen diese beiden Philosophen in Wahrheit einen Schritt weiter und meinten, daß, im natürlichen Lichte der Vernunft betrachtet, die religiöse Wahrheit zwar volle Geltung habe, aber nur im symbolischen Sinne. Sie habe also nur symbolischen Charakter. Da begann schon die symbolische Deutung des Alten und des Neuen Testaments: im Sinne von Mythen, die rational durchleuchtet werden sollen. Viele Jahrhunderte später entstand aus etwa dem gleichen Grundgedanken die Bewegung der Aufklärung.

Der eigentliche Durchbruch in Europa aber wurde von einem der interessantesten Denker der damaligen Zeit erzielt, von Petrus Abaelardus oder Peter Abaelard (1079—1142). Er ist wahrscheinlich einigen von euch bekannt als Verfasser der berühmten Liebesbriefe an Héloise (Abaelard 2001). Man sagt, daß er zwar diese Briefe geschrieben habe, doch nur für sich selbst, denn er lebte von Héloise getrennt. Diese Trennung war schon tragisch: Der junge Abaelard verliebte sich in Héloise, die die Nichte eines großen Pariser Herrn war und dieser Herr hatte etwas gegen Abaelard, der schon von vornherein philosophisch als Nominalist aufgetreten und also kein ruhiger Geist innerhalb der damaligen theologischen Welt war. Er ließ den armen Abaelard einfach nächtens überfallen und entmannen — woraufhin sich Abaelard ins Männerkloster zurückzog und Héloise ins Frauenkloster.

Das, was für sein Privatleben so schmerzlich gewesen sein mag, war für die Subversion durchaus sehr sinnvoll, denn was er dann in der klösterlichen Einsamkeit schrieb, war in der Tat der Durchbruch der Aufklärung damals, der Durchbruch der Subversion. Auf diese Weise wurde Abaelard schon zu der Zeit, am Anfang des neuen Milleniums, so etwas wie der Wortführer des freien Wissens, der Repräsentant des selbständigen Denkens. Und er war der erste, der von dem Richteramt der Vernunft bei der Entscheidung über die Wahrheit sprach. «Wahr ist nicht, was geoffenbart wird, sondern was mich überzeugt.» Das war allerdings ein Satz, der im Hochmittelalter nicht so ohne weiteres hingenommen werden konnte. Abaelard wurde auch «der Verneiner» genannt. Sein Hauptwerk heißt «Sic et non» (Abaelard 1981), zu deutsch: Ja und nein. In diesem Werk nimmt er praktisch das berühmte Kapitel über die Antinomien der Vernunft aus Kants «Kritik der reinen Vernunft» vorweg. Kant hat in diesem sehr lesenswerten Kapitel gezeigt, daß mit den Mitteln der Vernunft sowohl die Einheit der Welt bewiesen werden kann als auch, daß die Welt keine Einheit ist; daß mit den Mitteln der Vernunft sowohl die Sterblichkeit der Seele wie die Unsterblichkeit der Seele bewiesen werden kann. So ging auch Abaelard vor. Doch nicht nur mit diesen großen abstrakten Prinzipien, sondern Punkt für Punkt ging er die Dogmen der christlichen Religion durch und übte eine Art dialektischer Zersetzung der Glaubenssätze der Kirchenväter. Er nahm also die von den Kirchenvätern – Tertullian, Origenes, Augustin – vorgelegten Schriften und zeigte Position für Position die inneren Widersprüche dieser Sätze. Dabei ging er von der Frage aus: Was ist eigentlich an diesen Sätzen nach menschlicher Vernunft beweisbar? – Wahr ist nicht das Geoffenbarte, sondern wahr ist das Beweisbare. Das war der eine Punkt.

Der andere Punkt – er war viel konkreter für die damalige Zeit, wurde also nicht nur von den Philosophen und Theologen verstanden, sondern auch von den normalen bischöflichen Bibelvertretern und war insofern der Grund, aus dem seine Bücher dann verboten wurden – war, daß Abaelard etwas tat, was ebenfalls eine Vorwegnahme späterer Gedanken darstellt; Gedanken, die wir erst bei Voltaire, bei Diderot, bei Kant wiederfinden: Er untersuchte das Sittengesetz des Christentums und befand, daß im Grunde das einzig Wahre, Beweisbare und Richtige an der christlichen Religion eben das Sittengesetz sei. Das heißt also: Die Operation, die er vornahm, lag darin, daß er die gesamte Religion in ihrer Beweisbarkeit und also in ihrer Gültigkeit auf das Sittengesetz zurückschraubte.

Die nominalistische Linie wirkte weiter fort, obwohl in der Zwischenzeit, ich komme darauf zu sprechen, die Kirche sich endgültig zur Dominanz erhob. Diese Linie setzte sich fort bis zur restlosen und endgültigen Auflösung des Wesensgehalts der damaligen herrschenden Theologie des Thomismus, der Theologie des Thomas von Aquin.

Wichtig für uns sind zwei Franziskaner – erstaunlicherweise Franziskaner: Duns Scotus, «Doctor subtilis» genannt, der subtile Doktor, er lebte von etwa 1270 bis 1308, und Wilhelm von Ockham, «Doctor invincibilis», der unbesiegbare Doktor, der ungefähr 1280 geboren wurde und wahrscheinlich 1347 starb. Das, was diese beiden Philosophen, vor allem Wilhelm von Ockham, unternahmen, war in der Tat die Auflösung aller christlichen Dogmatik. Duns Scotus ging von einer Position aus, die vielleicht überraschend klingt. Er ging aus von der Frage, inwiefern gerade die sittlichen Prinzipien, die von der christlichen Theologie festgelegt und gepredigt wurden, auch die sittlichen Prinzipien etwa der Zehn Gebote, in sich schlüssig sind; ob sie also *als* Gehalte oder Argumente der Vernunft anzusehen seien. Und er kam zu dem Schluß, daß im Grunde diese Sittengesetze alle nur einen relativen Charakter haben – womit er sich der Sophistik anschloß. Er relativierte also das Wertesystem der damaligen Zeit, und er relativierte *es* durchaus im Sinne der Betonung der Vorherrschaft Gottes. Das ist gerade das Eigentümliche an diesen Philosophen, daß sie keineswegs Atheisten waren. Gerade davon ausgehend, daß Gott die Zehn Gebote formuliert hat und daß Gott ja allmächtig ist, kam Duns Scotus zu der Auffassung, daß zum Beispiel der Diebstahl nicht an sich eine Sünde sei, sondern weil Gott das bestimmt habe. Duns Scotus schreibt an einer Stelle: «Hätte Gott gewollt, daß der Diebstahl die Summe aller Tugenden sei, wäre der Dieb ein tugendhafter Mensch.»[16]

Wilhelm von Ockham aber ging schon weiter. Ockham, wie gesagt, war ein Franziskaner, der auch politisch tätig war und sich der Verfolgung durch die Kirche entziehen konnte, indem er nach Bayern floh zu König Ludwig von Bayern, der damals erstaunlicherweise *der* Vertreter der Liberalität war. Auch Marsilio von Padua, der große Gegner des Papstes, fand bei Ludwig von Bayern Zuflucht. Wilhelm von Ockham also, ein Häretiker, nimmt die Lehre von der doppelten Wahrheit wieder auf; und zwar in einer Weise — das gehört ja zur scholastischen Methode, die Geister etwas zu verwirren —, die so aussieht, als ob er vom Primat des Glaubens gegenüber der Vernunft reden würde: Es gebe in der Tat eine doppelte Wahrheit, die Wahrheit der Offenbarung und die Wahrheit der Vernunft. Zu den Gegenständen der Offenbarung, zu den Fragen der Religion also grob gesagt, habe die Vernunft keinen Zugang. Mit anderen Worten: Der Versöhnungsversuch von Averroes wurde beiseite geschoben, denn der Versöhnungsversuch lautete: Es gibt zwar eine doppelte Wahrheit, aber die eine Wahrheit hat symbolischen Charakter, dessen wahrer Gehalt dann von der Vernunft erkannt wird. Nun meint Wilhelm von Ockham: Zu dieser religiösen Wahrheit der Offenbarung habe vielmehr die Vernunft überhaupt keinen Zugang. (Ockham, 1984) Ist das nicht die Betonung des Primats des Glaubens? Ist das also nicht eine Bankrotterklärung der Vernunft? So klingt es, aber Wilhelm von Ockham wäre kein Scholastiker, wenn er nicht die Argumentation weiterführen würde; dahin nämlich, daß, sofern alles Religiöse der Vernunft unzugänglich ist, die Averroes'sche Versöhnungssynthese zerschnitten werden muß. Wenn die Vernunft zu der Offenbarung keinen Zugang hat, dann hat die Offenbarung für die Vernunft keine Bedeutung mehr. Mit anderen Worten: Die Offenbarung wird zwar als Wahrheit anerkannt, aber als eine Wahrheit, die so unerklärlich ist für die Vernunft, daß sie für den vernünftigen Menschen ihren Wert verliert. Man kann sagen: Was bei Ockham am Ende herauskommt, ist die Gleichgültigkeit des Göttlichen für das Weltliche und die Unerheblichkeit des Glaubens gegenüber der Arbeit der Vernunft. Des weiteren kann man sagen, daß bei Wilhelm von Ockham lange Jahrhunderte nach der Philosophie der Sophisten die Vernunft gewissermaßen zu sich selber kommt, ihre Autonomie wiedergewinnt, und daß ein selbständiges Denken wieder Raum gewinnt. Der

Glaube bleibt bestehen, wird aber als reines Herrschaftsinstrument in den Bereich der kirchlichen Hierarchie relegiert. Wir werden sehen, daß diese Relegation später noch bei vielen Häretikern stattfinden wird.

Jetzt aber, zwischen Abaelard und Ockham, zwischen dem Jahr 1079 und dem Jahr 1347, finden wir die große kulturelle Blüte des Mittelalters und auch die große philosophische Blüte der Scholastik. Die Vorherrschaft der Kirche ist geklärt, der Papst hat gesiegt, und die Synthese zwischen Vernunft und Glauben ist gefunden. Aber: In all diesen kulturellen Blüten, in denen bekanntlich auch viele Kathedralen entstanden sind, mußte die Antwort des Glaubens gegen die subversive Arbeit der Vernunft erfolgen. So kam es im Jahre 1148 beim Konzil von Verona zum ersten konziliaren Beschluß zur – wörtlich – «Aufsuchung» der Häretiker: «Inquisitio haeretico». Das ist übrigens nicht die uns allen bekannte Inquisition, die Inquisition, die mit Folter und Scheiterhaufen arbeitete. Diese Aufsuchung der Häretiker war zunächst durchaus theologisch gemeint. Träger der Untersuchung waren auch nicht etwa irgendwelche Orden, wie später die Dominikaner, sondern die Instanzen der Untersuchung waren die Bischöfe. Die Bischöfe hatten anfangs die Aufgabe, festzustellen, wo Häresien stattfanden, Abweichungen von der Orthodoxie, von der wahren Kirchenlehre. Gerichtet war das vor allem gegen die Katharer und die Waldenser, mit denen übrigens die Franziskaner – Wilhelm von Ockham – sehr verbunden waren. Es handelt sich nicht um die Inquisition, von der wir immer reden, weil diese Inquisition lediglich darin bestand, festzustellen, daß jemand ein Häretiker war, und diesen Häretiker allerdings mit Strafe zu belegen; mit Strafen jedoch, die keineswegs gräßlich waren. Abgesehen von der allgemeinen Buße, die da geleistet werden *sollte*, bestanden die meisten Strafen in dem Zwang, gute Werke auszuüben. Es mag vielleicht übertrieben klingen, doch ist das im Grunde das erste Mal, daß als Strafprinzip so etwas wie ein Resozialisierungselement auftaucht. Das heißt also: Der Häretiker muß bestraft werden, aber er wird dadurch bestraft, durch gute Werke gewissermaßen den Weg zur Wahrheit zurückzufinden. Diese Form der Inquisition wurde formell bestätigt durch das 4. Lateranische Konzil von 1225, das gerichtet war gegen die Juden und Mauren, die zwangschristianisiert worden waren. Allerdings traute man dieser Zwangschristianisierung nicht und betraute also die Inquisition mit der Aufgabe zu prüfen, ob die Konversion auch ernstgemeint war.

Doch dann kam der qualitative Sprung: Aus der ersten Inquisition wurde durch ein Edikt des Papstes Gregor IX. von 1231, das die Inquisition aus den Händen der Bischöfe nahm, die päpstliche Inquisition. Und diese päpstliche Inquisition war jene, die wir als Inquisition kennen, war jene, deren Untersuchungsmethoden in der Folter bestand und die dann durch die Folter die berühmten Bekenntnisse zur Häresie herauspreßte. Die Inquisition selber übrigens – auch hier eine Vorwegnahme des Unterschieds zwischen zwei Formen der Justiz – vollzog die Todesurteile nicht, wie mancher vielleicht glaubt, sondern sie hatte lediglich die Aufgabe, festzustellen, daß einer ein Ketzer war; und anschließend übergab sie den Ketzer oder die Ketzerin dem sogenannten säkularen Arm, dem weltlichen, zwecks Exekution. Die Scheiterhaufen sind also nicht von der Kirche angezündet worden, sondern jeweils von der weltlichen Herrschaft. Und hier sieht man, wie manchmal die Geschichte sehr eigentümlich verfährt. Der erste, der einen Scheiterhaufen entzünden ließ, war einer der größten Vertreter der Kultur des Mittelalters nicht nur, sondern einer der größten Männer der Weltgeschichte: Friedrich II. von Hohenstaufen, der in Palermo residierte und dem es gelang, eine Art Weltmarkt zu schaffen zwischen dem Osten und dem Westen, der versuchen wollte, den großen alten Traum Alexanders von der Einheit der Welt herzustellen. Friedrich II., der damals wirklich aus Palermo das Zentrum der Kultur machte, war auch der erste, der als weltlicher Arm eines Inquisitionurteils den Scheiterhaufen brennen ließ.

Die spätere Inquisition fand dann ein anderes Vernichtungsobjekt nicht mehr bei den Ketzern, nicht mehr bei den Häretikern – das auch, aber nicht hauptsächlich –, sondern das Inquisitionsgericht wurde, und zwar in Deutschland ab 1498, gegen das sogenannte «Hexenwesen» angewendet. Nicht, daß bis dato keine Hexen verbrannt worden wären, aber sie wurden verbrannt immer auf dem Umweg gewissermaßen oder unter der Beschuldigung, daß man in ihnen eine Häresie aufgesucht und gefunden hätte. Sie wurden also nicht als Hexen verbrannt, sondern als Feindinnen der eigentlichen Kirchenlehre, der Orthodoxie. Erst ab Ende des 15. Jahrhunderts, praktisch zu Beginn der Neuzeit – und das ist etwas, was wirklich bedacht werden muß – begann der große Vernichtungszug gegen die Hexen. Ich habe jetzt weder die Kompetenz noch die Möglichkeit, auf dieses Problem einzugehen, weshalb tatsächlich die Hexen verfolgt worden sind. Ich habe versucht, mich kundig zu machen, habe dabei aber so viele Interpretationen gefunden, daß ich meine, man muß das anderen überlassen. Ich finde die Erklärung fragwürdig, die in der letzten Zeit hergestellt wurde: von der Notwendigkeit einer Gesellschaft, sich zu reproduzieren, von der Notwendigkeit dieser Gesellschaft, also gegen die Hexen als «wissende» Frauen vorzugehen, die in der Lage waren, eine Art Geburtenkontrolle durchzuführen. Gerade der Beginn der Hexenverfolgung fand erst lange Zeit, etwa einhundert Jahre, nach der großen Pest statt, dem sogenannten «Schwarzen Tod» von 1347–1352, der in Europa Millionen von Menschen das Leben kostete. Damals war wirklich das Problem der Regeneration und der Reproduktion der gesamten europäischen Gesellschaft gegeben – doch zu der

Zeit gab es keine Hexenverfolgung. Die Religionskriege, die ebenfalls zu einer Verheerung und zu einer Entvölkerung Mitteleuropas vor allem geführt haben, fanden auch erst etwa ein halbes Jahrhundert nach dem Beginn der Hexenverfolgung statt. Aber: Daß sie stattfand, die Hexenverfolgung, daran ist kein Zweifel. Es werden wie immer auch Machtmotive dahintergestanden haben.

Soweit also zu der philosophischen Linie der Subversion. Ich wiederhole: Im Grunde liegt die Subversion darin, daß unterschwellig in der Form des scholastischen dialektischen Philosophierens am Ende des Mittelalters einerseits die Auflösung der Dogmatik stattfindet und andererseits eindeutig der Sieg der Vernunft gegenüber dem Glauben. Von nun an kann nicht mehr auf die Offenbarung rekurriert werden, von nun an wird: gedacht.

Wissenswert für euch ist vielleicht als Ergänzung, daß mit dem Beginn des vernünftigen Denkens gegenüber der Wahrheit der Offenbarung auch die Bildung der Universitäten in Europa einhergeht. Die erste Universität ist gegründet worden 1119 in Bologna, damals Bononia genannt. Und «Bononia docet», Bononia lehrt, war ein ständiges Wort. Bologna wurde also von da an das Zentrum des akademischen Lebens. Es wurde auch «Bologna la dotta» genannt, Bologna die Wissende, zugleich auch «la grassa», die Fette, weil man bekanntlich in Bologna die beste Italienische Küche hat. Heute heißt es anders. Es heißt «Bologna la rossa», weil sie dort eine kommunistische Mehrheit haben, und – nach wie vor – «la grassa». «La dotta» ist Bologna nicht mehr.

Interessant ist, daß diese neuen Universitäten, die sich «Universitas literarum», aber auch «Universitas magistrorum et scolarium» nannten, die Gemeinschaft der Lehrenden und Lernenden – denn damals lebten die Lehrenden und die Lernenden «in collegia», zusammen –, daß diese Universitäten eine Struktur des Studiums aufwiesen, die in der Diplom- und Promotionsprüfungsordnung unseres politikwissenschaftlichen Fachbereichs sich wiederfindet. So gab es zunächst ein Grundstudium über die berühmten «artes liberalis». Die «artes liberalis» waren die Grammatik, Rhetorik, Dialektik, Arithmetik, Geometrie, Musik und Astronomie. Nach Absolvierung dieses Grundstudiums gab es eine obligatorische Studienberatung mit einem entsprechenden Titel, der heute noch in Frankreich und in der angelsächsischen Welt gilt: den Baccalaurus. Baccalaurus war also derjenige, der die obligatorische Studienberatung oder Zwischenprüfung hinter sich hatte. Der zweite Grad war der Magistergrad, unserem wieder eingeführten Magistergrad entsprechend, beziehungsweise dem Diplom in der Politologie. Erst nach dem Absolvieren des Magisterstudiums, des Hauptstudiums also, gab es den Zugang zu den eigentlichen Fakultäten, alles vorherige war «Studium generale». Es gab nur zwei Fakultäten: die medizinische und die juristische.

Das bedeutet: Erst nachdem man das «Studium generale» absolviert hatte, Baccalaurus und Magister geworden war, konnte man in diesen beiden Fakultäten den höchsten Grad erreichen, den Grad des Doktors. Daher auch die eigentümlichen Namen für die Philosophen des Mittelalters: «Doctor subtilis», «Doctor sublimis», «Doctor invincibilis», also: der spitzfindige Doktor, der höchste Doktor, der unschlagbare Doktor und so weiter.

Die Alltagsgestaltung der damaligen Universität war ebenfalls nicht viel anders als unsere – nur qualitativ besser. Es gab die vormittägliche «Lectio» und nachmittags die «Disputatio». Das war deshalb besser, weil die «Disputatio», also das Seminar, sich nicht etwa mit irgendeinem Thema befaßte, sondern mit der Lektion vom Vormittag, der Vorlesung. Das ist etwas, was vielleicht gar nicht so schlecht wäre, es heute wieder zu haben – nicht vormittags, sondern am frühen Nachmittag die Vorlesung und dann am Spätnachmittag oder am Abend die Disputation über die Vorlesung. Dann käme es in der Tat schon eher zu jener «Communitas» von Lehrenden und Lernenden, von der sonst immer wieder die Rede ist. – Soweit zur philosophischen Linie.

Das nächste Mal kommt die Häresie und endlich auch die Politik des Mittelalters zur Sprache. Ich will die Sache so gestalten, daß ich das übernächste Mal erst – so habe ich mir die Komposition gedacht – von den großen häretischen Kämpfen sprechen werde und von der großen Subversion, die nach der Renaissance und der Reformation stattfand. Warum, erzähle ich euch in zwei Wochen.

5. Dezember 1989

Spätmittelalter — Bettelorden, Ketzer und Häretiker Der Chiliasmus, oder: Die Religion der Entrechteten

Wir werden sehen, daß sich zwischen dem 11. und dem Anfang des 15. Jahrhunderts das bewahrheitet, was ich am Anfang gesagt habe: daß nämlich nicht nur die «Ecclesia militans» von Augustin und die triumphierende Kirche der Päpste die Bergpredigt vollkommen vergessen hatten, sondern daß auch die Subversion, die Negation, die Aufständischen, die Rebellen in Christo ebensowenig von der Bergpredigt Kenntnis nahmen, bis auf eine Ausnahme: die Waldenser, auf die ich nachher kurz eingehen werde.

Doch zunächst eine Erinnerung. Ich hatte das letzte Mal die philosophische Linie der Subversion, der gesellschaftlichen Negation, dargestellt, die Auflösung des Glaubens, die Auflösung der kirchlichen Dogmatik bis hin zum Prinzip der Volkssouveränität. Und außerdem sagte ich, es gäbe noch zwei andere Linien. Die häretische, die Umstülpung gewissermaßen der gesamten Werteordnung, der gesamten Glaubensvorstellungen, und dann die politische Linie, die eine geringere Rolle spielt – die politische Linie im wirklichen Sinne des Wortes, nicht zu verwechseln mit den sozialen und gesellschaftlichen Bewegungen, die natürlich viel stärker waren. Gemeinsam waren diesen drei Linien die Hinwendung zur Gesellschaft überhaupt und bestimmte egalitäre Tendenzen, vor allem bei den Sekten. Zugleich wurden Ordnung und Wertsysteme verworfen, zum Teil durch andere ersetzt, zum Teil einfach negiert, in Formen, die bei den Nominalisten schon in Richtung des Skeptizismus gingen. Diese Bewegung der Laizität, der Verweltlichung, der Säkularisierung der Kirche – ich sprach von der Bedeutung der Städte – war aber nicht etwa antichristlich. Hier wiederhole ich das, was ich schon betont hatte. Wir dürfen nicht vergessen, daß all diese subversiven Kräfte, diese Aufständischen und Rebellen, die sich manchmal durch Töten und Brandstiftung auszeichneten, in der wahren Nachfolge Christi standen, daß sie also keineswegs antireligiös eingestellt waren.

Man muß unterscheiden zwischen ihrem Kampf gegen die Kirche und die Kirchenmacht und ihrem Kampf für eine andersgeartete Gesellschaft. Wichtig ist, daß diese aus den Städten in die Bauernmassen hineingetragene Bewegung – obwohl sie sich versteht als in der Nachfolge Christi – sich doch durch den laizistischen Charakter, durch eine sehr starke Betonung des Rationalismus, der Ratio auszeichnet.

Ende des 13. Jahrhunderts erschien in Frankreich ein mir sonst nicht weiter bekannter Roman, «Roman de la rose». (Wahrscheinlich hat Umberto Eco daher seinen Buchtitel.) Ich habe versucht, den Namen des Autors in mehreren Wörterbüchern ausfindig zu machen, habe jedoch nirgends etwas gefunden.* Er beschreibt in diesem Roman im Grunde eine Gesellschaft, die schon bürgerlich ist, die sich schon durch bürgerliche Tugenden, die Tugend der Arbeit einbezogen, charakterisieren läßt und in der, wie er sagt, nicht mehr die Geburt – wir befinden uns im Feudalzeitalter –, sondern die Tendenz der Freiheit die entscheidende Rolle spielen soll für die durchaus vorgesehene Rollenverteilung der Menschen untereinander. In diesem Roman, erscheint eine Gestalt: nicht etwa Gott, sondern die «dame raison», die Dame Vernunft. Das ist ein sehr interessantes Zeichen, wie in dieser sehr stark durch die Mystik, durch messianische Gedanken geprägten Zeit dieses Mystische sich zum Teil versteht als eine Antwort auf das Irrationale, das in der Kirche, in der kirchlichen Macht und in der Macht überhaupt angesiedelt ist.

Iacopone von Todi, einer der früheren großen italienischen Dichter, beschrieb in seinem Gedicht gegen den Papst Bonifatius VIII. (1235–1303, Papst ab 1294), auf den ich auch noch zu sprechen komme, der die Stadt Palestrina, wo Iacopone da Todi wohnte, belagerte, diesen Papst als eine Ausgeburt niedriger Gefühle und Instinkte, als die Finsternis, die das «lumen naturale» nicht kennt. Iacopone da Todi wurde dann natürlich sofort nach der Einnahme der Stadt exkommuniziert und zu lebenslangem Kerker verurteilt. Der Papst Bonifatius VIII., wahrscheinlich auch «der Große» genannt, ließ übrigens Palestrina dem Erdboden gleichmachen, den Boden durchpflügen und Salz darauf streuen, auf daß die Stadt nicht wiedergegründet werde. Bonifatius VIII. ist längst tot, die Stadt Palestrina besteht, wiederaufgebaut, nach wie vor.

Am Ende der letzten Sitzung kam ein Einwand, der durchaus wert ist, beantwortet zu werden; ein Einwand, der allerdings auf einem Mißverständnis beruht. Daß ich zuerst von der Subversion im Denken gesprochen habe, bedeutet nicht, daß das Denken sozusagen das Primäre sei. Es ist zunächst eine Frage der rein methodischen Darstellung: Mit irgend etwas muß man anfangen, man kann alles durcheinander werfen oder eben bestimmte Linien mehr oder weniger sauber trennen. Aber ich hatte das letzte Mal schon darauf hingewiesen, daß es sich um eine Bewegung handelt, eigentlich um eine dreifache Bewegung, deren Linien ineinander verwoben sind und die

* Gemeint ist: Guillaume de Lorris /Jean de Meung: Le Roman de la Rose. Zwei Teile, verfasst von ca. 1235 bis etwa 1280. Deutsch: Der Rosenroman

sich auch zum Teil zeitlich verschieben. Das bedeutet, daß nicht immer zuerst Denkanstöße kommen und dann eine entsprechende Bewegung und danach meinetwegen ein Aufstand – aber ebensowenig, daß es zunächst spontane Aufstände gibt, die gewissermaßen den Anstoß geben zum subversiven Denken. Man kann sowohl das eine wie das andere feststellen. So ist zum Beispiel Arnaldo von Brescia, der im Jahre 1143 die Kommune von Rom ausrief, ein Schüler von Abaelard. Das heißt: In diesem Fall kommt zunächst der philosophische Anstoß, der dann dazu führt, daß Arnaldo von Brescia diesen alten republikanischen Gedanken wieder aufnimmt. Umgekehrt oder verwobener ist es im Fall der Franziskanischen Bettelorden oder vielmehr bei deren sektiererischen und häretischen Teilen. Natürlich steht am Anfang Franz von Assisi. Das, was die von mir dargestellte philosophische Theorie oder subversive Erkenntnistheorie des Wilhelm von Ockham bedingte, war die Tatsache, daß er Franziskaner war, daß er also aus dem Bettelorden kam. In diesem Falle haben wir die Umkehrung. Zuerst existiert der Bettelorden mit all seinen häretischen Seitenschlägen, mit seiner ganzen Infragestellung des Bestehenden, und dann kommt der Philosoph Wilhelm von Ockham, der dieses Bestehende gewissermaßen philosophisch, also theoretisch, destruiert. Andererseits kommt Wilhelm von Ockham vor den großen Bauernaufständen, die zum Teil die politischen Gedanken Ockhams wieder aufnehmen. Das gleiche haben wir im Fall der großen deutschen Bauernkriege. Die Religionsgemeinschaft der Katharer, der «Reinen», kam mit ihrer Vorstellung von der Laiensouveränität gewissermaßen in der Klärung kirchlicher und geistlicher Dinge, religiöser Dinge, vor Marsilius von Padua, dessen Buch «Defensor pacis»* 1324 erschien und in dem er das Prinzip der Volkssouveränität zum ersten Mal theoretisch begründet. Aber genau zweihundert Jahre später finden wir in den zwölf «Artikeln» der Bauern die gleichen Prinzipien, die Marsilius von Padua philosophisch entwickelt hatte gegen den Machtanspruch des Papstes. Und, um ein anderes geschichtliches Beispiel zu bringen, das zweifellos nicht unbedingt subversiv zu fassen

* In seiner kritischen Rezension in der Frankfurter Rundschau vom 11.3.97 moniert Rudolf Walther Agnolis «gelegentlich anachronistische Zuschreibungen»: Man könne Marsilius von Padua nicht zu einem Vorläufer moderner Volkssouveränität machen. – Agnoli führt in einem Antwortbrief vom 15.4.97. demgegenüber aus: «Lesen Sie doch bitte Capitulum XV des Defensor Pacis, ‹De causa factiva pocioris institutconis principatus›. Da können Sie lesen, daß multididudo dominant mairoum (nach Marsilius eine Übersetzung aus Aristoteles' Politik) und ‹Cum igitur ad civium universitatem pertineat generare forma, secundum quam civiles actus omnes regulari debent, legem scilicet, eiusdem universitates esse videbitur huius formem determinare materiam seu subiectum›. Multitudo und civium universitas – das wäre eben das Volk. Daß Marsilius das Volk auf freie Männer reduziert, liegt doch an seiner Zeit. Das war in der Athener Demokratie auch nicht viel anders; und bis vor kurzer Zeit noch auch in einigen Schweizer Kantönli.»

ist – obwohl ich versuchen werde, diesen Punkt zu klären, ob Luther ein subversives Element gewesen ist oder nicht –: der Bundschuh, die Bundschuhbauern kamen vor Luther. Als die Bundschuhbewegung zerschlagen wurde, 1517, schlug gerade Luther angeblich seine Thesen in Wittenberg an die Kirchentür. Ich sage das, um zu zeigen, daß man da nicht etwa von einer Priorität der Praxis oder von einer Priorität der Theorien reden kann. Es handelt sich um eine Zeit wie alle anderen, nämlich um eine in Gärung befindliche Zeit, und da kommen die Anstöße jeweils einmal von den Philosophen und einmal von den Bettelorden her, einmal von den großen Gestalten und ein anderes Mal von den Volksmassen selbst.

Im Schnittpunkt dieser Zeit aber und sicherlich als Zeichen für die Seltsamkeit der geschichtlichen Entwicklung finden wir auch zugleich um das Jahr 1300 herum den höchsten Punkt der Kirchenmacht erreicht. Das ist der soeben erwähnte achte Bonifatius, der 1303 in seiner Enzyklika «Unam Sanctam»[22] den totalen Macht- und Herrschaftsanspruch der Kirche betont, also nicht nur «in spiritualibus», nicht nur in geistigen Dingen, sondern auch in gesellschaftlichen und politischen Dingen. Verfasser dieser Enzyklika war natürlich nicht der 8. Bonifatius, sondern Aegidius Romanus (um 1245–1316), einer der größten Schriftsteller – im Sinne der geschichtlichen Größe – des Mittelalters, der in seiner Schrift mit dem schönen Titel «De ecclesiastica sive summi pontificis potestate», also: «Über die Macht der Kirche oder des höchsten Papstes», die Grundlage des Totalitarismus gelegt hat.[23] Natürlich habe ich nicht das ganze Werk gelesen, nur auszugsweise, wie immer in solchen Fällen. Doch das Überraschende ist, wie die sogenannte «Totalitarismustheorie», die Theorie des totalitären Staates, die wir für so modern halten, in diesem Buch in allen Einzelheiten, bis ins Spitzfindigste gewissermaßen, erklärt ist – in einem Buch, das allerdings eben nicht die Macht des Staates, sondern die Macht der Kirche meint. Die Kirche also ist das eigentliche, auch säkulare, innerweltliche Gemeinwesen oder die Ordnungsinstanz.

Die Auffassung, daß eigentlich die Kirche das totalitäre System sei, hat ein langes Leben gehabt. Wie die Kirche heute denkt und wie der Papst heute denkt, weiß ich nicht. Auf jeden Fall: In den 30er Jahren, als Mussolini in Italien ausdrücklich den totalitären Staat proklamierte und im Zuge der Bildung des totalitären Staates die katholischen Jugendverbände verbieten wollte, bekam er vom damaligen Papst in einer Enzyklika mit dem Titel «Wir haben es nicht nötig»[24] die Antwort: Nur die katholische Kirche habe das Recht darauf, totalitär zu sein. Das heißt, bis in die 30er Jahre blieb die «Unam sanctam»-Enzyklika von Bonifatius VIII. aus dem Jahre 1303 offensichtlich gültig. Das ist natürlich ein Zeichen der einstigen Stärke der Kirche.

Ich sprach davon, daß sich ab dem Jahre 1000 der Machtwechsel vom Kaiser zum Papst vollzog. Doch beachtenswert für uns ist, daß, je stärker die Kirche wird, je stärker sie sich durchsetzt gegenüber der weltlichen Macht, desto entschiedener sich auch die subversive und häretische Gegenbewegung entwickelt. Natürlich – parallel zum politischen Sieg der Kirche – ist das eine Bewegung, die gerade auf Grund der Macht der Kirche lange Zeit brauchen wird, um endlich zu einem Sieg zu kommen – vielleicht erst seit der Renaissance und auch der Lutherischen Reform. Bis dahin wurden die Häretiker und wurde die Subversion jeweils restlos vernichtet, restlos zerschlagen.

Um jetzt wieder die subversive Linie aufzunehmen: Ich erinnere noch einmal an die Katharer, die von den Bogomilen des Balkans, den «Gottesfreunden», kamen und deren Häresie mutmaßlich – Präzises weiß man nicht darüber – sowohl von den westlichen Kaufleuten wie auch von den zurückkehrenden Kreuzfahrern hierhergebracht wurde. Sie waren übrigens – insofern ist es nicht richtig, sie als Sekte zu bezeichnen; sie waren zwar Ketzer und als solche anerkannt – eine relativ starke Gruppe, mit einer eigenen Entwicklung neben der Entwicklung der offiziellen Kirche, aber auch neben der sonstigen Entwicklung des ketzerischen Denkens: Sie vertraten die letzte ausdrückliche Form der Lehre der Ophiten, wonach der Weltschöpfer der Geist des Bösen und Christus erst der wahre Gott gewesen sei. Sie waren so stark, daß sie im Jahre 1167 in Toulouse sogar ein regelrechtes Kirchenkonzil veranstalten konnten. Ihr eigentliches gesellschaftliches Prinzip bestand in der Absage an das Feudalsystem. Liest man Schriften der Katharer, die eigentlich eher Proklamationen als Schriften sind, so findet man die Auffassung des Laienchristentums. In ihrer Gleichgültigkeit gegenüber allen Formen der Herrschaft und in der Art, wie sie die kirchliche Ordnung verwarfen, finden wir schon so etwas, was wir heute «Befreiungstheologie» nennen. Es war Theologie in der Tat, jedoch eine Theologie, der es in Wirklichkeit darauf ankam, sich von diesen Fesseln, sowohl des Feudalsystems als auch des kirchlichen Systems, zu befreien. Sie gingen nicht ganz unter und wurden dann fortgesetzt von den Waldensern, die allerdings die Lehre der Katharer in einigen wesentlichen Punkten änderten.

In den Mittelpunkt ihrer Subversion stellten die Waldenser die Agape, die Liebe. Und im Sinne dieses Prinzips der Agape waren sie viel stärker in der Betonung: eine Kirche der Armen und eine arme Kirche zu sein. Sie erhoben – zum ersten Mal – einen viel klareren Anspruch auf freie religiöse Subjektivität als die anderen, vorhergehenden Sekten. Und vor allem erreichten sie zum ersten Mal etwas, was ungeheuer modern ist und bis auf den heutigen Tag gilt: Die Waldenser, die es heute noch gibt, sind wirklich die einzigen, die die Bergpredigt ernstnahmen und also schon damals nicht nur gegen Todesstrafe und Krieg waren, sondern aus dem Prinzip der Gleichheit in der Kindschaft Gottes die Konsequenz zogen, daß es zwischen Frauen und Männern keine Unterschiede geben dürfe in der Gemeinde. Es war, wie gesagt, eine Bewegung, die organisatorisch stark genug war, für sich weiterzuleben. Die Waldenser zogen sich vor der päpstlichen Verfolgung zurück in die hochgelegenen Täler der Piemontesischen Alpen, wo sie heute immer noch leben. Sie haben bis heute überdauert. Erst 1948 wurden sie durch die neue italienische Verfassung als Kirchengemeinde anerkannt. Bis dahin wurden sie – auch von den Faschisten – immer verfolgt.

Zentral für uns hier: Für die weitere Entwicklung der gesellschaftlichen oder politischen Negation sind aber nicht die Katharer und nicht die Waldenser, die gewissermaßen eine eigene Geschichte gehabt haben, die also nicht in die Geschichte Europas eingegriffen haben, entscheidend, vielmehr das Zusammentreffen zweier Bewegungen und Tendenzen, ausgehend von zwei Stiftern dieser Tendenzen, von denen die eine zum Teil institutionalisiert werden konnte, während die andere immer im Untergrund blieb. Aus beiden jedoch ergaben sich Aufstände, zumeist Bauernaufstände. Ich meine die Bewegung, die von Joachim von Fiore (um 1130–1202) ausging und von dem euch eher bekannten Franz von Assisi (1181/82–1226), der also ein halbes Jahrhundert später kam. Ich fange trotzdem mit Franz von Assisi an, weil er wohlbekannt ist – und dabei stelle ich hier die Frage und stellt sich auch geschichtlich und theoriegeschichtlich die Frage, ob eigentlich Franz von Assisi ein subversives Element gewesen sei. Das ist sehr schwer zu beantworten, denn wir finden auf der einen Seite bei ihm den Sachverhalt, daß er die Wertvorstellungen völlig umkehrt. Von ihm stammt das, was wir Kult der Armut nennen könnten. Er handelte wie der berühmte Kyniker Diogenes in der Antike. An sich aus reichem Hause kommend, verlebte er eine prunkvolle und abenteuerreiche Jugend, bis er auf einmal – ich weiß nicht aus welchen Gründen, es ist immer wieder von Erleuchtung die Rede – eine Wende einschlug in seinem Leben. Er verkaufte alle seine Güter und wollte von nun an in Armut leben. Das ist das eine. Ich habe schon erwähnt, daß die Auseinandersetzung sich immer mehr zuspitzt auf die Unterscheidung zwischen Reich und Arm.

Franz von Assisi wollte also arm werden und arm bleiben. Bei ihm ist aber nicht nur dies festzustellen, sondern wir finden das, was vielleicht subversiv sein könnte in seiner ganz klaren Absage an das Recht eines Klerikers, überhaupt etwas zu besitzen. Überdies finden wir auch bei ihm Züge eines natürlichen Pantheismus, die zum Teil ebenfalls bekannt sind: Er sprach die Sterne, die Pflanzen, die Tiere beinahe «grün» an. Er sprach von dem «fratello sole» und von der «sorella luna», von der Schwester Sonne und vom Bruder Mond auf deutsch, während es im Italienischen heißt: Bruder Sonne und Schwester Mond.

Er dachte also auch schon in diesem Punkt anders als zur damaligen Zeit üblich. Nun lautete die Frage, ob er persönlich subversiv war oder nicht. Er war ein treues Kind der Kirche, das keinen Anlaß ausließ, gegen den Papst und gegen die reiche Kirche loszuziehen. Aber gerade diese Antiquiertheit ermöglichte, daß seine Bewegung zum Teil vereinnahmt werden konnte, nämlich durch eine Transformation der Bewegung in eine Institution: in den berühmten Bettelorden der Franziskaner. Die eigentliche Institutionalisierung oder Vereinnahmung bestand nicht darin, daß diese Bewegung als Orden anerkannt wurde, sondern darin, daß kurz darauf der Bettelorden per Dekret des Papstes gezwungen wurde, sich Ordensbesitz zuzulegen. Das heißt: Von dem Franziskanerorden, dem Bettelorden, blieb nur die Ideologie des Bettelns. Sie gingen in der Tat auch betteln, aber sie mußten trotzdem Klosterbesitz anschaffen. Das war die eine, die institutionalisierte Seite. Aber gerade aus dem Franziskanerorden entstand dann eine pauperistische, an den armen Leuten orientierte, revolutionäre Bewegung. Diese revolutionäre Bewegung radikalisierte sich in dem gleichen Maße, in dem sie das Prinzip der von Franz von Assisi herkommenden Armut verband mit dem von Joachim von Fiore verkündeten Chiliasmus.

Man kann den Chiliasmus, die radikalste Form der Häresien im Mittelalter, als die eigentliche Subversion des Mittelalters bezeichnen. Das war gewissermaßen die Religion der Entrechteten, mit einer utopischen, aber doch handfest kommunistischen Auffassung, wie die Gesellschaft aussehen sollte – verbunden allerdings mit messianischer Gewalttätigkeit. Diese Gewalttätigkeit besteht bei den Chiliasten übrigens bis auf den heutigen Tag. Der Chiliasmus kam von Kalabrien her, und noch im Jahre 1948 gab es in Kalabrien einen chiliastischen Aufstand gegen den Staat.

Ich bin überrascht, daß niemand von euch fragt, was «Chiliasmus» bedeutet. Warum habt ihr mich nicht unterbrochen? Dabei ist es nicht das erste Mal, daß ich dieses Wort erwähne und daß ich dieses Wortspiel mache: Das braucht ihr jeden Tag. Wenn ihr zwei Kilo Bananen kauft, dann sind das zweitausend Gramm. Und «chilioi» heißt «tausend». Das Wort «Kilo» kommt aus dem griechischen «chilioi», «tausend», und gemeint ist das Tausendjährige Reich. Der Chiliasmus ist die Lehre vom Tausendjährigen Reich. Jetzt ist alles klar.

Was waren die Grundprinzipien dieser chiliastischen Einstellung – allgemein: bevor ich auf Joachim von Fiore eingehe? Erstens, wie ich schon andeutete, die Schaffung einer anderen Welt. Diese andere Welt hatte zwei verschiedene Aspekte: Auf der einen Seite war es, durchaus gesellschaftlich, eine andere Welt, in der also die sozialen Beziehungen radikal anders gestaltet werden sollten als im Feudalsystem gegeben. Doch eine andere Welt war es auch im christologischen Sinne, denn der Chiliasmus mit seiner Auffassung vom Tausendjährigen Reich predigte die Möglichkeit – ich komme darauf zurück –, diese andere, diese von Christus gewollte Welt schon auf Erden zu errichten und nicht erst im Himmel. Der zweite Punkt war eine, man kann ruhig sagen, für die damalige Zeit – und für heute auch noch – utopische Vision einer Gesellschaft ohne Orden und Häupter, ohne mein und dein. Dahinter verbarg sich etwas, was man nennen könnte: die Absage an die Paulinische Kirche. Ich habe schon darauf hingewiesen, daß die eigentliche katholische Kirche nicht etwa von Jesus gestiftet wurde, sondern von dem Apostel Paulus. Diese antipaulinische Feindschaft gegen alle Macht- und Besitzstrukturen kulminierte dann in einer Lehre, in der Wiederaufnahme der stoischen Naturrechtslehre, die natürlich gemeint war als christliche Naturrechtslehre, deren Prinzipien – ich erinnere an die Waldenser mit ihrer Gleichheit in der Kindschaft Gottes – in der Freiheit und in der Gleichheit bestanden. Man kann sagen, daß die ursprünglich nur religiös gemeinte Gleichheit in der Kindschaft Gottes rationalistisch umgewendet wurde: übersetzt wurde in eine gesellschaftliche Gleichheit. Gesellschaftliche, natürlich nicht politische Gleichheit, denn das gehört auch zu diesem antipaulinischen Element: Es ist klar, daß das Tausendjährige Reich, das da aufgebaut werden sollte, kein Staat im eigentlichen Sinne sein würde.

Eine kurze historische Bemerkung: Laßt euch nicht davon irritieren, doch die Worte «Drittes Reich» und «Tausendjähriges Reich» kommen tatsächlich bei Joachim von Fiore vor. (Cohn 1988: 117ff; Löwith 1983: 158ff) Daß dann viel später ein aus den Fugen geratener Mensch auch vom Tausendjährigen Reich sprach, hat mit dem Chiliasmus nichts zu tun. Und in der Tat hat dieses keine tausend Jahre gedauert, was der beste Beweis ist, daß das Wort wohl nicht richtig zur Anwendung kam.

Die Zentralgestalt dieser egalitären Fassung des christlichen Gottes- und Naturrechts ist also Gioachino oder Joachim von Fiore. Ich wiederhole: 1130 geboren, 1202 gestorben, in San Giovanni in Fiore, das ist eine Stadt in Kalabrien.

Was war der Unterschied zwischen dieser chiliastischen Richtung und der rein pauperistischen Richtung des Franz von Assisi? Joachim von Fiore wollte im Gegensatz zu Franz von Assisi keineswegs die Kirche reinigen, auch nicht in der Hinsicht, daß die Kirche sich in den Dienst der Armen stellen und also auf alles Eigentum und auf alle Macht verzichten sollte. Was er mit dem Dritten Reich intendierte, war vielmehr die Abschaffung der Kirche. Vielleicht war auch die Abschaffung der dogmatischen Christologie gemeint, wir werden es gleich sehen. Der Chiliasmus des Joachim von Fiore enthält verschiedene Elemente. Er gründet eigentlich auf einer Art Philosophie der Weltgeschichte. Das «Dritte Reich» bedeutet, daß es davor zwei andere Reiche gegeben hat. Und da kommt ein ganz kleiner Rest von Ophitentum herein, insofern, als für Joachim von Fiore das erste Stadium der Weltgeschichte das Reich des Vaters ist, das Alte Testament, in dem Furcht und Gesetz herrschen. Das heißt: Hier wird nicht etwa ophitisch der Schöpfer Gott als das Prinzip des Bösen betrachtet, aber er wird jedenfalls als Herrscher verstanden, als ein Prinzip, das sich gesellschaftlich verwirklicht durch Furcht und durch das entsprechende Gesetz. Das Reich des Sohnes ist das Zweite Reich, das Reich des Neuen Testaments, und jetzt kommt etwas ganz Eigentümliches: Joachim von Fiore sieht im Neuen Testament in der Tat ein neues Prinzip auftauchen, das das alte Prinzip der Furcht und des Gesetzes überwindet, das Prinzip der Liebe. Doch auf der anderen Seite sieht er im Neuen Testament angelegt das spätere paulinische Element, nämlich die Trennung zwischen Priestern und Laien auf der einen Seite und vor allem die Trennung von Herrn und Knecht. Mit anderen Worten: Auch das Zweite Reich, das Neue Testament, das Evangelium schafft nicht die Gesellschaft, die im Sinne dieses christlichen Naturrechts der Gleichheit und Freiheit intendiert werden sollte.

Erst in dem Dritten Reich – dem des Heiligen Geistes, denn wir haben es hier mit einer christlichen Subversiven zu tun – kommt die «Erleuchtung aller, in mystischer Demokratie, ohne Herren und Kirche» (Bloch 1980, Bd. 2: 591) – wir befinden uns etwa im Jahre 1200. Und da findet sich ein Satz, der euch allen bekannt ist und von dem ein jeder glaubt, er stamme von Lenin: Dieses Dritte Reich käme, wenn die Herren nicht mehr können, die Knechte aber wollen. Wie bekannt, meinte Lenin, die revolutionäre Situation sei da, wenn die herrschende Klasse nicht mehr kann und die beherrschte Klasse nicht mehr beherrscht werden will. (Lenin 1974, Bd.31: 71) Also: Dies ist etwas älter und stammt von einem durchaus in der Tiefe seines Wesens christlich denkenden Menschen.

Die Charakterisierung der drei Reiche ist zugleich die Charakterisierung dessen, was man auf der einen Seite mit Hegel «Fortschritt im Bewußtsein der Freiheit» (Hegel 1970, Bd. 12: 32), auf der anderen Seite Aufklärung nennen kann, das heißt des Siegeszugs der Vernunft. Die Prinzipien, die die drei Zeitalter charakterisieren: Das Erste Reich ist «sub lege», unter dem Gesetz; das Zweite Reich ist «sub gratia», unter der Gnade; und beim Dritten Reich wird das Wort «sub» eliminiert, es ist «in plenitudine intellectus», im Vollgewicht des Intellekts. Das ist dieses eigentümliche rationale Element in der sonst so mystisch denkenden Zeit.

Bloch nennt in seinem «Das Prinzip Hoffnung» diese Auffassung ein «absolutes Pfingstfest» (Bloch 1980: 591) – diese Metapher ist an sich nicht schlecht.

Was wir bei Joachim von Fiore weiter sehen können, ist, so nebenher geschichtsphilosophisch gesagt, daß da die Drei-Stadien-Theorie des Griechen Polybios (Aristoteles Pol. I, 2, 1242b, 5) übernommen wurde, die später von Vico weiterentwickelt wurde, um dann bei Comte positivistisch zu enden. Auch Vico und Comte erkennen im Laufe der Weltgeschichte drei verschiedene Stadien.

Das Wesentliche ist, daß diese Auffassung vom Tausendjährigen Reich sich abrupt trennt von der offiziellen dogmatischen Auffassung, daß erst die Endzeit kommen muß, damit nach dem endzeitlichen Jüngsten Gericht das Reich Gottes verwirklicht werden kann. Das Wort «Mein Reich ist nicht von dieser Welt» (Joh. 18, 36) wird also von Joachim von Fiore nicht anerkannt, vielmehr geht es darum, dieses Reich gewissermaßen in die Geschichte hereinzuholen und auf der Erde zu verwirklichen. Das Dritte Reich in dieser visionären Auffassung hat ein Subjekt: Da erscheint als Subjekt lange Zeit vor Marsilio von Padua, lange Zeit vor der Diskussion über die Volkssouveränität der «Populus», das Volk. Nicht, daß da näher bezeichnet worden wäre, was Volk eigentlich heißt, doch der Einfluß des Franziskanischen Pauperismus wird später dazu führen, daß unter Volk die damaligen unteren Bevölkerungsschichten, die unterdrückte Bauernschaft, verstanden wird. Ebensosehr wie dem Gedanken des Jüngsten Gerichts eine Absage erteilt wird und der Auffassung, daß auf dieser Erde das Glück unmöglich ist, bricht eine für die damalige Zeit ungeheure Bejahung des Lebens aus. Das lebenswerte Leben, das Leben als Eigenwert wird erkannt: «O vita vitales dulcis et amabilis, semper memorabilis – O lebendiges Leben, süßes und liebenswertes, immer gedenkenswertes.» (Bloch 1980, Bd. 2: 592).

Man kann also sagen, daß mit Joachim von Fiore und mit der darauf folgenden Entwicklung des Chiliasmus anstelle der Endzeitlichkeit die Subversion voll in die Geschichte eintritt – in demselben Augenblick, in dem sie aus der Herrschaft, aus der Knechtschaft heraustritt und der Herrschaft, dem Staat, vor allem auch dem Gesetz die Absage erteilt. Da ist auch ein Christus vorhanden, als Prinzip, nicht als Person, aber dieser Christus erscheint in eigentümlicher Weise als aufgelöst. Er ist nicht mehr der große Religionsstifter, der große Prediger oder Wundertäter, sondern er ist etwas, was gewissermaßen auch geschichtliche Wirklichkeit ist. Das ist auch der Grund, warum der Christus, der im Tausendjährigen Reich auftaucht, nicht das «corpus mysticum», der mystische Körper Christi ist – die Kirche wird als mystischer Körper Christi bezeichnet in der offiziellen katholischen Lehre –, sondern Christus ist die «societas amicorum», die Gesellschaft der Freunde. Um noch einmal Bloch zu zitieren, eine sehr gewagte Behauptung, aber auch wiederum eine schöne Metapher: Joachim von Fiore habe Christus in eine Kommune aufgelöst. (Bloch 1980, Bd. 2: 594)

Daß daneben die Suche nach neuen politischen Formen weiterging, habe ich schon erwähnt, auch, daß dies nicht etwa eine Linie war, die sich durchgesetzt hätte. Es ist aber trotzdem einiges interessant angesichts der damaligen Zeit, so daß es sich lohnt, zumindest auf Arnaldo von Brescia (1100–1155) hinzuweisen und auf Cola von Rienzi, zweihundert Jahre später.

Beide waren zunächst gläubige Söhne der Kirche, und es mußte erst etwas Politisches geschehen, damit zum Beispiel Arnaldo von Brescia anfing, politisch zu denken. Es mußte der Papst von Rom nach Avignon umziehen. Ins verwaiste Rom nun kam von Brescia, einer norditalienischen Stadt, der Mönch Arnaldo und konstituierte 1143 «il comune di Roma» (Schmitz-Esser 2004; Rota 1953) – also nicht die Pariser Commune von 1792/93, noch die Pariser Commune von 1871, sondern: die Römische Kommune von 1143. Etwas, was damals völlig aus der Zeit herausfiel und natürlich utopisch war. Er konnte sich eine «comune di Roma» vorstellen nur nach dem Vorbild der alten Römischen Republik. Das ist das eine. Noch wichtiger ist allerdings, daß er in dieser Politisierung gewissermaßen der Religion auch den Anschluß fand an einen ganz modernen Gedanken, der erst später zur Zeit der Aufklärung in Europa wieder auftauchen wird, schon bei Spinoza allerdings: Für ihn ist die Religion keine übersinnliche, transzendentale Lehre mehr, sondern er reduziert die Religion auf das Sittengesetz – wie vor ihm Abaelard. Arnaldo von Brescia konnte aus der damals im Grunde völlig zerfallenen Stadt keine Römische Republik machen. Als der Papst gegen ihn mit kriegerischen Mitteln vorgehen wollte, unterstützt von den Franzosen, rief Arnaldo den Gegner des Papstes zu Hilfe, den Staufischen I Friedrich, der von 1125 bis 1190 lebte. Aber der erste staufische Friedrich, der wollte nach Rom kommen, um etwas anderes zu machen; er wollte zum Römischen Kaiser deutscher Nation gekrönt werden. So zerschlug er die Kommune von Rom und lieferte dem Papst Arnaldo von Brescia aus, der daraufhin enthauptet wurde.

Wer Friedrich I. von Staufen war, ist euch bekannt: Das ist der Großvater des Zweiten Friedrich von Staufen, des Erfinders des Scheiterhaufens. Was dem einen ein übler Herrscher ist, ist dem anderen ein Held – das ist euer Barbarossa, Friedrich I. Wie gesagt, für Arnaldo von Brescia war Barbarossa zweifellos kein großer Held in der Geschichte.

Die Verbindung zwischen franziskanischem Pauperismus und chiliastischer Hoffnung oder Vision bedeutete politisch für die damalige Zeit eine explosive Mischung, die sich derart auswirkte, daß in der konfusen Sektenbildung vor allem bei den Franziskanern ein Prinzip begann, sich durchzusetzen – insbesondere bei Segarelli, einem Fraticello, also einem minderen Bruder des Franziskanischen Ordens: das Prinzip der Anarchie. Eine italienische Autorin glaubt sogar, aus den Äußerungen Segarellis und seines Nachfolgers Fra Dolcino so etwas herauszulesen wie die späteren Äußerungen von Bakunin über Anarchie. Es gab also die Fraticelli, die minderen Brüder, es gab die «Brüder im Heiligen Geist», die auch anarchische Tendenzen vertraten. Aber wichtig an diesen Sekten war, daß in allen – ich sprach schon von den egalitären Tendenzen – das Religiöse sofort ins Soziale übersetzt wurde. Und aus dem Sozialen entstand dann auf Grund der explosiven Mischung der große norditalienische Bauernaufstand. Unter der Führung von Margherita la Bella, Margarete der Schönen, und Fra Dolcino zogen sich einige tausend dieser Ketzer, dieser Fraticelli auf den Monte Cebello zurück. Er wurde als Festung ausgebaut, und in großzügiger Handhabung des Prinzips der Selbsthilfe pflegten von diesem Berg aus regelmäßig die Fraticelli ins Tal zu ziehen und sich mit den nötigen Lebensmitteln zu versorgen. Diese messianische Gewalttätigkeit muß, wie ich schon sagte, mitgedacht werden. Margherita la Bella und Fra Dolcino wurden dann 1307 auf grausame Weise hingerichtet. Es ist geradezu unmöglich zu beschreiben, wie sie hingerichtet worden sind, vor allem Fra Dolcino. Näheres über dieses Thema ist auf viel schonere Weise zu erfahren in Umberto Ecos «Il nome della rosa», «Der Name der Rose».*

Im 14. Jahrhundert wandert dann die subversive Bewegung über die Alpen und landet auf der einen Seite in Mitteleuropa, in England auf der anderen. In beiden Fällen werden im Grunde die Positionen dieser hier schon dargestellten Subversion übernommen. Es ist also keineswegs so, daß die Lollarden in England unter der Führung von John Wiclif etwas anderes verkündet hätten als die Fraticelli in Italien oder die Chiliasten in Kalabrien. Bei Wiclif selbst findet eine eigentümliche Radikalisierung statt, die schließlich 1378 kulminiert in der Absetzung des Papstes: Der Papst wird als Antichrist bezeichnet und – theoretisch – abgesetzt. Wichtig ist an Wiclif und seiner Bewegung der Lollarden – Wanderprediger sind das –, daß sie tatsächlich in England zum ersten Bauernaufstand führten, 1381, unter der Führung eines John Ball, von dem es mir nicht gelang, ihn irgendwo ausfindig zu machen. Nach dem Tod des Führers der Lollarden 1384 wurden sie in gemeinsamer Arbeit der katholischen Kirche und der weltlichen Behörden zerstört. Man kann sagen, daß die Lollardenbewegung auch vorläufig tot blieb in England. Das heißt, Englands gesellschaftlich-religiöse Erneuerung kommt erst später, bekanntlich nach der Reformation. Aber die Lehre von Wiclif und den Lollarden fand eine wichtige Entwicklung bei Johannes Huss in Prag.

* Das Buch hat Agnoli, wie er im Weiteren sagt, aus mehreren Gründen imponiert. Insbesondere die Feststellung einer darin beschriebenen Eigenschaft der Deutschen war es, die seine volle Zustimmung fand: daß die Deutschen nur dann eine ernsthafte von einer ironischen Bemerkung unterscheiden können, wenn ihnen vorher gesagt wird, dies und jenes sei nicht ernst, vielmehr ironisch gemeint. (siehe dazu: *Der Name der* Rose, S. 184 u. 540, München u. Wien 1982.(B.A.)

Bei Huss und bei den Hussiten haben wir eine weitergehende Laisierung der Kirche. Es gab den Laienkelch. Der Laienkelch bedeutete praktisch die Durchbrechung der alten katholischen Tradition, eine Vorwegnahme der lutherischen Reformation: daß nicht nur die Hostien, sondern auch der Kelch in die Hände der Laien gehört. Dazu gehört auch die Laienpredigt. Es handelt sich um ein Laienchristentum wie bei den Chiliasten, nicht um ein Priesterchristentum. Wichtig ist weiterhin, daß etwas verkündet wird von Huss, was später auch von Luther wieder aufgenommen wurde: die Freiheit in der Bibelauslegung, die Freiheit der Predigt. Wir haben bei ihm allerdings eine noch weitergehende Subjektivierung der Religion: Absage an die Objektivität der kirchlichen Institutionen. Der Mensch ist unmittelbar zu Gott, er bedarf der kirchlichen Vermittlung nicht. Huss ging es übrigens wie Arnaldo von Brescia. Er hatte Vertrauen zum Kaiser, einem Sigismund soundsoviel, der ihm ein kaiserliches Geleit gab zum Konstanzer Konzil, wo er seine Thesen und seine Philosophie erklären sollte. Das Geleit war ein leeres Wort – er wurde in Konstanz verbrannt.

Was blieb, war seine Bewegung, und zwar eigentümlicherweise, wie wir auch später bei den Anabaptisten, den Wiedertäufern, sehen werden, in zwei Richtungen gespalten: in eine pietistisch friedliche Bewegung und in eine kämpferische Bewegung, die Bewegung der Taboriten. Die Taboriten hatten auch, wie Johannes Huss, eine politische Bedeutung, das muß kurz erwähnt werden. Ihr wißt ja, daß in Prag das Denkmal von Johannes Huss immer noch steht. Er ist der nationale Held der Tschechen, weil er schon damals die Nation, die tschechische Nation und die böhmische Nation als eine selbständige Einheit verkündete gegenüber der deutschen Kultur. In deutschen Lexika und Nachschlagewerken wird immer von seiner antideutschen Politik gesprochen. Er ist auch verantwortlich für die sogenannte «Tschechisierung» der Prager Karlsuniversität, die eine deutsche Gründung war, und er wurde der erste tschechische Rektor dieser Universität. Die Taboriten brachten diesen politischen Kampf für die Einheit, für die Nationwerdung der Tschechen auch aufs Schlachtfeld, seit 1430 vollführten sie Raub- und sonstige Züge und verwüsteten halb Mitteleuropa, bis sie 1443 schließlich besiegt wurden.

Soweit also zu dieser Periode, in der wir eine ganz eigentümliche Form der Rebellion finden, die sich innerhalb des Christentums glaubt, doch außerhalb des offiziellen Christentums steht. Ich wiederhole: Sie geht von den Städten aus, ergreift aber sehr schnell auf Grund des Pauperismus des Franz von Assisi die armen Bauernmassen. Es gab also den englischen Bauernaufstand, es gab die Raubzüge der Taboriten, es gab die Raubzüge und die Kämpfe der Anhänger von Margherita la Bella und Fra Dolcino. Das ist alles mehr oder weniger in der Literatur beschrieben als eine Art Abirrung des Geistes. Gemessen an den normalen großen Heroen der Weltgeschichte haben wir es hier mit Gestalten und mit Bewegungen zu tun, für die, sagen einige, die Psychiatrie eher zuständig wäre als eine anständige Geschichte der politischen Theorie. Es kommt hier natürlich auf den Standpunkt und auf den Gesichtspunkt an. Wenn man den Standpunkt der Ordnung einnimmt, so handelt es sich nicht nur um Verrückte im üblichen Sinne, sondern wirklich um Feinde der Menschheit – weil sie einfach eine andere Menschheit haben wollten, weil sie also diese andere Welt, das Tausendjährige Reich, aufbauen wollten, ohne mein und dein, ohne Herrn und Knecht. Für die damalige Zeit ein Ding der Unmöglichkeit, für die heutige Zeit bekanntlich genauso. Insofern kann man sagen, daß diese Elemente nach wie vor weiterwirken. Nur ist das den Leuten nicht bewußt, und es ist ja auch nicht notwendig, daß es allen bewußt ist, wie viel Geschichte die Leute oder wir oder ich mit uns herumschleppen, Sachen, von denen wir glauben, sie neu oder überhaupt entdeckt zu haben, die aber in Wirklichkeit – man hat es ja im Laufe der bisherigen Darstellung gesehen – immer präsent waren. Man kann sagen: Die Subversion, wie gesagt schon bei Eva und bei Prometheus, bleibt ein beständiges Element, ohne das Humanitas offensichtlich nicht denkbar ist. Aber dies ist die vergessene Linie. Ich hatte es schon erwähnt. Eine vergessene oder verdrängte Linie. Es gibt sie – genauso, wie es auch vergessene Gedenkiaden gibt. Ich nenne nur ein Beispiel für diese Vergessenheit: Der Platz, den Aegidius Romanus mit seinem Totalitarismus-Grundbuch in einer normalen Geschichte der politischen Theorie einnimmt, ist sehr beachtlich. Bei Sabine (Sabine 1951) stehen etwa zehn Seiten über Aegidius Romanus. Franz von Assisi taucht überhaupt nicht auf. Joachim von Fiore wird dreimal erwähnt, aber nur dem Namen nach, als einer, der wohl nicht ganz einverstanden war mit der damaligen Ordnung. Und wenn man dann zu den Nachschlagewerken greift, zu den mitteleuropäischen Nachschlagewerken, findet man weder Fra Dolcino noch Segarelli, ganz zu schweigen davon, daß da die eigentliche Bedeutung der Erwähnten erkannt worden wäre. Selbst die Bewegung der Lollarden habe ich in einem sonst sehr seriösen Nachschlagewerk nicht gefunden, obwohl in der englischen Geschichtsschreibung die Lollarden-Bewegung, die Wanderpredigerbewegung, durchaus einen ernsten Platz einnimmt. Ich sage das auch als Ankündigung für die nächste Sitzung.

Es ist nicht so, daß jener Tag ein besonderer Tag wäre, aber der Anlaß ist ein besonderer Anlaß. Zu der vergessenen Linie gehören, wie gesagt, auch die vergessenen Gedenkjahre. Es ist im allgemeinen üblich, daß hundert, zweihundert, vierhundert Jahre nach der Geburt eines großen Mannes oder inzwischen auch einer großen Frau ihrer oder seiner gedacht wird. Es gibt einen Teil des geteilten Vaterlands, in dem das zuweilen geschieht – und es gibt einen anderen Teil, in dem die Gedenkjahre sich nur richten nach den positiven Gestalten der Weltgeschichte. Am 21. Dezember 1489, also vor fünfhundert Jahren, wurde in Stolberg im Harz Thomas Müntzer geboren.

Ich habe bis jetzt noch nirgendwo gelesen, daß man seiner gedacht hätte. Es gibt Thomas-Müntzer-Plätze und -Straßen in der DDR, das ist richtig, es gibt in Osnabrück sogar eine Grundschule mit dem Namen «Thomas Müntzer». Welche Bedeutung Thomas Müntzer gehabt hat oder hat in der bewußten deutschen Geschichte, dazu eine Anekdote: Vor einigen Jahren hatte ich bei der OSB*, einer euch bekannten Einrichtung des Fachbereichs 15, eine Kandidatin, und so zufällig las ich mir ihren Lebenslauf durch und las also: Grundschule Osnabrück, Thomas-Müntzer-Grundschule. Und also habe ich gefragt: «Ja sag' mal, weißt du Genaueres über Thomas Müntzer?» – «Nein. Na ja, das war irgendein Reformator.» Dann fragte ich: «Habt ihr in der Schule nie...?» – «Nein.» Eine Thomas-Müntzer-Schule gibt es in Osnabrück, aber weder reden die Lehrer über ihn, noch wissen die Schüler und Schülerinnen, wer das überhaupt ist. Wir werden also das nächste Mal hier eine Art Gedenkveranstaltung machen und uns mit dem sogenannten Theologen der Revolution, mit Thomas Müntzer, befassen. Natürlich mit Thomas Müntzer als Zentralgestalt, aber auch mit den mit ihm einhergehenden Bewegungen der Anabaptisten, den Wiedertäufern, und ich werde versuchen, soweit es mir möglich ist, auch das Problem des Lutherschen Umkippens von der Subversion zum Kampfaufruf gegen die mordenden Rotten der Bauern mit einzubeziehen. Aber im Mittelpunkt wird doch – zwar ist die Vorlesung leider am 19. und nicht am 21., aber 48 Stunden sind ja gemessen an 500 Jahren nicht so schlimm – das Gedenken an diesen erstaunlichen Mann stehen, der viel mehr Geschichte gemacht hat als allgemeinhin angenommen wird. Für heute genügt's.

12. Dezember 1989

---

* Obligatorische Studienberatung

Thomas Müntzer, der «Rebell in Christo»

Eine Gedenkveranstaltung bedeutet nicht, daß ich gedächte, nur des Thomas Müntzer zu gedenken. Er ist fraglos eine geschichtlich herausragende Gestalt – aber nicht das einzige Thema der heutigen Vorlesung. Er ist eine geschichtlich herausragende Gestalt, die nicht in die Reihe derjenigen gehört, die gefeiert werden. Vor hundert Jahren wurde auch Heidegger geboren. Über Heidegger finden oder fanden in diesem Jahr überall Kongresse und Vorträge und Auseinandersetzungen statt, und Publikationen wurden herausgegeben. Das versteht sich, denn Heidegger ist immerhin ein bedeutsamer Philosoph gewesen – der dazu noch das Ungemach hatte, als großer Philosoph ein ganz unbedeutender Nazi zu sein. Von daher ist er vielleicht interessanter als Thomas Müntzer. Und außerdem: Das Thema eignet sich nicht für die vorweihnachtliche Zeit, denn Thomas Müntzer ist in die Geschichte eingegangen als Kreatur des Satans, und das weihnachtliche Fest ist, soviel ich weiß, etwas anders – zumindest anders gefeiert und gedacht.

Es gibt eben eine Geschichte der Sieger, und da erscheint Thomas Müntzer nicht. Er wäre somit des Gedenkens nicht wert. Ernst Troeltsch, Theologe, Geschichtsphilosoph, Philosoph und Philosophiehistoriker, der zu den ganz großen deutschen Gelehrten Ende des letzten Jahrhunderts bis in die 20er Jahre dieses Jahrhunderts gehört – er gehörte zu der Gruppe um Meinecke, Dilthey, Windelband –, Ernst Troeltsch schrieb 1922 eine sehr verdienstvolle, umfangreiche Darstellung der »Soziallehren der christlichen Kirchen und Gruppen», über tausend Seiten lang, sehr lesenswert, sehr informativ, sehr lehrreich. Troeltsch beginnt schon mit dem Neuen Testament und geht bis in den christlichen Sozialismus seiner damaligen 20er Jahre. Luther und Calvin stehen immerhin dreihundert Seiten zur Verfügung. Für Müntzer, Karlstadt, einen streitbaren Theologen, sogar für Zwingli, einen der großen Reformatoren, der aber das Unglück hatte, keine Kirche gründen zu können, hat Ernst Troeltsch nur ein paar Randbemerkungen übrig; ich habe die Seiten nicht gezählt, die er diesen dreien widmet, weil es sich immer nur um ein paar Zeilen handelt.

Das ist also die Geschichte der Sieger. Warum? Weil eben im Gegensatz zu Luther und Calvin diese anderen Kräfte der Reformation es nicht fertiggebracht haben, eine konsolidierte soziale Gruppe oder einen festen Überbau zu hinterlassen, sondern in den Wirren der Religionskriege untergegangen sind.

Über den Anlauf zu dieser Zeit hin habe ich schon berichtet: über den Chiliasmus, über Fra Dolcino. Und ich sagte das letzte Mal, daß diese chiliastischen revolutionären Ideen über die Alpen hinübergingen nach England, zu den Lollarden, in die Tschechei und nach Böhmen, zu den Hussiten. Beide Bewegungen waren, sowohl in England wie in Böhmen, mit Aufständen verbunden; mit Aufständen, die religiös gegen Rom gerichtet waren, gegen die kirchlich-geistliche Herrschaft, aber zugleich auch gegen den Feudalismus. Darüber habe ich schon gesprochen und vor allem darüber, daß erstaunlicherweise diese Bauernaufstände, die im allgemeinen Bildungsbewußtsein immer verbunden werden mit der Reformation, in Wirklichkeit lange vor der Reformation stattfanden. Also: Zum Anlauf zur Lutherschen Reformation gehören auch die Bauernaufstände, vor allem der Bundschuh, von 1493 bis 1517. Dabei handelte es sich um einen «Bauernhaufen», wie man sagte, mehr oder weniger organisiert, eher weniger. Ich weiß nicht, ob euch das bekannt ist: Er nannte sich «Bundschuh», weil die Bauern – wie die alten Germanen übrigens – Bundschuhe trugen. Das war ein Stück Leder, das mit einem Bund zusammengehalten wurde. Dieser Bundschuh fand sich auch auf der Fahne der Bundschuhbauern, – übrigens war sie nach der Darstellung einiger Autoren rot.

Es gab Aufstände in Speyer schon am Anfang 1493, eine ganze Reihe 1502 und dann in Breisgau und Oberrhein: Da war der Bundschuh angesiedelt. Der Bundschuh kam also vor Luther, was bedeutet, daß Luther nicht der Anfang dieser neuen Zeit gewesen ist.

Zu erwähnen wäre auch der Humanismus: eine an sich nur literarische, intellektuell-philosophische Richtung, die schon im Spätmittelalter beginnt, mit Petrarca; der Humanismus, der die Wende vorbereitet, die wir eigentlich schon bei Joachim von Fiore festgestellt haben – aber eine Wende, die dann viel allgemeiner ist, die ganze Kulturkreise umfaßt: die Transponierung sozusagen des Himmels auf die Erde und den Übergang von Gott auf den Menschen. Dazu gehört auch als Vorbereitung und als Anlauf die deutsche Mystik im 14. und 15. Jahrhundert. Meister Eckhart ist euch wahrscheinlich bekannt, und unter den Humanisten ist euch wahrscheinlich Erasmus bekannt, vor allem mit seinem Moriae Encomium (Lob der Torheit, 1509), einem Werk ausgesprochen aufklärerischen Charakters, in dem das Lob der Torheit nur Vehikel für eine kritische Auseinandersetzung mit dem tradierten Denken ist. Ebenso nahm Erasmus, gegen Luthers Einstellung, Partei für den «freien Willen». Gewiß gehören die Humanisten keiner philosophischen, gesellschaftlichen, allgemeinkulturellen Bewegung an, die sich die Subversion zum Ziel gesetzt hätte. Aber in der doppelten Konfliktualität zunächst gegen das Mittelalter, sodann gegen eine nichthumanistische Reformation leiten sie innovatorische Veränderung ein. Und hie und da tauchen Gedanken auf, die weit über die damalige Epoche hinaus auf gesellschaftliche Vorschläge unserer Zeit hinweisen. So findet sich bei dem Florentiner Kanzler Leonardo Bruni Aretino (1370–1444) die überraschende Wendung, die wahre societas civilis sei die Gemeinschaft der «Gleichberechtigten und Freien».

Die Reformation steht erst am Ende dieser Entwicklung. Sie begann also nicht an einem Tag, etwa am 31. Oktober 1517, an dem Luther seine 95 Thesen an das Tor der Kirche zu Wittenberg schlug; oder am 10. Dezember 1520, dem Tag der Verbrennung der Bannandrohungsbulle. Teils zu Recht gilt die Reformation als Anfang einer Neuzeit, ohne «Christenheit» im mittelalterlichen Sinn, also ohne gesellschaftlich-kulturelle Einheit. In diesem Sinn bricht die Reformation kulturell und gesellschaftlich Dämme, durchaus gleichzeitig mit den ersten klaren Anzeichen des bürgerlichen Aufstiegs gegen das Feudalsystem. Das Handelskapital meldet sich zusammen mit der Reformation zu Wort: Jakob der Reiche, ein Fugger (1459–1525), finanzierte die Kaiserwahl.

War der Bruch der Dämme die eine Form der Lutherischen metanoia (Sinnesänderung, lutherisch allerdings mit «Tut Buße» übersetzt), so kam bei ihm schnell die Rückwendung, eben die zweite metanoia, in der die Dämme wieder aufgerichtet wurden. Die längst aus den Fugen geratene Welt sollte wieder zur Ordnung zurückgerufen werden. Die doppelte metanoia entsprach der neu sich anbahnenden Klassenzerrissenheit. Auf der einen Seite finden wir die Landesfürsten und die Fugger, auf der anderen die städtischen Plebejer, die Bergknappen, vor allem aber die Bauern. Die Bauern mit ihrer Fronarbeit ohne Eigentum an Weiden und Wald trugen die Hauptlast der Reproduktionskosten einer nichtarbeitenden Gesellschaft. Hatte Luther die Intellektualität aufs Subjekt gebracht und von einem unmittelbaren Verhältnis des Menschen zu Gott gesprochen, so übersetzte sich dieses Verhältnis in den Aufstand gegen Kirchenhierarchie, weltliche Herrschaft und feudale Eigentumsverhältnisse. Die Klassenspaltung führte auch zur antagonistischen Weiterbildung in der Denkweise. Als Embleme können Luther auf der einen Seite und Müntzer auf der anderen Seite gelten. Und sprach Luther von der Freiheit eines Christenmenschen, so setzte Müntzer dem die Freiheit des gemeinen Mannes entgegen, für den er die Macht beanspruchte: «die Gewalt soll gegeben werden dem gemeinen Mann». (Bensing 1989: 5) Der Aufstand der Bauern zeigte ein zweifaches Gesicht. In einzelnen Forderungen nahm er ansatzweise die bürgerliche Revolution vorweg: in der Frage des Wahlrechts zum Beispiel und der Gestaltung des Rechts. Zugleich meldete sich vorzeitig eine Art von landproletarischer Revolution mit kommunistischen Tendenzen – wenn auch immer noch in der Form roher gleicher Verteilung von Naturnutzungsrechten.

März 1525 wurden die zwölf Artikel der Bauern proklamiert. (Plöse 1989: 358—362) Es handelte sich um Forderungen, die sich hauptsächlich auf das Leben der freien Gemeinde bezogen, Gemeinde im ursprünglichen Sinn des Wortes. Der erste Artikel setzt schon das klare Zeichen der gesellschaftspolitischen Umwälzung. Der Pfarrer soll von der Gemeinde gewählt, aber auch abgewählt werden können, «wann er sich ungebürlich hielt». Der zweite Artikel führt zu einer radikalen Veränderung in der sozioökonomischen Struktur der Gemeinde und betrifft das Etatrecht. Es geht um das Zehnt-Problem.

Das heißt: Aus dem Zehnten werden der Pfarrer und seine Familie durchaus bezahlt. Aus dem Rest wollen die Bauern zwei Fonds machen. Er soll zunächst verteilt werden an die Armen, «so im selben Dorf vorhanden seiend». Hier handelt es sich im Grunde schon um die Übersetzung des alten karitativ-moralischen Prinzips in eine ökonomische Forderung. Was noch übrigbleibt, soll in eine allgemeine Gemeindekasse fließen, woraus diejenigen bezahlt werden sollen, die kein Land haben oder, modern gesprochen, die arbeitslos sind; diejenigen also, die emigrieren müssen — die Reisekosten werden von der Gemeinde übernommen.

Im dritten Artikel stellen die Bauern die Forderung, daß «wir frei seien und wöllen sein» für alle, das heißt: die Forderung nach Freiheit, aber zugleich die Forderung nach einer Rechtsgleichheit, würde man heute sagen. Es sollen Gebote, also Gesetze, geschaffen werden, die für alle gelten und nicht nur für die Oberschicht der Gesellschaft — die Gesetze galten damals nämlich nur für die Herren, die Knechte waren gesetzlos dem Herrn ausgeliefert.

Eben gegen dieses Prinzip richtet sich der vierte Artikel, ein Artikel, der die Gleichheit proklamiert — in der damaligen, noch rohen Fassung, die geprägt war durch die fast durchweg landwirtschaftlich bedingte Wirklichkeit der Gesellschaft — aber die durchaus, auch in der Nachfolgezeit, eine große Rolle spielte: die Gleichheit im Naturnutzungsrecht. Die Bauern forderten für sich das gleiche Jagd- und Fischereirecht, das ihnen verwehrt war, und sie forderten darüber hinaus das Holzrecht, das dann bis ins 19. Jahrhundert hinein eine große Rolle spielen sollte. Anfang des 19. Jahrhunderts, gerade in Folge des sich ausbreitenden Kapitalismus, kam es in Preußen zu dem berühmten Holzdiebstahlsgesetz, was bedeutet: Das Recht eines jeden wurde rückgängig gemacht, sich das Holz für die Winterzeit gratis in den Wäldern zu besorgen.

Der siebte Artikel ist einer der wichtigsten Artikel. Es wird hier einfach die Abschaffung der Leibeigenschaft und der Fronarbeit gefordert — die Bauern verlangen bezahlte Arbeit.

Der neunte Artikel endlich, könnte man sagen, ist schon eine Forderung nach dem, was man allgemein Rechtsstaatlichkeit nennt — und zwar bezogen nicht etwa auf den Rechtsstaat an sich, sondern auf die besondere Form: In einer Gesellschaft sollen bestimmte Gesetze derart herrschen, daß die Strafe verhängt wird «nach Gestalt der Sache und nicht nach uns», nicht willkürlich. Mit anderen Worten: Die Anbindung der Strafe an den Sachverhalt, an den Straftatbestand, modern gesprochen, wird hier schon verlangt.

Der elfte Artikel formuliert eine Forderung, die für uns heute keine Bedeutung mehr hat, die aber für die damalige Zeit doch sehr entschieden, eigentlich sehr radikal wirkte. Der elfte Artikel fordert das Recht von Waisen und Witwen auf Besitz. Es war nämlich so, daß beim Tod eines Bauern, eines Familienvaters der – kümmerliche – Besitz dieses Bauern an den Herrn zurückfiel, der ihn wieder neu verteilte.

Das sind die wichtigsten Punkte der 12 Artikel der Bauern.

Müntzer, unsere heutige Jubiläumsgestalt, geht weit darüber hinaus. Thomas Müntzer, 1489 geboren und 1525 hingerichtet, begann durchaus als treuer Anhänger Luthers. Obwohl man zugleich sagen kann, daß er eine Art Reformator «ante literam» war, also ein Reformator, der die Luthersche Reformation vorwegnahm, bevor sie literarisch wurde, bevor sie verkündet wurde und auf die weltgeschichtliche Bühne trat. Schon der 15jährige Schüler Thomas Müntzer in Halle beginnt – geraume Zeit also vor der Reformation – seine aufrührerische Tätigkeit. Als Schüler zu Halle gründet er einen Geheimbund gegen die katholische Kirche. Offenbar ging dieser Thomas Müntzer bereits von Jugend an schwanger mit gefährlichen Gedanken. Er war offensichtlich frühreif – er ist sehr jung gestorben, und es ist ja eine bekannte Sache, daß große Revolutionäre im Großen und Ganzen immer jung sterben –, er war aber wohl wirklich frühreif, denn er machte sehr schnell seinen Doktorgrad und wurde dann Kaplan in Halle. Dort setzte er, immer noch vor der Lutherschen Reformation, seine revolutionären – oder: reformerischen – Umtriebe fort. Luther stellte später, sich rückerinnernd, in seinem Brief an die Fürsten entsetzt fest, daß schon damals, vor der Reformation, der junge Pfarrer Müntzer «die Herrgötter ungeweiht gegessen» hätte. Das heißt also: Müntzer gehörte zu denjenigen, die die Transformation der Hostie in den Leib Christi verneinten. Für ihn handelte es sich um Brot, und er aß das Brot ungeweiht.

Die Hauptgegenstände seiner Beschäftigung waren erstens die deutsche Mystik – sie hatte eine besondere Bedeutung wegen ihrer Einswerdung von Gott und Mensch – und zweitens, das kommt für uns nicht überraschend, Joachim von Fiore, dem Mönch aus dem 12. Jahrhundert, der das berühmte «Dritte Reich» verkündet hatte. Dieses kommt zwar bei Müntzer nicht vor, wohl aber das «Tausendjährige Reich», das er erneut errichten will.

Im Jahre 1520 kam er nach Zwickau, und da begann schon seine Transformation in jenen Menschen, den dann später Ernst Bloch «Rebell in Christo» nennen wird. (Bloch 1969) Er kommt in Zwickau mit den Zwickauer Wiedertäufern zusammen und wird bestätigt in seinen chiliastischen Gedanken, denn die «Zwickauer Schwärmer», wie sie genannt wurden, waren Joachimiten, also Anhänger des Joachim von Fiore. Hinter dem Wort «Wiedertäufer» – eigentlich heißen sie «Anabaptisten» – steckt ein an sich sehr einfacher Gedanke, der sich allerdings für die damalige Zeit derart revolutionär auswirkte, daß er auch zu blutigen Auseinandersetzungen führte: der Gedanke nämlich, eine ohne Bewußtsein hingenommene Taufe habe keine Wirkung. Mit anderen Worten: Die Wiedertäufer waren der Ansicht, daß eine Wiedertaufe notwendig sei, nachdem der Mensch sich bei vollem Bewußtsein entscheiden könne, ob er Christ sein wolle oder nicht. Die Zwickauer Schwärmer beeinflußten sehr nachdrücklich Thomas Müntzer in Hinblick auf die Möglichkeit der Verwirklichung des Reichs Gottes auf Erden.

Im Jahr darauf kam er nach Prag, und dort begann er seine Öffentlichkeitsarbeit mit einer Prager Proklamation, über die nicht viel zu sagen ist. Im Grunde ist die Prager Proklamation eine noch vorsichtige Radikalisierung der Thesen von Luther. Wichtig ist allerdings an dieser Proklamation, daß schon der Wechsel von der Lutherschen politischen Position in Richtung auf die Bauern und auf das Volk sich vollzieht. In dieser Prager Proklamation heißt es: «Aber am Volk zweifle ich nicht.» (Wehr 1973: 45)

1522 kommt Müntzer nach Alstedt in Thüringen, und hier ist die eigentliche Stätte seines Wirkens und die eigentliche Stätte, in der er auch beginnt, seine politischen Ansichten zu verkünden. Gerade in Alstedt entwickelt sich zwischen Luther und Müntzer die später voll ausgebrochene Feindseligkeit. Der eigentliche öffentliche Auftritt des Thomas Müntzer ist allerdings gekoppelt mit dem Bauernkrieg. Er hat bei der anfänglichen Organisierung des Bauernkriegs zweifellos eine wichtige Rolle gespielt, und zwar eine Art Zwangsrolle. Er mußte Alstedt verlassen und begab sich auf Wanderschaft, die ihn bis nach Tirol und bis ins Elsaß führte. Und überall versuchte er, den ohnehin zum Aufruhr bereiten Bauern seine Theorien zu unterbreiten. Der wirkliche Bruch geschah jedoch 1524 durch seine Fürstenpredigt.

Die Fürstenpredigt war eine vor einem sächsischen Fürsten gehaltene Predigt, eigentlich eine ganz normale Sache. Thomas Müntzer war schon bekannt, und er wurde aufgefordert, vor jenem Fürsten eine Predigt zu halten – aber die Predigt hatte es in sich. Hinzu kam noch, daß Thomas Müntzer vorsichtshalber die Predigt drucken ließ, bevor er sie hielt. Infolgedessen war sie bereits bekannt, als er sie vor dem Fürsten verkündete. Diese Fürstenpredigt ist nicht nur eine allgemeine Anklage gegen die Fürsten, nicht nur eine allgemeine Aufforderung an die Fürsten, sich zu bessern, sondern es handelt sich schlicht um eine Kriegserklärung an die Fürsten, eine Kriegserklärung an die «Grundsuppe» (Wehr 1973: 131), wie er die Gruppe aus dem begüterten Klerus, Adel und Landesfürsten bezeichnet. In dieser Predigt eröffnet er dem erstaunt zuhörenden Fürsten: «des Wuchers, der Dieberei und Räuberei sind unsere Herren und Fürsten; (sie) nehmen alle Kreaturen als Eigentum: die Fische im Wasser, die Vögel in der Luft, das Gewächs auf Erden muß alles ihrer sein (...). Dabei machen die Herren das selber, daß ihnen der arme Mann feind wird. (...) Wenn ich das sage, muß ich aufrührerisch sein. Wohlan.» (ibid.)

Das war also eine Kriegserklärung. Luther merkte, daß da etwas geschehen war, was gegen seine eigenen Absichten und gegen seine Philosophie verstieß. Er erinnerte sich des jungen Predigers zu Alstedt und schrieb an die Fürsten von Sachsen «von dem aufrührerischen Geist» (Wehr 1973: 196) zu Alstedt – Müntzer als ausgetriebener Satan – : «Ich hab diesen Brief an E. F. G. (Eurer Fürstlichen Gnaden, J. A.) allein aus der Ursache geschrieben, daß ich vernommen und auch aus Ihrer Schrift verstanden habe, als wollt derselbe Geist (Müntzer, J. A.) die Sache nicht im Wort lassen bleiben, sondern gedenke, sich mit der Faust drein zu begeben und wolle sich mit Gewalt wider die Obrigkeit setzen und daher stracks einen leiblichen Aufruhr anrichten. (...) das ist zuviel an den Tag gegeben. Was sollte der Geist (Müntzer, J. A.) wohl anfangen, wenn er des Pöbels Anhang gewönne? Ich habe zwar vorhin auch von demselben Geist allhier zu Wittenberg gehört, daß er meint, man müsse die Sache mit dem Schwert vollführen. Das dacht ich wohl, es wollte da hinaus, daß sie gedächten, die weltliche Obrigkeit zu stürmen und selbst Herren in der Welt zu sein. So doch Christus vor Pilatus das verneint und spricht, sein Reich sei nicht von dieser Welt; und auch die Jünger lehrt er, sie sollten nicht weltliche Fürsten sein.» (ibid.: 198) – Nun, das war zweifellos der springende Punkt: daß Christus vor Pilatus in seiner Verteidigungsrede meinte, sein Reich sei nicht von dieser Welt – die Anklage lautete, er wolle König der Juden werden. Das ist zwar richtig, doch gerade dies ist bei Müntzer der springende Punkt: Er wollte genau, daß das Reich Gottes auf Erden Wirklichkeit wird, daß das Reich also doch von dieser Welt sei und nicht etwa erst im Jenseits zu verwirklichen.

Als Luther seinen Brief veröffentlichte, antwortete Thomas Müntzer im Dezember 1524 mit einer durch den Untertitel berühmt gewordenen «Hoch verursachten Schutzrede», einer zwingend notwendig gewordenen Schutzrede «und antwort wider das Gaistlosse Sanft lebende fleysch zu Wittenberg», welches «mit verkehrter Weise durch den Diebstahl der Heiligen Schrift die erbärmliche Christenheit also ganz jämmerlich besudelt hat». (ibid.: 125)

Wie unsanft die Leute damals miteinander umgingen, merkt man daran, was Müntzer sich eigentlich wünscht bezüglich seines früheren Lehrers

Martin Luther, den er übrigens in dieser Schrift entweder mit «Martin» apostrophiert oder mit «Doktor Lügner» (ibid.) anredet: «Schlaf sanft, liebes Fleisch.» (ibid.: 141) Doch eigentlich hegt er einen anderen Wunsch: «Ich röche dich lieber gebraten (...), denn in deinem eigenen Südlein gekocht, sollte dich der Teufel fressen, Hes. 23. Du bist ein Eselsfleisch, du würdest langsam gar und ein zähes Gerichte werden deinen Milchmäulern.» (ibid.) – Das war die Sprache der damaligen Zeit. Wir werden gleich sehen, daß Luther auch nicht anders spricht – als Müntzer dann zur offenen Feldschlacht aufrief und es sich herausstellte, daß er der Organisator der Bauernaufstände war. Das Organisationsdokument war ein offener Brief vom 16. Mai 1525 an die Bauern und Bergleute von Frankenhausen und Mansfeld, um sie aufzufordern, die offene Feldschlacht mit den Soldaten der Landesfürsten, vor allem des Grafen von Mansfeld, aufzunehmen. Der Text des Briefes ist im Grunde nur die Wiederholung der Fürstenpredigt, bloß eben an das Volk gerichtet, die Aufforderung, endlich mit der Waffe in der Hand den «schönen Garten Gottes vom Gift zu befreien». Interessant ist, daß dieser offene Brief an drei Stellen unterbrochen wird durch eine Aufforderung, die mich an das berühmte «ça ira» der Französischen Revolution erinnert, er schreibt einfach: «dran, dran, dran!» (Bloch 1985: 68f), beschreibt seine Vorschläge zur Ausrottung der Fürsten und wiederholt: «dran, dran, dran!»

Als man sah, daß die Bauern losschlagen würden, schrieb Luther im Mai 1525 jene berühmten Ermahnungen zum Frieden auf die Zwölf Artikel der Bauernschaft in Schwaben: «Wider die räuberischen und mörderischen Rotten der Bauern». (Wehr 1973: 206ff) Daß die Gewalttätigkeit nicht nur bei Müntzer lag, der am liebsten den armen gekochten, eselsfleischigen Luther vom Teufel hätte fressen lassen, zeigt Luthers Ermahnung zum Kampf gegen die aufrührerischen Bauern: Man soll sie «zerschmeißen, würgen und stechen und peinigen öffentlich, wer da kann, so wie man einen tollen Hund totschlagen muß. Drum, liebe Herrn, erbarmt Euch der armen Leute.» (ibid. 210) Das heißt praktisch: Legt sie um. Dies ist die berühmte Form des christlichen Erbarmens, die wir schon bei Augustin gesehen haben, als er sagte, es sei für das Seelenheil der Donatisten gut, wenn sie umgebracht werden. Auch da: «Erbarmt euch der armen Leute, steche, schlage, würge, wer da kann»[25] – und dann kommt der Satz: «Bleibst du darüber tot, wohl dir, seliglicheren Tod kannst du nimmermehr überkommen.» (Luther, ibid.) Mit anderen Worten, eine Art, so wie heute bei gewissen Fundamentalisten in einer anderen Gegend der Welt die Leute in den Tod gehen: Gelobt sei derjenige also, der für Christus in den Tod geht – oder für den Islam.

Die Frankenhausener Schlacht ging so aus, daß Müntzer gefangengesetzt, dem Grafen von Mansfeld übergeben und am 27. Mai 1525 in Mühlhausen enthauptet wurde.

Wichtig für seine Einstellung, auf die ich jetzt näher eingehen will, ist, wie er sich die Verwirklichung des Reiches Gottes auf Erden vorstellt. Dies ist uns bekannt aus dem Protokoll des Verhörs vor seiner Hinrichtung zu Mühlhausen. Auf die Frage, welche Ordnung er sich vorstelle statt des Eigentums der Herren und Fürsten, steht im Protokoll: Die Empörung habe man darum gemacht, «daß die Christenheit soll ganz gleich werden». Und wie er denn nun die neue Ordnung einrichten wollte? «Habens auf die Weise richten wollen, omnia sunt communia», alles ist gemeinsam, gemeinschaftlich, «und sollte einem jeden nach seiner Notdurft ausgeteilt werden nach Gelegenheit.»[26] Das ist eine sehr kühne Vorwegnahme des Prinzips, daß jedem nach seinen Bedürfnissen gegeben werden soll.

Frage einer Kommilitonin: Hat ein Bewußtsein der aufständischen Bauern bestanden, daß es schon vorher, zum Beispiel im 14. Jahrhundert in England, ähnliche Forderungen und Kämpfe gegeben hatte?

Das geschichtliche Wissen, daß andere so schon gedacht haben, hatten die Bauern fraglos nicht – aber Thomas Müntzer wußte das. Thomas Müntzer war ja ein Gebildeter, einer der von mir sogenannten gebildeten Christen. Er kannte ja Joachim von Fiore, er kannte also diese Forderung nach Gemeineigentum schon, die bis ins 12. Jahrhundert zurückgeht. Es ist keineswegs alles vom Himmel gefallen, also nicht so, daß Thomas Müntzer sich das selbst ausgedacht hätte. Er steht in einer bestimmten Tradition. Aber in der gleichen Tradition stehen die Bauern. Ihre Forderungen sind auch nicht etwa plötzlich aufgetaucht, sondern – insofern sagte ich, daß diese Rebellion über die Alpen ging, nach England, nach Frankreich, nach Böhmen – das ist eine fortgesetzte, im Hochmittelalter begonnene Praktizierung des Widerstands gegen die Kirche und gegen den Feudalismus. Das heißt also: Es geht nicht darum, daß da plötzlich etwas auftaucht und sich entwickelt und wieder untergeht, sondern es ist eine kontinuierliche Linie, diese subversive, diese rebellische Linie; eine kontinuierliche Linie, die versteckt auch weitergehen und dann ausbrechen wird, theoretisch zunächst bei den Monarchomachen, über die ich nach Weihnachten berichten werde, die aber praktisch ausbrechen wird in der großen Rebellion von Cromwell, später in der amerikanischen Unabhängigkeitsrevolution und vor allem in der Französischen Revolution. Und von da aus geht es ja dann gleich weiter. Was du sagst, gibt mir allerdings die Gelegenheit zu einer Bemerkung: Ich stelle immer erstaunt fest, daß, angefangen von den früheren sogenannten linken Sophisten durch die gesamte Geschichte der Subversion hindurch, durch die gesamte verschwiegene oder verdrängte Geschichte hindurch ein Prinzip verlangt wird, das heute gewissermaßen völlig überrollt wird von der Wirklichkeit im Zeichen des Endsiegs des voll erblühten Kapitalismus.

Die ganzen Emanzipationsbewegungen, sofern sie radikal waren, haben im Laufe der gesamten Geschichte immer auf Abschaffung des Privateigentums bestanden.

Nun zu Thomas Müntzer zurück, zu seiner eigentlichen theoretischen, man müßte sagen: theologischen Position – wobei das Wort Theologie in diesem Falle einen eigentümlichen Klang bekommt. Daß Thomas Müntzer sich als Christ verstand, habe ich schon erklärt. Diese Revolutionäre damals sahen sich durchaus als Christen. Sie operierten mit der Bibel. Alle Schriften nicht nur von Luther, sondern auch von Thomas Müntzer, von Zwingli, von Calvin sind voll von Bibelzitaten. Sie beziehen sich also schon auf die Bibel – aber: bei Thomas Müntzer tritt etwas ein, was sich nicht mehr ganz ohne weiteres in diese Richtung einbauen läßt. Er kritisierte sehr heftig den Katholizismus, doch sobald er mit Luther in Konflikt geriet, als er zusehen mußte, daß eine neue Kirche neben der bestehenden aufgebaut wurde, daß also nicht die Kirche als solche sich auflöste in der Gemeinde, da bezog sich seine Kritik des Katholizismus teilweise, wie ich vorsichtig sagen will, auf das Christentum als solches. Es treten da pantheistische Züge auf, die wahrscheinlich von der deutschen Mystik herkommen. Ob das Atheismus ist, wie einige sagen, möchte ich bezweifeln, aber Pantheismus ist es schon, diese Einheit von Gott und Mensch.

Im 14. Jahrhundert hatte Meister Eckhart diese betont und dabei Gedanken übernommen, die bei Joachim von Fiore auftauchen. Ich sagte schon, daß Ernst Bloch meint, Joachim von Fiore hätte Christus in der Kommune aufgelöst. Das gleiche gilt für Meister Eckhart. Bei ihm findet zwar keine Auflösung, aber doch eine extreme Subjektivierung Gottes statt, die nicht ohne innere Logik ist. Sein berühmtes Wort lautet: «Was wärst Du, Gott, ohne mich»[27] – der Mensch als Bewußtsein Gottes, die Vorstellung also, daß ein Gott ohne Menschen ein Ding ist, das nicht einmal weiß, daß es existiert, denn nur die Menschen wissen, daß Gott existent ist. Das heißt mit anderen Worten: Gott kommt zu seinem eigenen Bewußtsein erst im Menschen, denn ohne Mensch, ja ..., was wäre Gott ohne Mensch? Man fragt sich auch, die Theologen fragen sich manchmal: Was hat Gott vor der Schaffung der Welt gemacht? – Sich selber. Das ist die berühmte Auffassung von der Selbstanschauung Gottes. Wir finden also bei Thomas Müntzer zweifellos einige Elemente, die in diese Richtung gehen. Denn aus diesem Grunde verwirft er nicht nur...

Frage einer Kommilitonin: Wie ist die Position Müntzers zum Verhältnis von Kirche und Staat?

Erstens will er die Kirche abschaffen und zweitens will er eine Gemeinschaft errichten, das Tausendjährige Reich, die charakterisiert ist durch die

Freiheit des Christenmenschen, durch die Gleichheit der Christenheit und durch das Prinzip des «Omnia sunt communia». Dabei muß man sehen, daß im Chiliasmus nicht nur die Absage an die Kirche enthalten ist, sondern auch die Absage an den Staat. Einige Teile der Wiedertäuferbewegung meinten, der Staat sei zu ignorieren. Dieses Ignorieren, dieses Einfach-nicht-zur-Kenntnis-Nehmen des Staates haben wir heute zum Beispiel bei den Zeugen Jehovas. Für die Zeugen Jehovas ist der Staat nicht etwa ein Gegner, den man bekämpft, oder ein Freund, den man akzeptiert, der Staat ist für die Zeugen Jehovas einfach nicht existent. Und dieser Gedanke ist schon im Chiliasmus angelegt.

Also: Wir haben es bei Müntzer zu tun mit einer Kritik des Katholizismus, die einmündet in eine Kritik des Christentums und natürlich auch in eine Kritik der Lutherschen Position. Daher wird nicht nur die Vermittlungsfunktion der Kirche abgelehnt, sondern auch die Vermittlungsfunktion der Bibel, der berühmten Schriftgelehrten, der Pfarrer, die der Gemeinde mitteilen, wie sie die Bibel zu verstehen habe, und zudem die Bibelexegese, das Zentrum auch der evangelischen Theologie. Thomas Müntzer lehnt die Bibel als Quelle von Offenbarung ab und verlegt die Erkenntnis der Wahrheit und dessen, was zu tun und zu lassen sei, in das, was er die «innere Erleuchtung» nennt. Das ist wiederum ein weiterer Schritt zur Subjektivierung. Die innere Erleuchtung ist das von mir schon erwähnte «lumen naturale», das «natürliche Licht». Das heißt, der Mensch kommt zur Erkenntnis des Guten und Bösen nicht durch die Lektüre der Bibel, sondern durch das Wirken der Vernunft in ihm. Der Glaube, meint Müntzer, wird lebendig durch die Vernunft.

Dieses Lebendigwerden des Glaubens durch die Vernunft, diese Betonung der Unmittelbarkeit der einzelnen Christen, ist eben auch die Voraussetzung für die Schaffung des Himmelreichs auf Erden – wobei diese Voraussetzung wiederum noch eine andere Bedingung hat: die Vernichtung der Herrschaft und die Abschaffung aller Ungleichheit, was gewissermaßen die Militanz bei Müntzer ausmacht. Das, was mit der Abschaffung der Ungleichheit einhergeht und was bei Müntzer auch wörtlich vorkommt, ist noch ein anderes Prinzip, das im Grunde erstaunlich modern ist und erst lange Zeit nach Müntzer wieder auftauchen wird in der Französischen Revolution und dann, nach der Revolution, bei Proudhon: die Verbindung von Eigentum und Diebstahl – daß im Grunde Eigentum ein Diebstahl sei. Noch stärker sogar kommt dieser Anspruch bei den Wiedertäufern hervor, gegen Calvin mit seiner Arbeitsmoral gerichtet und gegen seine ideologische Rechtfertigung des Kapitalismus: «Der Reiche ist böser als ein Dieb und als ein Mörder vor Gott, dem Herrn.»[28] Eigentum ist also eine Sünde.

Man kann sich fragen, inwiefern demnach Thomas Müntzer wirklich noch ein Christ gewesen ist. Wie mir scheint, ist diese Frage sehr einfach zu bejahen, weil es nicht darauf ankommt, was wir in Müntzer hineindenken, sondern darauf, was er von sich in seinem eigenen Bewußtsein gedacht hat. Und er meinte fraglos, daß er durch seine Revolution das Christentum verwirklichen würde. Er hat übrigens für das Tausendjährige Reich, für das eingerichtete «Omnia sunt communia», eine schöne Bezeichnung, die auf das hinweist, was er meint. Erstens, daß alle genug zum Leben haben, und zweitens, daß alle nach der inneren Erleuchtung leben. So spricht er von der «Fülle des Weizens» und der «Sonne der Vernunft» als Prinzipien seines Himmelreichs auf Erden.

Diese egalitär-kommunistische Fassung der göttlich-natürlichen Freiheit jedes Christenmenschen läßt sich allerdings sehr schlecht ableiten und rekonstruieren anhand der Widersprüchlichkeiten in der reinen christlichen Lehre selbst. Es ist eher anzunehmen, daß für diese Ausweitung des kritischen Denkens gegenüber dem Christentum auf der einen Seite und auf der anderen Seite für die Ausweitung der Freiheit des Christenmenschen in diese egalitär-kommunistische Richtung weniger die reine christliche Lehre eine Rolle spielte als all der Gedankenreichtum, der bei den Bauern selbst aufkam in praktischen Forderungen. Das heißt: Erst der Einbruch dieser politischen und sozialen Revolution ins Denken bewirkt, daß Müntzer über die enge Fassung eines christlichen Reiches hinausgeht – wobei zu bemerken bleibt, daß in der Tat seine Forderungen mit dem normalen Lauf der Zeit einfach nicht übereinkommen. Er hat eine Gesellschaft zu frühzeitig verkündet, die nicht einmal am heutigen Tag aktuell zu sein scheint.

Am 27. Mai 1525 wurde er enthauptet. Damit war er allerdings noch lange nicht tot. Seine Gedanken wirkten weiter und fanden einen ersten – fehlgelaufenen – Realisierungsversuch bei den Anabaptisten oder: Wiedertäufern zu Münster. Die Wiedertäufer bestanden wiederum auch aus verschiedenen Richtungen. Es gab die friedlichen Wiedertäufer in Zürich, die Müntzer sehr ablehnten, deren Anführer Grebel allerdings trotzdem 1526 hingerichtet wurde. Diese friedlichen Wiedertäufer aus Zürich haben übrigens ihre Nachfolger bis auf den heutigen Tag bei den Quäkern und ähnlichen religiösen Gruppierungen. Und es gab, bedingt durch die Verfolgung und auch durch den Einfluß von Müntzers rebellischen Prinzipien, die sogenannten bewaffneten Wiedertäufer, auch die «Münsteraner Rotte» genannt. Die Münsteraner Rotte gründete 1534 in Münster das Neue Jerusalem, ein Gemeinwesen, das 16 Monate lang Widerstand zu leisten vermochte gegen die Belagerung durch die verschiedenen Truppen: der Katholiken, der evangelischen Landesfürsten – die alle gegen das Neue Jerusalem eingestellt waren. Der Zustand der Belagerung führte allerdings zu Erscheinungen, die wir vom «Kriegskommunismus» her kennen; Erscheinungen, die den Anlaß boten, daß man von einer Schreckensherrschaft der Wiedertäufer in Münster sprach. (dazu: Cohn 1988: 288ff)

Die Wiedertäufer hatten allerdings eine zwar vage, doch der Realität würdige politisch-gesellschaftliche Vorstellung und Weltsicht konstruiert, die sie versuchten zu verwirklichen. Ökonomisch handelte es sich um die Absage an das Privateigentum, wie ich bereits zitiert habe: Der Reiche sei böser vor Gott, dem Herrn, als ein Dieb oder ein Mörder. Gesellschaftlich gingen sie über die erwähnten Zwölf Artikel hinaus. Die Zwölf Artikel verlangten die Gleichheit vor dem Gesetz, die Wiedertäufer verlangen ausdrücklich, frei zu sein wie Christus, also gesetzlos zu leben. Dies bedeutet natürlich die Absage an alle uns bekannten rechtlichen Institutionen, vor allem auch an die Einrichtung der Ehe. Die Auflösung der Ehe wurde übrigens, im Widerspruch zu sich selber sozusagen, durch ein Gesetz festgelegt. Daß mit der Auflösung der Ehe die Vielweiberei verbunden gewesen wäre, ist ein altes Vorurteil und ein alter Vorwurf, den ich schon zu klären versucht habe im Zusammenhang mit der Weibergemeinschaft Platons. Politisch – das ist interessanter – übersetzten sie ihre Absage an den Staat in die Rückkehr zum souveränen Recht der Volksversammlung. Im Grunde also war die Versammlung des Volkes zu Münster die eigentliche politische Entscheidungsinstanz für alles, was zu tun und zu lassen war – wie gesagt, innerhalb einer belagerten Festung. An der Verteidigung Münsters übrigens beteiligten sich Männer und Frauen – mit eine Folge der Auflösung der Ehe. Das Wort des gemeinsamen Haushalts wurde auch im Sinne der Gleichheit wieder aufgenommen, denn diesen Gedanken finden wir bereits bei vielen Sekten des Mittelalters: daß der gemeinsame Haushalt keinen Unterschied kenne zwischen Mann und Frau. Und ein Ausdruck dieser angesichts der damaligen Zeit mehr als heute erstaunenden Gleichsetzung von Mann und Frau ist, daß an der Verteidigung Münsters sich 9600 Männer und 4000 Frauen beteiligten. – Soweit zu der berühmten oder berüchtigten Münsteraner Rotte und ihrem Neuen Jerusalem, und noch einmal kurz zurück zu Thomas Müntzer und zu Luther.

Auf der Seite des Nachdenkens oder der Theorie hat diese ganze Bewegung mit der Forderung nach der Freiheit des Christenmenschen seitens Luthers begonnen. Sobald diese Forderung gewissermaßen die Massen ergriff, machte Luther den berühmten Rückzieher. Unter der Freiheit eines Christenmenschen verstand er immer die Freiheit in der Innerlichkeit des einzelnen Menschen, während er für die Öffentlichkeit oder die Äußerlichkeit strikt an dem Gewalt- und Rechtsmonopol der Obrigkeit festhielt. Was bei den Sekten, bei den Wiedertäufern, bei Thomas Müntzer und bei den aufrührerischen Bauern aufkam, war eine andere Freiheitsauffassung; eine, die Luther als teuflisch bezeichnete. Die christliche Freiheit wurde da verstanden als Fundament und Ausgangsbasis eines politischen Rechts: nicht mehr des Rechts des Menschen, unmittelbar zu Gott zu sein in der Auslegung der Bibel, sondern des Rechts des Menschen, im Gemeinwesen frei zu sein – also nicht die Freiheit eines Christenmenschen mehr, sondern die politische Freiheit als Bürgerrecht, wie man heute sagen würde, als Recht des «Citoyen».

Luthers Reaktion auf die Nachricht von Thomas Müntzers Hinrichtung war wie zu erwarten. Er empfand nicht nur Zustimmung, sondern Freude und sah darin ein Zeichen, daß Müntzer eine Kreatur des Teufels war. Er kommentierte die Hinrichtung mit einem Wort, das, soviel ich weiß, nicht berühmt geworden ist, obwohl es durchaus der Berühmtheit würdig ist: «Wer sich auflehnt, ist immer im Unrecht.»[29] Und es mußten Jahrhunderte vergehen, bis schließlich das andere Wort auftauchte, die genaue Umkehrung, nämlich: «Die Rebellion ist immer gerecht.»

Wir werden nach den Ferien die andere Seite der Subversion betrachten, die rein theoretisch gebliebene Seite, die auch erst später in der Realität aufgenommen wird; die Seite der großen Utopien der Renaissance, in erster Linie von Thomas Campanella und Thomas Morus, von einem kalabresischen Mönch und einem katholischen Priester aus England. Ob ich schon das nächste Mal bis zu den Monarchomachen vorstoßen werde, weiß ich nicht. Monarchomachen sind nicht diejenigen, die den Monarchen machen, sondern diejenigen, die den Monarchen bekämpfen. Es geht also um die Theorien des Königsmords.

Es bleibt festzustellen, daß wir demnächst in ein neues Jahr eintreten, und ich kann nur sagen: Möge das neue Jahr ebenso international friedlich sein wie gesellschaftlich konfliktreich.

19. Dezember 1989

Die andere Seite der Subversion. Utopien der Renaissance: Thomas Morus und Campanella Theorien des Königsmords: die Monarchomachen

Wenn man unter Subversion auch kulturell-revolutionäre Erscheinungen faßt, so müßte man eigentlich auch von der naturwissenschaftlichen Kraft der Subversion sprechen, die in der Renaissance auftauchte und die verbunden ist mit den Namen Kopernikus, Kepler und Galilei. Sie haben bekanntlich das ptolemäische, das klassische mittelalterliche Weltbild zerstört, sie haben gewissermaßen die Erde entthront, indem sie die Erdzentralität verließen und ins Universum vorstießen. Insofern waren sie damals subversiv, und in der Tat wurde Galilei der berühmte Prozeß gemacht, den ihr vermutlich alle von Bert Brecht her kennt (Brecht 1967).

Das Eigentümliche ist an diesen drei großen Physikern und Mathematikern und Kosmologen, daß nur Galilei der Prozeß gemacht wurde, während man Kopernikus und Kepler in Ruhe ließ. Warum wurde nur Galilei der Prozeß gemacht? Wahrscheinlich sind die beiden anderen ungeschoren davongekommen, weil die Inquisition in Mitteleuropa sich mehr auf die Hexenverfolgung fixiert hat, so daß sie keine Zeit fand, sich mit noch anderem zu befassen. In Italien stand die Sache anders. Doch ist kaum anzunehmen, daß Galilei der Prozeß bloß gemacht wurde, weil er das kopernikanische Weltsystem verteidigte. Nach neuesten Forschungen – nach denen Bert Brecht, wenn er noch lebte, er sein Stück neu schreiben müßte – scheint es so zu sein, daß der Prozeß gegen Galilei von 1633 eine Art Schauprozeß war. Denn er stand unter der Protektion des damaligen Papstes und wurde während des Prozesses und auch nach seiner Verurteilung sehr vornehm und höflich behandelt. Man nimmt also nach den neuesten Forschungen an, daß die Anzeige, die bei der Inquisition eintraf, sich eigentlich gar nicht auf das astronomische Werk von Galilei bezog, sondern auf eine andere Schrift von ihm, in der er das Dogma der Verwandlung von Brot und Wein in Leib und Blut des Herrn nicht nur kritisierte, sondern ablehnte und hierdurch der scholastischen Theologie eine Absage erteilte.

Anscheinend ist es dem Papst gelungen, diese Anzeige dadurch zu annulieren, daß andere Dominikaner eine Anzeige gegen Galilei erstatteten wegen seiner astronomischen Anschauungen. Dies spielt hier weiter keine Rolle, es ist nur interessant, weil man sieht, daß es damals auch möglich war, mitten in der Zerstörungswut der Inquisition jemanden vor dem Scheiterhaufen zu retten.

Vor dem Scheiterhaufen konnte sich allerdings Giordano Bruno (1548–1600) nicht retten. Hier handelt es sich um die andere Subversion, auf die ich nicht näher eingehen will, obwohl sie für mich bemerkenswert ist. Bruno, Philosoph, wurde 1600 in Rom verbrannt – dort steht auch das entsprechende Denkmal –, weil er praktisch die Existenz Gottes geleugnet hat. Durchaus von Kopernikus herkommend, betonte er, daß das Universum als solches keinen Mittelpunkt haben könne, denn die Unendlichkeit könne keinen Mittelpunkt haben – also wäre die Unendlichkeit selber Gott, das ganze Universum wäre Gott, und ein personaler Gott existiere nicht. Nicht nur deshalb jedoch ist er zum Scheiterhaufen verurteilt worden, sondern wegen einer anderen Schrift, die auf deutsch übersetzt in etwa hieße: «Der Verkaufsladen der triumphierenden Bestie» (Bruno 1904), und mit der «triumphierenden Bestie» meinte er die katholische Kirche.

Insofern kann man sagen, daß die gesamte Philosophie der Renaissance in Italien einen subversiven Charakter hatte. Im Zusammenhang mit diesem subversiven Charakter wäre die Frage zu stellen, die hier sicherlich nicht umfassend beantwortet werden kann: Wie ist es um Machiavelli bestellt, denn Machiavelli galt und gilt nach wie vor mit Bodin zusammen als eigentlicher Entdecker nicht nur der Staatsraison und der absoluten Staatsmacht, sondern auch der Amoralität der Politik. Wo bleibt denn da das Subversive, könnte man fragen.

Nun gibt es andererseits eine völlig andere Interpretation von Machiavellis Schrift «Der Fürst» (Machiavelli 1959); eine aufklärerische Interpretation: Im Grunde habe Machiavelli dem Volk gerade gezeigt, wie schlimm die Fürstenherrschaft sei. Diese Interpretation kommt aus Italien und sie wurde von den Marxisten weiter ausgebaut. Er habe also nicht etwa den Fürsten vorgeschlagen, wie sie zu handeln hätten, um Macht zu erobern und zu behalten, sondern dem Volk gezeigt, welche Mittel die Fürsten anwenden, um ihre Macht zu sichern. Doch wie gesagt: Auf diese Art der Subversion gehe ich heute nicht ein.

Was uns nun interessiert, ist der subversive Charakter oder der möglicherweise subversive Charakter zweier Gruppen von Denkern der damaligen Zeit, die wenig miteinander zu tun, die aber doch etwas gemeinsam hatten: die Absage an die absolute Macht des Königs einerseits und andererseits die Absage zum Teil auch an die neu sich entwickelnde Produktionsweise.

Die Könige damals waren keineswegs ihres Lebens sicher. Für das englische Vorspiel zu dem – theoretischen – Aufstand gegen die Macht gilt das jedoch nicht, denn die englischen Könige der Tudor-Despotie – eine Art von absoluter Monarchie ante literam, denn die absolute Monarchie kam erst etwa ein halbes Jahrhundert später – Heinrich VII. und Heinrich VIII., zeichneten sich nicht dadurch aus, daß sie ermordet wurden, sondern dadurch, daß sie morden und hinrichten ließen.

Vor allem Heinrich VII. (gest. 1409) ist sehr wichtig in diesem Zusammenhang der Ausbildung einer neuen Welt, einer neuen Produktionsweise und für den Durchbruch der Gentry, die sich mit dem König verbunden hatte gegen den Feudaladel. Die Gentry steht also am Anfang des Bürgerlichen Zeitalters. Interessant hierbei ist, daß sich beim alten Heinrich VII. das zeigt, was Marx die englische Vorreiterrolle genannt hat: die Tatsache, daß sowohl die Industrielle Revolution als auch die ganze Parlamentarismusentwicklung in England etwa ein Jahrhundert früher stattfand als auf dem Kontinent. Das ist auch der Grund, warum in einer Zeit, in der Kontinentaleuropa verstrickt war in die Bauernkriege und -revolten, in Reformation und Gegenreformation, in England bereits die Utopie von Thomas Morus wichtig wird, die der gesamten Richtung den Namen gegeben hat: denn das Buch von Thomas Morus hieß «Utopia» (Morus 1983).

Man kann sagen, daß Morus 1516 eine Art von Gegenstaat geschrieben hat als Versuch, dem Absolutismus eine anders geartete, nicht nur politische Form, sondern auch Gesellschaft gegenüberzustellen. Um die Vorreiterrolle dieser Utopie zu erkennen, braucht man sich bloß zu vergegenwärtigen, daß Thomas Morus' Utopie oder Gegenstaat 1516 geschrieben wurde, also ein Jahr, bevor Martin Luther seine berühmten Thesen anschlug. Obwohl ich nicht genauer darauf eingehen will, ist doch festzustellen, daß einhundert Jahre vor Kontinentaleuropa die Tudors schon bedeutsame Elemente des Kapitalismus eingeführt hatten, wie zum Beispiel eine einheitliche Münze und eine merkantilistische Wirtschaftspolitik, die eindeutig zur Zerstörung der landwirtschaftlichen Struktur Englands führte: zur Vertreibung der Bauern und zur Verwandlung des Bauernlandes in große Schafweiden. Das war die Grundlage für die darauf folgende englische Manufaktur. Damit verbunden war eine Pauperisierung, die Ansammlung des Proletariats und des Subproletariats in den Städten. Dies sind wichtige Elemente zum Verständnis der Utopie von Morus. Hier finden wir den Beginn der Entwicklung, die dann später in die Cromwellsche große Rebellion einmünden sollte – auch sie vorzeitig gegenüber der Bürgerlichen Revolution in Frankreich.

Das eigentlich Wesentliche ist, daß nun nicht nur gegen den absoluten König vorgegangen wird, sondern daß da ein Prinzip voll zur Geltung kommt, das wir zwar schon in anderen subversiven Theorien der Vergangenheit gefunden haben, das jetzt aber tatsächlich zum Prinzip wird, das zur Wirklichkeit drängt: das Prinzip der Volkssouveränität. Wir haben das Prinzip der Volkssouveränität bereits im Spätmittelalter vorgefunden, jetzt jedoch wird in Weiterführung der Vertragslehre unter Volkssouveränität etwas anderes verstanden – vor allem bei den Monarchomachen, weniger bei den Utopisten, die eher hierarchisch dachten –: nicht nur eine Norm, ein hehres Prinzip, sondern eine Wirklichkeit, in der auch geklärt wird, was eigentlich das Volk sei. Denn das Volk, wie wir wissen, ist zunächst eine metaphysische Einheit, die gesellschaftlich erst präzisiert werden muß. Bei den Monarchomachen also finden wir das erste Mal die Vorstellung, daß das Volk eine Wirklichkeit ist und in der Lage, von sich aus politisch zu handeln: nämlich Widerstand zu leisten oder Aufstände anzuzetteln.

Ich erwähnte, daß es zwischen den Utopisten – im wesentlichen Thomas Morus und Tommaso Campanella (Campanella 1988) – und den Monarchomachen sowohl Unterschiede wie auch Gemeinsamkeiten gab. Diese beiden großen Utopisten – Francis Bacon gehörte auch dazu, er ist jedoch für uns uninteressant, denn er hat eine eher technokratische Utopie entwikkelt – waren im Gegensatz zu den Monarchomachen keine Schreibtischtäter, sondern sie betätigten sich aktiv in der Politik: Gerade durch diese Teilnahme an der Politik waren sie in der Lage, nicht etwa abstrakt und aus bestimmten Prinzipien heraus ihre Idealform des Staates, oder besser, der Stadt zu entwerfen, als vielmehr ausgehend von einer tiefen sozialen Kritik des Bestehenden – einer doppelten Kritik an der Form des Bestehenden: der Kritik an der absoluten Königsherrschaft und der Kritik an der Zerstörung vorhandener Strukturen, die verbunden war mit dem Übergang zu einer anderen gesellschaftlichen Formation. Erst daraus ergab sich für die Utopisten die Notwendigkeit, Gegenmodelle zu entwickeln. Die Monarchomachen hingegen waren in der Tat die reinen Theoretiker des Aufstands, sie kümmerten sich nicht um Politik.

Thomas Morus wurde enthauptet von Heinrich VIII. (Heinrich VIII. ist euch allen bekannt als der Mann, der die englische Lösung der Scheidungsfrage erfand: durch Enthauptung der jeweiligen Frau.) Campanella beteiligte sich an dem berühmten Kalabresischen Aufstand von 1599 gegen den spanischen König und mußte dreißig Jahre seines Lebens im Kerker verbringen. Den Utopisten als sozialen Kritikern und den Monarchomachen als normativen Denkern, ist ein Gesichtspunkt gemeinsam: Sie betrachten die Königsmacht als solche nicht nur als illegitim, sondern auch als irrational. Und das ist der Grund, warum einerseits sowohl bei Morus wie bei Campanella der Gegenstaat als eine Vernunftkonstruktion erscheint – mit allen Fehlern, die damit verbunden sind –, und andererseits bei den Monarchomachen die Ratio der Auflehnung in den Mittelpunkt gerückt wird. Die

Macht wird nicht erst in ihrer Ausübung, sondern schon in sich selber als irrational betrachtet. Das beiden Gemeinsame ist also, daß sowohl im Prinzip des Gegenstaats wie auch im Prinzip der Absage an die absolute Monarchie das Element des Widerstands auftaucht.

Zunächst zu den Utopisten. Thomas Morus, geboren 1478, gestorben 1535, war wie gesagt Politiker. Er war Sprecher des Parlaments 1523, 1529 wurde er Lordkanzler. Übrigens wurde er nicht um seiner Utopie willen hingerichtet, sondern weil er als aufrechter Katholik sich gegen die Möglichkeit der Scheidung stellte, die von Heinrich VIII. in England eingeführt wurde. Morus ist übrigens auch heiliggesprochen worden, 1935.

Seine Utopie bietet drei Interpretationsmöglichkeiten. Der Inhalt der Utopie interessiert uns hier nicht, uns interessiert vielmehr, was daran subversiv sein konnte innerhalb der damals bestehenden Gesellschaft. Es gibt eine sozialistisch gehaltene Interpretation, die in der «Utopia», in diesem Nirgendwo, dieser seligen Insel schon das Vorbild eines kommunistischen Gemeinwesens sieht. Es gibt aber auch eine konservative Interpretation, die meint, daß Morus zwar zum Teil sozialkritisch vorgegangen sei, daß er aber im konstruktiven Teil seiner «Utopia» im Grunde eine Satire habe liefern wollen. Dies liegt teilweise darin begründet, daß, mag der Inhalt auch kommunistisch sein, die Form der Darstellung in der Tat an die satirische Art der Humanisten erinnert; nicht von ungefähr hat Erasmus von Rotterdam, der große Humanist, seine Schrift «Lob der Torheit» (Erasmus 1968) von 1509 Thomas Morus gewidmet. Dann gibt es noch die übliche historiographische Möglichkeit der Interpretation, die in der gesamten «Utopia» nichts weiter sieht als einen Ausdruck des christlichen Humanismus des 16. Jahrhunderts.

Der Ausgangspunkt bei Morus findet sich nicht in irgendwelchen abstrakten Ableitungen, sondern im Gebrauch der kritischen Vernunft, in der Analyse der ihn umgebenden Zustände der damaligen englischen Gesellschaft. Auf der einen Seite gilt seine Kritik der Despotie der Tudors, das ist ganz eindeutig, auf der anderen Seite aber – und da könnte die Frage auftauchen, ob das nicht ein Rückfall ins Mittelalter ist – gilt seine Kritik der kapitalistischen Revolution in der Ökonomie und in der Sozialverfassung. In der Tat ist die neue Eigentumsverfassung, die er kritisiert, nicht nur deshalb falsch, weil sich darin Kapital ansammelt und der Pauperismus in den Städten wächst, sondern ebensosehr, weil er darin die Zerstörung der Ständeverfassung sieht, den Austritt der Menschen aus den Sicherheitszentren, die durch die Zünfte gebildet worden waren. Er führt diese seine Analyse und die darauf gegründete Utopie rein diesseitig, rein innenweltlich aus. Das heißt: Er geht in seiner methodischen Orientierung keineswegs aus von der Auffassung, daß die Herrschenden gottlos seien, daß sie Sünder seien

– wie früher üblich, wie wir es auch von Thomas Müntzer her kennen –; er geht also nicht von Personen aus, sondern von den Sozialverhältnissen und den Institutionen. Gerade in seiner Kritik der Institutionen konstatiert er in der Obrigkeit die Garantie und zugleich den Ausdruck für die Welt der Eigentümer. An dem Punkt beginnt das, was wir kommunistische Kritik nennen können. Überall, «wo es noch Privatbesitz gibt, wo alle Menschen alle Werte am Maßstab des Geldes messen, da wird es kaum jemals möglich sein, eine gerechte und glückliche Politik zu treiben». (Morus 1983: 53) Dies ist die Grundlage für seinen Entwurf eines Gesellschaftsbildes, in dem es sowohl Wohlstand als auch soziale Gerechtigkeit gibt. Auf diese Weise rückt ins Zentrum seines Denkens nicht etwa das Problem der Freiheit – das kennen diese Utopisten überhaupt nicht –, sondern das Problem der Gleichheit: Wie kann eine Gesellschaft der Gleichen – nicht der Freien – zustande kommen? Die Grundlage einer egalitären Gesellschaft könne nur das Gemeineigentum sein.

Doch noch etwas anderes tritt hinzu, und da wird der moralische Einfluß deutlich: Als Gegenstück zum Gemeineigentum gilt für das Individuum die allgemeine Arbeitspflicht. In der Darstellung der allgemeinen Arbeitspflicht finden wir dann das eigentlich Utopische, wie auch bei Campanella: Es wird ein Tagesablauf vorgeschrieben, der präzise einzuhalten ist. Zugleich allerdings ist dieser Tagesablauf, so zwingend er sein mag, orientiert an einem Prinzip, das erst viel später wieder auftaucht: daß nämlich die für die Arbeit aufzubringende Zeit auf ein Minimum zu reduzieren sei. Er spricht – und das war damals schon eine Innovation – von einem Sechs-Stunden-Arbeitstag. Wir dürfen nicht vergessen, daß damals in den Manufakturen und Bergwerken die arbeitende Klasse – wobei in den Bergwerken immer auch Frauen und Kinder arbeiteten – 12 bis 15 Stunden arbeitete nach dem moralischen Prinzip, daß sie dadurch nicht auf unmoralische Gedanken kommen würde. Morus geht also davon aus, daß die Arbeitsorganisation die Möglichkeit genügender freier Zeit zu sichern habe, denn «nur in der freien Zeit ist es möglich, das Glück aller zu erzielen und frei zu werden, um den Geist zu bilden».[30] Das ist eine Formulierung, die an die berühmte Fassung der «Grundrisse» von Karl Marx erinnert: Das Reich der Freiheit liege jenseits der gesellschaftlich notwendigen Arbeit, es liege in der Zeit der Muße und der schöpferischen Tätigkeit.

Interessant bei Morus, und ebenso ist noch ein Hinweis auf spätere Theorien, daß er für eine Reduktion des Rechts eintritt, für eine Reduzierung also der Eingriffsmöglichkeit des Rechts und des Staats. So spricht er in seiner «Utopia» zum ersten Mal davon, daß der Sinn der geregelten gesellschaftlichen Existenz, der Politik, darin liege, nur Verwaltungsaufgaben zu übernehmen. Dies werden wir später noch bei Saint-Simon und im Anschluß bei Engels sehen. Heute denken wir vielleicht anders über den berühmten Satz: «An die Stelle der Herrschaft von Menschen tritt die Verwaltung von Sachen» (Engels 1976, Bd. 20: 261ff.), weil wir inzwischen wissen, daß gerade in der modernen Zeit die Herrschaft über Menschen immer sich vermittelt durch die Verwaltung über Sachen – die berühmten Sachzwänge.

Ganz anders ist die Situation bei Campanella (1568–1639). Er war ein Dominikanermönch, aber er war im Gegensatz zu Morus kein gläubiger Katholik. Er war vielmehr ein schlichter Materialist. Er ist politisch keineswegs eindeutig einzuordnen, aus einem sehr einfachen Grunde: Er schloß sich zum Teil an Joachim von Fiore an in seiner Weltstadien-Theorie, nach der die Weltgeschichte drei Stadien umfaßt. Das endgültige Stadium jedoch, in dem auch seine «Sonnenstadt» (Campanella 1988) angesiedelt werden soll, nennt er das «päpstliche Stadium». Das hat dazu geführt, daß eine ganze Epoche lang – bis vor etwa zweihundert Jahren – in den protestantischen Ländern ausgerechnet Tommaso Campanella als ein politischer Repräsentant der Gegenreformation galt. In Wirklichkeit war er ein durchaus rebellischer Geist. Wenn Lafargue, der Schwiegersohn von Marx, in seiner Schrift über die Utopisten schreibt, daß dieser Mönch die Welt nicht gekannt habe, so liegt er ziemlich falsch. (Lafargue 1982) Denn gerade die Art, in der er seine «Sonnenstadt» darstellt, kommt aus einer unmittelbaren Erfahrung. Es ist eine dreifache Erfahrung, die ihn und seine Utopie prägte. Zunächst geht er aus von der Wirklichkeit des Gemeineigentums selber, von einer Gemeinschaft ohne Privateigentum. Wir dürfen nicht vergessen, daß er Mönch war, und wir dürfen nicht vergessen, daß die Klostergemeinschaft im Grunde eine kommunistische Gemeinschaft ist; insofern kommunistische Gemeinschaft, als der einzelne Mönch oder die einzelne Nonne bekanntlich kein Eigentum haben darf – nur der Orden als solcher ist Eigentümer. Eigentlich handelt es sich hier um eine sehr weitgehende Form des Gemeineigentums, die für den Mönch Campanella fraglos eine Rolle spielte. Man kann sprechen von dem real existierenden Kommunismus eines Klosters – wenn auch das Wort heute eine andere Bedeutung hat. Diese Erfahrung also hat der Mönch Campanella gehabt.

Zu dieser Erfahrung hinzu kommt die existentiell wichtige Erfahrung der Zerstörung der Freiheit durch die absolute Herrschaft des spanischen Königs in Süditalien. Campanella war einer der Anstifter des schon erwähnten Kalabresischen Aufstands von 1599, eines Aufstands, der geschichtlich deshalb bedeutsam ist, weil er seine politischen Perspektiven oder vielleicht: Utopien herholte von der berühmten, obzwar ziemlich unbekannten – von Diderot allerdings gekannten – Kalabresischen Anarchie. An diesem Punkt merkt man, wie Campanella schon geistig in einer Welt lebt und in einer gesellschaftlichen Form denkt, die mit der damaligen Zeit überhaupt nicht übereinkommen kann.

Hinzu kam ein drittes, ein persönliches Moment, das fraglos dazu beigetragen hat, daß die «Sonnenstadt» keineswegs ein freiheitliches Gemeinwesen, wie man heute sagen würde, war, sondern ein streng hierarchisch geordnetes: Das war der Kampf um die eigene Identität. Er war, wie gesagt, 30 Jahre seines Lebens im Kerker; zunächst 27 Jahre in Neapel und die letzten drei Jahre, in milderer Haft, in Rom. Er wurde, wie damals üblich, immer wieder gefoltert und mußte tatsächlich um die Aufrechterhaltung seiner eigenen Person kämpfen. Das muß unbedingt beachtet werden, weil die «Sonnenstadt», «La città del sole», im Kerker geschrieben wurde. Das Buch, 1602 geschrieben, wurde sehr schnell bekannt. Bereits 1620 bis 1623 erschien in Frankfurt am Main die erste deutsche Übersetzung.

Man könnte sich fragen, woher Campanella diese seine Auffassung hatte, die Auffassung einer geschlossenen Wehrsiedlung. In Platons «Politeia» wurde immer eine Art Vorbild gesehen, und bis zu einem gewissen Grade stimmt das, wenn wir einige uns heute fragwürdig scheinende Teile der «Sonnenstadt» ansehen. Zum Beispiel trat auch Campanella für eine sehr strikte Sexualdisziplin ein, die fraglos an die berühmte Sexualhygiene in Platons «Politeia» erinnert. Das heißt also: Die gewählten Beamten hatten praktisch die Aufgabe, die biologische Reproduktion der Gesellschaft planmäßig zu ordnen. Aber: Innerhalb dieser geschlossenen Wehrsiedlung finden wir Elemente, die noch stärker als bei Thomas Morus in Richtung auf die Auflösung der damaligen gesellschaftlichen Strukturen zielten. Es ging Campanella nicht nur um das Gemeineigentum, sondern es ging ihm auch um das Prinzip der Gleichheit.

Er geht insofern über Morus hinaus, als es für ihn keine Gründe gibt, dort, wo keine Herrschaftsverhältnisse bestehen, eine andere Form der gesellschaftlichen Herrschaft einzuführen, nämlich die Herrschaft der Geschlechter. Zum ersten Mal seit langer Zeit taucht also bei Campanella 1602 ein Prinzip auf, das wir zuletzt in der Antike gesehen haben – bei den linken Sophisten und zum Teil bei Platon –, das völlig verlorengegangen war: die absolute Gleichstellung von Mann und Frau. Die Sonnenstadt wird von Leitern und Leiterinnen verwaltet. Es ist interessant, daß die Einwohner, die Solarier und die Solarierinnen, jeweils ihre eigene Leitung wählen.*

* «Und es ist ebenso interessant, daß in der von mir konsultierten Literatur nirgends steht, die Solarierinnen hätten ihre eigenen Leiterinnen gewählten, überall steht, sie würden ihre eigenen weiblichen Leiter wählen – dies nur nebenbei im Hinblick auf die Etymologisierung der Frauensituation. Ihr lest zweifellos genauso wie ich jeden Montag die Sportberichte in der Zeitung, und es ist mir immer eine Verblüffung wert, zu lesen, daß in Deutschland die Frauen in Frauen-Mannschaften ihre Spiele

Die eigentliche Entscheidungsinstanz ist die Volksversammlung, zu der alle Mitglieder der Sonnenstadt ab dem 20. Lebensjahr Zugang haben – da sehen wir die berühmte Isonomie, die Gleichheitstendenz der Antike wiederauftauchen. Die Verwaltungsämter sind nur Wahlämter, daß da das Prinzip des Wissens als Voraussetzung der Wählbarkeit erscheint, hängt auch mit einem pädagogischen Hintergedanken Campanellas zusammen. Wir kennen das uralte Prinzip schon von Platon her: Nur der Philosoph hat das Recht zu herrschen. Hier wird die Sache jedoch anders verstanden, und zwar deshalb, weil dieses Wissen, obgleich Bedingung für die Bekleidung eines Amtes, in der «Sonnenstadt» als Allgemeinbildung realisiert wird.

In der Frage der Arbeitspflicht ist er genauso streng wie Morus, reduziert aber – vielleicht, weil er eben Kalabreser war – die 6-stündige Tagesarbeitszeit von Morus auf vier Stunden. Da ist eine 35-Stunden-Arbeitswoche wirklich etwas, was weit hinter Campanella zurückfällt. In der Bevölkerungspolitik taucht das Platonsche Element oder sagen wir ruhig: das rassenhygienische Element wieder auf. Bei der Verteilung der produzierten Güter finden wir etwas, das wiederum mit der damaligen Gesellschaft ebensowenig in Übereinklang zu bringen war wie es das mit der heutigen Gesellschaft ist. Es ist klar, daß mit der Verwirklichung der Arbeitspflicht ein jeder nach seinen Fähigkeiten eingeteilt werden soll. Auffallend ist, daß Campanella es als eine Verpflichtung der Sonnenstadt ansieht, auch geistig und körperlich Behinderte in die Arbeitspflicht einzubeziehen. Es kommt allerdings hinzu, daß ein jeder zwar genötigt ist, sich einteilen zu lassen von den Wahlbeamten gemäß seinen Fähigkeiten, daß aber diese Einteilung gemäß der Fähigkeiten keineswegs korrespondiert mit einer Privilegienordnung. Das heißt: Daß jeder nach seinen Fähigkeiten geben muß, bedeutet nicht, daß jeder nach seinen Fähigkeiten empfangen kann. Vielmehr erfolgt die Verteilung der Güter nach dem Prinzip der absoluten Gleichheit, ganz abgesehen also davon, was der einzelne zur Produktion dieser Güter beiträgt. Somit finden wir hier einen Produktions- und Konsumtionskommunismus.

Am interessantesten für uns sind vielleicht Campanellas Vorstellungen von der Pädagogik. Die Bedeutung der Erziehung ist bei allen Utopisten immer gleich gewesen, bis auf den heutigen Tag: Die Erziehung gilt als das formende Element der Gesellschaft, weil durch die Erziehung die Mitglieder der Gesellschaft erst gebildet werden. Sehr aktuell sind Campanellas Vorschläge zur Pädagogik, so aktuell, daß fraglos die heutige Schülerschaft sehr froh wäre, wenn es die Möglichkeit gäbe, diese pädagogische Utopie heute zu verwirklichen. Campanella geht von einem sehr einfachen Prinzip

austragen – so wie eben die Solarierinnen ihre weiblichen Leiter gewählt haben.» (J. A.)

aus: daß das Lernen in Form des Spielens zu erfolgen habe. Der Lehrer sei keineswegs ein Anleiter, sondern er habe nur die Aufgabe, die Neugier zu wecken und das Interesse, also die Aufmerksamkeit wachzurufen. Der eigentliche Lernprozeß jedoch solle durch das Spielen erfolgen.

Natürlich ist das eine Utopie, aber eine sehr lesenswerte und vielleicht auch liebenswerte. So stellt er sich zum Beispiel das Erlernen des Lesens und Schreibens, Vorbedingung für die Wahlämter, folgendermaßen vor: Die Kinder werden – auch nur vier Stunden am Tag – in riesigen Hallen gewissermaßen freigelassen, auf deren Mauern Buchstaben, Zeichen und Zahlen stehen. Die Aufgabe der Lehrer ist, die dort spielenden Kinder dazu anzuregen, daß sie nach der Bedeutung der Zeichen fragen. Nur so, in dieser zweifellos noch rohen und naiven, aber doch nachahmenswerten Weise, meint Campanella, solle der Lernprozeß vonstatten gehen.

Ebenso interessant finde ich, daß im weiteren Verlauf des Lernprozesses Campanella ausgesprochen polytechnische Vorstellungen entwickelt; polytechnische Vorstellungen mit eindeutigen Hinweisen auf den Versuch, die Monotonie der Arbeit und des Berufs zu durchbrechen. Die Zöglinge, wie sie genannt werden, sollen mehrere Tätigkeiten erlernen – was natürlich auch die jeweilige Einteilung in den Arbeitsprozeß erleichtert.

Es muß jedoch noch etwas anderes hinzugefügt werden. Womöglich wurden Campanellas Vorstellungen nicht nur durch seine unmittelbaren Erfahrungen geprägt: Klosterkommunismus, Aufstand gegen den König, Tendenz zur Gleichheit. Vielleicht spielten auch die inzwischen in Europa eingetroffenen Berichte über den berühmten Jesuitenstaat in Paraguay eine Rolle.*

In Paraguay hatte der Jesuitenorden ein rein kommunistisches Gemeinwesen aufgebaut, in dem auch Arbeitspflicht herrschte und in dem keine Entlohnung vorgesehen war, sondern nur eine Verteilung der produzierten Güter. Und dieses Jesuitenexperiment, das von Anfang des 17. bis Mitte des 18. Jahrhunderts existierte, war so erfolgreich, daß die spanischen Kolonisten den Papst um Hilfe baten, um den Jesuitenstaat zu zerstören. Er wurde deshalb zerstört, weil die großen spanischen Handelskapitalisten ins Hintertreffen geraten waren, denn die durch dieses kommunistische System in Paraguay auf die internationalen Märkte gebrachte Ware war viel billiger als die in den anderen spanischen Ländereien hergestellte. Somit hatte man schon Grund, gegen die Jesuiten einzuschreiten.

Die Utopisten blieben jedoch ohne Folgen. Weder Thomas Morus noch Tommaso Campanella wurden in der Art in die Wirklichkeit eingebracht, daß man sich an ihnen orientiert hätte. Erst viel später, als die Arbeiterbewegung sich in die von mir schon erwähnte Suche nach klassischen Ahnen

* Siehe dazu: Caramon, Philip: Ein verlorenes Paradies. München, 1979

stürzte, wurden Morus und vor allem Campanella entdeckt als Wegbereiter des Sozialismus.

Die Monarchomachen nun, um auf sie zu sprechen zu kommen, sind im Gegensatz zu den Utopisten pure Theoretiker, die tatsächlich am Schreibtisch arbeiten und – allerdings durchaus angeregt von der Wirklichkeit – ihre Theorien entwickeln. Sie haben keinen politisch-sozialkritischen Ausgangspunkt, sondern einen normativen Ausgangspunkt: Die von ihnen ins Zentrum gestellte Norm ist die Norm des Naturrechts. Daraus entwickelt sich auch das Prinzip der Volkssouveränität und, damit verbunden, das Prinzip der Vertragslehre. Während im allgemeinen die Vertragslehre zurückgeführt wird auf Hobbes und Locke – stammt die moderne Vertragslehre in Wirklichkeit von den Monarchomachen. Gefährlich war diese Vertragslehre deshalb, weil im Zentrum des Interesses der Monarchomachen nicht etwa das Zustandekommen des Vertrags stand, sondern die Situation, die sich ergibt, wenn der Monarch den Vertrag nicht einhält. Was sich dort entwickelte, ist in der Tat eine Kritik der politischen Macht, weil der Ausgangspunkt in der Frage liegt, inwiefern die Macht überhaupt in sich legitimiert ist, ausgeübt zu werden, und inwiefern Macht überhaupt dazu in der Lage ist, das Wohl des Volkes zu besorgen.

Utopische Vorstellungen brachten die Monarchmachen nicht hervor. Doch wenn die Realisierung einer Idee ein Zeichen dafür ist, daß man sich auf der Seite der Sieger befindet, so sind, weltgeschichtlich gesehen, die Monarchomachen auf der Seite der Sieger zu verorten. Denn ihre Theorien zum Königsmord wurden durchaus praktiziert. Es handelt sich um eine Praktizierung, die eine Koppelung darstellte zwischen Wirklichkeit und Theoretisieren der Wirklichkeit. Ein Beispiel nur: 1589 wurde Heinrich III., König von Frankreich, ermordet. Zehn Jahre später schrieb Juan de Mariana, ein Jesuit, «De rege et regis institutione» (Mariana 1969), »Über den König und die Institution des Königs», wo er öffentlich zur Ermordung des Königs aufrief. Und kurz darauf wurde der vierte Heinrich von Frankreich ebenfalls ermordet. Er ist euch vermutlich bekannt, weil er – unbewußterweise – der Erfinder des Satzes ist, daß Berlin eine Reise wert sei. Natürlich meinte er nicht Berlin, sondern Paris, und er meinte nicht die Reise, sondern die Messe. Dieser berühmt gewordene Satz «Paris ist eine Messe wert» führte übrigens auch zu seiner Ermordung. Er war Hugenotte und als Heinrich von Navarra das eigentliche Haupt der Hugenottenbewegung in Frankreich. Als er nach der Ermordung Heinrichs III. 1589 nominell König von Frankreich wurde, mußte er eine Bedingung erfüllen, nämlich die Konversion zum Katholizismus. So wurde er als Hugenotte katholischer König – das ist der Sinn des Satzes «Paris ist eine Messe wert». Mit anderen Worten: Seine Konversion zum Katholizismus hatte offensichtlich politische Gründe.

Es ist die Frage, inwiefern die Lehre vom Königsmord auch weiterwirkte. Bekannt ist ja, daß am Ende einer langen Entwicklung auch in England 1649 der erste Karl geköpft wurde, ein absoluter König, und daß ein anderer absoluter König, Ludwig XVI. von Frankreich, ebenso Opfer dieser Theorie war, daß das Volk den König töten könne. Man kann also sagen, daß die Theorie der Monarchomachen im Gegensatz zu der der Utopisten durchaus, wie es so schön heißt, geschichtswirksam geworden ist.

Die Monarchomachen selber setzten in der Tat voraus, daß das Volk der eigentliche Souverän sei. Bei ihnen wird die Souveränitätsfrage zum ersten Mal eindeutig geklärt, vor allem in der Frage der Verantwortung des Souveräns, des Volkes, und in der Verantwortung des Fürsten. Die politische Folge dieser Theorie war zunächst, von der naturrechtlichen Begründung her, die Bejahung des Widerstandsrechts. Darauf habe ich bereits hingewiesen: eine Bejahung, die normativ begründet wurde, keineswegs also aus einer sozialen Analyse herkam. Diese Theorie beinhaltete eine Kritik der Politik, in der zum ersten Mal der Widerstand und das Recht auf Widerstand entwickelt wurde, ohne Rückgriff auf das religiöse Moment. Im Mittelalter hatte es auch die Lehre vom Widerstand gegeben, aber es handelte sich immer um eine Lehre, die begründet war – im Sinne der Augustinischen Lehre oder wie bei Thomas Müntzer – in der Auffassung, daß der König ein Gottloser ist, daß der König ein Sünder ist, daß deswegen gegen den König auch Widerstand geleistet werden kann und Ungehorsam möglich ist; also nicht etwa begründet mit der Unfähigkeit eines Königs, das Wohl des Volkes zu besorgen und also den Vertrag einzuhalten.

Die Monarchomachen begnügen sich jedoch nicht mit dem Ungehorsam. Zu den politischen Folgen gehört auch eine Säkularisierung der Legitimität, und eben im Zuge dieser Säkularisierung kommt der Gedanke des Königsmords auf. Es geht um die Frage der Verantwortung und der Zuständigkeit bei der Bestimmung derjenigen, die herrschen sollen. In der traditionellen Lehre, die dann in die absolutistische Auffassung vom Gottesgnadentum des Königs einfloß, gab es eindeutig nur eine Verantwortung von Seiten des Königs: die Verantwortung vor Gott. Der Widerstand gegen den König wurde im Mittelalter dadurch gerechtfertigt, daß der König diese seine Verantwortung vor Gott nicht einhielt. Die zweite Form der Legitimation – wir kennen sie aus dem Investiturstreit – war, daß der jeweils Herrschende nur dann berechtigt war, Herrschaft auszuüben, wenn er über die Zustimmung des Papstes oder der Bischöfe oder, im Heiligen Römischen Reich deutscher Nation, über die Zustimmung der Kurfürsten verfügte. Von dem Monarchomachen François Hotman mit seinem 1573 erschienenen Buch «Franco Gallia» (Dennert 1968) bis zu De Mariana, dem Radikalsten der Monarchomachen, finden wir allmählich die völlige Umkehrung dieses Verhältnisses. Jetzt ist der Fürst nicht mehr vor Gott verantwortlich – der einzige, der vor Gott Verantwortung hat, ist das Volk selbst. Das Volk also ist für sein Tun Gott verantwortlich, der Fürst hingegen ist dem Volk für sein Tun verantwortlich. Der König ist also abhängig vom Wohlwollen des Volkes.

In dieser Umkehrung, daß der Fürst nun dem Volk verantwortlich ist, findet De Mariana die Begründung für die Berechtigung des Volkes, sich des Königs zu entledigen. De Mariana, ein Jesuit, war besonders radikal in seinen Forderungen. Wenn ich vom möglichen Verstoß dieser Texte gegen geltendes Recht spreche, so meine ich «De rege et regis institutione» von De Mariana. Sabine, der bereits erwähnte konservative amerikanische Historiker der politischen Ideen, bezeichnet das Buch von De Mariana als «infam», während Touchard, ein linksliberaler französischer Historiker, das Buch «tapfer» nennt. Zwischen Infamie und Tapferkeit also bewegen sich die Monarchomachen, darin zeigt sich ihre Parteilichkeit. Vor allem wichtig ist das Prinzip, daß das Volk jederzeit berechtigt ist, den König abzusetzen, und wenn der König sich dagegen sträubt, ihn in anderer Weise abzusetzen als in der sonst rechtlich vorgeschriebenen.

Wir haben es hier mit zwei Punkten zu tun, die uns weiterführen. Erstens: Aus dem Prinzip der Volkssouveränität entnimmt der Monarchomache die Wirklichkeit des Konsensus. Diese Wirklichkeit des Konsensus ist nicht wie etwa bei Marsilius von Padua, der auch von der Volkssouveränität sprach, nur ein Prinzip, eine Norm. Dort ging man davon aus, daß, imaginär gewissermaßen, rein normativ ein Vertrag geschlossen wurde und daß durch diesen Vertrag das Volk seine anfängliche Zustimmung gegeben hätte. Die neue Konsensuslehre ist nun – was vielleicht an die heutige Wahlmodalität erinnert – eine Art permanente Erklärung des Mißtrauens gegenüber dem König. Der König ist immer der Kontrolle unterworfen, und es ist nicht mehr so, daß die einmal erreichte Zustimmung unwiderrufbar besteht. Die Zustimmung ist immer eine auf Widerruf.

Zweitens: Gerade aus diesem Grund liegt das Investiturrecht, das Recht also, den König einzusetzen, ganz und gar beim Volk. Das ist nicht nur wegen der gerade festgestellten Umkehrung des Prinzips der Verantwortlichkeit wichtig, sondern ebenso, weil sich dahinter ein anderes Moment verbirgt: Wenn der König nur vom Volk eingesetzt werden kann, so ist dies eine eindeutige Absage an das dynastische Prinzip. Ein Junius Brutus schrieb in seinem 1579 erschienenen Buch «Vindiciae contra tyrannos» (Dennert 1968), also «Rechtsansprüche gegen die Tyrannen»: Die Regierenden werden vom Volk geschaffen, nicht das Volk von den Regierenden. Niemand werde mit der Krone auf dem Haupt geboren.

Das bedeutet somit: Am Anfang steht die freie Wahl des Königs durch das Volk, und am Ende steht die Zurücknahme der anfangs getroffenen Zustimmung, wenn der König dem Willen des Volks nicht gerecht wird. Daß die Legitimation durch Vertrag erreicht wird, ist zwar eine alte Lehre, sie gewinnt aber jetzt eine neue Bedeutung, weil der Vertrag nicht mehr der formelle Akt der Anerkennung einer dynastisch schon vorhandenen Macht ist, sondern der Vertrag, jetzt ernstgenommen, wird verstanden als eine Art alltäglicher Konsensusbildung des Volkes gegenüber dem König und als alltägliche Überprüfung der Verantwortung des Königs durch das Volk. Gewiß gibt es hier Unterschiede: Hotman geht aus von einer Art passiver Zustimmung, derart daß, wenn das Volk nicht nein sagt, die Legitimation des Herrschers gegeben ist. De Mariana andererseits geht dazu über, von einer Permanenz der Zustimmungserklärung zu sprechen. Es geht aber noch weiter. Zu dieser Form des Verhältnisses zwischen Volk und König kommt noch eine zusätzliche Ausweitung des Widerstandsrechts, die wiederum eine Legitimation des Königsmords ist: Gerade auf Grund des Wahlcharakters der Monarchie kann ein Monarch, von dem das Volk meint, daß er die Interessen des Volks nicht vertritt, zum «Populi hostes» erklärt werden, zum Volksfeind. Ist aber der Monarch zum Volksfeind erklärt worden – so bei Buchanan 1578: «Über das Recht des Königreichs bei den Schotten» (Buchanan 1578) –, dann ist klar, daß der Königsmord keiner weiteren Legitimation mehr bedarf. Noch weitergehend ist die Schrift eines Jesuiten, dessen Namen ich nicht ausfindig machen konnte, die zu deutsch lautet: «Sieben Bücher der christlichen Politik» von 1596 – über christliche Politik wohlgemerkt. Bei diesem unbekannt gebliebenen Autor wird aus der Volksfeinderklärung des Königs und dem Widerstandsrecht schon ein Revolutionsrecht. Er spricht davon, daß das Volk nicht nur das Recht hat, den König abzusetzen, wenn dieser sich dem Volkswillen verweigert, sondern daß das Volk auch das Recht hat, überhaupt das Königtum als Staatsform abzuschaffen. Zum ersten Mal also taucht der Gedanke auf, daß die Souveränität des Volks ihre Verwirklichung auch darin finden kann, die Staatsform zu verändern.

Man könnte sich fragen, warum eigentlich ein Teil dieser schärfer vorgehenden Monarchomachen von den Jesuiten stammt. Denn die Jesuiten, die «Gesellschaft Jesu», sind bekanntlich ein Orden, der geradezu ein Symbol der Gegenreformation geworden ist. Er wurde 1534 von Ignatius von Loyola gegründet, einem Spanier, und wurde 1540 als Orden anerkannt. Es ist wirklich danach zu fragen, weshalb ausgerechnet die Jesuiten, die in der Zeit der Gegenreformation zur Hauptstütze des Papsttums wurden, zugleich derart «gefährliche» und «verhängnisvolle» Lehren entwickeln konnten.

Ich habe schon auf den Jesuitenstaat in Paraguay hingewiesen. Die Jesuiten sind eine eigentümliche Gruppe. Es ist ein relativ kleiner Orden, auf der ganzen Welt gibt es nur 21.000 Jesuiten nach dem Stand von vor drei, vier Jahren. Sie haben keine klare politische Position, sie sind gewissermaßen jeweils die Ankündiger einer neuen gesellschaftlichen Epoche. Deshalb waren sie im vorigen Jahrhundert ausgesprochen reaktionär; sie haben die allgemeine europäische Reaktion vorweggenommen. Damals allerdings bezogen sie eine Position, die keineswegs die Position der herrschenden Lehre ist. Wie es heute bestellt ist, ist euch bekannt: Die Jesuiten in Latein- und Mittelamerika gehören zu den berühmten Theologen der Befreiung und werden deshalb zuweilen auch umgebracht. – Ich nehme an, daß die Jesuiten deshalb keine Schwierigkeiten mit der Abschaffung des Königtums hatten, weil sich etwas ereignet hatte, das gewissermaßen die Institution König – religiös gesehen – vogelfrei machte.

Im Prozeß der Säkularisierung nämlich hatten die Jesuiten wie die Bevölkerung überhaupt mit Königen zu tun, deren Legitimation nicht mehr durch die Kirche vermittelt war. Der absolute König brauchte die Investitur durch die Kirche nicht mehr. Insofern war der jesuitische Theoretiker und Theologe völlig von der Sorge befreit, gegen ein kirchliches Prinzip zu verstoßen, wenn er zum Königsmord aufrief. Das ist auch der Grund, warum die Jesuiten andererseits Gegner der absoluten Stellung des Papstes waren, so wie sie von Aegidius Romanus entwickelt wurde: weil sie zugleich bei ihrem Prinzip des unbedingten Gehorsams gegenüber dem Papst doch immer die Tendenz hatten, sich von diesem ihrem eigenen Prinzip freizumachen. Es ist euch vielleicht bekannt, daß seit etwa 15 Jahren ein sehr erbitterter Kampf im Gange ist zwischen der «Gesellschaft Jesu» und der Römischen Kurie. Das ist ein Kampf, der zum Teil auch zu den bekannten Erscheinungen führt: Der Jesuitenorden ist zwar zum unbedingten Gehorsam gegenüber dem Papst verpflichtet, er ist jedoch als Orden eine freie Gesellschaft, die ihren General selbst wählt. Und nach dem Tod eines spanischen Jesuitengenerals sind bekanntlich alle Versuche des Papstes, seinen Mann durchzusetzen, gescheitert.*

Ihre Stellungnahme gegen Aegidius Romanus war eine Stellungnahme gegen die Macht und die Präsenz der Kirche «in temporalibus», das heißt: in

* «Auch hier eine persönliche Bemerkung: Die Jesuiten stehen heute so weit links, daß ich zuweilen in ihren Akademien zu Gast bin. Das letzte Mal war dies in der Nähe von Mailand, wo in der Jesuitenuniversität eine Tagung stattfand über das Thema ‹Das öffentliche und das Private›. Die drei Referenten waren Norberto Bobbio, ein liberaler Sozialist, Etienne Balibar, ein orthodoxer Marxist aus Frankreich, und der Häretiker-Marxist, der ich wäre. Bei der Gelegenheit übrigens hat der Chef der Universität, der den eigentümlichen Namen ‹Padre Imperial› trägt, also den Familiennamen ‹Kaiserlich", sich heftig gegen den jetzigen Papst geäußert, privat, beim Abendessen: ‹ein völlig ungebildeter Mensch›; ‹der ist und bleibt ein Pole›; ‹der hat überhaupt keine Ahnung von katholischer Kultur›. Als ich das weitererzählte und meine Frau sagte, er habe mir dies doch bestimmt unter dem Prinzip der Verschwiegenheit erzählt, erwiderte ich: ‹Nein, denn er ist Jesuit; er hat's mir gesagt, damit ich es nach außen weitertrage.› Soweit zu den Jesuiten.»(J. A.)

den weltlichen Dingen. Dies bringt übrigens die Jesuiten selber in eine eigentümliche Widersprüchlichkeit; denn auf der einen Seite wollen sie, daß der Papst sich beschränkt auf die geistlichen Dinge, auf der anderen Seite sind sie selber überall politisch präsent. Doch das ist eine Widersprüchlichkeit, mit der sie – eben weil sie Jesuiten sind – wahrscheinlich ohne weiteres fertig werden können.

Aus der anderen Quelle der Legitimation, nämlich aus dem Volk – an Stelle Gottes –, kommen Prozesse in Gang, die sich nicht nur in der Ermordung von Königen äußern. Es sind Prozesse, die wiederum zunächst in England begonnen haben und die zum ersten «weltgeschichtlich offiziellen», nachweisbaren Erfolg vor dem Erfolg einer bürgerlichen Revolution geführt haben.

Die Ermordung des vierten Heinrich 1610 stand noch im Zeichen des Widerstandsrechts, im Zeichen der Monarchomachentheorie. Als 1649 Karl I. nicht mehr ermordet, sondern hingerichtet wurde, da war diese Hinrichtung schon die Folge des bürgerlichen Durchbruchs, eine Folgeerscheinung der großen englischen Revolution, wobei ich nicht etwa die Glorreiche Revolution von 1688 meine – die in Wirklichkeit gar keine Revolution war, sondern eine Restauration – sondern das, was die Engländer die große Rebellion nannten; die Cromwellsche Rebellion gegen den König zunächst und dann selbst gegen das Parlament.

Innerhalb des Cromwellschen Revolutionsheeres bildete sich – in zweifacher Weise: auf der Seite der «Levellers», der Gleichmacher, und auf der Seite der «Diggers», der Landarbeiter – eine Theorie, die in der Tat zum ersten Mal eindeutig als kommunistisch zu bezeichnen ist. Die Levellers und die Diggers, vor allem die Zentralgestalt Winstanley, werden Gegenstand der nächsten Sitzung sein.

9. Januar 1990

Die Rebellion in England: Cromwell, die Levellers und die praktische Subversion der Diggers

Ich hatte das letzte Mal die von einem anonymen Jesuiten verfaßte Schrift «Sieben Bücher der christlichen Politik» erwähnt, in der der Verfasser nicht nur für das Recht auf Tötung des Königs eintrat, sondern darüber hinaus dem Volk auch das Recht zusprach, die Staatsform zu verändern. Das war für die damalige Zeit insofern eine erstaunliche Forderung, weil bei aller Feindseligkeit gegen den König doch immer nur die Entgegensetzung zwischen dem dynastischen König oder dem Wahlkönig bestand – doch daran, daß es einen König geben sollte, gab es in der damaligen Diskussion, wenn man von den italienischen Stadtrepubliken absieht, keinen Zweifel. Hier also: nicht nur den König töten, sondern die Staatsform ändern.

Ein halbes Jahrhundert danach wurde diese Perspektive durch die Cromwellsche große Rebellion zur Wirklichkeit. Es hat natürlich seine Gründe, warum in England die Cromwellsche Revolution Große Rebellion genannt wird. Die Engländer sind stolz auf ihre Glorreiche Revolution, die, ich wiederhole, in Wirklichkeit eine Restauration war. – Ich muß kurz erklären, warum die Engländer das Revolution nannten. Cromwell war weg, der König kam wieder mit absolutem Recht. Dann hat man 1689 das ursprüngliche Dominanzrecht des Parlaments wiederhergestellt, also den König gezwungen, die Entscheidungen des Parlaments zu respektieren. Das wurde Revolution genannt, weil die Engländer das Wort «Revolution» im astronomischen Sinne verwenden. Astronomisch bedeutet Revolution: die Rückkehr eines Planeten auf den ursprünglichen Ausgangspunkt. Und deshalb nannten die Engländer die Rückkehr ihrer Verfassung vom Absolutismus zurück zum errungenen Prinzip des Parlamentarismus eine Revolution.

Was Cromwell veranstaltete, war keine Revolution, sondern eine Rebellion. Doch hier muß man vorsichtig sein. Mit der Cromwellschen Rebellion war keineswegs die Rebellion gegen den König gemeint, denn der Feldzug des Cromwellschen Heeres gegen den König wurde geführt im Auftrag des Parlaments. Unter der Rebellion versteht die englische Geschichtsschreibung vielmehr, daß Cromwell das Parlament auseinanderjagte. Alles begann 1628 mit der «Petition of Right». Karl I. herrschte absolutistisch, aber er wurde doch gezwungen – auch eine Art friedlicher Revolution – der «Erklärung der Rechte» zuzustimmen. Die «Erklärung der Rechte» ist sozusagen das erste offizielle Grundgesetz eines bürgerlichen Staates, doch im Grunde noch im Keimstadium: Kein freier Bürger dürfe zu Steuern oder sonstigen Leistungen gezwungen werden ohne Zustimmung des Parlaments – ein Satz, der bis heute gilt. Es dürfe keine Haft und Verhaftungen ohne gesetzliche Grundlage geben und – für die damalige Zeit der Kriegsführer sehr wichtig – es dürfe keine Einquartierung von Heereseinheiten geben ohne Bewilligung der Hausbewohner. Außerdem wurden die Kriegsgerichte abgeschafft.

Gemessen an dieser Erklärung der Rechte war selbst die berühmte «Magna Charta», von der Frau Thatcher meinte, sie wäre der eigentliche revolutionäre Akt der Neuzeit, «eine armselige Sache», wie ein Vertreter des Revolutionsheeres meinte. Diese Petition von 1628 ging zweifellos weit darüber hinaus. Aber diese Petition bedeutete noch nicht die Errichtung eines freien Gemeinwesens; dafür sollte eigentlich Cromwells Revolution sorgen.

Cromwell selbst (1599–1658) stammte aus dem Kleinadel und war ein streng puritanisch erzogener Mensch. Seit 1640 gehörte er dem sogenannten Langen Parlament an. Dieses Lange Parlament, das von 1640 bis 1647 herrschte, hat eine eigentümliche Position in der englischen Geschichte inne. Es handelte sich fraglos um ein frei gewähltes Parlament, an dessen Wahl schätzungsweise – die Zahlen schwanken – ein Zwanzigstel der wahlberechtigten Bevölkerung Englands teilgenommen hat, mehr nicht. Dieses Parlament, das für sich in Anspruch nahm, die Herrschaft des Königs zu ersetzen, herrschte in der Tat; man sprach von einer Parlamentsdespotie. John Milton, der berühmte Dichter, schrieb 1644 – also vier Jahre nach Beginn des Langen Parlaments – eine Schrift «Areopagitica» (Milton 1987), auf deutsch in etwa: «Gerichtsverhandlung», in der er zu Gericht sitzt über dieses Parlament und in der es heißt, man habe die eine Despotie des Königs durch die andere Despotie des Parlaments nur ausgewechselt.

John Milton wurde 1645 vom Langen Parlament verhaftet, obwohl eine gesetzliche Grundlage dafür nicht gegeben war. Das heißt also: Das Parlament nahm sich selber das Recht zu herrschen. Aus der damaligen Zeit stammt der berühmte Satz: «Das englische Parlament kann alles, nur eines nicht: eine Frau in einen Mann verwandeln oder einen Mann in eine Frau.» (Radbruch 1946: 38) Es war eine absolute Herrschaft, die durchaus den Widerstand der damaligen Intellektuellen, den Widerstand auch diverser sozialer Gruppen herausforderte, denn im Grunde war das Lange Parlament ein Parlament des Adels. Gerade im Auftrag des Langen Parlaments allerdings organisierte ab 1642 Cromwell sein Revolutionsheer. Dieses Revolutionsheer war ein Sammelbecken vieler sozialer und auch religiöser Gruppen, deren Glaubensbekenntnis das Glaubensbekenntnis der Independenten war, während das Lange Parlament von den Presbyterianern dominiert wurde. Die Independenten traten für eines ein: für die Entstaatlichung der Kirche. Denn für sie war die anglikanische Staats- oder Bischofskirche nichts weiter als die Übernahme katholischer hierarchischer Formen in die Form der Nationalkirche. Sie war also für sie nichts anderes als eine Kopie der katholischen Kirche, nur eben auf nationalem Boden. Von dieser Zeit an begann sich ohnehin ein Antiklerikalismus in England auszubreiten, der durchaus für Zündstoff sorgte; ein Antiklerikalismus, der in jedem nicht von der Gemeinde gewählten Geistlichen einfach einen katholischen Priester sieht.

Noch ein paar Daten: 1645 siegt das Revolutionsheer gegen den König — das war aber nicht die Rebellion. Die Rebellion fand 1647 statt, auf dem Höhepunkt der Macht der Levellers, einer berühmten Gruppe innerhalb des Revolutionsheeres, die heute hier noch zu verhandeln sein wird. Im Zusammenhang mit dem Aufstand besetzte Cromwell mit seiner Truppe einfach das Parlament, verjagte die Presbyterianer, die da saßen, und ließ nur die Independenten zu. Es war ein Rumpfparlament, 1648 gegründet; ein Rumpfparlament insofern, weil in der Tat die eigentlich — von der geringen Zahl der Bevölkerung — gewählten Volksvertreter verjagt und ersetzt wurden von Offizieren und Soldaten des Cromwellschen Heeres, die sich selbst zu Volksvertretern ernannt hatten. Im Zusammenhang mit der Besetzung des Parlaments und der Gründung des Rumpfparlaments ist der Aufstand der Levellers zu sehen.

1649 wurde Karl I. hingerichtet, und es wurde von Cromwell nicht etwa die Republik, sondern das Commonwealth ausgerufen. Warum nicht Republik, denn Commonwealth heißt eigentlich «res publica», die «Öffentliche Sache»? Es gehört zu den interessantesten und mir völlig unverständlichen Seiten des englischen Geisteslebens und der politischen Kultur, daß die Engländer eine fürchterliche Angst haben vor dem Wort Republik. Sie können alles vertragen, doch was mit Republik zu tun hat, scheint bei ihnen auf Widerstand zu treffen. Cromwell jedenfalls ging weiter: Er proklamierte sich selbst 1653 zum Lordprotektor und herrschte bis 1658. Diese Republik bestand anschließend noch zwei weitere Jahre durch den Sohn Cromwells. Er war aber wohl politisch unfähig, wurde schnell abgesetzt und ersetzt durch den zurückgekehrten absoluten König.

Zu Cromwell ist zu bemerken, daß er keineswegs etwa ein Revolutionär war. Doch er war ein großer Politiker. Mit Cromwell beginnt England, eine Seeweltmacht zu werden. Er schrieb auch einige Navigationsakten und dergleichen. Man kann sagen: Cromwell, der Rebell, der die gute Art der englischen Entwicklung gewissermaßen zerstörte, ist zugleich der Begründer

der englischen Weltmacht gewesen. Insofern liegt die Bedeutung der Cromwellschen Revolution und seines Revolutionsheeres auch auf einem anderen Gebiet, nicht nur auf dem Gebiet der, sagen wir, Veränderung der politischen Form, sondern es handelt sich um den Beginn einer weitergehenden Entwicklung. Ich habe schon gesagt, daß England dem Kontinent voraus war. Alles, was im Grunde in den häretischen Bewegungen des Mittelalters und in den Bauernkriegen sich manifestierte als eine Rebellion von Unterdrückten, gewinnt durch die Cromwellsche Revolution oder Rebellion in England eine politische Form. Nach Marx in der «Neuen Rheinischen Zeitung» vom Dezember 1848 ist diese Rebellion die Proklamation der politischen Ordnung für die neue europäische Gesellschaft. Nach dem Scheitern der Bauern sei es hiermit zum Sieg der Bourgeoisie, des bürgerlichen Rechts über die mittelalterlichen Privilegien gekommen. Darin liegt also die welt- oder gesellschaftsgeschichtliche Bedeutung. Cromwell selbst jedoch war alles andere als ein subversives Element. Deshalb gehört er eigentlich nicht in diese Vorlesung, ist nur eine Rahmenbedingung dessen, was sich im Revolutionsheer selbst vollzog.

Eher zu den Subversiven gehörte der Theoretiker der Rebellion, der zugleich auch politisch tätig war und sich als Diplomat in den Dienst der Regierung Cromwells stellte, der vorhin erwähnte John Milton (1608—1674). Milton ist euch allen bekannt als Dichter, der, nachdem er erblindet war, das Epos «Das verlorene Paradies» (Milton 1986) geschrieben hat. Was Milton so subversiv macht, kommt besonders in seinen Schriften von 1651 und 1654 heraus, in der «Verteidigung des englischen Volkes» (Milton 1651). Er nimmt da die Lehre der Monarchomachen wieder auf und führt sie weiter. Der Anlaß zur «Verteidigung des englischen Volkes» liegt darin, daß auf der einen Seite der König zwar getötet wurde, und zu Recht getötet wurde im Sinne der Lehre der Monarchomachen; daß auf der anderen Seite aber selbst im Sinne der Monarchomachen die Entledigung des Königs einer Legitimation bedurfte — und nun steht Milton vor dem Problem, daß da ein König getötet wurde ohne irgendeine Legitimation. Denn das Rumpfparlament war praktisch durch einen Staatsstreich entstanden, und der König wurde aus eigentlich politischen Gründen getötet: weil die Levellers auf der Abschaffung des Königs bestanden, da sie meinten, daß Cromwell sonst mit dem König und dem Parlament ein Bündnis geschlossen hätte.

Vor dieses Problem gestellt, geht Milton über die normale monarchomachische Theorie hinaus und entwickelt dabei eine Theorie des Gewaltmonopols, die sich von der unsrigen sehr unterscheidet. Zwar fußt auch sie darauf, daß alle Gewalt vom Volk ausgeht, doch geht sie darüber hinaus: insofern als alle Gewalt beim Volk bleiben muß und zwar in dem doppelten Sinne, sowohl die Staatsgewalt innezuhaben als auch das Recht zu besitzen,

Gewalt auszuüben. «Die Gewalt von Königen und Magistraten ist nichts anderes als das, was ableitbar und ihnen vom Volk zu treuen Händen (*in trust*) übertragen und anvertraut worden ist, zum Gemeinwohl aller, bei denen die Gewalt im Grunde jedoch immer verbleibt und die ihnen nicht ohne eine Verletzung ihres natürlichen Geburtsrechts genommen werden kann.» (zit. nach: Fetscher/Münkler 1988, Bd.3: 327) Wenn dem so ist, meint Milton, dann hat nicht nur der Magistrat, also die Richter, das Recht, einen König abzusetzen oder zu töten, vielmehr steht das Recht, einen König zu töten, einem jeden Individuum zu. Das ist eine Form des Widerstandsrechts, die wir wiederfinden werden – nicht subversiv, sondern konstitutionell – in der jakobinischen französischen Verfassung von 1793, in Artikel 35, zur Bestimmung des Widerstandsrechts.

Milton stand zweifellos auf der Seite Cromwells, er hat Cromwell außenpolitisch sehr geholfen, doch ging er institutionell schon einen Schritt weiter und begab sich in eine für uns eben als subversiv geltende Form des Denkens. Seine Schriften wurden sofort nach der Rückkehr des absoluten Königs (1660) verbrannt, woraufhin er begann, «Das verlorene Paradies» zu schreiben.

Um dem Gegenstand näherzukommen, müssen wir uns auch die politische Konstellation genauer ansehen. Dies schon deshalb, weil ein großer Teil der Geschichtsschreibung meint, daß die Auseinandersetzungen und Kriege der damaligen Zeit im Grunde Religionskriege gewesen seien. Immer noch also – wir befinden uns noch vor der Aufklärung – gilt die Religion als Ausdrucksmittel für die Ausfechtung auch politischer und gesellschaftlicher Kämpfe. Die Machtkonstellation ist einfach: Wir haben nach wie vor den König oder die Königsprätendenten – die Königspartei war ja nicht tot –, wir haben das Parlament und das Heer. Wo das Volk blieb, könnte man fragen. Das Volk war, wie man heutzutage zu sagen pflegt, außen vor. Entweder war es organisiert im Revolutionsheer von Cromwell oder es lebte einfach unbeteiligt außerhalb der stattfindenden Kämpfe.

In Wirklichkeit haben wir es nicht nur mit Religionskriegen oder -fragen zu tun, sondern mit einem Geflecht, in dem verschiedene Faktoren zusammenkommen, die den Aufstieg der Bourgeoisie oder, wie Marx sagte, die Proklamation der politischen Ordnung für eine neue europäische Gesellschaft begleiteten. Es handelt sich also um einen Kontext von religiös und klassenpolitisch, gesellschaftspolitisch bedingten Kämpfen. Das Wort «Klasse» taucht übrigens bei Winstanley, dem Ideologen, dem Theoretiker der Diggers, zum ersten Mal auf. Wie sieht nun die Situation aus in England? Ich stelle sie schon deshalb immer wieder gerne dar, um dem Mythos von dem berühmten friedlichen englischen Weg zur liberalen Demokratie ein Ende zu bereiten.

Auf der einen Seite finden wir auch nach der Hinrichtung des Königs die Koppelung zwischen dem Königshaus oder der Königspartei, dem verbliebenen Großadel oder was davon übriggeblieben war, nachdem die Großadelsfamilien sich selber zerfleischt hatten in den sogenannten «Rosenkriegen» – ein paar Dutzend Familien waren übriggeblieben –, und den sogenannten Kavalieren. Die Kavaliere waren eigentlich die Massenbasis der Königspartei. Man könnte sagen, es waren im wesentlichen der Hofadel und andererseits, militärisch gesehen, die Prätorianergarden des Königs. «Die Kavaliere» nannte man auch das Heer, das 1642 von Cromwell geschlagen wurde. In religiöser Hinsicht war dieser soziale und politische Block verbunden mit der anglikanischen Bischofskirche. Ich sagte schon, daß diese anglikanische Bischofskirche von den anderen empfunden wurde als nationale Fortsetzung der katholischen Kirche; und die damaligen Schriften und Pamphlete sind voll Hohn und Spott bezüglich der Frage, worin denn der Unterschied läge zwischen einem römischen und einem anglikanischen Bischof.

Auf der anderen Seite stand das Bürgertum der Städte, die eigentliche Bourgeoisie, zusammen mit der Gentry – also mit demjenigen Landadel, der die Bauern vertrieben hatte, die großen Weiden schuf und, damit verbunden, zur ersten Manufakturarbeit überging – und dem mittleren Bürgertum, Handwerkern und unteren Volksschichten. Ich nenne sie alle zusammen, weil sie in religiöser Hinsicht, einheitlich dachten. Sie waren Puritaner. Nun, genauso wie auf der gesellschaftlichen Seite diese Gruppe nicht homogen sein konnte, gab es auch auf der religiösen Seite die entsprechende Spaltung. Das kapitalistische Bürgertum und der Neuadel war durchweg presbyterianisch eingestellt – das Lange Parlament war ja ein Parlament von Presbyterianern. Was die Presbyterianer im einzelnen sind, das brauche ich hier nicht zu untersuchen, ich bin auch kein Theologe. Wichtig für uns ist, daß die Presbyterianer charakterisiert waren nicht nur durch eine strikte Orientierung an der Bibel, am Alten Testament, sondern – das war politisch wichtig –, daß sie an eine autoritär vorgebrachte Interpretation der Bibel gebunden waren und daß sie das Prinzip der religiösen Intoleranz verkündeten. Mit anderen Worten: Die presbyterianische Form der Religion war die Ursache für die von mir schon erwähnte Parlamentsdespotie. Das presbyterianische Parlament war gegenüber allen anderen Formen der Religion und des Denkens abgeschottet und intolerant.

Auf der sozialen Seite ist es so, daß das Kleinbürgertum, der verarmte Kleinadel, die Handwerker, die in Ansätzen schon vorhandenen städtischen Proletarier und die armen Bauern unmöglich einig sein konnten mit den sozialen Zielen des sich kapitalistisch formierenden Bürgertums und des kapitalistischen neuen Adels, also Geldadels. Auf der religiösen Seite organisierten sie sich in den Independenten, in den unabhängigen Gemeinden.

Diese unabhängigen Gemeinden proklamierten schon ein paar Jahrzehnte vor Locke das Prinzip der religiösen Toleranz. Nun war diese Gruppe der Independenten keineswegs einheitlich – weil sie eben selber sozial nicht einheitlich war. Kleinbürgertum und Kleinadel auf der einen Seite, arme Bauern und städtische Handwerker, verarmte Handwerker und versprengte, in Armut in den Städten lebende – weil von ihren Ländereien verjagte – Bauern konnten unmöglich einheitlich denken. Und so bildeten sich innerhalb der Independenten sogenannte Sekten, die in Wirklichkeit aber manch echte politische Gruppierung waren: die Levellers und die Quintomonarchen, die für die Fünfte Monarchie eintraten. Die Fünfte Monarchie war für sie der Ausdruck für das Dritte Reich des Joachim von Fiore, das waren also die Chiliasten; und es bildeten sich die Antinomisten, die von Cromwell als «die schweigenden Anarchisten» bezeichnet wurden, was schon eine Ahnung von dem vermittelt, was hinter dem Wort sich verbirgt: «nomos» heißt auf griechisch Gesetz, und die Antinomisten waren diejenigen, die gegen die Herrschaft der Gesetze antraten. Dieses fand seinen Ausdruck auch bei den Diggers, der zweiten großen Gruppe der Subversiven der damaligen Zeit.

Bei den Levellers handelt es sich um eine in der Organisationsform schon modern anmutende Gruppierung, die, der Name sagt es schon, für die Gleichmacherei, für die Gleichheit eintrat. Das Problem der Gleichheit stellte sich von vornherein nach dem Sieg des Revolutionsheeres. «Ich glaube wirklich, daß der ärmste Mensch Englands das Recht hat, ein eigenes Leben zu leben genauso wie der reichste, daß jeder Mensch, der unter einer Regierung stehen muß, dazu zuerst seine Zustimmung zu geben hat und daß er einer Regierung, die er nicht gewählt hat, keinen Gehorsam schuldig ist. Wenn ihr euch auf das Naturgesetz beruft, so kann ich euch sagen, daß durch das Naturgesetz ihr (das sind die Offiziere) nicht viel mehr Recht auf den Boden oder auf andere Dinge habt als ich selber habe», sagt ein Mitglied des Soldatenrates bei der Putneydebatte 1647.[31] Der schon genannte Sabine meint, das sei schon ein Schritt in Richtung Kommunismus. Sabine irrt sich.

Die Levellers waren keineswegs Vertreter einer gleichwie gearteten Form des Gemeineigentums, sei es in der Güterproduktion, sei es in deren Verteilung. Sie waren vielmehr – unter der Führung des Freigeborenen John Lilburne (1618–1657) – Radikaldemokraten; Radikaldemokraten, die gewiß auch eine Annäherung an die Anabaptisten kannten, wobei diese Annäherung an die Wiedertäufer bei anderen Gruppierungen viel stärker war. Sie gingen innerhalb des Revolutionsheeres allerdings sehr weit: bis hin zu atheistischen und rationalistischen Vorstellungen, die erst später in der Französischen Aufklärung wieder auftauchen werden. So sagt Winstanley im Manifest der Diggers: «Am Anfang der Zeit schuf der große Schöpfer

Vernunft (‹the great creator reason›) die Erde als Gemeingut aller.» (zit. in: Bernstein 1974: 139) Da ist es also nicht mehr Gott, der die Welt schafft, sondern die «große Schöpferin Vernunft». Nun: Gemeingut aller, das war auch für die Levellers eine richtige Position. Doch sie verstanden darunter nicht etwa, daß alle gemeinsam Eigentümer der Erde wären, sondern sie dachten im Sinne einer Kleineigentümer-Demokratie und zielten auf eine gerechte Verteilung der Erde. Sie hielten also am Prinzip des Eigentums durchaus fest.

Allerdings gab es 1647 schon ganz klare Klassenfronten, weil die Levellers sich konfrontiert sahen mit einer Gruppe von Offizieren, die keineswegs für die Gleichmacherei eintrat. So kam es 1647 zu der berühmten Auseinandersetzung zwischen den als Levellers organisierten Soldaten des Cromwellschen Heeres und den Cromwellschen Offizieren. Die Offiziere meinten, daß die Herrschaft des Parlaments die eigentliche Garantie der Freiheit wäre, und zwar meinten sie mit Freiheit die erworbene Freiheit, und das war das Eigentum. Wichtiger war – auch für das Rumpfparlament – das Problem, wie denn die Repräsentation des Volkes im Zusammenhang mit dem Eigentum zu gestalten wäre. In der Diskussion, die zwischen den Vertretern der Soldatenräte und denen der Offiziere in Putney stattfand – die berühmte Putneydebatte (Macpherson 1990: 126ff), die uns glücklicherweise protokollarisch überliefert ist –, stimmten die Offiziere den Levellers durchaus darin zu, daß das Stimmrecht allen zustünde: Sie meinten, selbst der Kleinste sollte vertreten sein, aber seinem Gewicht entsprechend. Somit sprachen sie von einer qualitativen Vertretung. In einer sehr vernünftig anmutenden Argumentation waren sie der Meinung, daß derjenige, der mehr besäße, auch ein größeres Interesse hätte an der Aufrechterhaltung der Ordnung und des Gemeinwesens und deshalb auch ein größeres Gewicht und Wahlrecht haben sollte. Im Grunde war das die Resolution des alten Wahlrechts, gegen das das Cromwellsche Heer doch angegangen war – das Wahlrecht, wonach ein Adliger Anrecht hatte auf zehn Abgeordnete im Parlament, ein Gentleman, ein reicher Bürger, auf zweie und der arme Mann auf keinen. Dagegen waren die Agitatoren, wie die Vertreter der Soldatenräte genannt wurden.

Was in Regimentsräten geschieht, ist ja geschichtlich bekannt; in allen Geschichtsbüchern, die vernünftig sind, steht, daß 1647 mit der Bildung der Soldatenräte zum ersten Mal das Rätesystem gewissermaßen auf die weltgeschichtliche Bühne getreten sei. Falsch ist das nicht, vor allem, wenn man bedenkt, daß diese Soldatenräte, ohne kommunistisch zu sein, keineswegs gegen die Offiziere als solche Stellung nahmen, sondern gegen das Prinzip der qualitativen Vertretung der Offiziere. Sie traten für die quantitative Vertretung ein mit der berühmten «Erklärung der angeborenen Rechte eines

Engländers».[32] Wir sind noch weit von den Menschenrechten entfernt, es ist immer nur die Rede von den Rechten der Engländer als einer besonderen Bevölkerung.

Sie wollten das sogenannte «Kopfwahlrecht» haben: Maß sollte nicht das Interesse sein, sondern der einzelne Mensch. Mit dem Kopfwahlrecht verband sich auch für die Levellers die Notwendigkeit, eine institutionelle Form zu finden, um die mögliche Übermacht des Parlaments zu reduzieren. Diese wurde in der jederzeitigen Widerrufbarkeit des Parlaments gefunden.

Noch interessanter und vielleicht für die heutige Diskussion ebenfalls aktuell ist, daß für sie das Widerstandsrecht kein positives, also gesetzliches Recht war, sondern es wurde als ein «Common law» verstanden, als ein «Gemeinsamkeitsgesetz». Unter «Common law» verstanden die Engländer damals das, was wir heute noch «Naturrecht» nennen. Wenn man aber das Naturrecht über das gesetzliche Recht stellt, so ist klar, daß das Widerstandsrecht möglich ist auch gegen Entscheidungen eines gewählten Parlaments.

Der Streit um das Wahlrecht bekam eine besondere Bedeutung, weil die Soldatenvertreter sich für einen Volksvertrag[33] ausgesprochen hatten, für einen Text, der vom Freigeborenen John Lilburne verfaßt wurde und dessen Bedeutung man daraus ersehen kann, daß die Soldaten dieses Manifest an ihren Mützen befestigten, als sie zu den Verhandlungen mit den Offizieren gingen. Der Streit um das Wahlrecht war deshalb so wichtig, weil die Levellers die uns schon von den Zwölf Artikeln der Bauern her bekannte Wählbarkeit der Beamten einforderten. Sie verlangten, nur Wahlbeamte zu haben, und lehnten ernannte Beamten oder gar ein Berufsbeamtentum ab: «Ich kann keinen Grund im Gesetz Gottes finden, warum ein Lord zwanzig Abgeordnete wählen soll, ein Gentleman nur zwei und ein armer Mann gar keinen.» (zit. nach: Fetscher/Münkler 1985, Bd. 3: 321)

Interessant ist jedoch, daß die Levellers selbst eine Einschränkung vornahmen. Als ihnen von Seiten der Offiziere vorgeworfen wurde, sie träten für ein universelles Wahlrecht ein, und das wäre doch unmöglich, denn es gäbe Diebe, Verbrecher usw., da antworteten sie mit einer Abschwächung. Tendenziell, meinten sie, müßte jeder Engländer eine Stimme haben, denn «ich glaube wirklich, daß der ärmste Mensch Englands das Recht hat, ein eigenes Leben zu leben genauso wie der reichste (ich wiederhole) und deshalb glaube ich ..., daß jedermann eine Stimme haben soll».[34] Auf der anderen Seite aber, konfrontiert mit diesem Vorwurf, sie wollten im Grunde anarchische Zustände einführen, limitierten die Levellers ihre Forderung nach dem allgemeinen Wahlrecht: Sie schlossen die Diener, die Bettler und die Lehrlinge aus. Der Grund ist keineswegs so unvernünftig, wie es vielleicht zunächst klingt. Er war nicht etwa eine Mißachtung von Dienern, Bettlern und Lehrlingen, sondern der Grund war die Abhängigkeit dieser Berufsgruppen. Wir dürfen eines nicht vergessen: Wenn wir vom Wahlrecht reden, ob vom allgemeinen oder vom nicht allgemeinen, müssen wir nicht nur sehen, daß das allgemeine Wahlrecht bis vor kurzem, bis zum Beginn dieses Jahrhunderts nur ein Männerwahlrecht war, sondern auch, daß das allgemeine Wahlrecht in der damaligen Zeit – wie in Preußen mit dem Drei-Klassen-Wahlrecht – nicht mit geheimen Wahlen verbunden war. Mit anderen Worten: Zu Recht wurde argumentiert, daß ein Diener, der mit seinem Herrn zu einer Wahl geht, es wohl kaum schaffen werde, gegen seinen Herrn zu wählen; und das gleiche gelte für die Lehrlinge und erst recht für die Bettler, denn: Wie können Bettler gegen ihre Wohltäter wählen?, und ihre Wohltäter waren reiche Leute. Ich verweise auf das Preußische Drei-Klassen-Wahlrecht, weil vor allem in Ostpreußen, in einem Gebiet, das inzwischen bekanntlich sehr weit weg liegt, in Pommern usw., die Gutsherren mit ihren Bauern, Knechten und Stallknechten gemeinsam zur Wahl gingen, und die Knechte wählten natürlich, wie der Herr es befahl – so etwa wie bei den bekannten allgemeinen Wahlen in einem anderen Teil der Republik bis vor kurzem. Insofern war es wichtig, diese Streitfrage zu klären.

Doch ließen die Levellers durchaus die Möglichkeit offen, daß durch eine entsprechende Änderung der gesellschaftlichen Verhältnisse – in der von ihnen gemeinten Perspektive einer allgemeinen Aufteilung des Eigentums – es eines Tages dazu kommen könnte, daß es keine Bettler mehr gäbe, daß es keine Diener mehr gäbe, daß also tatsächlich einem jeden Engländer die eine Stimme zustehen würde.

Zum Volksvertrag: Der Volksvertrag hatte den schönen Namen «Volksvertrag auf der Grundlage allgemeinen Rechtes, um alle vorurteilslosen Leute zu vereinigen». (zit. nach Bernstein 1974: 85) Dieser Volksvertrag nimmt zum Teil tatsächlich die Konstitution von 1793 voraus und weitet zugleich aus und setzt fort, was wir von den Artikeln der schwäbischen Bauern her kennen. Gewiß ist er eine Errungenschaft der damaligen Zeit und gewiß bleibt auch für die Levellers die höchste Autorität bei der Vertretungskörperschaft. Das Wahlalter übrigens wird auf 21 Jahre festgelegt, und, das muß man sich überlegen, dieses Wahlalter galt bis vor kurzem in der ganzen Welt, eine Festlegung von 1647. Viel wichtiger ist jedoch, daß die anerkannte Dominanz des Parlaments eingeschränkt wird dadurch, daß das Parlament nur ein einjähriges Parlament sein darf und daß sich zwar ein jeder zur Wiederwahl stellen kann, aber erst bei der jeweils übernächsten Legislaturperiode. Wichtig ist auch die Inkompatibilität zwischen Staatsapparat und Volksvertretung. Mit anderen Worten: Die Staatsbeamten durften sich nicht wählen lassen, es sei denn, sie würden ihren Beruf aufgeben. –

Ihr wißt ja, daß die Bundesrepublik eine viel elegantere Lösung gefunden hat, wenn man so sagen will. Sie hat bekanntlich viele Beamte im Bundestag, doch sie brauchen ihren Beruf nicht aufzugeben, sondern ihr Beruf «ruht» während der Zeit, in der sie im Parlament sitzen. Und man meint, durch das Ruhen des Beamtenberufs dächten die Leute eben nicht mehr wie Beamte, denn bekanntlich hängt bei den Deutschen das Amt mit dem Verstand zusammen. Wenn also jemand ruht im Beruf, dann ruht auch sein Berufsverstand.

Sehr wichtig für die Levellers war auch die Forderung nach Religionsfreiheit, eine Forderung, die durchaus von allen Independenten getragen wurde. Interessanterweise traten die Presbyterianer auch für Religionsfreiheit ein, doch in einem sehr katholischen Sinne: Gemeint war die Freiheit der Presbyterianer, ihre eigene Religion auszuüben – verbunden mit der Unfreiheit der Ausübung anderer Religionen. In einem Punkt gehen die Levellers über 1793 hinaus: Zum ersten Mal wird die Forderung nach Wehrdienstverweigerung gestellt. Die Steuer soll eine aufs Einkommen bezogene gerechte Steuer sein – das richtet sich eindeutig gegen die Offiziere. Und, ich sagte es schon, an die Stelle des ernannten Beamten oder des Berufsbeamten sollte der gewählte Beamte treten. Das ist eine Forderung, die später auch in die amerikanische Verfassung einging.

Die Levellers waren eine sehr gut organisierte, heute würde man sagen, militante Gruppe, die auch eine politische Funktion für Cromwell hatte; insofern eine politische Funktion, als sie von ihm instrumentalisiert wurde für seinen Kampf gegen das Parlament – denn er wollte ja Lordprotektor werden. 1649 wurden sie dann von den anderen Teilen des Heeres zerschlagen.

Gerade als die Levellers zerschlagen wurden, tauchte eine andere Gruppierung auf, eine Gruppierung, die sich schon in der Art ihres Auftretens von den Levellers unterschied, obwohl sie vieles mit ihnen gemeinsam hatte: die Diggers.

Was sind die Diggers? Ins Italienische oder Französische läßt sich das sehr gut übersetzen, für das Deutsche habe ich bis jetzt noch keine Übersetzung gefunden, es wird einfach von den Diggers gesprochen. Gemeint ist ein Vorgang in der Landwirtschaft. Bei bestimmten landwirtschaftlichen Produkten, das ist euch allen bekannt, sofern ihr «grün» seid, muß die Erdscholle durch eine Hacke umgegraben werden. Die Diggers sind Umgräber. Die beste deutsche Übersetzung dürfte sein: «Ackerknechte». Insofern könnte man sagen: Das ist das erste Mal, daß das proletarische Element als proletarisches Element sich tatsächlich selbständig macht und politisch betätigt. Ich sage «zum ersten Mal», weil wir das proletarische Element sehr häufig getroffen haben, doch immer im Zusammenhang mit anderen

Gruppen; die Diggers jedoch wollten sich einfach trennen von der übrigen Gesellschaft, so daß man sagen könnte, es ist die erste Artikulation des eigentlichen Proletariats als Klasse. Sabine sagt, daß das berühmte Manifest der Diggers und das von Gerrard Winstanley (1609 geboren) 1652 verkündete »Gesetz der Freiheit» (Winstanley 1983: 157ff) die erste Form einer echten kommunistischen Utopie gewesen sei.

Wer waren nun diese Diggers? Ihr Publikumskontakt wurde dadurch hergestellt, daß sie eifrige Verfasser meist politischer Flugschriften waren, die sie in der Landbevölkerung verteilten. Eine Theorie hatten sie 1649 noch nicht. Es handelte sich mehr um eine soziale Bewegung, die sich auf die Suche nach der Theorie begeben hatte, und ihr Anführer schuf auch tatsächlich die Theorie, kurz bevor sie 1652 zerschlagen wurde. Aber am 8. April 1649, als die Diggers das erste Mal nach ihrer Ankündigung in Flugschriften in Tätigkeit traten, wurde die Subversion praktisch, die Kritik der Politik verließ das Flugblatt und fing an, an die Stelle der und gegen die übliche Politik zu treten und eine gesellschaftliche Wirklichkeit zu werden. Bernstein ist der einzige deutsche Autor, der ein ernsthaftes Buch über die Levellers und Diggers geschrieben hat. Er beschreibt im neunten Kapitel seines Buches in sehr schöner, beinahe poetischer Form dieses plötzliche Auftreten der Subversion als Praxis: «Am Sonntag den 8. April 1649, als Lilburne und andere Wortführer der Levellers schon wieder im Tower saßen, tauchten plötzlich ... etwa vier bis fünf geographische Meilen südwestlich von London, eine Anzahl mit Schaufeln ... versehener Leute auf und fing an, auf oder an einem dort gelegenen Hügel, dem St. George Hill, unbebautes Land umzugraben, um Korn und andere Früchte darauf anzubauen. Sie seien erst noch wenige, erklärten sie den Landleuten der Umgebung, aber ihre Zahl werde bald auf 4000 steigen. Sie wollten allen Menschen die wahre Gemeinschaft zeigen und zugängig machen, und beweisen, ‹daß es eine unbestreitbare Sache der Gerechtigkeit sei, daß das arbeitende Volk auf dem öffentlichen Lande grabe, pflüge, pflanze und wohne, ohne es zu mieten oder an jemanden Pacht zu zahlen›.» (Bernstein 1974: 131)

Das vertraten also die Diggers. Es ist in der Tat geschichtlich das erste Mal, daß eine Landbesetzung erfolgte; eine Landbesetzung, die fraglos ohne Bedeutung blieb, die aber keineswegs – und das ist wichtig – die Folge des Hungers war, keineswegs die Folge einer Empörung gegen bestimmte Leute, sondern die Folge eines Programms, die Folge also einer Theorie. Der Aktion vorausgegangen war das Manifest der Diggers. Ich habe schon aus dem Manifest der Diggers zitiert: die «große Schöpferin Vernunft», die «Erde als gemeinsames Gut»; und ich sagte, daß einiges von dem, was die Antinomisten, die Gesetzesgegner, verkündeten, auch in der Denkwelt und im Manifest der Diggers vertreten wird. Im Manifest der Diggers steht – und das steht im Zusammenhang mit der Auffassung anderer, daß England endlich ein freies Land geworden sei —: «England ist ein Gefängnis: die vielen Spitzfindigkeiten der mit der Gewalt des Schwertes erhaltenen Gesetze sind die Riegel, Querstangen und Türen des Gefängnisses, die Juristen sind die Wächter und die anderen Leute die Gefangenen. Denn laßt einen Mann in die Hände eines dieser Leute, vom Gerichtsvolk bis zum Richter, fallen, und er wird entweder zugrunde gerichtet oder müde seines Lebens. Wahrlich, das Gesetz, dieser große Götze, in den das Volk vernarrt ist, ist der Alb der Schöpfung, eine Pflanzschule der Faulheit, des Luxus und des Betrugs, der einzige Feind Christi, des Fürsten der Gerechtigkeit. ... Noch heutzutage sind arme Leute genötigt, in einigen Ortschaften für vier, fünf oder sechs Pence, in anderen für acht, zehn oder zwölf Pence den Tag zu arbeiten, mit so geringem Lohn, daß bei dem teuren Preise des Korns ihr Verdienst nicht ausreicht, Brot für ihre Familien zu kaufen. Wenn sie aber um des Lebens willen stehlen, so wird das mörderische Gesetz sie aufhängen. Das zeigt, daß es nicht das Gesetz der Gerechtigkeit ist, das Gesetz ist ein Mörder, es ist das Gesetz der Habgier und der Selbstsucht.» (zit. in: Bernstein 1974: 151)

Beteiligt an diesem Manifest war, wie gesagt, Winstanley. Es sollte «ein Anruf an alle Engländer» sein, «zwischen Knechtschaft und Freiheit zu wählen». (Winstanley 1983: 117) Auf der Grundlage dieser Knechtschaft stehe das Recht des Eroberers — so lautet der politische Ausdruck der Diggers für das Privateigentum. Zu Winstanley: Sein Buch «Das Gesetz der Freiheit» und andere Schriften sind zwar erschienen, aber in der DDR, in einer, wie man früher sagte, wohlfeilen Reclam-Ausgabe. (Winstanley 1983) Da es jetzt keine Schwierigkeiten mehr gibt, in den Osten der Stadt zu reisen, kann ich euch empfehlen: Geht in die nächste Buchhandlung und kauft euch das Büchlein, das zweifellos immer noch sehr lesenswert ist. Das Buch erschien 1652, ein Jahr übrigens, bevor die Diggers zerschlagen wurden von Cromwell. Doch Winstanley setzte immer noch auf Cromwell. Der volle Titel des Buchs lautet: «Das Gesetz der Freiheit als Programm dargelegt. Oder die Wiederherstellung des wahren Regierungssystems bescheidentlich dargeboten an Oliver Cromwell sowie an alle Engländer, die meine Brüder sind, ob sie dem Kirchenverband angehören oder nicht und über sie hinaus an alle Nationen der Welt, von Gerrard Winstanley.»[35]

Wichtig an diesem Buch ist nicht nur die Erklärung dessen, was wahre Freiheit sei, sondern die Erklärung, warum das, was Cromwell restauriert hat, für die Diggers und für ihn persönlich keine Freiheit war. Er stellt fest, daß zwar politische Änderungen vor sich gegangen sind mit der Rebellion, daß aber soziale Mißstände geblieben seien. Er hat im Grunde auch die politische Bedeutung der Zerschlagung der Levellers-Bewegung erkannt und bemängelt zu Recht, daß eine soziale Umwälzung nicht stattgefunden habe. Er meint, es mache nicht viel aus, wenn an die Stelle eines absolut herrschenden Königs ein ebenso absolut herrschendes Parlament trete oder ein Lordprotektor. Das Herrschaft-Knechtschaft-Verhältnis, das Untertanenverhältnis ändere sich dadurch nicht. Die Gründe, die er dazu anführt, sind erstens – das ist etwas, was wir inzwischen als gemeinsames Element aller Subversion erkannt haben, aller wirklichen Subversion –: das Fortbestehen des Rechtstitels auf Eigentum für wenige. Winstanley geht also davon aus, daß das Privateigentum erstens nur ein gesetzliches Recht ist und kein natürliches Recht, kein gemeinsames Gesetz, und zweitens, daß dieses Gesetz im Grunde von der Usurpation der Erde durch wenige ausgeht. Privateigentum sei zwar nicht Diebstahl, aber eine Usurpation.

Viel wichtiger für uns ist die Absage an das Tauschverhältnis: «Ist denn Kaufen und Verkaufen kein rechtschaffenes Gesetz (Gesetz hier im Sinne von Einrichtung)? (...) Nein, es ist ein Gesetz des Eroberers, aber kein rechtschaffenes Naturgesetz. Wie kann etwas rechtschaffen sein, was ein Schwindel [«a cheat»] ist? (...) Als die Menschheit zu kaufen und verkaufen begann, da fiel sie von ihrer Unschuld ab; denn da begannen die Menschen, einander zu unterdrücken und um ihr von Natur angeborenes Recht zu betrügen.» (zit. in : Bernstein 1974: 159) Also: Das Kaufen und Verkaufen gehört zu den Prinzipien, die nach Ansicht von Winstanley durch die Cromwellsche Rebellion nicht abgeschafft wurden. Daß damit das Tauschverhältnis, modern gesprochen, gemeint ist, kommt auch an einem anderen Punkt zum Ausdruck: «Dieses Kaufen und Verkaufen verursachte und verursacht noch Unzufriedenheit und Kriege, die die Menschheit genug geplagt haben. Und die Völker der Erde werden nie lernen, ihre Schwerter in Pflugscharen und ihre Speere in Gartenmesser umzuschmieden und die Kriege loszuwerden, als bis sie diese schwindelhafte Erfindung des Kaufens und Verkaufens zusammen mit dem Schutt der königlichen Gewalt weggeschafft haben. (...) Soll aber (...) nicht ein Mensch reicher sein als der andere? (...) Das ist durchaus nicht nötig, denn Reichtümer machen die Menschen hochmütig, stolz, zu Unterdrückern ihrer Brüder und sind die Ursachen der Kriege. Reichtum ist nicht möglich ohne Ausbeutung. (...) Niemand kann reich sein außer durch seine eigene Arbeit oder durch die Arbeit anderer, die ihm Beistand leistet. Wenn einem Mann nicht seine Mitmenschen beistehen, wird er nie imstande sein, den Betrag eines Gutes von Hunderten und Tausenden von Pfund Jahreswert einzubringen. Wenn ihm aber andere helfen, dann gehören die erzielten Güter ebenso seinem Nächsten wie ihm selbst, denn sie sind die Frucht der Arbeit anderer ebenso wie seiner eigenen (...) Aber alle Reichen leben im Wohlstand, nähren und kleiden sich mittels der Arbeit anderer und nicht von ihrer eigenen Arbeit, was eine Schande für sie ist.

(...) Denn es ist segensreicher, zu geben als zu empfangen. Die Reichen aber empfangen alles, was sie haben, von der Hand der Arbeiter, und in allem, was sie geben, geben sie die Arbeit anderer weg und nicht ihre eigene.» (zit. in: Bernstein 1974: 160) — Wenn man so sagen will, ein Mehrwertgesetz ante literam.

Gemeineigentum also, das Recht auf Bebauung des Bodens. Es findet sich auch die Vorstellung, wie das Wirtschaftliche im Grunde funktionieren soll. Diese Vorstellung kennen wir schon aus früheren Utopien: daß jeder nach seiner eigenen Fähigkeit zu arbeiten die Produkte hergibt und daß jeder von den Produkten das nimmt, was er braucht. Die wahre Freiheit allerdings besteht für Winstanley nicht etwa in der Religionsfreiheit, sie besteht auch nicht in der Freiheit der Kunst usw.: «Wahre Freiheit herrscht dort, wo der Mensch seine Nahrung und sonstigen Unterhalt erhält. ... Ein Mensch mag eher keinen Körper haben als keine Nahrung für ihn; diese Entziehung der Erde von Bruder gegen Bruder ist daher Unterdrückung und Knechtschaft. (...) Ich spreche hier mit Bezug auf die Unterdrücker und Unterdrückten. Auf die innere Knechtschaft gehe ich an dieser Stelle nicht ein, obwohl ich sicher bin, daß, wenn es richtig untersucht wird, die innere Knechtschaft, wie Habgier, Hochmut, Heuchelei, Neid, Sorge, Furcht, Verzweiflung und Wahnsinn, alle herbeigeführt werden durch äußere Knechtschaft, dadurch, daß eine Klasse Menschen auf die anderen drückt!» (zit. in: Bernstein 1974: 162f)

Er sprach außerdem von einer gemeinschaftlichen Erhaltung der Gesellschaft, von sowas also, was wir heute «gesellschaftliche Reproduktion» nennen. In diesem Zusammenhang trat er ein nicht für eine Befreiung von der Ehe — wie es in hier schon besprochenen utopischen Projekten der Fall war —, sondern für die «freie Ehe». — Die Begründung übrigens, warum Wahlbeamte nur ein Jahr im Amt sein sollten, ist zwar psychologisch, aber nicht uninteressant. Er ist der Überzeugung, daß Macht korrumpiert, wie man heute sagen würde. Sonst, meinte er, gehe der Charakter selbst hochsinniger Leute verloren. Schließlich will er an die Stelle der Priester Lehrer treten lassen, Naturwissenschaftler und Techniker.

Es gibt in seinem Gesellschaftsbild allerdings etwas, was wir von anderen subversive Theoretikern noch nicht in dieser Form kennen: Er befaßt sich auch mit dem Problem der Strafe. Er stellt gewissermaßen eine Systematik der Straffolgen auf, die sich nach der Schwere der begangenen Straftat richtet. An erste Stelle tritt die Ermahnung. Nur bei schärferen Straftaten erfolgt die Schelte durch die Gesellschaft. Die dritte Stufe ist die körperliche Bestrafung, und da springt er über alle Gefängnisse hinweg gleich zur Todesstrafe. Die Todesstrafe fordert er für drei Delikte: für Notzucht, die er den «Raub an ihrer (der Frau, A.O.-R.) körperlichen Freiheit» (zit. in:

Bernstein 1974: 171) nennt, für das private Verkaufen eines gemeinsam produzierten Gutes und für diejenigen, die Arbeitskraft ankaufen. Zentraler als die Todesstrafe für den Ankauf der Arbeitskraft ist bei Winstanley jedoch, daß er überhaupt die Unterteilung des gesellschaftlichen Körpers in Eigentümer von Arbeitskraft und in Verkäufer von Arbeitskraft aufheben will.

Ab 1660 ist dieser subversive Geist verschwunden, nachdem die Diggers bereits 1653 zerschlagen wurden. Sie nahmen eine eigentümliche Wendung, die wir schon von Seiten der Wiedertäufer her kennen: Sie wurden zu Quäkern. Von Winstanley wird berichtet, daß auch er als Quäker irgendwann nach 1660 starb.[36]

Den Levellers und den Diggers ist ein Prinzip gemeinsam: die Überordnung des natürlichen Rechts gegenüber dem gesetzten Recht, dem positiven Recht – nur, daß die Diggers da einen beachtlichen Schritt weiter gehen in Richtung nicht auf einen utopischen, sondern auf einen konkreten Kommunismus. Eine ähnliche eigentümliche Verdoppelung werden wir später finden: nach der Aufklärung in der Französischen Revolution. Man könnte sagen, daß die Levellers sich zu den Diggers verhalten wie in der Französischen Revolution die Jakobiner mit ihren Kleineigentumsvorstellungen zu den Hébertisten und zu den Enragés, die eher in Richtung auf ein Gemeineigentum tendierten. Eigentümlich ist auch die Wiederholung des Revolutionsprozesses. Genauso wie Cromwell durch den Druck der Levellers die Presbyterianer aus dem Parlament hinauswarf, so werfen später die Jakobiner unter dem Druck der Enragés die Girondisten aus dem Konvent hinaus.

Doch vor der Französischen Revolution kam etwas anderes, auch Subversives zur Geltung und zwar in der klassischen Form der Subversion. Ich sage «klassische Form der Subversion» und meine damit die Form, die am ehesten zum Thema unserer Veranstaltung paßt; denn bekanntlich heißt unsere Veranstaltung nicht «Die praktische Subversion und ihre Verwirklichung im Laufe der Weltgeschichte nebst Anleitung zum Gebrauche der selbigen in heutiger Zeit», sondern sie heißt ausdrücklich «Die subversive Theorie – die Sache selbst und ihre Geschichte». Es mag sein, daß ich am Ende des Semesters doch zur Sache selbst kommen werde – theoretisch, versteht sich.

Wichtig ist allerdings, daß vor der Französischen Revolution die Subversion wirklich als Theorie auftrat, die Subversion sich gewissermaßen selbst zur Philosophie ernannte. Das war die Zeit der Aufklärung. Und die Zeit der Aufklärung ist nicht nur, wie viele meinen, verbunden mit dem Durchbruch der Vernunft, mit dem Durchbruch auch des bürgerlichen Denkens. Sie ist verbunden mit allerhand Elementen, die keineswegs in ein ordentliches Fach der Geschichte unterzubringen sind. Selbst Voltaire, zweifellos kein Revolutionär – er war Großgrundbesitzer, zeitweise ein Freund Friedrichs II. von Preußen, und er freute sich sehr, als er durch seine schriftstellerische

Tätigkeit in die Lage kam, sich in Frankreich ein zweites großes Gut zu kaufen –, war mit seinen Worten gegen die katholische Kirche nicht sehr friedfertig und gewaltfrei. Doch geht es nicht nur um Voltaire. Ich werde euch auch mit Denkern vertraut machen, die ihr wahrscheinlich nur dem Namen nach kennt, wie Spinoza mit seinem «Tractatus theologico-politicus» (Spinoza 1979); auch mit meinem Lieblingsphilosophen Giambattista Vico. Aber das Hauptgebiet wird auf jeden Fall sein, auf die verborgenen Elemente einzugehen, die in der großen französischen Enzyklopädie zu finden sind und die dann später ausufern werden in die Französische Revolution.

Daß die Französische Revolution ihrerseits, genauso wie die Cromwellsche Rebellion auch, Subversion hervorgebracht hat – eine Subversion, die sich gegen die Revolution richtete, ohne konterrevolutionär zu sein –, werden wir noch sehen. Wichtig ist meines Erachtens, eben auf diese Entwicklung zu achten. Es ist keineswegs so, daß wir ein klares Verhältnis hätten zwischen revolutionären Prozessen auf der einen Seite und konterrevolutionären oder Restaurationsprozessen auf der anderen Seite. Wir haben vielmehr mit dem viel komplexeren und auch sinnreicheren Zusammenhang zu tun, daß eine Revolution einerseits zweifellos zu konterrevolutionären Bewegungen, meist auch zu konterrevolutionären Siegen führt, daß aber die Revolution selber in sich den radikalen Flügel entwickelt, der die Revolution in Permanenz erklärt und weitertreiben will zu Zielen, die von den Initiatoren der Revolution gar nicht gemeint waren.

16. Januar 1990

Spinozas Begriff der «Multitudo»: Die «Masse» als Subjekt. Vicos Auffassung vom Klassencharakter der Gesellschaft. Die zerstörerische Kraft der Aufklärung

Ich hatte das letzte Mal in Aussicht gestellt, daß wir heute zur Aufklärung kommen würden. Doch bei der vorbereitenden Lektüre habe ich gemerkt, daß es vielleicht gut wäre, sich mit dem zu befassen, was vor der Aufklärung stattfand, der Aufklärung vorgelagert ist, zum Teil mit der formalisierten Vernunft der Aufklärung in Konflikt stand.

Es geht nicht um Descartes (1596–1650) oder Leibniz (1646–1716), die zweifellos zwei große Philosophen sind. Doch betreiben wir hier keine Geschichte der Philosophie. Und ich kann bei diesen beiden, obwohl sie sich innovatorisch betätigt, also etwas Neues in der Philosophie auf die weltgeschichtliche Bühne gebracht haben, das nicht finden, was das Thema unserer Verhandlung hier ist. Es gibt natürlich die Meinung, daß das moderne Denken – ganz gleich, was es sei – gerade mit Descartes' «Cogito ergo sum» begonnen habe. Aber dieses Spiel kennen wir schon, angefangen im Spätmittelalter von jedem Denker, von dem man sagen könnte, daß da das moderne Denken begonnen habe. Außerdem ist es so, daß Descartes methodisch von einem Prinzip ausging, das völlig neu war für die Geschichte der Philosophie, nämlich vom Prinzip des Zweifels. Jedoch: Er selber betont, daß sein Zweifel «Dubito ergo sum»[37] nur ein methodischer Zweifel sei. Hegel bemerkt in seiner «Geschichte der Philosophie» zu Recht, es handle sich also um keine Verzweiflung bei Descartes, sondern Descartes wisse im Grunde ganz genau, daß dieser Zweifel nur den Zweck habe, zu seinem «Ich denke, also bin ich» zu gelangen und dann bei der Analyse des Denkens festzustellen – das ist eben der Grund, aus dem er für uns nicht in Frage kommt –, daß die Denkinhalte genau die sind, die die alte Philosophie auch proklamiert hatte: Gott, Gemüt, Welt, Familie, Staat, Recht, Gerechtigkeit usw. So groß also Descartes auch sein mag – er interessiert uns nicht.

Bei Leibniz ist es genauso. Gewiß, er hat innovatorisch gewirkt. Seine

Monadenlehre erlaubt sowohl den Rückgriff auf Demokrits Atomistik, also ganz weit in die Antike, wie auch einen kühnen Sprung bis zu Einsteins Relativitätstheorie, wie ich vor einiger Zeit erfuhr. Er war zweifellos auch ein großer Mathematiker, er hat die universelle Mathematik entdeckt, die wir übrigens heute als wissenschaftliche Methode der Quantifizierung kennen, und er hat die Infinitesimalrechnung entwickelt – wobei ich an dieser Stelle merke, wie oberflächlich Bildung sein kann. Ich weiß zwar, daß Leibniz sie entdeckt hat, aber ich weiß nicht, worin sie besteht.

Leibniz war politisch diplomatisch tätig. Doch im Grunde interessierte ihn an unserem Problem nur eines: wie angesichts des Bösen in der Welt die Güte Gottes zu rechtfertigen sei: die Theodizee also.

Sein «Versuch der Theodizee» (Leibniz 1968) ist wohl eines seiner wichtigsten Werke. Er führt da in einer ziemlich durch Kriege und Zerstörung gekennzeichneten Zeit, also einer im Grunde ganz üblichen Zeit, den Nachweis, daß doch alles zum Besten bestellt ist: Wir leben in «der besten aller möglichen Welten» (Leibniz 1879: 262). Dieses Wort ist dann zur Genüge strapaziert worden, ins Politische hinein. Die letzte Fassung ist ja, daß die Bundesrepublik der beste aller möglichen Staaten sei. Wer sich über die Theodizee und deren Problematik informieren will und dabei auch auf seine Kosten kommen möchte – auf die Kosten nach dem Lustprinzip –, dem empfehle ich, «Candide» von Voltaire zu lesen, 1759 geschrieben. Denn Candide ist ein junger Mann, der von einem Leibnizianer geschult worden ist, der also ganz genau weiß, daß wir in der besten aller möglichen Welten leben und sich mit dem Problem seiner eigenen Realität konfrontiert sieht: Er wird permanent verprügelt, davongejagt und muß am Ende eines jeden Kapitels feststellen: Ja, es ist doch die beste aller möglichen Welten, in der er lebt. Also weder Descartes noch Leibniz.

Ich wollte nur kurz auf Spinoza eingehen, und dann mußte ich bei der Lektüre der entsprechenden Texte feststellen, daß Spinoza eines Verweilens durchaus wert ist. Baruch de Spinoza (1632–1677) stammte aus einer wohlhabenden jüdischen Familie, wohnte in Amsterdam, verarmte jedoch durch die Umstände der Zeit: Er wurde auf Grund seiner philosophischen Einstellung am 26. Juli 1656 von dem großen Bann der jüdischen Gemeinde zu Amsterdam getroffen und aus der jüdischen Gemeinde ausgestoßen; vier Jahre später erreichte das Amsterdamer Rabbinat seine Ausweisung aus Amsterdam. Von da an begann er ein unruhiges Leben, bis zu der Periode, in der Johan de Witt, ein berühmter Politiker, in den Niederlanden regierte (1653–1672). Von da an wurden die Niederlande übrigens, obwohl Johan de Witt eine Art Diktator war wie Cromwell, zum Zufluchtsort aller möglichen rebellischen und intellektuellen Elemente der damaligen Zeit. Allerdings begann gleich nach dem Tod, der Ermordung von Johan de Witt die Verfolgung der Werke Spinozas: Sie wurden verboten und er mußte als Brillengläserschleifer sein Leben fristen. Selbst darüber liegt Schriftliches vor: Auf Grund dieser seiner Tätigkeit führte er auch eine ausgedehnte wissenschaftliche Korrespondenz über das Schleifen von Brillengläsern.

Aber Spinoza gehört zu den toten Hunden der Philosophie. In der philosophischen Geschichtsschreibung bezeichnet man als «toten Hund» denjenigen Philosophen, der, von seiner Zeit kaum zur Kenntnis genommen, wie ein toter Hund behandelt wird, um immer wieder ins Leben zurückzukehren. Es gibt im Laufe der letzten Geschichte der Philosophie drei tote Hunde, die als solche bezeichnet worden sind innerhalb der Geschichtsschreibung. Das war erstens Spinoza, der zweite war Hegel, und der dritte ist vor kurzem für tot erklärt worden: Karl Marx. Diese toten Hunde haben also die ungeheure Fähigkeit, ab und zu, periodisch gewissermaßen, erneut ins Leben zu treten. Spinoza selbst hat das zwar nicht erlebt, die deutsche Philosophie hat es aber erlebt, als 1785, inmitten der großen Zeit der deutschen Dichtung und Philosophie, der Spinozismusstreit ausbrach. Gerade die Erinnerung daran zwingt uns schon dazu, uns mit Spinoza zu befassen.

Was ist der Spinozismusstreit? Lessing hatte Spinoza wiederentdeckt und sich für seinen Pantheismus enthusiasmiert. Von Spinoza stammt das Wort der Einheit der Identität von Gott und Natur: «Deus sive natura»[38] – Gott, also die Natur. Und an diesem Satz «Gott, also die Natur» begeisterte sich Lessing, worauf – angeführt vor allem von Jacobi, dem Romantiker, und Mendelssohn, dem Rationalisten – sofort in der deutschen Diskussion der damaligen Zeit der Streit entbrannte, ob nun Lessing ein Atheist wäre oder nicht, ob er Panentheist wäre oder Pantheist, auf jeden Fall wäre er kein Christ. Da wurde Spinoza wieder lebendig, so lebendig, daß Goethe und der junge Fichte ihn auch wiederentdeckten, bis schließlich alles in die Philosophie von Schelling einmündete. Das ist das eine.

Daß Spinoza angegriffen wurde auf Grund seiner Philosophie, seiner Metaphysik, ist verständlich, denn «Deus sive natura» von 1662 war für die damalige Zeit undenkbar. Vergessen wir nicht, daß wir es hier mit einer sehr eigentümlichen Zeit zu tun haben: Es findet zwar eine Ausweitung der Rechte der Vernunft in der Philosophie statt, aber zugleich ist es die Zeit der Gegenreformation. Erst sechzig Jahre vorher ist ja noch Giordano Bruno in Rom verbrannt worden.

Und wir dürfen auch eines nicht vergessen: Sowohl bei den Lutheranern wie bei den Kalvinisten ergab sich mit eigentümlichen Verwicklungen, daß die Gegenreformation, die Attacke gegen die Reformation, abfärbte auf die Nachfolger der Reformatoren selber. Sie wurden genauso intolerant und militant wie die Katholiken. Insofern ist es also zwar verständlich, daß die «Ethik» von Spinoza auf Widerstand stieß, aber warum auch sein «Traktat»?

Warum hat der «Tractatus theologico-politicus» von 1670, veröffentlicht noch unter der Herrschaft von Johan de Witt, einen derartigen Sturm der Entrüstung entfacht? Eine Entrüstung, die sich manchmal an Einzelheiten entzündete, die aber wohl das Ganze betraf; Einzelheiten wie zum Beispiel seine Auffassung vom Recht auf Scheidung der Ehe. Doch waren das alles eher Marginalerscheinungen, die eigentlich den Sturm der Entrüstung nicht verständlich machen, vor allem deshalb, weil – da der «Tractatus» in der Regierungszeit von Johan de Witt veröffentlicht wurde – er in der Nachfolgezeit in Verkennung der liberalen Politik von Johan de Witt angesehen wurde als gewissermaßen die politische Theorie seiner Regentschaft. Es ist deshalb auch nicht weiter erstaunlich, daß dann über den «Traktat» nicht mehr gesprochen wurde. Lediglich Einzelheiten wurden in der philosophischen Historiographie rezipiert und von Autor zu Autor weitergegeben. Der «Traktat» galt als eine Abhandlung über irgendeine, gleichwie geartete liberale Regierungsform, teils in Anlehnung an Hobbes, teils in Gegensatz zu ihm, teils in Vorwegnahme von Locke; als ein typisches Stück bürgerlich liberaler Verfassungsstaatlichkeit.

Erst in der letzten Zeit hat man bei erneuter Lektüre festgestellt, daß da wohl etwas nicht stimmt. Anders gesagt: Erst in der letzten Zeit hat man angefangen, statt Bücher der Geschichte der Philosophie die Originaltexte zu lesen. So kam man dahinter, daß erstens eine Verbindung besteht zwischen der «Metaphysik», der «Ethik» und dem «Traktat», und zweitens, daß letzterer doch anders zu lesen ist als üblich. Mit anderen Worten: Jetzt erst kommt man dahinter, warum der «Traktat» damals verboten wurde.

Die Zeitgenossen von Spinoza hatten wohl schon richtig verstanden, daß hinter der Übertragung seines Prinzips «Omnis determinatio est negatio»[39], jede Bestimmung ist eine Verneinung, auf die Politik etwas mehr steckte als bloß intellektuelle Spielerei. Lesenswert in diesem Zusammenhang ist ein Buch, das Antonio Negri – übrigens im Gefängnis – geschrieben hat und das erfreulicherweise 1982 von Wagenbach herausgegeben wurde: «Die wilde Anomalie. Entwurf einer freien Gesellschaft». (Negri 1982) Das Buch ist großartig und: so gut wie unverständlich. Es wurde im Gefängnis geschrieben, und das merkt man. Das heißt: Es ist nicht an sich unverständlich, nur in dem Sinne, daß man, um dieses Buch zu verstehen, vorher Spinoza gelesen haben muß, dazu muß man über Hegel-Kenntnisse verfügen, man muß ein Marxist sein und man muß im Gefängnis gesessen haben. Toni Negri, der zu dreißig Jahren Gefängnis verurteilt wurde, lebt zur Zeit in Paris im Exil.

Worin liegt nun das Eigentümliche, das jetzt bei der Lektüre des Textes von Spinoza herauskommt? Erstens, daß metaphysische Kategorien unmittelbar auf die Politik übertragen werden. Das Zweite und Wichtigere für uns ist, daß Spinoza – am Anfang des bürgerlichen Individualismus, denn wir stehen hier am Anfang des bürgerlichen Individualismus, des echten, voll entfalteten – die Grenze des bürgerlich individualistischen Denkens sprengt und in gewisser Hinsicht bereits nachbürgerlich denkt, nachbürgerlich nicht etwa in Richtung auf eine proletarische, sozialistische oder kommunistische Auffassung der Politik und der Gesellschaft, davon ist bei ihm keine Rede; sondern nachbürgerlich, weil er etwas anderes entdeckt, das bis dahin in der großen, der klassischen Theorie überhaupt nicht behandelt wurde.

Wir wissen, daß die allgemeine Orientierung der Subversion sich entzündete am Projekt, am Wunsch der Volkssouveränität. Vom Volk ist immer die Rede: bei Thomas Müntzer, bei den Levellers, bei den Diggers; vom Volk ist schon bei Marsilius von Padua die Rede – und mitten drin, zwischen Renaissance und Aufklärung, kommt dieser Amsterdamer Jude auf einen ganz anderen Begriff und faßt politisch den Unterschied zwischen Substanz und Erscheinung der Substanz als den Unterschied zwischen den Erscheinungsformen der Gesellschaft und der eigentlich substantiellen Kraft dieser Gesellschaft. Und diese substantielle Kraft liegt in der «Multitudo». Zum ersten Mal also taucht die Masse, die «Multitudo», als Subjekt auf: nicht nur als Subjekt, sondern als substantielle Kraft einer Gesellschaft, deren Erscheinungsformen dann bloß Modi, Modalitäten sind, die jederzeit wechseln können. Zentrum und Substanz der Gesellschaft ist im Grunde die «Multitudo». Das heißt: Die Entdeckung der Masse als Subjekt hat stattgefunden.

Damit verbunden erfährt der Begriff «Volk» eine Spezifizierung: «Volk» meint weder die unteren Schichten noch das einheitliche Ganze, sondern das, was wir heute die «Masse» nennen. Diese gesellschaftliche Bestimmung ist etwas Neues, was schon deshalb unsere Aufmerksamkeit erregen muß, weil da Spinoza sein berühmtes Verhältnis von der einzigen Wichtigkeit der Substanz gegenüber der Unwichtigkeit und Kontingenz des Andersseinkönnens der Modi übersetzt auf das Verhältnis zwischen «Multitudo» und Gesamtgesellschaft, zwischen «Multitudo» und Staat. Anders gesagt: Mit Spinoza haben wir zwar eine freie Gesellschaft vor uns, doch diese freie Gesellschaft ist ein Kollektiv.

Er verwirft schon deshalb Hobbes' Vertragstheorie, weil diese immer von Individuen ausgeht, von einzelnen, die sich einem einzelnen unterwerfen, um in Frieden weiterleben zu können. Für Spinoza dagegen ist die eigentliche Wirklichkeit das Ganze, und zwar nicht etwa das Ganze unter Einschluß des Staates, sondern das Ganze verstanden als eine gesellschaftliche Kraft, die sich dem Staat gegenübersieht.

Doch bedeutet dies nicht etwa, daß Spinoza eine Trennung vollzöge zwischen Staat und Gesellschaft. Das ist das eigentlich Neue und Verblüffende bei ihm: daß er die Trennung zwischen bürgerlicher Gesellschaft einerseits und dem Staat andererseits, zwischen den Individualitäten einerseits und den Machtfunktionen andererseits nicht akzeptiert – eine Trennung, die für Hobbes ebenso charakteristisch war wie für das gesamte damalige Denken. Die Art, die gesellschaftliche Wirklichkeit so zu betrachten, als ob es auf der einen Seite Machtverhältnisse institutioneller Art gäbe, den Leviathan, und auf der anderen Seite eine Fülle sich frei entfaltender Individuen, und daß das Problem also darin läge, eine friedliche und friedfertige Einheit herzustellen zwischen den in freier Konkurrenz sich bekämpfenden Individuen und der Friedensinstitution Staat, wird von Spinoza nicht geteilt.

Diese Trennung von Staat und Gesellschaft ging in der damaligen Zeit bereits immer mehr in Richtung auf den freien Markt, in Richtung auf die freie Akkumulation, für die der Staat dann nur – siehe Hobbes und Locke – die sogenannten friedlichen Rahmenbedingungen, den inneren Frieden, zu sichern hätte.

Spinoza erkennt demgegenüber, daß es eine andere gesellschaftlich wichtige Trennung gibt. Im Grunde existiere zwischen den Machtfunktionen des Staates und den Herrschaftsstrukturen der Gesellschaft überhaupt keine Trennung, stattdessen eine Identität und innerhalb dieser Identität eine Übereinstimmung. Die Machtfunktionen des Staates sind nicht etwas, das sie von der Gesellschaft abhebt und die Gesellschaft dann ordnet, sondern die Machtfunktionen des Staates ist ein Ausfluß der in der Gesellschaft vorhandenen Herrschaftsstrukturen. Das nennt er «Potestas», Macht. Die Macht ist für ihn also nicht nur die Macht des Staates, sondern auch die Macht derjenigen Teile der Gesellschaft, die sich mit dem Staat identifizieren, den Staat tragen, sich im Staat erkennen. Und dieser Macht gegenüber stellt er nun eine völlig neue Art der Trennung: die «Multitudo», die nicht in der «Potestas» ihren Ausdruck findet, sondern vielmehr in der «Potentia», in der Fähigkeit und dem Vermögen der freien politischen Entfaltung und vor allem in der multitudobedingten, also massenhaften, Befriedigung von Bedürfnissen.

«Potestas» ist damit jenes Gesamte, das im Zusammenhang der verschiedenen Verhältnisse sowohl gesellschaftlich ökonomischer Art – Produktionsverhältnisses, – wie auch politischer Art – Staatsformen und Staatsinstitutionen – liegt. Diese «Potestas» ist zum Teil Ergebnis der Entwicklung, zum Teil aber auch Ursache der Einengung, der die «Multitudo» unterworfen ist bezüglich der Möglichkeit der eigenen freien Entfaltung. Das bedeutet: Für Spinoza ist der gegebene Staat ein Instrument mit der Funktion, die Ausdehnung der substantiellen Kraft der «Multitudo» einzugrenzen und einzuengen in bestimmte Verhältnisse. Und diese Einengung in bestimmte Verhältnisse, daß also die substantielle Kraft der «Multitudo» durch die Bestimmtheit der politischen Institutionen eingeengt wird, ist gerade die politische Übersetzung des berühmten Satzes «Omnis determinatio est negatio», jede Bestimmung ist eine Negation, in die Politik wie in die Metaphysik. Jede Art, eine sich ausdehnende Kraft einzuschränken, ist immer die Negation der sich ausdehnenden Kraft.

Mit anderen Worten: Während für Hobbes die Konkurrenz gewissermaßen der Motor der Entwicklung war, der Krieg aller gegen alle, und im Konkurrenzprinzip das Element lag, aus dem dann auch der Staat als notwendig erachtet wurde – das ist übrigens auch der Grund, warum man meinte, Spinoza habe nur die These von Hobbes fortgesetzt: weil Hobbes sagte, diese Konkurrenz müsse überwunden werden, der Kampf aller gegen alle müsse transformiert werden in den sozialen Frieden des Staates –, liegt die Sache für Spinoza genau umgekehrt: Er sieht den eigentlichen Motor der gesellschaftlichen Entwicklung in einer anderen Art der Negation, darin also, daß die «Multitudo» als «Potentia», als Vermögen, als Fähigkeit der Entfaltung sich gewissermaßen der «Potestas» verweigert, sich der «Potestas» entgegenstellt. Deshalb spricht man bei ihm von einer »negativen» Politik. Es ist noch keine Kritik der Politik im modernen Sinne des Wortes, sondern es ist eine negative Politik in dem Sinne, daß eben der eigentliche Stoff, aus dem der Staat gemacht wird, die Massen sind, die sich von vornherein dem Staat gegenüber und in einer gegen ihn gerichteten Position befinden.

In diesem Zusammenhang erhält die Zielsetzung der Freiheit des Denkens bei Spinoza eine eigentümliche Wende. Nicht etwa, daß er gegen die Freiheit des Denkens gewesen wäre – die Philosophie damals trat sehr für die Freiheit des Denkens ein, denn sie mußte mit der schon erwähnten gegenreformatorischen Atmosphäre fertig werden –, aber für ihn bedeutete die Freiheit des Denkens etwas mehr als nur die Möglichkeit, seine Gedanken frei zu äußern. Spinoza war materialistisch genug, diese Freiheit zu fassen als eine materialistische Freiheit. Er spricht wörtlich von der «Freiheit der körperlichen Ausdehnung der Multitudo». Damit meint er eben, daß die eigentliche Freiheit nicht darin bestehe, daß man sich ausdrückt, sondern daß daß man in der Lage ist, seine Bedürfnisse zu befriedigen – und zwar als unmittelbare Befriedigung.

Vielleicht liegt hierin der springende Punkt für das Verbot des «Traktats». So wie ich es darstelle, klingt es ja wie eine ganz normale politische Theorie, die später eine noch viel resolutere Form wird annehmen können. Aber wir müssen an die damalige Zeit denken und an die damalige Situation der Niederlande. Es ist euch zweifellos bekannt, daß die Niederlande ein sehr reiches Land waren, im Grunde waren sie damals die erste große Kolonialmacht der Welt. Die niederländische Gesellschaft war also eine eigentümliche Gesellschaft – und ausgerechnet in dieser Gesellschaft von einer «Multitudo» zu reden, von einer Masse, die nach der Befriedigung der eigenen Bedürfnisse suchte, war schon eine Blasphemie. Denn die eigentliche Kraft und Substanz der niederländischen Gesellschaft lag keineswegs in der «Multitudo», sondern in dem Wohlstand der Patrizier; sie entstand nicht aus der Befriedigung der Bedürfnisse aller, sondern aus der Ausdehnung des Handels – die berühmten niederländischen Indienkompanien – und aus der Vermehrung des Gewinns. Im Grunde also empfand die damalige Gesellschaft Spinozas «Traktat» als eine Herausforderung gegen den Wohlstand der Patrizier. Sie waren auch an einer Ausdehnung interessiert, doch nicht an der «körperlichen Ausdehnung der Multitudo», sondern an der Ausdehnung ihrer eigenen Handelskapitalien. Man kann also sagen, daß sicherlich genügend Sprengstoff in Spinozas Äußerungen enthalten war.

Die eigentliche Entdeckung der Massen war allerdings etwas, was damals in seiner Sprengkraft nicht ganz verstanden werden konnte; man verstand nur, daß da ein politisches System entwickelt wurde, das gegen die Interessen der damaligen sehr reichen niederländischen Bourgeoisie stand.

Die Hauptkonsequenzen dieser Theorie sollen kurz dargestellt werden. Ich muß noch daran erinnern, daß nach der Ansicht von Hobbes, der damals der große Vertreter der politischen Theorie war, der Staat sich verselbständigen konnte gegenüber der Gesellschaft, so daß man sagen kann, daß Hobbes der erste ist, der von der Autonomie des Politischen sprach – Autonomie in dem Sinn, daß der Leviathan, der Staat, in der Tat der Herrscher «legibus solutus» – von allen Gesetzen befreit – machen konnte, was er wollte. Mit anderen Worten: In der Sicht von Hobbes – obwohl das in der Realität nicht stimmte – gab es keinerlei gesellschaftliche Bedingtheit für die Politik. Der Staat war in seiner Politik nicht etwa bestimmt durch gesellschaftliche Interessen. Es war ja gerade nach Hobbes der Sinn des Staates, das Allgemeine zu verkünden: Der Staat sollte für den Frieden aller sorgen. Und nun wird diese Autonomie der Politik von Spinoza in Frage gestellt. Die Politik sei nicht autonom, denn die Politik sei gerade das Resultat der Verbindung, nämlich zwischen den Institutionen des Staates und den Interessen der Gesellschaft, der herrschenden Gruppe der Gesellschaft – zusammengefaßt im Begriff der «Potestas», der Macht. Das ist der eine Punkt.

Der zweite Punkt ist, um es nochmals zu betonen, daß, auch wiederum zum ersten Mal, das politische Verhältnis und das Konfliktverhältnis in der Politik nicht etwa gesehen wird im Kampf einzelner Gruppen und Klassen um die Macht, sondern in der radikalen Gegenüberstellung von Opposition und «Potestas». Das heißt, daß da eine viel radikalere Trennung zwischen Staat und Gesellschaft auf der einen Seite und ausgegrenzter Masse auf der anderen Seite stattfindet als in der typischen Form der bürgerlichen Fiktion, wonach hier der Staat ist und dort die Gesellschaft. Die Opposition wird bei Spinoza eine totale, eine globale Opposition, denn die Opposition der

«Multitudo» ist sowohl gerichtet gegen die Machtinstitutionen des Staates wie auch gegen die gesellschaftliche «Potestas». Gemeint war die reiche Bourgeoisie der damaligen Zeit. Das führt im Laufe der weiteren Entwicklung Spinoza zufolge dazu, daß die «Potentia» die Kraft entwickeln muß, sich gegen die «Potestas» durchzusetzen, um das zu erreichen, was wir heute eine Hegemonialstellung nennen. Er spricht von der Möglichkeit der Vorherrschaft der «Potentia» gegenüber der «Potestas». Wenn aber die «Potentia», die gesellschaftliche Kraft der Massen, sich organisatorisch gegen den Staat wende, könne sie natürlich nicht die Institutionen des Staates akzeptieren. Und das ist vielleicht das Faszinierendste an dieser Konstruktion: Wir haben da zum ersten Mal die Vorstellung einer Gesellschaft, die sich in Assoziationen organisiert, um gegen die Institutionen vorzugehen. Assoziationismus also. Die Assoziation wird als die eigentliche Organisationsform der «Multitudo» gesehen gegenüber den an sich festen, in sich stabilen Institutionen der Gesellschaft.

Richtschnur für die gesellschaftlichen Entscheidungen in dieser Hegemonialstellung bei der «Multitudo» ist die Befriedigung der Bedürfnisse. In der «Multitudo» ist das Verhältnis der Menschen zueinander ein kollektives Verhältnis. Mit anderen Worten: Wenn schon das gesellschaftliche Verhältnis in der «Potestas», der Macht, ein ungeselliges ist, wie Kant später sagen wird – also charakterisiert ist durch den Konkurrenzkampf innerhalb der gesellschaftlichen Gruppen, die die Macht innehaben, und auch durch den Kampf um die politische Macht, um die Besetzung der Machtinstitutionen der Politik –, wenn also in diesem Kontext der «Potestas» das Wort von Hobbes gilt: «Homo homini lupus» – der Mensch ist des Menschen Wolf –, so meint Spinoza, das möge für die Machtverhältnisse gelten, jedoch nicht für die «Multitudo». In der «Multitudo», so ist der Schluß des «Traktats», sei der «homo homini deus»[40], der Mensch dem Menschen Gott.

So kommen wir auf unserem Weg weiter. Daß der Mensch dem Menschen ein Gott sei, haben wir schon im Laufe unserer Reise erfahren können. Ich habe bereits hingewiesen auf Meister Eckhart, auf die deutsche Mystik, auf das Wort «Was wärst Du, Gott, ohne mich»; ich habe erwähnt, daß nach Meister Eckhart Gott im Grunde ein bewußtloses Wesen ist, das erst durch das menschliche Bewußtsein zu sich selber kommt – das haben wir bereits gesehen. Doch in dieser klaren Darstellung, daß innerhalb der Massen, in einer Anti-Gesellschaft gegenüber der Gesellschaft der Mensch dem Menschen Gott sei, haben wir das bisher nicht gefunden.

Diese Fassung von der Göttlichkeit des Menschen – in einem sehr spezifischen Sinne, aber zugleich auch in einem stark von der Religion bestimmten Sinne, wenn auch in der Umkehrung des Verhältnisses – finden wir ebenso bei einem zweiten Querdenker, bei dem man eigentlich die Subversion kaum vermuten sollte, denn er war ein neapolitanischer Gelehrter, Professor der Rhetorik und völlig isoliert: Giambattista Vico.

Giambattista Vico (1668–1744) kam, wie es in den Schriften über ihn immer heißt, hundert Jahre zu früh. Wer war dieser Mann? Ich sagte schon, ich sei in ihn gewissermaßen vernarrt, und das ist biographisch sehr einfach zu erklären: Er war Gegenstand meiner Dissertation 1956, also noch vor der Geburt eines Teils des Publikums hier.* Was bedeutet «hundert Jahre zu früh»? Was finden wir bei Vico, von dem immer wieder gesagt wird, er sei aus seiner Zeit herausgefallen, er habe etwas gesagt, was damals unverständlich war und es bis auf den heutigen Tag teilweise ist?

Wenn Negri bereits unverständlich ist, so ist Vico doppelt unverständlich. Er schreibt assoziativ, springt in seinen Werken aus der Gegenwart zu Homer zurück, geht vom Römischen Klassenkampf zu Hobbes und kritisiert Hobbes auf Grund der Ergebnisse des Römischen Klassenkampfs – also: das ist ein Wald, in dem man die einzelnen Bäume kaum zu erkennen vermag. Aber wir finden bei ihm die Hegelsche List der Vernunft, die Auffassung also, daß die Menschen zwar ihre Geschichte machen, daß sie jedoch im Machen ihrer Geschichte etwas verwirklichen, was sie vielleicht gar nicht gewollt haben, was aber sinnreich ist. In dieser Konzeption ist sowohl die «List der Vernunft» (Hegel, 1970, Bd. 6: 452) von Hegel als auch die «unsichtbare Hand» von Adam Smith (Smith 1978: 371) enthalten.

Viel wichtiger jedoch ist Vicos Auffassung vom Klassencharakter der Gesellschaft. Diese seine Auffassung stammt aus seiner Beschäftigung mit der römischen Geschichte. Mit «Klassencharakter der Gesellschaft» und der Geschichte meine ich jedoch etwas anderes als die Feststellung Machiavellis, die Größe Roms hinge nur damit zusammen, daß die Patrizier und die Plebejer sich permanent bekämpft hätten. Wenn ich sage: Klassenkämpfe und die Bedeutung des Klassenkonflikts und der Klassenstruktur, dann im Sinne Vicos, denn er bezieht das nicht nur auf die Politik, sondern auf die Gesamtwissenschaft. Seine Mythentheorie ist sogar von höchster Aktualität, denn heute erst – und zwar durch die Psychoanalyse – ist man dahintergekommen, daß die Mythen keine einheitlichen Mythen gewesen sind. Er entdeckte zum Beispiel, daß Venus nicht nur *eine* Person, sondern die Verdoppelung einer Göttin war, daß die Patrizier eine ganz andere Vorstellung von der Venus hatten als die Plebejer, weshalb er von der patrizischen Venus und von der plebejischen Venus sprach; selbst das Recht leitete er nicht ab

* «Wenn man schon eine Dissertation über einen Philosophen schreibt, so ist es klar, daß man diese Gestalt mit sich herumschleppt bis ans Lebensende – obwohl ich natürlich heute die Dissertation ganz anders schreiben würde. Diese Dissertation war damals noch eher hegelianisch als marxistisch. Ich würde sie aus diesem Grunde neu schreiben, die Thesen jedoch blieben die gleichen.» (J. A.)

von der Entwicklung des Rechts und der Rechte selber, sondern er leitete es ab von der Entwicklung, wie er sagt, des Kampfes zwischen Patriziern und Plebejern um das Eigentumsrecht.

Wir finden bei Vico eine im Grunde schon ausgebildete Basis-Überbau-Lehre, auch wenn er nicht so sehr von der Produktionsweise ausging, sondern, der damaligen Situation entsprechend, vom Eigentumsrecht. Selbst in der Wissenschaft hatte er eine eigene Auffassung, die er gegen Descartes wendete, eine eigene Auffassung von der wissenschaftlichen Forschung: Für ihn war die wissenschaftliche Forschung nicht das Produkt des individuellen Denkens, sondern immer gekoppelt an das soziale Umfeld. Wir finden ein Konvolut gewissermaßen, das viel Modernes enthält, das erst später entdeckt wurde. Man kann natürlich sagen, Vico wurde schon in der Goethe-Zeit so weit entdeckt, daß Marx sich im «Kapital» auf ihn beziehen konnte. Das, worauf Marx sich bezieht, ist der berühmte Satz, daß der Mensch seine Geschichte selber mache. Nun, an diesem Satz wäre nichts weiter zu finden, wenn es nur dabei bliebe. Doch bedeutsamer sind die systemischen Konsequenzen dieser Auffassung erstens und zweitens auch die gnoseologischen, erkenntnistheoretischen philosophischen Voraussetzungen.

Und darin entwickelt Vico zwar keine Subversion in einem politischen Sinne denn er war, wie gesagt, ein ganz stiller Gelehrter –, aber er entwickelt etwas, was durchaus das der Normalität verhaftete Denken ein wenig durcheinanderbringt. Er selber war sich der Tragweite seiner Gedanken wahrscheinlich kaum bewußt.

Er lebte in schwierigen Verhältnissen, und das ist vielleicht auch der Grund für seine theoretische Konfusion. In seiner Autobiographie von 1725 schreibt er, wie schwierig es für ihn sei, in Ruhe wissenschaftlich zu forschen, in einer Zweizimmerwohnung in Neapel, umgeben von einer sehr geschäftigen Frau und 14 Kindern. Aber trotz der 14 Kinder hat er die Kraft gefunden, in einer Reihe von Werken dieses Neue im wissenschaftlichen Sinne zu entwickeln.

Das eigentlich Subversive liegt in der Perspektive, die er in der Geschichtsphilosophie entdeckt. Es geht nicht nur um den Satz, daß der Mensch die Geschichte macht, sondern um die Art, wie Vico die geschichtliche Entwicklung analysiert, wie er sie in seiner Geschichtsphilosophie darstellt. Wir finden einen unvorstellbaren Widerspruch zu der damaligen, von der Inquisition ohnehin überwachten Denkweise. Das zum einen. Das zweite ist die erkenntnistheoretische Begründung, in der tatsächlich die Göttlichkeit des Menschen eindeutig belegt wird.

Wenn ich sage, daß seine Geschichtsphilosophie damals als Häresie hätte gelten können, muß ich hinzufügen, daß dieser Sachverhalt gar nicht so geklärt ist. Es ist in der Tat so, daß Giambattista Vico manchmal Ungeheuerlichkeiten verkündet und diese Ungeheuerlichkeiten zugleich im Text selber zurücknimmt, indem er sagt, dies und jenes sei geschehen, doch das stimme natürlich nicht, denn es widerspreche der Lehre der Mutter Kirche. Mit diesen permanenten Zusätzen hat man immer große Schwierigkeiten gehabt. Und es entstand in Italien und unter Federführung von Erich Auerbach, einem Philologen, auch in Deutschland der große Streit, ob denn Vico wirklich so ein Revolutionär im Denken oder ob er nur einfach katholisch gewesen sei und nur als literarisch-intellektuelles, rhetorisches Spiel seine Geschichtsphilosophie entwickelt habe.

Das Eigentümliche, was diese Katholizität ins Wanken brachte, ist, daß er, sehr im Gegensatz zu Augustin, eine Geschichtsphilosophie ohne Gott und ohne Christentum entwickelte. Er klammerte einfach die christliche Geschichte aus seiner Geschichtsphilosophie aus. Um ein Beispiel zu bringen: In seiner Lehre der verschiedenen aufeinanderfolgenden Epochen findet er jeweils große geschichtliche Ereignisse, die eine neue Epoche einleiten. Das größte geschichtliche Ereignis, das für das damalige Geschichtsverständnis der Geschichte eine neue Wende ergeben hatte, waren die Geburt und der Tod Christi. Davon ist bei Vico jedoch keine Rede; er setzt vielmehr die große geschichtliche Wende beim Untergang des Römischen Reiches und beim Auftauchen der neuen Völkerschaften in Europa an. Dort findet sich auch der Satz: «Das stimmt natürlich nicht, denn nach der Lehre unserer Mutter Kirche war die große Wende bedingt durch Christus.»

Der Widerspruch wurde dann von einem italienischen Gelehrten, Nicolini, etwa Mitte der 30er Jahre aufgeklärt. Er verfasste ein monumentales Werk, einen Kommentar zu Vicos neuer Wissenschaft von der gemeinsamen Natur der Völker, und informiert den Leser bei jedem Satz, wo Vico das herbekommen haben könnte, auf welche Bücher er sich zurückbeziehe, welche Texte er vielleicht gelesen habe. Und da er – wie jeder gute Philologe – ein ernsthafter Wissenschaftler war, zog er es vor, direkt das Manuskript zu konsultieren. Hier stellte er zunächst fest, daß diese berühmten Bemerkungen, diese katholischen Bemerkungen, in einer anderen Schrift verfaßt waren als in der Handschrift von Vico. Bei der anschließenden Untersuchung des Briefwechsels von Vico ergab sich, daß die Zusätze immer aus der Feder des ihm von der Inquisition zugeteilten Beichtvaters stammten. Auf Grund dieser Korrespondenz kam es dann heraus: Dieser Beichtvater war zwar ein Beamter der Inquisition, aber er wollte Vico schützen und hat deshalb eigenhändig diese Zusätze hinzugefügt, die dann mitveröffentlicht wurden.

Aber auch Vico selbst bediente sich bei der Darstellung der eigentlichen Grundlage seiner Geschichtsphilosophie einer List, um nicht mit der Inquisition in Konflikt zu geraten. Ich komme gleich noch darauf zurück, will nur vorher kurz seine Hauptwerke erwähnen.

1700 schrieb er – zunächst schrieb er übrigens lateinisch – «Über den Sinn des Studierens in unserer Zeit», ein Spätdokument des Humanismus. Darin wendet er sich gegen das Ausufern der mathematisch-naturwissenschaftlichen Disziplinen an den Universitäten und tritt ein für geistes- und sozialwissenschaftliche Disziplinen. 1710 folgt «Über die uralte Weisheit der Italiker». 1720/22 kommt «Über das einzige Prinzip und den einzigen Zweck des allgemeinen Rechtes»; dann erscheint das Hauptwerk, die «Principi di una scienza nuova d'intorno alla commune natura delle nazioni», die «Prinzipien einer neuen Wissenschaft über die gemeinsame Natur der Völker»: in der ersten Fassung 1725, in der endgültigen Fassung 1743. In den lateinischen Werken entwickelt Vico erstens gewissermaßen die erkenntnistheoretische, metaphysische, philosophische Grundlage seiner Theorie der Geschichte und seiner Auffassung, daß in der Geschichte der Mensch das eigentliche Subjekt sei; und zweitens seinen Grundsatz, daß der Mensch nicht in der Natur den eigentlichen Gegenstand der Forschung zu suchen habe, sondern in der Geschichte.

Er bedient sich einer List. Sie liegt darin, daß er keineswegs einen Traktat schreibt über seine Erkenntnistheorie, sondern seine These verlegt in eine angebliche, von ihm selber erfundene Weisheit der alten Italiker. Mit anderen Worten: Was er schreibt, ist im Grunde ein Lügengebäude. Er unterstellt den alten Italikern, die übrigens keine Schriften hinterließen, eine Philosophie, die in Wirklichkeit er selber entwickelt hat. Nicht er also, das betont er immer wieder, nicht er habe diese Gedanken, sondern die alten Italiker hätten festgestellt, daß das Verum und das Faktum ineinander übergehen, daß das eine die Realität des anderen sei; die alten Italiker also das «veri criterium», das Kriterium der Wahrheit, entdeckt hätten. Was ist das, die Identität des Wahren und des Getanen? An sich klingt das völlig unverständlich, und man weiß nicht, was man damit anfangen soll. Eine Klärung stellt sich ein, wenn man weiß, daß die Konversion des Verum mit dem Faktum, die Konversion des Wahren mit dem Getanen, für die gesamte scholastische Philosophie das Privileg Gottes war. Das heißt also, für Gott ist das Faktum das Kriterium des Verum und nicht für den Menschen. Und die gesamte Schöpfungsgeschichte wäre die Realisierung dieses Satzes, denn in der Schöpfungsgeschichte verwirklicht Gott die bei ihm vorhandene Wahrheit in der Schöpfung der Welt.

Mit anderen Worten: Wenn Vico sagt, daß in der Geschichte der Mensch genau das vollzieht, was Gott in der Schöpfung der Natur vollzogen hat, meint er einfach, daß der Gott der Geschichte nur der Mensch sein kann, so daß der Satz: «Das Kriterium des Wahren ist, daß man es selbst hervorgebracht hat»[41], gewissermaßen eine Trennung nicht nur zwischen Natur und Geschichte herbeiführt, sondern auch eine Trennung zwischen Mensch und Gott – eine Trennung, die damals durchaus hingenommen wurde in der Version der «alten Weisheit der Italiker» –: Der Mensch braucht in der Geschichte keinen Gott mehr, weil er selber die Geschichte macht.

Es gibt noch weitere Implikationen in der Auffassung Vicos, die dem Geist der damaligen Zeit zweifellos zuwiderliefen. Was wir bei ihm finden, könnte die erste Fassung der Einheit von Theorie und Praxis sein – in einer besonderen Form fraglos. Aber daß die Wahrheit des Verums darin liegt, ein Faktum zu werden, und die Wahrheit des Faktum darin, aus dem Verum hervorgegangen, die Realisation des Verums zu sein, ist etwas, was in der Tat in der Nähe der modernen Theorie der Einheit von Theorie und Praxis liegt.

Ebenso dem damaligen Zeitgeist entgegengesetzt war Vicos mit seiner Geschichtsphilosophie zusammenhängende Auffassung von der Epochalität der Wahrheit. Er nimmt nicht eine Relativierung der Wahrheit vor, aber doch eine Epochalisierung – in einer Zeit, in der das allgemeine Gesetz, die allgemeinen Werte und die allgemeine Wahrheit gewissermaßen zum Zwekke der Forschung, der Wissenschaft, des Denkens erklärt worden waren. Mit dieser Epochalität der Wahrheit ist eine Historisierung gemeint: Vico erkennt also nicht etwa keine Wahrheit an und ist auch nicht der Ansicht, daß jede Wahrheit relativ sei. Er ist vielmehr der Ansicht, daß jede historische Epoche ihre eigene Wahrheit verwirklicht; so spricht er von der Wahrheit der urtümlichen Zeit, von der Wahrheit der Heroenzeit, von der Wahrheit der menschlichen Zeit, und er meint, die Unterschiede der einzelnen Wahrheiten untereinander seien durchaus konkrete Unterschiede und nicht nur die jeweilige Modifikation einer allgemeinen Wahrheit. Jede Epoche bringe eine eigene Wahrheit hervor, weil in jeder Epoche sich die Menschen verschieden verwirklichen, die Identität von Wahrheit und Faktischem unterschiedlich realisieren.

Diese Lehre fand eine spätere Form bei dem wohl berühmtesten deutschen Historiker, der Vico übrigens kannte, bei Leopold von Ranke (1795–1886) mit seiner Auffassung: «Jede Epoche ist unmittelbar zu Gott» (Ranke 1971: 60). Ranke war ein evangelischer Historiograph, und er meint genau das, was wir bei Vico vorfinden: «Jede Epoche hat ihre eigene Wahrheit», daher auch – wiederum gegen den Geist der Zeit – die Auseinandersetzung mit dem Naturrecht; nicht etwa in Form der politischen Auseinandersetzung, sondern in Form der theoretischen Abweisung eines über alle Epochen erhabenen, für alle Menschen und Zeiten geltenden Naturrechts. Soviel zu Vico.

Indessen: Die unmittelbare Zukunft gehörte weder Spinoza noch Vico. Die unmittelbare Zukunft konnte mit dem Kollektivsubjekt von Spinoza ebensowenig anfangen wie mit der Epochalität der Wahrheit von Vico. Die unmittelbare Zukunft war vielmehr ganz ausgerichtet auf das Allgemeine –

im historischen Sinn –, auf das Auffinden der allgemeinen Gesetze und Normen einerseits und andererseits gegen die Historisierung, auf die Leugnung alles Historischen oder, wie Windelband sagte, «die Abweisung alles historisch Gewachsenen» gerichtet: Das ist also die Periode der Aufklärung.

Über die Aufklärung sind, ehe ich zu den Einzelheiten komme, einige Vorbemerkungen notwendig, bevor wir uns gewissermaßen auf die Spurensuche begeben, wann und bei welchem der Aufklärer, der großen Aufklärer oder der kleinen Aufklärer, die Umwerfung aller Verhältnisse zu finden sei – in einer Zeit, in der die Aufklärung gerade etwas Neues aufbauen wollte. Natürlich war die Voraussetzung des Neuen die Zerstörung des Alten, das war auch der eigentliche historische Beitrag der Aufklärung. Doch das Alte sollte zerstört werden, um eine neue, völlig von der Historie und den tradierten Werten befreite Gesellschaft aufzubauen.

Das war der Versuch, eine neue Gesellschaft auf der Grundlage einer durchgesetzten neuen Ökonomie zu errichten. Der Grund, warum die Aufklärung diesen entschiedenen Schnitt machte zwischen der Vergangenheit und der eigenen Gegenwart zur Zukunft hin, lag darin, daß die Aufklärung in einer gesellschaftlich-ökonomischen Situation sich entfaltete, die mit der früheren überhaupt nichts zu tun hatte. Die radikale Trennung zwischen der feudalen Form der einfachen Reproduktion und der kapitalistischen Form der akkumulierenden Reproduktion wurde derart intensiv empfunden, daß man meinte, mit der alten Geschichte, mit all dem, was früher gesagt und getan wurde, brauche man sich nicht zu befassen, es gehöre einfach zerstört. Die Aufklärung war – auch in dieser Hinsicht – in sich widersprüchlich, denn sie wollte eigentlich das Neue aufbauen, sie hatte auch die entsprechenden politischen Lehren entwickelt, aber zugleich mußte sie zerstören.

Vielleicht beginnt übrigens die Aufklärung über die Aufklärung am besten mit einer kurzen Bemerkung über den Namen selbst. Vielleicht ist eine Korrektur des Namens «Aufklärung» ein Teil der Aufräumungsarbeit, die notwendig ist, um die Aufklärung selbst zu verstehen. «Aufklärung» ist ein deutsches Wort. Im Grunde hieß es anders im Ursprungsland der Aufklärung und auch bei ihrer Ausweitung in Europa. Das war nicht etwa die Zeit der aufgeklärten Philosophen, die ohne Vorurteil an eine Sache herangingen, sonst hätte die Aufklärung überhaupt nichts Rebellisches an sich. Was ist rebellisch daran, wenn man sagt, wir sollen uns nicht nach den Autoritäten der alten Philosophen richten, sondern die Sachen so betrachten, wie sie sind? Das war natürlich auch sehr wichtig, dieses empirische Herangehen an die Sachen, ohne sich an das zu halten, was die Philosophie vorher dazu gesagt hatte. Deshalb ist der berühmte Satz: «Nichts ist im Verstand, was nicht vorher in den Sinnen gewesen ist» im rein philosophischen Sinne schon wichtig für die Aufklärung, wobei Leibniz, ein kluger Kopf, hinzufügte: «ausgenommen der Verstand selbst».[42] Aber das Wort «Aufklärung» weist nicht auf die intellektuelle Potenz hin, die sich dahinter verbirgt.

In Frankreich, Italien und England wurde die Aufklärung etwas anders verstanden: als das Jahrhundert «des lumieres», «dei lumi», das Jahrhundert der Lichter. «Illuminismus» ist also das richtige Wort – die Auffassung, daß nach einer langen Zeit der Dunkelheit, die weit über das Mittelalter hinausgeht, endlich Lichter angezündet werden, damit die Menschen das Richtige erkennen können: die Natur, die Welt, die Wirklichkeit, die Gesellschaft. – Das Zeitalter der Aufklärung ist also das Jahrhundert der Lichter – vielleicht sollte man statt von Aufklärung von «Aufhellung» sprechen: Dinge, die man vorher nicht richtig sehen konnte, werden erkennbar, weil das Licht der Vernunft angezündet worden ist.

Das Verständnis der Aufklärung ist – in der deutschen Kulturwelt vornehmlich, bei den Intellektuellen des Landes – etwas erschwert durch ein Werk, das 1947 erschien und sich kritisch mit der Aufklärung auseinandersetzt, mit den Widersprüchen der Aufklärung: die «Dialektik der Aufklärung» von Horkheimer und Adorno. (Horkheimer/Adorno 1969) Das ist das eine Hindernis, um die Aufklärung in ihrer eigentlichen Substantialität zu erkennen. Dieses Hindernis ist sehr eigentümlich, denn Horkheimer und Adorno kritisieren die Widersprüche und das Schlechte nicht anhand der Aufklärung selbst, sondern vielmehr anhand der Folgen der Aufklärung, der Folgen der «formalisierten Vernunft». Die dort kritisierte «formalisierte» Vernunft, nach Horkheimer und Adorno die Vernunft der Aufklärung, meint das, was wir heute die «instrumentelle Vernunft» nennen. Ich würde es anders bezeichnen: als «Zweckrationalität» gegenüber der «Denkrationalität».

Doch handelt es sich um einen an sich viel älteren Unterschied, und ich weiß nicht, ob diejenigen, die heute von der instrumentellen Vernunft reden, sie kritisieren und glauben, endlich einmal etwas Neues gefunden zu haben, endlich einmal die Wirklichkeit auf den Begriff gebracht zu haben – ob sie wissen, daß schon im Umkreis der Levellers und der Diggers, bei den Schriftstellern Lilburne und Winstanley, von denen ich das letzte Mal sprach, dieser Gedanke auftauchte: in der Unterscheidung zwischen dem gesetzten Gesetz, dem gesetzten Recht und dem «Common law». Das eine sei «artifizielle Vernunft», das andere sei «natürliche Vernunft».

Die Aufklärung meinte schon die «natürliche Vernunft», auch wenn die Folgen gezeigt haben, daß diese sich in der Tat instrumentalisieren ließ. Nicht etwa, daß die Aufklärung widerspruchslos gewesen wäre – das kann man von keiner Epoche sagen –, doch waren das nicht die Widersprüche der Aufhellung selbst, sondern der Gesellschaft, deren Theorie die Aufhellung war und die nichts anderes tun konnte, als mit ihren Widersprüchen zu leben und aus ihren Widersprüchen heraus zu denken. Es ist zum Teil auch richtig, daß die Aufhellung etwas von einem literarisch-philosophischem Spiel an sich hat. Wenn man Diderots Erzählungen liest, die sehr hübsch geschrieben sind, die zum Teil an Hebels Kalendergeschichten aus seinem «Schatzkästlein des rheinischen Hausfreunds» erinnern*, oder «Rameaus Neffe», die berühmte Dialogprosa von Diderot, die die geschichtliche Eigentümlichkeit erfahren sollte, von Goethe 1805 entdeckt und erst aus dem Deutschen ins Französische zurückübersetzt zu werden, bis man 1814/15 das französische Originalmanuskript fand, ist es schon ein literarisches Spiel, gewiß. Auch wenn wir an bestimmte Seiten von Voltaire denken, können wir meinen, da sei schon Spielerei im Gange. Geschweige denn in der deutschen Aufklärung. Ich meine jetzt nicht Lessing und Kant, sondern ich meine eine sehr spezielle Form der Aufklärung, die schon bei Hegel auf Widerstand stieß, die sogenannte «Berliner seichte Aufklärung», vertreten von dem Philosophen Nicolai.[43] Ich brauche bloß ein Werk dieses Philosophen zu nennen, dann sieht man, wie tatsächlich Aufklärung abflachen und zur seichten Literatur verkommen kann. Die Schrift, um 1790 entstanden, heißt: «Prinzipien der Philosophie, leicht und faßlich dargestellt für die gebildeten Frauenzimmer und das vorurteilslose Militär». Das also war die «Berliner seichte Aufklärung», doch ist dies nicht die Aufklärung, die uns hier interessiert. Hinter diesem Spiel verbarg sich nämlich in Wirklichkeit etwas anderes: nicht nur die intellektuelle Zerstörung der tradierten Autoritäten, sondern auch die Weichenstellung zur Französischen Revolution. Das ist das eine.

Das andere ist, daß, daran besteht kein Zweifel, das Zeitalter der Aufklärung das Zeitalter des voll entwickelten Rationalismus gewesen ist. Und vom Geist der heutigen Zeit aus gesehen ist bekannt, daß etliche Einwände gemacht werden und etliches Kritische vorgebracht wird gegen die Vernunft und vor allem gegen den Fortschrittsbegriff der Aufklärung. Aber man muß doch bei der geschichtlichen Entwicklung bleiben, an der Sache selbst die Sache überprüfen und nicht von heute, den heutigen Deformationen aus die eigentliche Formation des Rationalismus betrachten. So kann man etwa schlecht den Fortschritt kritisieren und gleichzeitig andererseits es als einen Fortschritt betrachten, daß mit der Aufklärung zum Beispiel die Hexenverfolgung ein endgültiges Ende nahm. Man kann auch nicht etwa das Prinzip der Denkfreiheit und der Toleranz als Rückschritt betrachten. Und es ist ebenso ein echter, konkreter, mit Händen greifbarer Fortschritt, wenn tatsächlich das ganze schwerfällige Gebäude der kirchlichen, christlichen, protestantischen und was weiß ich nicht alles für Traditionen endlich

---

* «Ich habe darin gestern abend als Abschluß meiner Vorbereitung mit großem Vergnügen gelesen; es sind ganz komplizierte und langwierige Romane, die auf etwa zweieinhalb Seiten komprimiert wurden und wirklich sehr lustig zu lesen sind.» (J.A.)

abgetragen wurde. – In diesem Sinne kann man sagen, daß die Aufklärung nicht nur Rationalismus war, nicht nur Aufbau einer anders gearteten Gesellschaft, sondern auch ein Ferment der Dekomposition.

Dieses Ferment der Dekomposition findet sich vor allem bei Voltaire. Ich hatte bereits das letzte Mal gesagt, daß Voltaire nichts Subversives – in meinem Sinne – an sich habe, daß Voltaire vielmehr ein sehr reicher Mann war, der zwar auch, das war damals so üblich, ein Jahr im Gefängnis saß, der aber den Reichtum bejahte und – wenn wir an Spinoza zurückdenken – ein ausgesprochener Massenfeind war, so etwa in seiner Äußerung: Was Europa brauche, seien zwanzigtausend Gelehrte, das Volk solle lieber dumm und unwissend bleiben. Man kann also nicht sagen, daß Voltaire in unserem modernen gesellschaftlichen Sinne besonders fortschrittlich gewesen wäre.

Er hielt sich gerne an verschiedenen Höfen auf, er war bekanntlich bei Friedrich II. von Preußen in Potsdam, in Sanssouci, und bekam dort eine Jahresrente von immerhin 20.000 Franken. Friedrich II. holte ihn nicht etwa nach Preußen, weil ihm an Voltaire gelegen war, sondern ihm lag daran, aus dem Preußischen Hof ein kulturelles Zentrum Europas zu machen – und Voltaire war damals ein Zentrum des kulturellen und intellektuellen Europa. Die beiden konnten sich an sich sehr schlecht verstehen, denn Friedrich II. war der Ansicht, daß die Macht des Staates nicht nur aus den Waffen käme, sondern auch aus dem Flötenspiel. Er war selber ein begabter Flötenspieler und Komponist. Daß er in Wirklichkeit sieben Jahre lang ganz Mitteleuropa unter Waffen gehalten hat, ohne Flöte zu spielen, sei nebenher bemerkt. Doch die beiden konnten nicht zueinanderfinden, weil Voltaire wirklich in dem Glauben war, Friedrich II. hätte ihn eingeladen, weil er, Voltaire, der größte Geist Europas sei, während Friedrich II. ihn instrumentalisieren wollte. Dann tat Friedrich II. die verbürgte unglückselige Bemerkung, Voltaire sei eine Orange, die solle man auspressen und anschließend die Schale wegwerfen. Als die Orange davon erfuhr, ging sie weg.

Voltaire also ist ein Ferment der Dekomposition. Und diese Dekomposition, diese zerstörerische Kraft der Aufklärung ist der Grund, warum die konservative Kritik in der Aufklärung im Grunde den Anfang allen Übels gesehen hat. Ein westdeutscher Philosoph namens Rohrmoser, der, soviel ich weiß, ein philosophischer Berater von etlichen christdemokratischen und christsozialen Größen des Landes ist, geht sogar so weit, in der Aufklärung die Ursprünge des Faschismus zu vermuten. Das ist sehr fragwürdig, wenn man bedenkt, daß der Faschismus als Anti-Aufklärung auftrat, daß der Faschismus der Ansicht war, gerade die Aufklärung sei schon Grund allen Übels, aber ein Grund, den man abschaffen solle. Der Faschismus tendierte auf die «restauratio magna», die große Restauration. Nach Ansicht von Curzio Malaparte alias Kurt Suckert – einem italienisierten Sachsen, einem

Intellektuellen des rechten Flügels des italienischen Faschismus – hatte der Faschismus eine weltgeschichtliche Aufgabe, nämlich drei Revolutionen rückgängig zu machen: die Oktoberrevolution, die Französische Revolution und die Luthersche Reformation. Das war die «Restauratio magna». Wenn man bedenkt, daß nach dem Krieg die Ursprünge des Nationalsozialismus bei Luther gesucht wurden, während der italienische Faschismus meinte, man müsse Luther endlich wieder abschaffen, so merkt man, wie kompliziert manchmal geschichtliche Vorgänge sind.

Es steht allerdings geschichtlich fest, daß wir es mit einer bürgerlich kapitalistischen Bewegung zu tun haben. Die Frage ist, ob diese bürgerlich kapitalistische Bewegung tatsächlich in sich lückenlos affirmativ gewesen ist oder ob wir feststellen können, daß gerade im Zuge des bürgerlichen intellektuellen großen Aufräumens etwas auftauchte, was nicht ganz im Sinne der Affirmation, im Sinne eines wohlgeordneten Baus der bürgerlichen Gesellschaft gewesen ist. Es kann also sein, daß in dem Werk der Zerstörung auch einiges herauskam, was über die bürgerliche Gesellschaft selber hinausging in Richtung auf den Kommunismus. Das werden wir das nächste Mal sehen.

Auf jeden Fall: Selbst innerhalb der bürgerlichen Fülle der Gedanken, bei solchen Autoren also, die als Vertreter der bürgerlichen Form der Aufklärung gelten, der echten, der eigentlichen Form der Aufklärung, sind zuweilen unbotmäßige Töne zu hören – unbotmäßig nicht für die damalige Zeit, aber unbotmäßig gerade in der Schärfe der Ablehnung der Tradition, auch unbotmäßig in dem Sinne, daß da keineswegs beim Aufbau der neuen Gesellschaft nur das Prinzip des Gesetzes und der Ordnung gegolten hätte. Im «Traum d'Alamberts» schreibt Diderot 1754: «Setzen Sie an die Stelle Gottes eine empfindungsfähige Materie, zunächst potentiell und dann aktuell, und Sie haben alles, was sich im Universum vom Stein bis zum Menschen entwickelt hat.» (zit. nach Fetscher/Münkler 1985, Bd. 3: 500) Und er fügt hinzu: «Es ist zwar sehr wichtig (das ist diese unmittelbare Realitätsnähe, J. A.), Schierling nicht für Petersilie zu halten, aber keineswegs, an Gott zu glauben.» (ibid.)[44] Diderot ging noch weiter, und ich werde das nächste Mal auf ihn zurückkommen.

Wenn wir die Aufklärung für eine Bewegung halten, die im Grunde, wie es heutzutage so schön heißt, nicht über den bürgerlich friedlichen Tellerrand hinausschaute, so muß ich bei Diderot feststellen, daß er manchmal etwas anderes sagte – allerdings interessanterweise unter einem anderen Namen: «Nein, nein, früher oder später muß das Recht siegen, wenn es anders kommen soll. Da würde ich mich an die Menge wenden und ihr sagen: Völker, deren Wutgeschrei eure Herren erzittern läßt, worauf wartet ihr? Für welchen Zeitpunkt spart ihr eure Fackeln und die Steine auf, die eure

Straßen pflastern? Reißt sie heraus!» (zit. nach Fetscher/Münkler 1985, Bd. 3: 501) — Zu welchem Behufe wohl sollen Steine herausgerissen werden? Das ist eine Art von aufklärerisch gehaltener Vorwegnahme eines späteren, viel berühmteren Wortes: Schon bei Diderot hören sozusagen die Völker die Signale.

23. Januar 1990

Die «Encyclopédie»: Handbuch der bürgerlichen Subversion. Volksbildung und freie Meinung als Öffentlichkeitsprinzip: Die Enzyklopädisten*

Die Orange, die sich nicht pressen lassen wollte von Friedrich II. von Preußen und also 1753 Potsdam verließ, hieß François Marie Arouet (1694–1778). Warum er sich ab 1718 Voltaire nannte, konnte ich einfach nicht ausfindig machen. Ich habe alle möglichen Texte, Vorreden, Nachworte, Lexika durchgesehen, und nur bei der Einleitung zu «Candide» fand ich die Bemerkung, das sei ein Anagramm. Nun, ihr wißt ja, was das ist. Ein Anagramm war die vor allem im 17. und 18. Jahrhundert sehr beliebte Kunst, die Buchstaben des eigenen Namen oder von Texten oder Sätzen umzustellen. Doch damit ist immer noch unklar, warum Arouet sich Voltaire genannt hat.

Voltaire im Zusammenhang mit der subversiven Theorie zu nennen, könnte einige Probleme bereiten. Die Schwierigkeiten liegen in der Sache selbst, in der jetzt zu behandelnden Periode der Aufklärung. Ich habe bereits darauf hingewiesen, daß in diesem Denkvorlauf zur Französischen

* Agnoli begann die Vorlesung mit einer aktualisierenden Bemerkung, die zeigt, was in der parlamentarischen Demokratie aus dem «Prinzip der Öffentlichkeit», sei es der Agora, sei es dem Ziel der Enzyklopädisten: der Volksbildung – geworden ist: «Eine Meinungsumfrage setzt das voraus, was man im Deutschen mit dem sehr schönen und dichterischen Ausdruck ‹ehrliche Haut› bezeichnet. Wie kommt es, daß in Italien die Ergebnisse von Wahl-Meinungsumfragen völlig anders aussehen als die Wahlergebnisse selbst? Weil im allgemeinen jeder aufrechte Italiener auf die Frage, welche Partei er wähle, bestimmt nicht die Partei nennt, die er meint. Ich bin heute auch Opfer einer Meinungsumfrage geworden, und zwar geht es um die bekannte Rangliste der Universitäten – die ‹Spiegel›-Rangliste. Es ist schon etwas eigentümlich, daß man Professoren danach fragt, welche Universität sie für die beste halten – natürlich diejenige, an der sie lehren, das ist doch völlig normal. So antwortete ich auf die Frage, welche Universität die beste Politische Wissenschaft lehre, daß eigentlich nur die ‹Freie Universität› überhaupt Politische Wissenschaft kenne, die anderen doch nicht. Danach sollte ich zwei andere angeben: Da habe ich Marburg genannt, die Hochburg der DKP. Dann sollte ich die schlechten Universitäten nennen. Und das betrifft eben den Mangel an Realität: Ich habe drei Universitäten genannt, an denen gelehrte Kollegen lehren, die ich einfach nicht mag, aus welchen Gründen auch immer. Doch andererseits bin ich ja nur eine Stimme unter tausenden, da fällt es nicht weiter auf. – Aber zurück zu Voltaire .» (J. A.)

Revolution hin doch gewisse Widersprüche auftauchen, die nicht etwa im Begriff der Vernunft liegen oder im Gebrauch der Vernunft selbst; sondern es sind Widersprüche, die sich mit der sich entfaltenden Klassengesellschaft entwickeln. Zunächst ist die Frage zu klären, was Voltaire in unseren Reihen zu suchen hat. Was soll ein Großbourgeois hier bei uns? Großbourgeois war er nicht etwa nur der Klassenzugehörigkeit wegen, sondern auch dem Bewußtsein nach. Man könnte sagen: Voltaire ist der erste «organische Intellektuelle» im Sinne von Gramsci; also ein Intellektueller, der sich keineswegs als Vertreter des Interesses der Allgemeinheit versteht, sondern als Vertreter einer bestimmten Klasse, einer bestimmten sozialen Gruppe – und zwar ohne alle Betulichkeit, offen und mit einer gewissen Nonchalance. Von seiner ausgesprochenen Massen- oder Volksfeindlichkeit sprach ich bereits kurz. Er selbst war ein nicht nur wohlhabender, sondern ziemlich reicher Mann, der 1760 in der Nähe des Genfer Sees eine Domäne kaufte, wodurch er zum Herrn eines Dorfes wurde. Er baute auch eine Uhrenfabrik auf, und da merkt man schon: Es handelt sich um einen «organischen Intellektuellen» (Gramsci 1999, Heft 12, § 1), der nicht nur denkt oder schreibt, sondern zugleich auch praktisch handelt. Er war ein Kapitalist, errichtete die Uhrenfabrik, die für die Genfer Uhrenindustrie eine ruinöse Konkurrenz bedeutete. Doch ließ er auch eine Kirche bauen, weil er eben der Ansicht war, daß das Volk die Religion brauche – die Kirche also für das Volk. Ich erwähnte bereits, wie er sich zum Volk verhielt: Nicht den Handarbeiter müsse man bilden, sondern den guten Bourgeois. In der Bildung des guten Bourgeois sah er seine Aufgabe, und ansonsten meinte er, es sei notwendig, daß es auch Arme auf der Welt gäbe. Als ihm vorgeworfen wurde, er sperre sich gegenüber dem Problem, die Volksbildung zu realisieren, schrieb er in einem Brief vom 19. März 1766 unter anderem: «Ich glaube, wir verstehen uns nicht in der Auffassung des Begriffs ‹Volk›, das Sie eine Bildung für würdig halten. Unter ‹Volk› verstehe ich *die Masse* der Bevölkerung, *die zum Leben nur ihrer Hände bedarf*. Ich bezweifle, daß dieser Teil der Bürger je die Zeit und die Fähigkeit hat, sich zu bilden; sie würden eher verhungern als weise werden.» (zit nach: Fetscher/Münkler 1985, Bd. 3: 459)

Das war übrigens eine Definition des Volks – gemeint sind eben diejenigen, die von ihrer Hände Arbeit leben –, die wir auch bei Goethe finden, wenn auch ohne diesen negativen Sinn. Auch Goethe verstand unter dem Volk die Masse derjenigen, die ihren Lebensunterhalt verdienen müssen. Weiter heißt es in Voltaires Brief: «Es erscheint mir wesentlich, daß es unwissende Arme gibt.» (ibid.) Ich zitiere das, obwohl es nicht zum Gegenstand unserer Verhandlung paßt, um euch zu zeigen, wie hart klassenbedingt, aber auch klassenbewußt das Denken damals war, im Gegensatz zu späteren Zeiten. Dann heißt es, nicht ohne Blick auf die Härte der Situation:

«Auf unserem unglücklichen Globus ist es unmöglich, daß die Menschen in einer Gesellschaft zusammenleben, ohne daß sie in zwei Klassen gespalten wären, in die der Reichen, die befehlen, und die der Armen, die dienen.» (zit. nach Fetscher/Münkler 1985, Bd. 3: 459) Dabei denkt Voltaire durchaus im Sinne der ursprünglichen kapitalistischen Ideologie: im Sinne der Freiheit der Arbeit, wonach der Verkauf der Arbeit ein Symbolelement der Freiheit sei. Er schreibt, sie seien nicht unglücklich, «sie sind nämlich frei, ihre Arbeit an den zu verkaufen, der sie am besten bezahlt. Diese Freiheit ersetzt ihnen das Eigentum.» Das hätte auch Ludwig Erhard sagen können.

Auf der anderen Seite muß man feststellen, daß Voltaire in der Tat ein sogenannter Anwalt der Gerechtigkeit gewesen ist. In seinem Traktat über die Toleranz von 1762[45] zeigt sich dies eindeutig – wobei seine Verteidigung der Toleranz zugleich auch einen bestimmten Gegner anvisiert, der für ihn die Repräsentanz der Intoleranz darstellt: die Religion – und nicht nur die Kirche. Ansonsten ist er ein großer Spötter gewesen. Bei ihm handelte es sich um eine Art von Spott, die keineswegs so kabarettistisch daherkam, wie es heute üblich ist, sondern es war ein Spott, der durchaus das Richtige treffen wollte und auch traf. Dafür saß er ein Jahr lang in der Bastille.

Das Wichtigste von ihm sind einerseits die Briefe und, für unseren Zusammenhang, das 1767 erschienene «Philosophische Wörterbuch» (Voltaire 1985). Hierin findet sich durchaus das großbürgerliche Denken der Anfänge. Schlägt man unter dem Stichwort «Égalité» nach, so wird deutlich, daß seine Auffassung von der «Égalité» dem entsprach, was sich später ausbildete: als gleiche Behandlung aller derart, daß die Ungleichheit auf der Welt nicht nur herrsche, sondern auch herrschen solle. Seine Auffassung von der «Liberté», der Freiheit, ist noch interessanter. Und zwar deshalb, weil er – obwohl ein Anwalt der Gerechtigkeit und der Toleranz und für die Freiheit eintretend – bei der philosophischen Festlegung der Freiheit nicht den Begriff der gesellschaftlichen Freiheit entwickelt, sondern eher den metaphysischen Begriff. Voltaire ist Determinist und die Freiheit meint bei ihm – was von Spinoza stammt – die Einsicht in die Notwendigkeit. Er stiehlt sich gewissermaßen aus der Diskussion über die Freiheit davon, weil er nicht das gesellschaftliche Problem der politisch gesellschaftlichen Freiheit anvisiert, sondern sich zurückzieht auf den metaphysischen Begriff. Im Grunde war er Deist. Der Deismus war die damalige, in den westlichen Ländern weit verbreitete Form des Denkens im Hinblick auf das Problem Gottes. Der Deismus war gewissermaßen das Rückzugsgebiet der Atheisten, die als Bürgerliche aber doch an einer bestimmten Autorität festhalten wollten. Das deutsche Bürgertum übrigens war, wenn man von Kant absieht, nicht deistisch, sondern es fand als Rückzugsgebiet den Pantheismus. Doch Voltaire war Deist und damit an der Existenz Gottes relativ desinteressiert.

Dennoch meine ich, daß bei ihm das Ferment der Dekomposition zu erkennen ist. Diese Irreligiosität, die bis auf den heutigen Tag unerreichbar ist, hatte eine sprengende Kraft in sich. Voltaires Religionskritik geht einerseits weit über Hobbes' Auffassung hinaus, wonach die Religion ein Priesterbetrug sei; andererseits jedoch ist sie nicht so metaphysisch orientiert wie bei dem jungen Hegel – «Gott selbst ist tot» (Hegel, Werke, Bd. 2: 432) – oder bei Marx, wo der Religion eine gewisse Würde vindiziert wird, nämlich: Seufzer der Kreatur zu sein, oder bei Spinoza, der die Religion dadurch beiseite schiebt, daß er Gott und Natur in eins fließen läßt.

Bei Voltaire ist die Kritik an der Religion ganz anders begründet: Sie ist empirisch, geht nicht von irgendwelchen philosophischen Gesichtspunkten aus, sondern von einer nüchternen und manchmal sehr ungenauen Interpretation religiöser Texte. Er nimmt eine Art historischer Analyse der Offenbarung vor, die sich später vor allem in Mitteleuropa weiter ausbilden wird und die bedeutet, daß für ihn die Bibel keine heilige Schrift ist, sondern ein historisches Dokument, das er anhand historischer Kategorien überprüft. Dabei sind es zwei von ihm benutzte Gesichtspunkte, die die erwähnte sprengende Kraft enthalten und damit Zersetzungselemente darstellen.

Die beiden Gesichtspunkte seiner «Kritischen Bibelexegese» – was von ihm selbst spöttisch gemeint ist – sind erstens, daß die Bibel das Wort Gottes sei, und zweitens, daß das berühmte Hohelied des Salomo – das Lied aller Lieder und der einziger Liebespsalm in der Bibel (in einem Ton gehalten, der heute vielleicht dazu führen könnte, daß das Bundesinstitut für jugendgefährdende Schriften diese Stelle der Bibel für nicht schulfähig halten würde) – keineswegs ein Liebeslied sei, sondern vielmehr die prophetische Vorwegnahme des Liebesverhältnisses zwischen Jesus Christus und der Kirche.

Voltaire untersucht also – wohlgemerkt, er tut so, als würde er untersuchen – bestimmte Stellen der Bibel und stellt fest, daß das gesamte Buch der Könige von Saul über David bis Salomo aus einer Aneinanderreihung von Morden besteht – und genüßlich zitiert Voltaire, wer wen umbringt, und meint dann, es sei eigentümlich, daß Gott so spräche. Er macht sich auch lustig darüber, daß das Verhältnis zwischen Ehefrauen und Konkubinen in der Bibel auf den Kopf gestellt werde, denn aller historischen Erfahrung nach sei bekannt, daß ein Mann mehr Konkubinen als Ehefrauen habe – wie käme Salomo dazu, sechshundert Ehefrauen und dreihundert Konkubinen zu haben? Und bei der Darstellung des Eßgelages bei Salomo stellt er die schöne Rechnung auf, daß anhand der in der Bibel angegebenen Zahlen die Runde allein bei Salomo den kompletten Viehbestand der damals bekannten Welt aufgegessen haben müßte.

Dies war für die damalige Zeit ein Novum, das durchaus Denkbewegungen in Gang setzen konnte. Das gleiche gilt auch für die historische Analyse des Hohelieds – historisch in Anführungszeichen, denn er erfindet manchmal bestimmte Daten –: ob also das Hohelied das Verhältnis von Jesus Christus zu seiner Kirche meine. So zitiert er aus dem Hohelied und fragt sich, wie es denn zu verstehen sei, wenn dort steht: «Deine Brüste sind wie junge Rehlein, und Deine Nase ist wie der Turm auf dem Berge Libanon», warum die Kirche wie ein Rehlein und die Nase wie ein Turm sei. Und er gelangt zu dem Schluß, daß es mit der Gültigkeit der biblischen Aussage nicht so weit her wäre.

Ich gebe zu: Es mag sein, daß ich deshalb Voltaire unter die subversive Linie subsumiere, weil ich mich in dieser Irreligiosität wiederfinde; daß ich diesen für damalige Verhältnisse revolutionären, heute würde man sagen: reaktionären, Großbourgeois aus diesem Grunde in unsere Veranstaltung einbaue.

Völlig anders als mit Voltaire verhielt es sich mit Jean-Jacques Rousseau (1712–1778). Die Gegenüberstellung der beiden ist klassenpolitisch: Wie Voltaire reich war, war Rousseau zwar nicht arm, aber der Repräsentant jener Klasse, die dann in der jakobinischen Zeit der Französischen Revolution versuchte, sich politisch als herrschende Klasse zu konstituieren. Rousseau war ein Petit-Bourgeois. Man muß ihm allerdings lassen, daß er nicht ohne Konsequenz lebte. Er war nicht als Petit-Bourgeois geboren, sondern als Chevalier. Nachdem er entdeckt hatte, daß die Aristokratie etwas Übles sei, legte er Kappe und Degen ab und begann, auch von der eigenen Hände Arbeit zu leben. Er wurde Notenkopierer. Jedoch, da er inzwischen ein berühmter Schriftsteller geworden war, waren seine Notenkopien begehrte Handelsobjekte. Insofern litt er keineswegs unter Armut.

Der gängigen Meinung nach war Rousseau ein revolutionärer Schriftsteller, müßte demnach in unsere Kategorie gehören. Aber es muß gesagt werden, daß es zu Recht zwei Meinungen über Rousseau gibt. War Rousseau also tatsächlich der Vater der unmittelbaren Demokratie «sans phrase», ein Apostel der Freiheit, wie die einen meinen; oder war er vielmehr, wie es aus konservativer Sicht verlautet – zu der auch Ernst Fraenkel gehörte –, ein Vorläufer des totalitären Staats, ist seine Demokratie eine totalitäre?

Ich gehe auf die Einzelheiten nicht ein, obwohl es sehr sinnvoll wäre, sich mit der Problematik der Identität von Regierten und Regierenden zu beschäftigen. Damit zusammen hängt auch das Problem der empirischen Entscheidung in politischen Dingen. Hierzu hat Rousseau sich in seinem berühmten «Contrat Social» (Rousseau 1977) nicht geäußert, wohl aber in seinem Artikel «Ökonomie» in der französischen «Encyclopédie» (Naumann 2001: 137ff). Es kann allerdings bedenklich stimmen, wenn er auf der einen

Seite in der Enzyklopädie sagt, die einzig mögliche Art der empirischen Ermittlung des allgemeinen Willens liege in der Mehrheitsentscheidung; andererseits aber im «Contrat Social» meint, es gebe keine Mehrheit und Minderheit, sondern nur den allgemeinen Konsens – so daß die Minderheit, wie er im «Contrat Social» schreibt, sich praktisch außerhalb der Gesellschaft befindet.

Demgegenüber muß man jedoch eines festhalten: Der revolutionäre Rückgriff auf Rousseau, daß Rousseau *der* Schriftsteller der Französischen Revolution gewesen sei, mag für die Französische Revolution durchaus stimmen, für die spätere Zeit ist das eher eine Unterstellung der Freunde des Verfassungsstaates gegenüber sich umtreibenden politischen Kräften. Da wird Rousseau beispielsweise zur Präzisierung dessen bemüht, was eine Basisdemokratie oder ein Plebiszit sei. Mit der Basisdemokratie hat Rousseau wirklich nichts zu tun, mit dem Plebiszit schon eher. Doch wie gesagt: Hier handelt es sich um Vorwürfe, wer sich an Rousseau orientiere, tendiere zum totalitären Staat, zur Diktatur, die gang und gäbe waren in der konservativen Kritik an der 68er-Bewegung: Die Studenten suchten das totalitäre Element in die Politik zurückzubringen. Das Eigentümliche dabei ist, daß die linken Studenten erst, nachdem in vielen Publikationen der Vorwurf erschienen war, sich an Rousseau orientierten, also begannen, Rousseau überhaupt zu lesen. Das ist das eine.

Kommen wir zu Rousseaus Prinzip der Freiheit. Im Grunde interessiert sich Rousseau für das Problem der Freiheit im modernen Sinne überhaupt nicht, sondern für das Problem der Unabhängigkeit – was wir in der Französischen Revolution wiederfinden werden. Er bekämpft nicht die Unfreiheit, sondern er favorisiert eine Gesellschaft ohne persönliche Abhängigkeitsverhältnisse – was vielleicht auch mit dem Problem der Freiheit zusammenhängt, aber gesellschaftlich eine andere Dimension hat. Seine «Zauberformel», mit der er alle Formen der persönlichen Abhängigkeit eliminieren will, ist beinahe organisch zu nennen: «Jeder von uns stellt seine Person und all seine Macht unter die oberste Leitung des Gemeinwesens; und wir empfangen als Körperschaft jedes Mitglied als unabteilbares Glied des Ganzen.» (zit. nach Fetscher/Münkler 1985, Bd. 3: 485) Mit anderen Worten: Nicht Freiheit findet statt, sondern die Anerkennung eines allgemeinen Konsensus; und in der Anerkennung des allgemeinen Konsensus entfällt gewissermaßen auch das allgemeine Abhängigkeitsverhältnis.

Viel wichtiger als der «Contrat social» wäre für uns hier die erste und damals sofort berühmt gewordene Abhandlung von 1750, mit der er auch einen Literaturpreis der Akademie zu Dijon gewann, über den Wert der Zivilisation und der Kultur; eine Abhandlung, in der er nachweist, daß durch den allgemeinen zivilisatorischen Fortschritt der Mensch seiner Unschuld verlustig ging. Der zivilisatorische Fortschritt sei als etwas Negatives zu begreifen und nicht als positive Errungenschaft für die Menschheit – eigentlich eine anti-aufklärerische Position. In diesem Gedanken steckt das immer wieder betonte Prinzip des Zurück-zur-Natur, der Wiedergewinnung einer natürlichen Reinheit, Größe und auch Unabhängigkeit. Dieses Prinzip erscheint auch in seiner pädagogischen Schrift «Émile» (1762): Die Pädagogik erhält als Aufgabe, die in der Natur des Kindes liegenden Kräfte, Fähigkeiten und Möglichkeiten sich frei entfalten zu lassen.

Weniger Glück hatte Rousseaus zweite Abhandlung[46] – sie bekam keinen Preis – von 1754, in der er dem Eigentum eine Absage erteilte. Einerseits hat diese Absage an das Eigentum Rousseau zu einer Symbolfigur revolutionärer Bewegungen gemacht, andererseits muß man auch den bei ihm selbst vorhandenen Widerspruch ins Auge fassen: Kaum hatte er die Abhandlung gegen das Prinzip des Eigentums geschrieben – von ihm stammt der berühmte Satz, wer zuerst ein Stück Land eingrenzte und es für sich reklamierte, habe den ganzen Unfug der Weltgeschichte in Bewegung gebracht –, schwang er sich auf zum Ideologen des petit-bourgeoisen Eigentumsbegriffs. Von Rousseau stammt die These für den von den Jakobinern unternommenen Versuch, eine Gesellschaft der Kleineigentümer zu etablieren. Wichtig an diesem Widerspruch ist nicht, daß Rousseau sich widersprochen hätte, sondern: Der im Wesen des Petit-Bourgeois liegende Widerspruch hinderte Rousseau daran, tatsächlich konsequent eine Theorie der Umwälzung zu entwickeln, die sich nicht darauf beschränkt, das Eigentum anders, diffuser zu verteilen – so wie Ludwig Erhard, der mit Rousseau wirklich nichts zu tun hat, mit seiner breiten Streuung des Eigentums.

Der Petit-Bourgeois war damals schon akkumulationsfeindlich eingestellt, und die Akkumulationsfeindlichkeit kommt bei Rousseau eher zum Ausdruck als eine nach vorn gerichtete Perspektive. Diese Akkumulationsfeindlichkeit der zweiten Abhandlung wurde ebenso wie der stürmische Gedankengang der ersten Abhandlung dem revolutionären Rousseau zugeschlagen, in Wirklichkeit stelle ich jedoch bei beiden erhebliche Divergenzen fest.

Zurück zur Natur: «Émile». Dieser pädagogische Roman will auch der Natur freien Lauf lassen, doch in seinem praktischen Leben war Rousseau alles andere als ein guter Pädagoge. Zwar forderte er die Lehrer und Erzieher auf, den Kindern freien Lauf zu lassen, aber das hinderte ihn nicht daran, seine eigenen Kinder in ein Internat zu stecken.

Fraglich allerdings wird der gesamte philosophische Impetus von Rousseau, wenn man bedenkt, wie seine erste Abhandlung zustandegekommen ist – da hege sogar ich Zweifel an ihm, der ich sonst Rousseau-Anhänger bin. Als Rousseau nämlich die Nachricht erhielt, daß die Akademie zu Dijon einen Preis ausgeschrieben hatte zu dem Thema: «Nutzt die Zivilisation der Entfaltung der menschlichen Güte?», beabsichtigte er, das zu bejahen. Doch ausgerechnet sein Freund Diderot schrieb ihm, es wäre doch reizvoll, das Ganze einmal umgekehrt darzustellen, daß die Zivilisation also menschenfeindlich sei. Dies tat Rousseau dann auch – und das hat ihn anschließend berühmt gemacht als denjenigen, der zur Natur zurückstrebte. Dies zum einen.

Das zweite ist, daß sich das Verhältnis zwischen Vernunft und Natur in der Aufklärung nicht so einfach darstellte, wie wir uns das heute vorstellen. Es sind Korrekturen an der Auffassung vorzunehmen, daß, wie es bei uns heute der Fall ist, in der Aufklärung lediglich der Rationalismus zu sehen sei, ein Rationalismus, der sich abhebt von natürlichen Vorgängen. Heutzutage grassiert allenthalben der Antirationalismus der Hinwendung zu den Weisheiten naturgebundener Ethnien. Man kann sagen, daß der Antirationalismus sich unter anderem darin findet, daß die Alleinherrschaft der Ratio bestritten wird und die Besinnung an ihre Stelle rückt: die Besinnung auf die Weisheiten der alten Indianer und auf ich weiß nicht was für Völkerschaften der Welt.

Nun war das Verhältnis zwischen Vernunft und Natur in der Aufklärung jedoch anders. Richtig ist, daß da Aufhellung stattfand, daß da in der Tat die Vernunft nicht nur als Prinzip der Wirklichkeit, sondern auch des Handelns betrachtet wurde: Bevor etwas getan wurde, mußte alles vor den Richterstuhl der Vernunft gebracht werden. Doch andererseits: Schon der diffuse Materialismus der Aufklärung müßte eigentlich darauf hinweisen, daß die Natur nicht als eine völlig belanglose Größe betrachtet wurde. Sicherlich war das zum Teil der Fall, wenn wir zum Beispiel an das mechanistische Weltbild von La Mettrie denken – «Der Mensch eine Maschine» (La Mettrie 1965) –, da finden wir gewiß sehr wenig Natur in unserem heutigen Sinne. Jedoch wurde von der Aufklärung – als Folge des Materialismus – der Mensch durchaus als Naturwesen betrachtet. Und man sprach auch von dem natürlichen Gefühl als einer nicht verzichtbaren Größe im menschlichen Leben.

Nur so ist es zu verstehen, daß gerade das Zeitalter der Aufklärung, des Rationalismus, zu dem geführt hat, was wir heute vorfinden: die Wiederentdeckung der «Wilden», wie man damals sagte. Fast alle Utopien oder Gesellschaftsprojekte der Aufklärung gehen von einem Zustand aus, in dem die Rationalität herrscht ohne die Hemmnisse einer verkrusteten, tradierten politisch gesellschaftlich institutionalisierten Welt – und das ist eben die Gesellschaft der «Wilden». Der der Aufklärung immer wieder attestierte fehlende Sinn für das historisch Gewachsene bestätigt sich hier von neuem: Die Aufklärung interessierte die Rationalität des «Heute», im aufklärerischen, nicht im zweckrationalen Sinne, und dann die Vernünftigkeit der ursprünglichen Primitivkulturen, wie man heute sagt.

Wir können also eine sehr eigentümliche Verbindung in der Aufklärung feststellen: die Verbindung einer durchaus modern gefaßten Ratio, die noch heute als Denkrationalität gilt, mit der unmittelbaren Vernünftigkeit der «Wilden». Diese unmittelbare Vernünftigkeit liefert die Brücke zwischen der Vernunft und der Natur. Da sie natürlich leben, leben die «Wilden» nach dem natürlichen Gefühl – und wir wissen ja, daß Natur im wesentlichen Ratio ist–, deshalb leben sie vernünftig. Aus heutiger Sicht leben die ursprünglichen Stämme vernünftiger als die auslaufende Feudalgesellschaft, die zugleich in den Pauperismus einmündete. Die «Wilden» leben herrschaftsfrei, sie leben im Stamm – und da kommt Rousseau wieder herein – als einer organischen Einheit; und der Stamm garantiert neben einem vernünftigen, herrschaftsfreien Leben auch ein Leben ohne persönliche Abhängigkeit.

Soviel zu Voltaire und Rousseau, diesen zwei gegensätzlichen Gestalten, die zweifellos zur Aufklärung zu rechnen sind. Man kann sagen: Bei aller Sympathie für Voltaires Irreligiosität und bei aller Sympathie für den demokratischen Impetus von Rousseau können wir bei ihnen feststellen, daß sie zweifellos zum Teil zum Prozeß der Umwälzung beigetragen haben, aber nicht in der von ihnen selbst schriftlich fixierten Form, sondern eher in der Konsequenz dieser Schriften und in einer ganz spezifischen Form der Interpretation dieser in den Texten enthaltenen Ideen. Beide waren Mitarbeiter der «Encyclopédie», die von 1751 bis 1780 erschien und am Ende 35 Bände umfaßte (Diderot/d'Alembert 1751–1780). Die französische Enzyklopädie war also auch gegen Gefühle und Emotionen eingestellt, sofern diese religiöser Natur waren oder mit der Liebe zu tun hatten: zum König, zum Fürsten, zu den politischen Institutionen und geschichtlichen Traditionen. Das waren die Gegenstände der Kritik dieser Enzyklopädie. Voltaire und Rousseau arbeiteten nur gelegentlich daran mit, der eigentliche Stamm bestand aus rationalistischen Philosophen, die das Wissen der damaligen Zeit zusammenfaßten. Daß die «Encyklopédie» sich als emanzipatorisches Projekt verstand, wird schon aus der Einleitung deutlich, die von d'Alembert und Diderot stammt. Dem Selbstverständnis der Wissenschaft der damaligen Zeit entsprechend, verfocht die Enzyklopädie nicht nur die Selbständigkeit im allgemeinen; sie proklamierte auf der naturwissenschaftlichen Seite die Selbständigkeit der Natur – Gott ist längst verschwunden – und außerdem die Selbständigkeit der Vernunft gegenüber aller tradierten Autorität.

Wie ich das letzte Mal sagte, kann die Enzyklopädie bezeichnet werden als ein Handbuch der bürgerlichen Subversion. Das ist der Grund, weshalb Engels – der sonst mit dem bürgerlichen Denken nicht eben sanft umging und der über die Periode der ursprünglichen Akkumulation und der

Entstehung des Kapitalismus nicht gerade sehr freundlich sprach – in der «Encyklopédie» nichts anderes sah als die Vorarbeit des Wissens der bürgerlich-kapitalistischen Revolution. Er nannte die Enzyklopädie «die große Angriffsmaschine». Schon der Titel war ein Neues, gegen alle Überlieferung stehend: «Enzyklopädie oder räsoniertes Wörterbuch der Wissenschaften, der Künste und der Berufe.» «Räsoniert» heißt soviel wie «kritisch» für die damalige Zeit: Der hier bereits verhandelte Vico sprach von der räsonierten Geschichtsschreibung als der kritischen Geschichtsschreibung. Die Berufe spielen in der Enzyklopädie eine große Rolle. Die Erkundung des Handwerks gehörte zu den zentralen Aufgaben dieses großen Werks, und darin kommt ein völlig neues Verständnis der Arbeit und des Verhältnisses zwischen Wissenschaft, Kunst und Berufsarbeit zum Vorschein, das in der Tat schon die neue Zeit voll repräsentiert. In der Einleitung heißt es: «Nach ihrer Ergründung (der Berufe) müssen wir alle diese Geheimnisse ohne Ausnahme öffentlich bekannt machen. Es sind Geheimnisse der Politik, der Kunst und der Produktion und der Wissenschaften.»[47] Dieses Prinzip Öffentlichkeit, das hier zum ersten Mal auftaucht als Aufgabe, die die Enzyklopädisten sich selbst stellten, muß zunächst festgehalten werden; ein Prinzip Öffentlichkeit, das in der Einleitung sofort ins Politische umschlägt: Die Enzyklopädien dürften nach Ansicht der Herrschaft «nur ein großes Manuskript (sein), das in der Bibliothek des Monarchen fürsorglich eingeschlossen (bleibt) (...): ein Buch für den Staat und nicht für das Volk.» (Diderot 1961: 224) Die «Encyklopédie» wollte ein Buch für das Volk sein, die Verfasser standen zum Prinzip der Volksbildung. Doch verstand sich dieses Buch für das Volk keineswegs als eine Anleitung zum staatsbürgerlichen Denken. D'Alembert und Diderot schreiben: «daß die Enzyklopädie nur ein Buch für den Staat sei und nicht für das Volk, so denken gute Staatsbürger, und gute Staatsbürger sind die gefährlichsten Feinde der Aufklärung des Volkes.»[48] Das Neue dieser Enzyklopädie tritt zutage aus dem Begriff «Volk», der hier festgelegt wird. Wir sahen bereits, was Voltaire und Spinoza – mit seinem Begriff der «Multitudo» – unter Volk verstanden haben. Die Enzyklopädie fällt hinter Spinoza zurück, doch war Spinoza eben ein toter Hund, der erst später wirksam wurde. Das Volk ist genau das Gegenteil dessen, was Voltaire meinte – nicht nur Voltaire, sondern auch andere Vertreter der Aufklärung, etwa im Kreis um Montesquieu. So schrieb eine Madame de Lambert zum Beispiel an Montesquieu: «Das Volk ist jedes, das vulgär und gewöhnlich denkt.» Bei Diderot hingegen steht: «Es gibt keinen wahren Souverän außer der Nation, es kann keinen wahren Gesetzgeber geben außer dem Volk.» (zit. nach Fetscher/Münkler 1985, Bd. 3: 503)

Überdies wird in der Enzyklopädie zum ersten Mal ausdrücklich Voltaires Tun erklärt. Voltaire hatte seine Mitarbeit an der Enzyklopädie nicht im Sinne einer Volksbildung gemeint, sondern im Sinne der ideologischen Konkretisierung der Standpunkte der Großbourgeoisie. Die Enzyklopädie selbst dagegen dachte schon über die Grenzen der Großbourgeoisie hinaus. Interessant ist, daß für die Enzyklopädisten die sonst immer betonte Objektivität der Wissenschaft nicht vorhanden war. Es ist erstaunlich, daß ausgerechnet an der Naturwissenschaft, am Empirismus und am Sensualismus sich ausrichtende Philosophen von der Parteilichkeit der Wissenschaft reden. Kant hat diese Parteilichkeit mit seinem berühmten Wort auf den Begriff gebracht, daß die Wissenschaft nur dann wahr sei, wenn sie der Würde des Menschen hilft – doch im Grunde war dies auch die allgemeine Einstellung der Enzyklopädisten. Ich erwähnte schon, daß Voltaire ohne Betulichkeit war in der Vertretung des Klassenstandpunktes. Jetzt wird zwar nicht der Klassenstandpunkt, aber das gesellschaftliche Element zum eigentlichen Unterscheidungsmerkmal der Wissenschaft, nämlich der gesellschaftlichen Wissenschaft. Condorcet zum Beispiel, einer der Mitautoren der Enzyklopädie, schreibt in seinem Tableau über den Fortschritt des menschlichen Geistes über die Wissenschaft: Die Wissenschaft von der menschlichen Gesellschaft hat nur ein Ziel, den Menschen die freie Ausübung ihrer Grundrechte in vollkommener Gleichheit und in größter Ausdehnung zu ermöglichen.[49] Das ist etwas anderes als man im allgemeinen unter aufklärerischer Wissenschaft versteht. Hier wird in der Tat ein gesellschaftliches Ziel als Unterscheidungsmerkmal der Wissenschaftlichkeit festgeschrieben.

Ansonsten kann man den bürgerlich subversiven Charakter der Enzyklopädie darin sehen, daß sie überwiegend negativ verfährt, sofern es sich um Wissenschaft, vor allem Wissenschaft der menschlichen Gesellschaft handelt. Mit anderen Worten: Genauso wie die Enzyklopädie affirmativ ist in der Betonung der Notwendigkeit der handwerklichen Arbeit, verfährt sie negativ, sofern es sich um wissenschaftstheoretische Positionen handelt. Die Ziele, auf die der große Angriff dieser «Maschine» gerichtet war, waren nicht bloß die Traditionen im allgemeinen Sinne, sondern vor allem auch die Traditionen in der Form der politischen Institutionen. Man könnte sagen: Die Enzyklopädie war die erklärte Gegnerin der untergehenden Welt der absoluten Monarchie und des Feudalismus. Ebenso wichtig ist jedoch ihr Kampf gegen alle Formen nicht nur des Aberglaubens, sondern auch des Glaubens. Man wollte in der Tat die Wissenschaft an die Stelle des Glaubens setzen – daher auch das Überwiegen der Analyse empirischer Daten und Fakten.

Viel interessanter als das alles ist aber, daß dieses Werk die Aufklärung als gegen die Form Autorität gerichtet verstand. Ganz gleich, welchen Inhalt die Autorität haben mag; daß Autorität als solche herrscht, wurde in Frage gestellt. Hierin liegt ein wesentlicher Unterschied zu weiten Teilen der deutschen Aufklärung, die sich mehr an Inhalten orientierte, die also nicht so sehr die Autorität als solche, als Form, bekämpfte. Gerade auf dem Weg über den Sensualismus kam es in der Enzyklopädie zu einer Verlötung des unmittelbaren Denkens des Alltags mit dem allgemeinen Prinzip der Vernunft. Mit anderen Worten: Die Enzyklopädie war gegen die metaphysische Tradition gerichtet.

Das finden wir kurz darauf bei Kant ebenfalls, dem wohl größten deutschen Aufklärer. Wer sich für eine sehr stark an Voltaire erinnernde Art der Literatur interessiert, der möge Kants Kritik des metaphysischen Denkens aus dem Büchlein «Träume eines Geistersehers, erläutert durch Träume der Metaphysik» (Kant 1968, Bd.2) lesen. Es ist ein fürchterliches, sehr amüsantes und schönes Buch, das jedoch den Spiritualisten unter euch nicht zu empfehlen ist, denn Kant betrachtet das Geistersehen als ein Produkt von «hypochondrischen Winden. Gehen sie nach unten los, so ergibt sich ein Furz, gehen sie nach oben los, so sieht man Geister.»[50] Ähnliches finden wir in dieser Verbindung zwischen unmittelbarem Alltagsdenken und den Prinzipien der Rationalität in der Enzyklopädie: Keinesfalls sollte Transzendentes, Jenseitiges festgemacht und nachgewiesen werden.

In dieser Verbundenheit mit dem Prinzip der Volksbildung liegt jedoch ein gesellschaftspolitisch sehr wichtiger Aspekt. Er bedeutete den Versuch, die Trennung zwischen Laien und Priestern auch innerhalb der Wissenschaft aufzuheben. Mit anderen Worten: Die Enzyklopädie sollte die Spaltung zwischen dem Wissen und den Massen eliminieren. Hegel hat das in seiner «Geschichte der Philosophie» herausgestellt. Er schreibt von der Enzyklopädie als der Verwirklichung des großen Menschenrechts der subjektiven Erkenntnis, daß der Mensch kein Laie sein solle. Die sonst übliche und bei Voltaire sehr stark vorhandene Trennung zwischen einem gesellschaftlichen Monopol an Wissen einerseits und dem massenhaften Unwissen andererseits will die Enzyklopädie also aufbrechen.

Hegel spricht weiter von einer negativen Richtung, die sich durch die Enzyklopädie hindurchziehe – die berühmte Negation gegen den Weltzustand in gesetzlicher Ordnung. Doch fügt er hinzu, daß diese Seite der Enzyklopädie sich zerstörend verhalte gegen das in sich schon Zerstörte. Hegelisch gesehen macht die Enzyklopädie demnach nichts weiteres als mit dem im Grunde bereits Zerstörten aufzuräumen, der Herrschaft, der absoluten Monarchie, dem Feudalsystem, dem Denken und Glauben: die Erfüllung gewissermaßen eines weltgeschichtlichen Moments. Doch wenn Hegel hinzufügt, dadurch sei der neue Weltzustand erreicht worden und diesen neuen Weltzustand als den der Freiheit bezeichnet, so sind Bedenken anzumelden.

Gewiß war die freie Meinung Angelegenheit der Enzyklopädie – doch dürfen wir nicht vergessen, daß die Enzyklopädie immer bürgerliche Subversion gewesen ist. Mit anderen Worten: Die ökonomische Seite, die Aufhebung des Privateigentums, die wir von den jüngeren linken Sophisten angefangen bis zu Winstanley vorfinden, die Schaffung einer Gesellschaft von Gleichen steht in der Enzyklopädie nicht zur Diskussion. Sie ist deshalb bürgerliche Subversion, weil sie in einer Zeit vor der Revolution erschien. Die Revolution machte anschließend die Subversion gegenstandslos. Die Subversion selbst wurde zur Revolution, doch die daraus resultierende Freiheit war die Freiheit des freien Arbeiters, des Marktes und der freigelassenen Akkumulation. Darin sieht man die Grenze der Aufklärung. Der Widerspruch der Aufklärung war einer der Klassenschranken und nicht, wie von Horkheimer und Adorno behauptet, einer der Dialektik. Diese Schranken wurden in der Aufklärungszeit selbst überschritten – von einigen damals durchaus bekannten und gelesenen Autoren, die die aus dem Rahmen fallende Seite der Aufklärung darstellen. Sie werden Gegenstand der nächsten Sitzung sein.

Doch an der Grenze, der Grenze zwischen der Bestätigung einer sich neu formierenden, aber gesetzlich geregelten Gesellschaft und dem Drang, Vorhandenes zu sprengen, finden wir den Herausgeber und Spiritus rector der «Encyklopédie», Denis Diderot (1713–1784).

Diderot, eine faszinierende Gestalt, war für die damalige Zeit etwas Neues, ein Berufsschriftsteller. Dazu war er selbst ein Enzyklopädist, der sich in Mathematik, Physiologie, Medizin und vielen anderen naturwissenschaftlichen Disziplinen auskannte. Er war auch ein großer Schriftsteller: Nicht nur Goethe hat sich seiner angenommen, auch der inzwischen für tot erklärte Karl Marx bezeichnete Diderot als seinen bevorzugten Prosaschriftsteller.

Diderot, der enzyklopädisch gebildete Schriftsteller, fand sich ebenfalls einige Male als Gast der Bastille – wobei mir die Unbekümmertheit und Gleichgültigkeit auffällt, die nicht nur er, sondern auch Voltaire und später Blanqui, der von einer Gefängnisstrafe zur nächsten purzelte, und andere gegenüber dem »Knast» an den Tag legten. Es ist geradezu verblüffend, wie die Leute es einfach als gegeben hinnahmen. Wenn man, wie Voltaire, schrieb, daß die Bibel das Werk roh denkender Menschen gewesen sei, so war es eben klar, daß man dafür ein Jahr in die Bastille gehen mußte. Diderot, der ab und zu in die Bastille zu wandern pflegte, kam ungebrochen heraus – und man kann nicht sagen, daß die damaligen Gefängnisse unter dem Gesichtspunkt der humanitären Handhabung verwaltet worden wären.

Ich sagte eingangs, Diderot stehe an der Grenze zwischen einer sich neu formierenden Gesellschaft und dem Drang, Vorhandenes zu sprengen. In diesem Zusammenhang ist es bezeichnend, daß er kein Deist war, sondern ein offener Atheist, das heißt nicht im Stillen, sondern er schreibt dies auch ausdrücklich. 1754 erscheint Diderots «Gebet eines Atheisten»: «Setzen Sie an die Stelle Gottes eine empfindungsfähige Materie, zunächst potentiell und dann aktuell, und Sie haben alles, was sich im Universum vom Stein bis zum Menschen entwickelt hat.» (zit. nach Fetscher/Münkler 1988, Bd. 3: 459) Dies wie auch den Zusatz, der zeigt, mit welcher Offenheit er seinen Atheismus bekundet, erwähnte ich schon: «Es ist also sehr wichtig, Schierling nicht mit Petersilie zu verwechseln, nicht im geringsten aber, an Gott zu glauben oder nicht.» (Diderot 1984: 16) Er war also Atheist, und Materialist dazu. Politisch interessant ist, daß er nicht nur philosophisch ein Atheist war, sondern daß er ins Politische gehend Positionen vertrat, die damals ein Novum darstellten und die wirklich hart an der Grenze lagen, denn sie sind nicht mehr ohne weiteres unter bürgerliches politisches Denken zu fassen – so sein Lob der von ihm so genannten «Kalabrischen Anarchie». Bezüglich seines Realitätssinns ist die Art bedeutsam, in der er ökonomische Probleme behandelt. Ein damals vieldiskutiertes Problem, über das sich auch Voltaire geäußert hatte, war das Problem des Luxus. Das Thema Luxus und Kapitalismus ist, nebenbei bemerkt, keine Innovation von Werner Sombart, sondern die Koppelung von Luxus und Kapitalismus wurde schon damals gesehen. Diderot findet auch, daß der Luxus nichts Schlechtes sei, obwohl er – wie es sich gehört – zwischen einem schlechten und einem guten Luxus unterscheidet. Der gute Luxus ist der heute so bezeichnete «Wohlstand», von dem durchaus gesagt werden kann, daß er ein Menschenrecht sei; der schlechte Luxus war gerade das, was Voltaire so liebte: die Überfülle des Reichtums. Nicht unvernünftig war auch Diderots Beschreibung des Luxus' in einer eigentümlichen politischen Wende: «Ich glaube allerdings, daß es für die Völker immerhin besser ist, wenn sie leichtsinnigen Epikureern statt kriegerischen Wilden gehorchen und mit ihrer Arbeit den *Luxus* gewitzter und genußsüchtiger Spitzbuben bestreiten als den Luxus heldenmütiger, aber einfältiger Räuber.» (Diderot 1961: 375)

Daß er sich an der Grenze befand, wird aus seinen politischen Schriften deutlich. Einerseits finden wir in Diderot einen Vertreter der konstitutionellen Monarchie. Bei seinen Vorschlägen und Instruktionen, verfaßt für Katharina II. von Rußland, drängt er Katharina zur Bildung einer konstitutionellen Monarchie in Rußland. Allerdings ging er weit über die Grenzen der konstitutionellen Monarchie hinaus und fand sogar Anschluß an die Monarchomachen. Er fordert auch durchaus zur Revolte auf. So schreibt er über die Kolonialzustände, daß die heilsame Bewegung, die von Unterdrückern Revolte genannt wird, nichts anderes sei als die legitime Ausübung eines unveräußerlichen natürlichen Rechts des Menschen, den man unterdrückt und selbst desjenigen, den man nicht unterdrückt. Die Revolution steht vor der Tür, und in der Diktion Ähnliches taucht dann auf in der jakobinischen Verfassung von 1793, im berühmten Artikel 35 über das Rechts auf Widerstand als ein unveräußerliches natürliches Recht des Menschen: Revolte als legitime Ausübung dieses Rechts.

Die Erinnerung an die Monarchomachen findet sich erstaunlicherweise gerade in Diderots Vorschlägen an Katharina II. von Rußland, die damit wenig anfangen konnte. Ähnlich wie zwischen Voltaire und Friedrich II. gab es am Hof Katharinas gewisse Mißverständnisse – wobei Diderot recht hatte. So antwortete er auf Katharinas Bemerkung, wer keinen Besitz habe, aber arbeite, sei ebenso wohlhabend wie der, der hundert Rubel Einkünfte habe, ohne zu arbeiten: «vorausgesetzt, daß er nicht krank wird». (zit. nach Fetscher/Münkler 1985, Bd. 3: 507) Diese Nüchternheit findet sich auch in seiner Einschätzung, warum es Katharina nicht gelungen sei, das Problem der Bildung eines Dritten Standes im zaristischen Rußland zu lösen. Denn Diderot stellte dort in einem halbjährigen Aufenthalt sofort fest, daß im Gegensatz zu Frankreich der Dritte Stand nicht vorhanden war. Sein Vorschlag allerdings war von Voltaires Art: Katharina solle sich bei ihrem Heereszug nach Preußen den Dritten Stand ins Haus holen, indem sie die Berliner Bevölkerung, diese fleißigen, nützlichen Menschen, nach Rußland übersiedelte. Dann wäre, so schreibt Diderot in seinen Instruktionen, das Problem der Bildung eines Dritten Standes auch im zaristischen Rußland gelöst. Wie gesagt: Wir finden in Diderots Vorschlägen den klaren Hinweis darauf, warum er nach einem halben Jahr unverrichteter Dinge nach Paris zurückkehrte, zugleich aber auch eine Erinnerung an die Monarchomachen. Er schlug eine Art Verfassungstext vor, dessen Artikel lauten sollte: «Wir, die Völker und Wir, der Souverän dieses Volkes, beschwören gemeinsam die Gesetze, durch die Wir in gleicher Weise be- und verurteilt werden: Wenn es Uns, dem Souverän, geschehen sollte, daß Wir sie übertreten und ändern, *werden wir zum Feind unseres Volkes* (an dieser Stelle sei an den Text des unbekannten Monarchomachen erinnert, in dem der Fürst zum Feind des Volks wird, J. A.) – und es ist nur gerecht, daß es unser Feind sei, dann möge es *von seinem Treueeid entbunden* uns verfolgen, uns *absetzen* und sogar zum Tode verurteilen, wenn es der Fall fordert. Das ist das erste Gesetz Unseres Gesetzbuchs. Wehe dem Souverän, der das Gesetz mißachtet, *wehe dem Volk, das die Mißachtung der Gesetze duldet.*» (zit. nach Fetscher/Münkler 1985, Bd. 3: 504) Da war es nicht weiter verwunderlich, daß Katharina meinte, dieser von Diderot vorgeschlagene Text eigne sich wenig zur Verfassung ihres Reichs.

Nach der Rückkehr aus Rußland veränderte sich zwar Diderots Denken nicht, doch er radikalisierte sich. Wahrscheinlich durch seine Erfahrung am Petersburger Hof kam er dahinter, daß es kaum möglich sei, Aufklärung durch die Monarchie herbeizuführen – er wurde ein entschiedener Gegner der aufgeklärten Monarchie. In der Widerlegung des Buchs von Helvétius

«Über den Menschen» geht er ein auf ein Lob des Helvétius über Friedrich II. von Preußen. Helvétius (1715–1771) hatte Friedrichs Anspruch zugestimmt, daß es nichts Besseres gebe als die Willkürregierung – gemeint ist die absolute Monarchie – unter einem gerechten, humanen und tugendhaften König. Das war gerade der Gedanke der späteren deutschen Aufklärung: Es sei möglich, die Gesellschaft zu reformieren und zu humanisieren, indem man den König humanisiert, ihn richtig erzieht. Die Erziehung des Königs zum guten, gerechten König war damals die Parole am preußischen Hof.

Gegen die Philosophie des Preußenkönigs und gegen deren Lobpreis findet Diderot die richtigen Argumente: «Und ausgerechnet Sie, Helvétius, führen als Lob diese Maxime eines Tyrannen an! Auch die Willkürherrschaft eines gerechten und aufgeklärten Fürsten ist immer schlecht. Seine Tugenden bedeuten die gefährlichste und wirksamste Verführung; sie gewöhnen unmerklich ein Volk daran, seinen Nachfolger – sei er auch noch so schlecht und geistlos – zu lieben, ihn zu erehren und ihm zu dienen. Er nimmt dem Volk das Recht zu beratschlagen, zu wollen oder nicht zu wollen, sich dem Willen des Herrschers auch dann zu widersetzen, wenn er das Gute befiehlt; doch dieses Recht zur Opposition, so unvernünftig es auch sein mag, ist unantastbar. (...) Was kennzeichnet den Despoten? Güte oder Bosheit? Keines von beiden. Zu seiner Definition gehören mehr als diese zwei Begriffe. (Und dann kommt etwas, was ich den hochverehrten Politologen unter euch zum Nachdenken anbiete, J. A.:) Den Despoten kennzeichnet der Umfang, nicht aber die Art des Gebrauchs der Autorität, die er sich anmaßt.» (Diderot 1961, Bd.2: 113) Mit anderen Worten: Ob der aufgeklärte Monarch einen guten Gebrauch von seiner Autorität macht oder nicht, ist für Diderot gleichgültig, wichtig ist nur, *daß* er das Recht zu diesem Gebrauch hat, der Umfang seiner Herrschaftsrechte ist entscheidend. Das ist der eine Punkt dieses radikalisierten Diderots.

Ein zweiter erwähnenswerter Punkt findet sich in seiner russischen Schrift: Was der Zweck der Regierung sei. Das kennen wir bereits aus England, es erlangte aber in Frankreich eine ganz andere Bedeutung: daß es Zweck der Regierung sei, alle Menschen glücklich zu machen. Dieses Motto spielte später in der Französischen Revolution eine große Rolle, es war gewissermaßen das Orientierungsmotto von Saint-Just: Das Glück, sagte er, sei ein neues Wort für Europa. Meslier, auch ein Kind der Aufklärung, ging noch weiter und meinte, daß nicht nur das Glück allgemein als Prinzip zu gelten habe, sondern damit verbunden sei das Problem der Gleichheit zu sehen – nicht etwa Gleichheit vor dem Gesetz im liberalen Sinne, auch nicht Gleichheit des Eigentums, im Sinne von Rousseau und den Jakobinern, sondern: die Gleichheit in der Möglichkeit, das Glück zu erringen. Da meldet sich etwas an, was in der Französischen Revolution bei den Enragés dann voll durchschlagen wird: Leclercs Wort von der Gleichheit der Genüsse als der eigentlich anzustrebenden Gleichheit. Mit anderen Worten: das Recht eines jeden, so zu genießen, wie es ihm gegeben, möglich oder wünschenswert erscheint.

Auf welchem Gebiet noch war Diderot seiner Zeit weit voraus? Die Frage der Frauenemanzipation wurde im Kreise der Enzyklopädisten eifrig diskutiert. Einer der Wortführer für die heute so genannte Gleichberechtigung war der vorhin erwähnte Condorcet. Doch Diderot entdeckte ein Prinzip, das mit der damaligen Zeit schon nichts mehr zu tun hatte – er war fraglos kein Prophet und wußte wahrscheinlich gar nicht um die Tragweite seines Gedankens; aber daß er ihn formulierte, scheint mir doch sehr wichtig zu sein: das Prinzip des Eigentums der Frau an ihrem Körper. So schreibt er: «Wenn man den Frauen das Eigentum an ihrem Körper entzieht, ist dies immer eine Art von Tyrannei, die mich schon in ihrer Idee zur Empörung zwingt, eine raffinierte Methode, um die Versklavung der Frau zu verwirklichen, die ohnedies schon groß genug ist.»

Damit ist einiges gesagt über eine gewisse Aktualität dieser erstaunlichen Persönlichkeit, und es wird euch nicht mehr überraschen, daß Diderot zu dem aufrief, was ich bereits am Ende der letzten Stunde erwähnte: daß er das Volk aufforderte, die Steine herauszureißen, die die Straßen pflastern – zwecks Revolte.

Das nächste Mal kommen wir wieder zu unserer eigentlichen subversiven Linie zurück: Wir verlassen die Bourgeoisie, lassen sie weiterherrschen und wenden uns denjenigen zu, die völlig jenseits des bourgeoisen Denkens und Tuns versuchten, die Umwälzung herbeizuführen.

30. Januar 1990

Subversive Utopien jenseits des bürgerlichen Denkens. Die Subversion in der Revolution: die Enragés

Ich bin etwas indisponiert, wahrscheinlich infolge diverser akademischer Feierlichkeiten der vergangenen Tage. Trotzdem werde ich versuchen, diese Stunde zu bestreiten.

Ich habe von der französischen Enzyklopädie gesagt, sie sei ein Dokument der bürgerlichen Subversion – einer bürgerlichen Subversion, die, wie alle Subversionen, nichts weiteres war als die Vorbereitung der kommenden bürgerlichen Revolution. Wir müssen nun überlegen, wie innerhalb dieser bürgerlichen Subversion – also während der Zeit der Aufklärung, der Enzyklopädie – das Verhältnis der Linken zu sehen ist. Natürlich ist das Wort «links» oder das Wort «Kommunist» immer mit Vorsicht zu genießen; das sind Begriffe, die wir in die Vergangenheit verlegen, was man nicht tun soll – doch ist es eine bekannte Sache, daß es im Laufe der Weltgeschichte immer einen Kampf zweier »Linien» gibt, wie ein inzwischen in Vergessenheit geratener Politiker und Theoretiker meinte, Mao Tsetung: einer rechten und einer linken Linie. Auch innerhalb der bürgerlichen Subversion gab es diese unbotmäßige, nach vorne drängende Linie. Es handelt sich dabei zwar nicht um ausgearbeitete Theorien, aber um Gedankenentwürfe, die wir ruhig als kommunistisch bezeichnen können, mit dem Vermerk, daß es sich hierbei nicht um den späteren Kommunismus handelt – der auch als Wort erst etwa 1832 aufgetaucht ist –, sondern um Formen und gesellschaftliche Entwürfe, die auf dem Prinzip des Gemeineigentums gründen. Dabei ist das Wesentliche, daß diese kommunistischen Entwürfe sich gerade in einem ganz harten Widerspruch zum Geist der Zeit entwickeln: im Siegeszug der kapitalistischen Produktionsweise. Im Siegeszug der Bourgeoisie, vor allem der Großbourgeoisie, gab es immer diese Art der Subversion innerhalb der Subversion, genau wie es später in der Französischen Revolution eine Revolution innerhalb der Revolution gegeben hat. Um die Sache klarzustellen, muß ich zurückerinnern an die Situation der Linken im Cromwellschen Revolutionsheer, an die Position der Levellers mit Lilburne und die der Diggers mit Winstanley.

Man muß sicherlich eine Unterscheidung treffen zwischen der Situation im englischen Revolutionsheer und dem was man im Kreise der Enzyklopädie antrifft. Doch handelt es sich zunächst in beiden Fällen um eine Bewegung innerhalb einer anderen Bewegung, denn auch die Cromwellsche Große Rebellion war im Grunde die Ankündigung des Sieges der Bourgeoisie. Das war eine vorverlagerte Revolution, verbunden mit der Tatsache, daß England weiter fortgeschritten war auf dem Weg der Modernisierung der Wirtschaftsstrukturen. Nun war aber innerhalb des Cromwellschen Heeres dieses bürgerliche Element noch verborgen, verdeckt von religiösen Vorstellungen. Wir dürfen nicht vergessen, daß die Bourgeoisie in England zum Durchbruch gelangte in der Auseinandersetzung zwischen Puritanern und Independenten. Eben deshalb finden wir immer wieder, daß sowohl auf Seiten der Puritaner wie auf Seiten Cromwells politische, gesellschaftliche und selbst ökonomische Vorstellungen in religiöser Hülle auftreten. Darin haben wir einen ersten großen Unterschied innerhalb der Cromwellschen Großen Rebellion zu sehen. Winstanley zum Beispiel läßt diese religiöse Hülle schon fallen, mit anderen Worten: Die Linke des Cromwellschen Heeres spricht gewissermaßen bereits Klartext. Dies ist ein wesentlicher Punkt auch für die Enzyklopädie. Die Enzyklopädisten werfen die religiöse Hülle weg und reden Klartext. Man kann es auch anders formulieren: Die Bourgeoisie braucht die Religion nicht mehr zur Begründung ihrer Ansprüche und Tendenzen. Voltaire, dieser irreligiöse Geist par excellence, meinte, daß die Religion zwar notwendig sei, aber nur für das von ihm verachtete Volk. Religion also nicht für die Bourgeoisie, die sich sozusagen freigeschwommen hatte. Das gleiche gilt für die linke Seite, die über die bürgerliche Subversion hinausdrängt: Sie braucht die Religion nicht mehr, die Religion ist überholt. Das ist umso bemerkenswerter, als die meisten Vertreter dieser kommunistischen Gedanken Pfarrer waren, zumeist Landpfarrer. Das ist der eine Unterschied.

Ein weiterer, geschichtlich sehr bedeutsamer Unterschied liegt in einer Art Zeitverschiebung gegenüber der Cromwellschen Rebellion. Anders gesagt, während Winstanley zum Beispiel ein Zeitgenosse der Rebellion war – die Levellers und die Diggers bildeten einen Teil des Revolutionsheeres –, entfällt diese Gleichzeitigkeit jetzt insofern, als die für uns in Frage kommenden Autoren, die Theorien und Vorstellungen, die sich in der vorrevolutionären Zeit ausgebildet hatten, keine Entsprechung fanden in der realen Bewegung der Zeit. Es sind sozusagen vorverlagerte Gedanken, und schon allein deshalb besitzen diese Gedanken im Gegensatz zu denen der Levellers oder der Diggers einen utopischen Charakter. Während die Subversion eine Zeitgenossin der Cromwellschen Rebellion war, ist die Subversion in der vorrevolutionären Zeit eine Bewegung, die ihre eigene Realisierung erst später im Verlauf der Französischen Revolution finden wird. In dieser vorrevolutionären Zeit wurden die Vertreter der kommunistischen Gedanken zwar gelesen und kritisiert, waren sie berühmt, sie standen aber noch vor der Realität ihrer Entwürfe.

Es ist auch unklar, inwiefern diese Theoretiker der Subversion persönlich den Durchbruch erzielen konnten, denn damals bestand zuweilen wenig Klarheit über die Autorenschaft von Schriften, die meistens schon der Bastille wegen anonym erschienen. Wissenswert ist zum Beispiel, daß einer der wichtigsten Texte dieser Zeit, Morellys «Gesetzesbuch der Natur» (Morelly 1964), bis 1814 als ein Werk von Diderot galt, und als solches wirkte es auf die Französische Revolution ein. Selbst Babeuf verteidigte sich in seinem Prozeß – nach dem Thermidor – mit dem Text von Morelly unter der Annahme, es handle sich um einen Text Diderots.

Es gibt noch einen letzten Unterschied zu den Engländern; einen Unterschied, der bedingt wird durch die das letzte Mal hier schon erwähnte Verlötung der Natur – die guten «Wilden», die in glücklichem Zustand leben – mit der Ratio. Diese Verbindung führte dazu, daß die Utopie zurückkehrte – an sich ein seltsames Phänomen, denn die Utopie als erklärte Utopie war längst in Vergessenheit geraten. Nun taucht sie wieder auf – in der Form des Romans. War in der Renaissance die utopische Konstruktion einer idealen Stadt – meistens auf einer Insel – das Charakteristische, so ist das Charakteristische nun, daß die Utopie nicht in der Form einer theoretisch durchdachten Utopie veröffentlicht wird, sondern als Roman. Dahinter verbirgt sich über die Hinwendung zur Schriftstellerei hinaus wahrscheinlich auch der Versuch, von Polizeimaßnahmen ungeschoren zu bleiben und eben eine Form zu finden, die für die Menschen lesbar war. Diese Texte, Pamphlete und literarischen Erzeugnisse genossen nämlich nicht die Sympathie des gebildeten Publikums, trafen aber auf starkes Interesse der unteren Bevölkerungsschichten. Es waren Texte, die im Grunde nicht gelesen, sondern vorgelesen wurden, wie es damals üblich war.

Ich erwähnte, daß die meisten der subversiven Elemente Pfarrer oder Landpfarrer waren. Dies ist jedoch gar nicht so verblüffend, denn die Landpfarrer waren diejenigen »organischen Intellektuellen» – wie Gramsci gesagt hätte –, die unmittelbar konfrontiert waren mit der Härte des bäuerlichen Lebens der damaligen Zeit, nicht nur mit Mangelzuständen, sondern auch mit Hungerperioden. Ihre Konfrontation mit dem Elend der Bauern führte auch dazu, daß das von ihnen Entwickelte im Großen und Ganzen immer noch in der Begrenzung auf den Agrarkommunismus zu finden ist. Verwunderlich ist höchstens, daß die Schärfe der Kritik an Religion und Kirche derart deutlich zutage tritt, was wahrscheinlich damit zusammenhängt, daß diese Landpfarrer mit dem Problem der bäuerlichen Abgaben an die Kirchenfürsten konfrontiert waren. Die meisten von ihnen waren übrigens nicht befangen im religiösen oder pseudoreligiösen bürgerlichen Denken, sie waren keine Deisten, sondern offene Atheisten. So sagte d'Alembert zum Beispiel über Meslier, an sich müßte am Grab Mesliers eine Tafel stehen mit der Inschrift: «Hier ruht ein sehr anständiger Priester, der sterbend um Vergebung dafür bat, ein Christ gewesen zu sein.» (zit nach Fetscher/ Münkler 1985, Bd. 3: 516)

Mit den anderen Denkern der Aufklärung gemeinsam haben diese Utopisten auch die Verbindung zwischen Utopie und Kritik, was wir bei Morus und Campanella nicht finden. Zwar beginnt Morus' «Utopia» mit einer Kritik der Zustände im England der damaligen Zeit, doch baut er gegenüber den gegebenen Zuständen seine eigene, künstliche Welt auf. Mit anderen Worten: Es handelt sich bei Morus' «Utopia» (More 1960) um eine Gegenüberstellung; die Konstruktion von Morus bildet sich gewissermaßen selbständig als Antwort auf die Mißstände, doch ergibt sie sich nicht aus der Kritik. Anders ist es bei den jetzt nun zu behandelnden Autoren, die aus der Anklage gegen die Wirklichkeit heraus – auf weite Strecken handelt es sich in der Tat eher um eine Anklage als um eine Analyse – die Utopie bauen. Das heißt, der utopische Gedanke wird aus der Kritik des Gegebenen entwickelt und nicht als Gegenstück zum Gegebenen. Aus dem Grunde wahrscheinlich hat Marx für diese Denker den Ausdruck des «kritisch-utopischen Kommunismus» geprägt.

Bei der Frage, welche Persönlichkeiten hier nun der Erwähnung wert sind, handelt es sich um ein Problem der Auswahl. Ich werde drei von ihnen behandeln, doch gibt es im Grunde eine ganze Schar von kritisch-kommunistischen Utopisten der damaligen Zeit, so daß man eine ganze Vorlesung über sie halten könnte – obwohl sich die Gedankengänge und -strukturen doch immer als die gleichen herausstellen. Hinzuzufügen ist, daß es sich nicht um Autoren handelt, die im heutigen Wortverständnis publizistisch tätig waren; sie wurden zumeist in der Manuskriptform gelesen oder vorgelesen bei der bäuerlichen Bevölkerung und zum Teil auch bei den städtischen Unterschichten Frankreichs. Es sind dies Mably, Meslier und Morelly. Meslier lebte von 1664 bis 1729, Mably* von 1709 bis 1785, Morelly – man weiß zwar, daß er 1715 geboren wurde, doch kein Mensch weiß, wo und wann er gestorben ist. Er ist eine eigentümliche Gestalt: Man kennt zwar seine Schriften, die auch gedruckt wurden, aber wo und wie er lebte, ist so gut wie unbekannt.**

---

* Siehe dazu: Schleich, Thomas: Aufklärung und Revolution. Die Wirkungsgeschichte Gabriel Bonnot de Mablys in Frankreich (1740–1914. Stuttgart 1981; Thamer, Hans-Ulrich: Revolution und Reaktion in der französischen Sozialkritik des 18. Jahrhunderts: Linguet, Mably, Babeuf. Frankfurt/Main, 1973.

** Siehe: Coe, Richard Nelson: Morelly. Ein Rationalist auf dem Wege zum Sozialismus. Berlin-Ost, 1961; Ramm, Thilo: Die großen Sozialisten. Stuttgart, 1955, S. 80–94.

Warum ich Jean Meslier mit einbeziehe, der so früh lebte und kurz nach der Geburt der anderen beiden schon starb, hat historische Gründe. Er war zwar in einer vorverlegten Zeit schriftstellerisch tätig, wurde aber erst später, 1762 dadurch bekannt, daß Voltaire Teile seiner Memoiren veröffentlichte – «Testament» –, und durch eine Veröffentlichung Holbachs von 1772 (Holbach 1976). Wichtig allerdings ist, daß der Text des «Testaments» 1789 erschien, im Revolutionsjahr also, und in diesem Text konnten die Revolutionäre für sie Wichtiges entdecken.

Es handelt sich bei den dreien um Autoren, die über die bürgerliche Denkweise hinaustreiben, aber keineswegs in eine jakobinische Richtung. Das Jakobinertum war zwar revolutionärer als die bürgerlichen Revolutionäre. Die Jakobiner waren Petit-Bourgeois und verstanden unter Gleichheit, die sie im Gegensatz zu den Girondisten sehr betonten, die Gleichheit der Eigentümer als Kleineigentümer. Sie waren ja in diesem Sinne Schüler Rousseaus, und man kann sagen, daß schon am Anfang der bürgerlichen Bewegung die berühmte anti-kapitalistische Sehnsucht des Kleinbürgertums auftauchte. Anders unsere Autoren: Sie sind erstens vom Ambiente her agrar-proletarisch eingebettet und zweitens wollen sie die Gleichheit im Gemeineigentum. Der Konflikt zwischen dem allgemeinen Rousseauschen Kleineigentümerdenken und dem kommunistischen Denken, der später ausbrach, war theoretisch vorprogrammiert.

Ich muß auch auf den dramatischen Widerspruch hinweisen, in dem diese Autoren standen: Als Landpfarrer oder agrarisch eingestellte Vertreter bestimmter Ideen sahen sie erstaunlicherweise nicht, daß das Problem des Eigentums bei den Bauern sich anders stellte, als man sich das in einer Perspektive der radikalen Veränderung zunächst denken mag. Zwar meldeten sich die Bauern damals durch Aufstände zu Wort, doch ist es bis auf den heutigen Tag die Frage, ob ausgerechnet die Bauern diejenige Bevölkerungsgruppe sind, die am ehesten an Gemeineigentum interessiert ist. Damals mindestens war das nicht der Fall – daher auch die vielen Schwierigkeiten innerhalb der Französischen Revolution; und es ist ja bekannt, daß geschichtlich dann gerade die Parzellenbauern durchschlugen und ihren Anspruch auf Privateigentum durchsetzen konnten.

Zu Mably: Bei ihm ist am wenigsten subversives Denken festzustellen. Er hat im Laufe seines Lebens bestimmte Wandlungen durchgemacht – das macht ja jeder und es ist nicht so schlimm. Aber diese Wandlungen sind für ihn charakteristisch, weil er mit seinen Widersprüchen nicht fertig wurde und bis an sein Lebensende hin- und hergerissen wurde, zwar nicht zwischen früheren und späteren Positionen, sondern zwischen einer eher reformistischen und einer eher revolutionären Tendenz. Zu Mably ist zu sagen, daß außerhalb Frankreichs kein Mensch ihn kennt, während er in Frankreich als der bedeutendste Vertreter des 18. Jahrhunderts gilt – nach Rousseau. Ich erwähne dies, weil ein wahrscheinlicher Grund für Mablys Wandlung von einem an sich reaktionären zu einem eher fortschrittlichen Denken dem zweiten Diskurs Rousseaus »Über die Ungleichheit der Menschen» geschuldet ist. In seinem Denken war Mably nicht so sehr gesellschaftlich orientiert – ökonomisch gar nicht –, sondern eigentlich war er ein Moralist – durchaus im Sinne der Aufklärung, deren Vertreter bekanntlich Moralisten waren. Und als Moralist begründete er auch die Notwendigkeit des Gemeineigentums. Es ist also keine Begründung, die vom Gesellschaftlichen her, von den Konflikten her, von den Schwierigkeiten der Leute her käme, sondern sie kommt von moralischen Prinzipien her. Natürlich stellt auch für Mably das Eigentum an Gütern die Hauptquelle allen Übels dar, doch ist dies nicht gesellschaftlich gedacht, Eigentum als ökonomisches und gesellschaftliches Prinzip, sondern individuell: Das Eigentum verderbe den Charakter. Für Mably nun besteht die Schaffung einer besseren Gesellschaft in der Wiederherstellung der natürlichen Ordnung, in der die gesamte Erde ein Erbgut aller ist. Diese Wiederherstellung soll allerdings nicht durch politische Bewegungen erfolgen, sondern durch Stärkung der menschlichen Moral (dazu: Magedant 1968: 84ff) – eine im Grunde pädagogische Perspektive, die wir teilweise auch bei Rousseau finden.

Ebenso von der Moral her verurteilt er die Ungleichheit: Die Ungleichheit der Reichtümer und der Lebensbedingungen – das ist neu, daß zu den Reichtümern nun die Lebensbedingungen hinzukommen – zersetze den Menschen und zerstöre die natürlichen Empfindungen in seinem Herzen. Hier ist volle Aufklärung im Gange: die Verbesserung der Menschen durch Erziehung und die Möglichkeit, durch Erziehung eine andersgeartete Gesellschaft herbeizuführen, die wie früher ohne Eigentum auskommt. Interessant ist auch Mablys Polemik gegen die Folgen dieser menschlichen Verderbtheit. Er sieht sie in der Überflüssigkeit vieler Wünsche und in der Nutzlosigkeit vieler Bedürfnisse. Hier wird er auf einmal ganz modern und schlägt etwas für die damalige Zeit – eine Zeit des Fortschritts und der wirtschaftlichen Expansion – Unerhörtes vor, indem er, ihr eine Periode voraus, die Überflussgesellschaft kritisiert. Die Überflußgesellschaft im heutigen Sinne gab es damals natürlich noch nicht – Mably meinte den bei den Reichen vorhandenen Überfluß. Seine Einschränkung der Bedürfnisse markiert eine Position, über die viele Grüne hier im Lande sehr entzückt sein könnten. Wir finden bei Mably eine Kritik, eine Position, die mit allen Vorzügen und allen Nachteilen dieser Sichtweise behaftet ist.

Mably bleibt jedoch gewissermaßen in der Mitte stehen. Aus seinen Texten wird ersichtlich, daß er auf das heftigste das Eigentum bekämpft, um gleich darauf festzustellen, daß sich das Eigentum allerdings nicht abschaffen lasse. Was ist also der Sinn der Gesetze? Offensichtlich der, durch eine gesetzliche Ordnung dafür zu sorgen, daß das Eigentum nicht expandiert, daß es in seine Schranken zurückgewiesen wird. Mably steht zwischen der radikalen Negation eines bestimmten gesellschaftlichen Prinzips und der Tendenz, Kompromisse zu schließen. So plädiert er für Reformen des Eigentumsverhältnisses, die man gemeinhin realistisch zu nennen pflegt. Dabei jedoch kommt etwas zum Vorschein, was wiederum eher nach vorne weist: Er meint, daß es für die gesetzliche Regelung und für die Eindämmung des ausufernden Eigentums wichtig sei, die Erbschaftsgesetzgebung neu zu fassen. Dabei tritt er für eine Einschränkung der Testamentsfreiheit ein. Hierin sieht er die Möglichkeit, dem Eigentum zu Leibe zu rücken, ohne jedoch das Eigentum selber restlos zu zerstören. Wie gesagt, Reform des Eigentumsprinzips. Seine Vorschläge wirken für uns heute beschränkt, nicht jedoch für die damalige Zeit. Wir wissen ja, daß es später noch Auseinandersetzungen um das Erbrecht geben wird. Bakunin war der Ansicht, daß zwei Dinge abgeschafft gehören: der Staat und das Erbrecht. Bei Mably finden wir zwar nicht die Abschaffung des Erbrechts, aber die Abschaffung der Freiheit des Testaments. Er meint, daß der Reichtum nicht an die eigenen Leute vererbt werden dürfe, und er schlägt vor, eine Umverteilung der Vermögen vorzunehmen: Ein Testament könne entweder nur die Klausel enthalten, daß das Vermögen an die Bediensteten fällt und damit nicht in der eigenen Familie bleibt, oder daß es an die Armen in den Dörfern verteilt wird. Gewiß tritt hier die Borniertheit des bürgerlichen Denkens hervor, doch schlägt andererseits auch immer wieder das andere durch. So sagt Mably, es gebe einen Maßstab, um festzustellen, ob ein Gesetz weise sei oder nicht. Dieser Maßstab lag seiner Auffassung nach in der Möglichkeit, gesetzlich die Gleichheit zu verankern und zu verwirklichen; darin also, ob durch ein Gesetz die Gleichheit verbreitet wird oder nicht. Das war zwar schon subversiv, aber nur zum Teil, denn wir wissen ja, daß diese Form der Gleichheit zugleich durchaus einmünden kann in die jakobinische Vorstellung der Demokratie der Kleineigentümer.

Ganz anders liegt die Sache der Subversion bei Jean Meslier. Er wurde erst später veröffentlicht und konnte deswegen nicht unmittelbar wirken; das konnte er auch deshalb nicht, weil er ein Doppelleben führte: Er war bis zu seinem Tode Pfarrer in einer Gemeinde der Campagne, und das von ihm Geschriebene erschien als Manuskript und anonym oder es war eine Abrechnung mit sich selbst, mit seiner eigenen Wirklichkeit. Meslier war allerdings kein gewöhnlicher, sondern er war ein zorniger Landpfarrer, und dieser Zorn kündigt eindeutig die «Terreur» an. Wir dürfen nicht vergessen, daß sein «Testament» 1789 erschien und damit zur richtigen Zeit: «Alle Großen und Adligen der Erde sollen aufgehängt werden an den Gedärmen der Priester.»[51] Um ihn und seinen Zorn zu verstehen, muß man bedenken, daß er in der großen Zeit des 14. Ludwigs lebte, der von 1643 bis 1715 König war und als Fünfjähriger bereits den Thron bestieg. Was Meslier so zornig machte, war die ungeheure Diskrepanz zwischen dem alle Gelder verschlingenden Glanz des Hofes und dem Elend der Bauern, die gezwungen waren, für diesen Hof – und auch für die Kirche – zu arbeiten. Gewiß gab es auch reiche Leute in Frankreich, doch hatten die es immer verstanden, durch gesetzliche Regelungen und Privilegien, manchmal auch durch Willkür so wenig Steuern wie möglich zu zahlen – ein Phänomen, das bekanntlich in allen Gesellschaften vorliegt, in denen die arbeitenden Teile der Bevölkerung Steuern entrichten müssen, während die nicht arbeitenden Teile ihre Steuererklärung nach ihrem Gutdünken gestalten. Dies eben führte bei Meslier zu Widerstand gegen den Hof und gegen alle Formen des Reichtums. Hinzu kam, daß er als Landpfarrer unmittelbar konfrontiert wurde mit der Hungersnot. Es gab in Frankreich gerade unter dem 14. Ludwig nahe beieinander eine Reihe von Hungerperioden: 1693, 1698 und 1709 – Hungersnöte nicht in der Form, daß die Leute wenig zu essen gehabt hätten, sondern in der zerstörerischen Form des Hungertodes.

Nicht etwa, daß Meslier ausgesprochen modern gewesen wäre. So wird die sich anbahnende Klassenstruktur von ihm nicht gesehen, er sieht nicht, daß die bürgerliche Gesellschaft im Entstehen begriffen ist; er kennt nur die Landbevölkerung, die Situation der Bauern. Im Grunde bleibt er immer noch bei dem uns bekannten und sich durch die Jahrhunderte hindurchziehenden dichotomischen Prinzip der Unterscheidung zwischen Reich und Arm. Teilweise bestimmt er allerdings diese Welten der Armen und der Reichen begrifflich präziser: Hinter den Reichen und den Armen taucht schon das Prinzip der Verdoppelung von Herr und Knecht auf, das später durch Hegels «Phänomenologie» klassisch wurde. (Hegel 1970: 145ff) Das, was ihn am meisten bewegt, ist die Ungleichheit. Dabei macht Meslier allerdings einen beachtlichen Schritt voran auf dem Weg zur begrifflich konkreteren Bestimmung des Problems. Schon bevor die Rechtsgleichheit Wirklichkeit geworden ist in der Französischen Revolution, erkennt er, daß die Ungleichheit mehr ist als die bloße Ungleichheit der Rechtstitel – ebensosehr wie er unter Gleichheit etwas mehr versteht als die juristische der Gleichheit vor dem Gesetz. Wenn er ausdrücklich von den Reichen als den Parasiten der Gesellschaft schreibt – wobei er im Grunde alle zu den Parasiten zählt, die nicht von der eigenen Hände Arbeit leben –, dabei aber diese an sich einfache Sicht des Parasitentums einbettet in die dichotomische Struktur derjenigen, die arbeiten, und derjenigen, die von der Arbeit anderer leben, so kommt bei ihm schon die Ausbeutung als die eigentliche Quelle der Ungleichheit heraus. Dabei, das darf nicht übersehen werden, tritt er keineswegs, wie Mably, für eine Einschränkung der Bedürfnisse ein, — warum, darüber läßt es sich streiten. Es mag sein, daß er, in einer Schicht lebend, die im Elend dahinvegetierte, die also nach Wohlstand strebte, zum Wohlstand und zur Befriedigung der Bedürfnisse eine ganz andere Einstellung hatte als Mably. So kommt es bei Meslier, noch bevor Mably mit seiner Kritik an der Überflußgesellschaft auftauchte, zur Umkehrung dieser Kritik: Gleichheit soll nicht über die Reduzierung der Bedürfnisbefriedigungsmöglichkeiten erreicht werden, sondern durch die Hebung und Verallgemeinerung der Bedürfnisse und ihrer Befriedigung. In dieser Umkehrung liegt der berühmte Hinweis auf die Gleichheit des Genusses, die später bei Leclerc und den Enragés wiederauftaucht, in der Linken der Französischen Revolution. Dabei ist übrigens zu beachten, daß die Wohlhabenden die Gleichheit vor dem Gesetz erfanden, die Petite-Bourgeoisie der Sansculotterie auf den Gedanken der Gleichverteilung des Eigentums kam, während die unteren Schichten der Sansculotten sofort die Gleichheit des Genusses forderten. Neben der Gleichheit des Genusses tritt als Novum auch das Recht auf Leben, auf ein gutes Leben, in Erscheinung.

Daß Meslier zornig war, zeigt sich daran, daß er nicht nur die Revolte bejahte, sondern daß auch der alte monarchomachische Gedanke des Königsmords bei ihm wieder auftauchte. Man könnte nun meinen, daß in dieser Position ein Widerspruch steckt: Wenn er auf der einen Seite das Recht auf Leben verkündet, auf der anderen Seite aber die Gewaltanwendung bejaht als die Form, in der die Transformation der Gesellschaft hin zur Gleichheit zu verwirklichen sei. Man kann sagen, daß sich gerade in dieser Bejahung der Gewalt zeigt, daß seine Subversion mehr in Richtung auf einen Aufstand zielte — übrigens spricht er selbst vom Aufstand, «Aufruhr» ist eines seiner beliebten Wörter. Er stellte sich die gesellschaftliche Entwicklung in der Form der Explosion vor, der Explosion der leidenden Massen der Bauern. Vielleicht sind da auch die Signale einer anderen Revolution zu hören. Das Folgende stammt nicht aus dem «Kommunistischen Manifest», noch aus dem deutschen Text der «Internationale», sondern von Jean Meslier: «Vereinigt euch also, Völker, wenn ihr vernünftig seid, schließt Euch alle zusammen, wenn Ihr das Herz habt, um Euch von Eurem ganzen gemeinsamen Leid zu erlösen.» (Meslier 2005: 394)

Soviel zu diesem wohl radikalsten der subversiven Elemente im Zeitalter der Aufklärung und der Enzyklopädie.

Zu Morelly erwähnte ich bereits, daß man nicht genau weiß, wer er war. Wie gesagt: Sein Hauptwerk, das «Gesetzesbuch der Natur», galt als ein Werk von Diderot. Auch er machte eine Wandlung durch, und zwar von einer Position des aufgeklärten Erziehers des Königs hin zu der eines noch rohen Kommunismus. Ihm ging es wie Diderot: Diderot trat zunächst auch für die aufgeklärte Monarchie ein und versuchte, am Hof von Katharina II. die Zarin zu Reformmaßnahmen konstitutioneller Art zu bewegen. Der Monarch sollte so beeinflußt werden, daß er selber — als aufgeklärter Monarch eben — die konstitutionelle Monarchie einführen würde. Morelly ging es insofern ähnlich wie Diderot, als er seine Wandlung zum subversiven Denken vollzog, nachdem er gescheitert war — nicht bei Katharina II., aber bei Friedrich II. von Preußen. Seine erste Schrift war auch Friedrich gewidmet und hatte den schönen Titel: «Der Fürst, der die menschlichen Herzen entzückt». (Morelly 1751) Jedoch kam er dahinter, daß Friedrichs Geschäft nicht die Entzückung menschlicher Herzen war, sondern die dynastische Ausweitung Preußens. So geschah es wie bei Diderot, daß Morelly diese bürgerlich-aufgeklärte Position aufgab, um dann zur Utopie des kommunistischen Gemeinwesens zu kommen.

Morelly ist unter den vielen damals der eigentliche Utopist, insofern, als alle anderen entweder pamphletartig oder sonstwie ihre Gedanken entwickeln, während er in der Tat in der Form des Romans die vollendete Konstruktion eines Gemeinwesens auf der Grundlage des Gemeineigentums entwickelt. Die Gründe dafür sind zum Teil auch aus den Einflüssen zu erklären, denen er literarisch unterlag. Diesen Einflüssen ist es auch zuzuschreiben, daß er als Utopist sich nicht mehr eine Insel ausdenkt, auf der dann das vollendete Gemeinwesen steht, sondern daß er das Gemeinwesen geographisch fest verortet: Er siedelt es in Peru an. Er meint also, in Peru sei es schon möglich gewesen, dieses Gemeinwesen zu errichten. Der Titel des Buches erinnert geradezu an bestimmte Modeerscheinungen der letzten Zeit, die man, glaube ich, Postmoderne nennt; Modeerscheinungen, in denen die Weisheit und Güte in Texten von irgendwelchen Häuptlingen von Indianerstämmen gefunden werden — und, in der Tat, so viel anders macht er es nicht, denn sein Roman heißt: «Untergang der schwimmenden Inseln oder Königsgesang vom erlauchten Pilpai»*. (Morelly 1753) Der Pilpai ist ein Inkafürst. Die Einflüsse sind, wie ich sagte, literarisch feststellbar. Es gab damals ein sehr berühmtes Buch von einem Spanier: «Geschichte der Inkas, Könige von Peru»[52], eine ungewöhnliche Darstellung des Inkareiches als einer kommunistischen Gesellschaft — und darin stellte Morelly etwas fest, was wahrscheinlich historisch nicht stimmt, für ihn aber wichtig war: Diese kommunistische Gesellschaft war gegründet auf Vernünftigkeit und Nützlichkeit und Natürlichkeit des Gemeineigentums. Ebenso wichtig für ihn waren andere Berichte, die aus Mexiko kamen: über die alte Azteken-

* Vgl. auch: *Pipers Handbuch der politischen Ideen*, Bd. 3, München 1985, Hg. Iring Fetscher und Herfried Münkler: Kap. IX, 9, S. 516–520, 525; Richrd Saage, *Morellis «Das Gesetzbuch der Natur» und die Dialektik der Anarchie*, in Utopie kreativ, H. 100 (Februar) 1999, S. 54–66. (Anm. B.A.)

kultur, die in der damaligen Auffassung als Gemeinwesen auf der Basis des Gemeineigentums galt. Ob das historisch richtig ist, spielte damals keine Rolle und für mich hier auch nicht.

Wichtig ist diese Orientierung, weil sie auch von bereits besprochenen Berichten bestimmt wurde, die schon bei Campanella nicht ohne Einfluß blieben: über den Jesuitenstaat in Paraguay. Die Erzählungen über das Inkareich und die Aztekenkultur, verbunden mit diesen Berichten, wie ein über mehr als hundert Jahre funktionierendes Gemeinwesen ohne Privateigentum und Lohnsystem von den Jesuiten organisiert wurde, hatten wohl bei Morelly zu den entsprechenden Konsequenzen geführt. Dieses Werk und seinen «Code de la nature» kann man, scholastisch gesprochen, als eine Art «Summa», als eine romanhafte enzyklopädische Darstellung gesellschaftlicher, politischer und ökonomischer Institutionen gegen das Privateigentum und für die Gemeinschaft betrachten. Der «Code de la nature», 1755 erschienen, war damals eines der meistgelesenen Bücher – wie gesagt nicht beim gebildeten Publikum, sondern in den sich in Städten und Dörfern bil denden Gruppen, denen es von den des Lesens Kundigen vorgelesen wurde. Daß dieses Buch sehr populär war, zeigt schon die Tatsache, daß schnell hintereinander Neuauflagen erschienen: 1757, 1760, 1772 und 1773. Nicht etwa, daß überraschend Neues in dem Roman stünde. Er ist zwar sehr lesenswert: Morelly geht im einzelnen auf die Regelung der Wirtschaft und der Gesellschaft ein, macht interessante Vorschläge zur Erziehung – doch es sind lauter uns im Grunde bereits bekannte Prinzipien. Vielleicht neu – nicht für die damalige Zeit, aber im Kreise der Utopisten – ist die Überbetonung der Wirtschaft. Im «Code de la nature» führt Morelly auf, daß erst die Regelung der Wirtschaft es ermöglicht, daß andere gesellschaftliche Bereiche entsprechend geregelt werden können.

Auch in bezug auf das Eigentum kommt es bei ihm zu einer weiterführenden Klärung. Es wurde zwar immer vom Gemeineigentum gesprochen, doch immer in einer Form, die stark in Richtung des sogenannten Verteilungskommunismus ging; im Grunde haben auch Mably und Meslier die Vorstellung, daß die Produktion nach wie vor individuell vor sich geht, daß aber die Produkte in Lagerhäuser gebracht werden, aus denen sich dann die Konsumenten frei und ohne Geldäquivalent das holen, was sie brauchen. Das ist bei Morelly durchaus ebenso der Fall, wobei er im einzelnen sogar sehr klug darlegt, welche Unterschiede bei der Verteilung auftreten, wenn es sich um verderbliche Waren handelt oder um nicht verderbliche Waren – er geht also bis in die Einzelheiten.

Viel wichtiger ist jedoch, daß er unterscheidet zwischen der Produktion, die gemeinsam sein soll, während die Konsumption immer eine individuelle ist. Für ihn ist das Eigentum nur berechtigt im Rahmen des gegenwärtigen wirklichen Gebrauchs des Produkts. Das ist im Grunde also kein reiner Verteilungskommunismus, sondern schon die Andeutung des Produktionskommunismus, wobei die Produkte dann zwar von den einzelnen angeeignet werden, doch aneignungsfähig ist nur das, was man unmittelbar braucht. Ich will nicht sagen, daß hier schon der Gebrauchswert im Spiel ist, denn der Tauschwert war bei ihm auch nicht vorhanden, doch ist zweifellos der Gedanke schon da, daß der Anspruch auf Eigentum nur besteht in der Form der Nutznießung von gemeinschaftlich produzierten Gütern.

Morellys Zentralbegriff übrigens zeigt, wie differenziert er denken konnte. Während all die anderen von der Gleichheit sprachen – ganz gleich, ob Gleichheit des Eigentums oder Gleichheit des Genusses –, erfindet er eine andere Position in dieser Frage, die er die «harmonische Ungleichheit» nennt. Das heißt: Die in seinem Sinne vollendete utopische Gesellschaft kennt keine nivellierende Gleichheit, sondern eine harmonisch vor sich gehende Ungleichheit. Er meint damit das, was wir später in Marx' «Kritik am Gothaer Programm» finden, wenn Marx den «gleichen Lohn» kritisiert und meint, der gleiche Lohn sei ein ungerechter Lohn, weil nämlich die Bedürfnisse der Lohnempfänger verschieden sein können. Dies rückt schon Morelly in den Mittelpunkt seiner Aufmerksamkeit. Die harmonische Ungleichheit bedeutet, daß die Gleichheit nicht darin liegt, daß alle die gleichen Bedürfnisse haben, sondern sie bedeutet das gleiche Recht eines jeden, die individuelle Befriedigung seiner individuellen Bedürfnisse zu ermöglichen. Mit anderen Worten: Das Bild der mit gleichen Gütern gleich gesegneten Individuen entfällt bei Morelly, und wir finden schon das Bild einer inzwischen weit fortgeschrittenen Gesellschaft, in der einem jeden nach seinen Bedürfnissen gegeben werden soll.

Für alle diese Denker gilt, daß sie, wie auch Morus und Campanella, auf dem Prinzip der Arbeitspflicht bestehen. Dies ist für die damalige Zeit durchaus verständlich, denn ihre Intention war gerade, die nicht arbeitenden «Parasiten» zu bekämpfen; doch andererseits wird mit der gleichen Intensität für die Reduzierung der Arbeitszeit plädiert. In einer vernünftigen Gesellschaft sollen zwar alle arbeiten, doch so wenig oder kurz wie möglich.

Die eigentliche politische Wirklichkeit dieser an sich manchmal sehr naiven Ideen sollte später stattfinden: nachdem 1789 aus der subversiven Theorie die bürgerliche Revolution geworden war.

Die Französische Revolution ist nicht Gegenstand unserer Verhandlungen, ich habe darüber im vorigen Semester eine Vorlesung gehalten. Ich will mich darauf beschränken, innerhalb der Französischen Revolution die Fortsetzung der Subversion aufzuzeigen. Mit anderen Worten: In der Französischen Revolution, gerade in der versuchten Verwirklichung der Ideen dieser Utopisten, haben wir eine Revolution in der Revolution: die Fortsetzung der Subversion in der Revolution. Dies in zwei Bewegungen, die beide den Jakobinern nicht ganz geheuer waren. Sie wurden von den Jakobinern zunächst nicht, aber dann doch bekämpft und zerschlagen.

Die erste Bewegung ist eine der unteren Schichten der Sansculotten: die Bewegung der Enragés, der Zornigen, Wütenden. Das Wort ist in der Alltagssprache bekannt: daß jemand in Rage gerät. Sie wüteten und waren zornig gerade innerhalb der Französischen Revolution über die nach ihrer Auffassung zu milde Politik der sonst so Guillotine-orientierten Jakobiner gegenüber den Spekulanten und Reichen. So unrecht hatten sie nicht, denn es ist ja bekannt, daß die Großbourgeoisie die «Terreur» glänzend hat überstehen können. Auch da finden wir einen Pfarrer, einen Prälaten: Jacques Roux, «der rote Prälat» genannt, auch er ein zorniger Priester.

Nach Ansicht von Marx ist Roux als der erste Kommunist im Wortsinne zu betrachten. Natürlich ist die spätere Geschichtsschreibung viel klüger, viel differenzierter. Man findet auch bei Roux im Grunde immer noch Elemente eines Verteilungskommunismus und keineswegs eines an der Produktion orientierten Kommunismus. Neben Jacques Roux sind auch Leclerc und Lepeletier zu erwähnen, die eigentlichen Anführer der Enragés. Die Enragés bildeten sich aus den radikalsten Sektionen der Pariser Bevölkerung. Lepeletier ist derjenige, der den Gedanken von Meslier wieder aufgreift und am 30. August 1793 sagt: «Es genügt nicht, daß die Französische Republik auf Gleichheit begründet ist. Darüber hinaus müssen Gesetze und Sitten dafür sorgen, die Ungleichheit im Genuß zum Schwinden zu bringen.»

Das ist also durchaus gesellschaftlich bedingt. Nehmen wir etwa die Ideologie des Kleinbürgers Robespierre mit seinem Kult des höchsten Wesens. Er war bekanntlich ein Tugendbold mit einer Orientierung der Gesellschaftspolitik an der Tugendhaftigkeit des Menschen. Und er griff Danton an, weil Danton ein Genießer war. Da plötzlich kommt aus den untersten Schichten der Pariser Bevölkerung, in denen die Not herrschte, die Antwort auf die Not, nämlich der Anspruch auf ein genossenes Leben, ein Leben in Genuß. Dies ist natürlich für die Moralisten – aller Zeiten – etwas Störendes. Denn man ist daran gewöhnt, Revolutionen in einem hohen Ideal zu sehen, und man versteht nicht, warum Leute einfach das Leben genießen wollen, statt kämpferisch für die Wahrheit einzutreten. Ich erwähne in diesem Zusammenhang, daß in einem Seminar im vorigen Semester über Theorien der Revolution eine sich zu Wort meldende Frau aufs Höchste empört war, weil ich sagte, daß die Pariser Weiber vor allem durch den Hunger zur Revolution gekommen seien. Sie meinte, das sei nicht richtig, sondern es seien politische Forderungen gestellt worden. Nein! Der Hunger ist eine große politische Motivation.

Nicht etwa, daß die genannten Enragés dicke Bücher geschrieben hätten; es handelt sich im Grunde nur um Appelle, Pamphlete meist. Man kann hier weniger von einer Theorie, eher von einer Anklage gegen die bestehenden Verhältnisse und von Projekten und Entwürfen für eine andersgeartete Zukunft sprechen. Doch eines haben sie theoretisch auf jeden Fall erreicht: Sie haben die Widersprüche der im Laufe der Geschichte zum Durchbruch gelangten Menschenrechte entschleiert und den formalen Charakter der bürgerlichen Freiheit und Gleichheit klargelegt. Jacques Roux sagt in seinem Manifest der Enragés: «Freiheit ist ein leeres Gespinst, wenn eine Menschenklasse eine andere verhungern läßt, die Gleichheit ist ein leeres Gespinst, wenn die Reichen durch das Monopol über Leben und Tod der Armen verfügen.»[53] Hier findet sich wieder die Teilung in Arm und Reich, doch wird bereits die Klasse anvisiert: Eine Menschenklasse läßt eine andere verhungern.

Bei den Enragés finden wir ein Motiv, das wir schon von anderen subversiven Denkern her kennen: die Skepsis gegenüber der gesetzlichen Ordnung. Für Roux stand fest, daß die Gesetze nur von den Reichen gemacht werden – für die Reichen. Das ist etwas, was hier nicht mehr in der Form einer Theorie oder einer Vision, sondern in der Form einer politischen Bewegung zum ersten Mal ganz konkret erscheint: der Unterschied zwischen der formalen Rechtsgleichheit und der materialen ökonomischen Freiheit und Gleichheit. Das ist eine Bewegung, gegen die die Jakobiner vorgingen und vielleicht vorgehen mußten, denn in der Tat galt diese praktisch gewordene Subversion – ein ungemein wichtiges Phänomen – als eine Gefährdung der »Errungenschaften», wie man heute sagt, der Französischen Revolution – der Errungenschaften vor allem jener jakobinischen Verfassung, die die Jakobiner selbst außer Kraft gesetzt hatten.

Die zweite Bewegung ist etwas weltgeschichtlich völlig Neues. Sie stellt den ersten Versuch einer Bevölkerungsgruppe dar, in eine geschlossene Ordnung einzubrechen. Ich hatte bereits erwähnt, daß der Gedanke der Gleichberechtigung der Frau sich im Kreise der Enzyklopädisten, bei Condorcet, Diderot fand. Jetzt aber kommt etwas anderes zuwege: Es handelt sich nicht mehr nur um einen Gedanken, daß die Frau gleichberechtigt sei. Man könnte metaphorisch sagen, daß die berühmte andere Hälfte des Himmels während der Französischen Revolution auf die Straße gegangen ist. Die Frauen gehören zu den Subjekten der Französischen Revolution, und zwar zu den wesentlichen Subjekten. Viele der großen Demonstrationen waren Frauendemonstrationen. Mit ein Grund, warum so viele Frauen bei den Sansculotten marschierten, war etwas, was wir nicht vergessen dürfen, daß erstens im allgemeinen jüngere Männer bei Demonstrationen marschieren und zweitens die jüngeren Leute damals an der Front waren und gegen die Alliierten kämpfen mußten. Die Frauen also als Subjekt der Revolution. Aber wie ich in der gerade erwähnten Vorlesung des vorigen Semesters sagte, veranstalteten die Sansculotten und die Jakobiner selber eine Revolution – doch nicht für sich selbst, sondern für die anderen. Die Petite-Bourgeoisie hat die «Terreur» erfunden, die Revolution gerettet, damit die Großbourgeoisie dann im Thermidor an die Macht kommen konnte.

Dies gilt noch mehr für die Frauen: Sie haben zwar die Revolution mitgetragen, aber sie gingen dabei leer aus. Nicht, daß sie eine einheitliche Größe gewesen wären. Wenn man sagt: «die» Frauen der Französischen Revolution, «die» Pariser Frauen, so ist das zwar metaphorisch nützlich, dürfte aber der Realität nicht ganz entsprechen. Die Frauen waren – wie alle Menschen in gesellschaftlichen Gruppen – in sich durchaus gespalten, selbst in den Unterschichten. Die sogenannten «Fischweiber» und die «Hallenweiber» hatten keineswegs die gleichen politischen Tendenzen. Wichtig ist nur, daß sie sich in der Tat als Subjekt verstanden und zum Rathaus oder zum Königsschloß marschierten. Innerhalb der Frauenwelt existierte übrigens ein großer Gegensatz zwischen den Pariser Weibern, die auf die Straße gingen, und den Salondamen, die entweder gemäßigt oder konservativ waren.

Viel wichtiger jedoch ist die Spaltung und Zerrissenheit innerhalb der Frauenbewegung, nennen wir es so, selbst. Die beiden damals wohl wichtigsten Frauengestalten führen uns diese Zerrissenheit vor Augen. Claire Lacombe, die Freundin des Enragé Leclerc, fordert die Hinrichtung der Königin, während Olympe de Gouges eine Deklaration der Frauenrechte verfaßt und diese Deklaration der Königin widmet. Claire Lacombe also nimmt durchaus teil an der Enragés-Bewegung. Bei Olympe de Gouges ist es etwas anderes: Man kann sagen, hier meldet sich die Frauenbewegung zum ersten Mal zu Wort. Ob das schon Feminismus gewesen ist, weiß ich nicht, doch auf jeden Fall ist Olympe diejenige, die zum ersten Mal einen Text verfaßt und veröffentlicht, in deren Mittelpunkt die Frau steht, die «Deklaration der Frauenrechte».

Diese Erklärung der Frauenrechte ist sehr eigentümlich, abgefaßt gewissermaßen als Gegenstück zur «Deklaration der Menschenrechte» (1789). In der Gegenüberstellung erscheint eben das Recht der Frau: auf Eigentum, auf Meinungsfreiheit usw. Man kann sogar sagen, daß Olympe härter wird, etwa, indem sie Artikel 9 der «Erklärung der Menschenrechte» nicht akzeptiert: Ein jeder ist unschuldig, solange seine Schuld nicht bewiesen ist. Artikel 9 bei ihr lautet: Die Frau muß sofort bestraft werden, wenn man sie für schuldig hält. Noch beachtlicher ist an dieser erstaunlichen Gestalt und Wortführerin, daß sie selbst eine eigene Existenz völlig jenseits der Frauenwelt ausgebaut hat, die auf der Straße zu finden war. Insofern kann man zwar sagen, es sei richtig, daß die Frauen nicht nur an den Hunger gedacht haben, sondern auch politische Ziele anvisiert und diesbezügliche Forderungen erhoben haben – nur leider wurden diese Forderungen innerhalb des Klubs der republikanischen Revolutionäre gestellt, völlig abgehoben von der großen Masse der Frauen, die auf die Straße gingen. Der Klub hieß übrigens «Klub der republikanischen Revolutionäre» – daß er «Klub der republikanischen Revolutionärinnen» geheißen hätte, ist eine Erfindung der heutigen Geschichtsschreibung. Beachtlich und erstaunlich: Sie war eine Frau, die schon von Anfang an unter der allgemeinen Perspektive einer Geschlechtsgleichheit der Frauen stand. Daher auch dieser politisch unvorstellbare Versuch, an die Königin heranzutreten, damit diese sich der Frauenrechte annähme. Olympe glaubte, Marie Antoinette sei eine Frau. Marie Antoinette war aber keine Frau, sondern war die absolute Monarchie – und konnte daher mit der «Deklaration der Frauenrechte» nichts anfangen.

Olympe stieß auf den großen Widerstand der Jakobiner, wie überhaupt die Frauen schon im Laufe der Revolution selbst leer ausgingen. Obwohl sie die Revolution mitgetragen hatten, wurden sie von dem jakobinisch dominierten Konvent nicht akzeptiert. Sie ist eine interessante Gestalt, über die Näheres zu erfahren sich lohnt. Als Analphabetin hatte sie einen Sekretär, dem sie alles diktierte – daß dieser Sekretär im Zuge der Frauenforschung zur Sekretärin geworden ist, ist leider zu akzeptieren –, und diesem Sekretär soll sie angeblich während einer bestimmten Periode jeden Tag eine neue Tragödie in die Feder diktiert haben. Davon ist – weil schöne Legende – nichts übriggeblieben, aber wohl die «Deklaration der Frauenrechte». Bezeichnend ist für die, sagen wir, geschichtliche Wirkungslosigkeit dieser Bewegung, daß die «Deklaration der Frauenrechte» völlig in der Versenkung verschwand, bis sie erst jetzt im Zuge der Frauenbewegung wieder ans Tageslicht befördert wurde.

Von diesen Frauen ist in den normalen Geschichten politischer Theorien und politischer Gedanken nicht die Rede. Aber ein Trost vielleicht: Im allgemeinen ist auch von Morelly und Meslier nicht die Rede. Wie gesagt, erst jetzt werden die Bedeutsamkeit, das Gewicht und die Wichtigkeit der Frauen in der Französischen Revolution erkannt.

Ich sagte bereits, daß in der Französischen Revolution die Subversion zur Revolution selber wurde, sie wurde praktisch, sie wälzte um. Man kann überhaupt sagen, daß von 1789 an – unter Berücksichtigung des Vorspiels in England – das sogenannte Zeitalter der Revolutionen begann: 1789, 1793, 1830, 1848, die Pariser Commune bis hin zur Oktoberrevolution. Und das Zeitalter der Revolutionen ist für uns kein Thema mehr. Was sich nun entwikkelt, sind keine subversiven Theorien mehr, sondern Revolutionstheorien. So werden wir das nächste Mal die, sagen wir, Geschichte der Sache selbst verlassen und zum Abschluß und Beschluß zur Sache selbst zurückkommen, zur Subversion in der heutigen Zeit. Das ist aus zwei Gründen geboten: Erstens aus dem historischen Grund, daß von nun an bis zur Oktoberrevolution die Revolution – nicht mehr die bloße Subversion – auf der Tagesordnung erscheint; der zweite Grund ist universitär: Es wird die letzte Lesung des Semesters sein.

6. Februar 1990

Subversion in düsterer Zeit: Die Sache selbst — Abschluß und Beschluß

Die heutige Vorlesung wird kurz geraten, weil es mich drängt, um halb acht die «Aktuelle Kamera» zu sehen, um zu erfahren, was dem armen Modrow in Bonn passiert ist. Dorthin wurde er heute zum Appell zitiert vom Bundeskanzler, der sich anschickt, weltgeschichtlich in der Frage der deutschen Einheit Bismarck zu überholen und sich ebensosehr anschickt, 16 Millionen liebe Landsleute des anderen Teils Deutschlands in die eigene Wahlkampfscheune einzufahren.

Das ist heute also ein Beschluß – wie alle Beschlüsse ein vorläufiger Beschluß, was die Sache selbst betrifft, und ein formell endgültiger Beschluß, was meine Tätigkeit als beamteter Universitätsprofessor an der Freien Universität betrifft. Es versteht sich von selbst, daß ich weitermache. Doch bevor ich zum Beschluß komme, habe ich noch einiges nachzutragen, einiges, was vielleicht aktualisierbar ist, wenn wir die heutige Situation, sagen wir, des Intellekts und der Politik in Deutschland ganz gleich wo betrachten.

Ich hatte das letzte Mal gesagt, daß die Epoche der Subversion in der Französischen Revolution gewissermaßen in die Epoche der Revolutionen und der Revolutionstheorien übergegangen sei und daß da kein Platz mehr sei für die praktische oder theoretische Subversion. Vielmehr liegt dort das Problem vor, wie es um die Subversion bestellt ist in einer Periode revolutionärer Prozesse.

Eine Subversion an der Macht kann es gar nicht geben, es sei denn, sie ist schon Revolution geworden und hat die Macht erreicht. Es ist also schon problematisch mit der Subversion, denn man könnte auch fragen, wie dann Subversion in der Revolution aussieht.

Ich habe versucht, dies am Beispiel der Enragés darzustellen, bei Jacques Roux und den Pariser Frauenklubs, in denen tatsächlich innerhalb des revolutionären Prozesses der jakobinischen Revolution sich doch Subversives anmeldete. Aber es war eine Subversion, die die Revolution über sich selber – über die bürgerliche – hinaustreiben wollte. Man könnte ein vorläufiges Fazit bereits ziehen: Die Subversion ist eher eine Arbeit, nicht nur intellektueller Art – ich erinnere an Fra Dolcino und ähnliche spätmittelalterliche Gestalten – auf die Revolution hin, ist eine Umwälzung, die vielleicht auch im Bewußtsein stattfindet, gewissermaßen auf eine richtige radikale, revolutionäre Umwälzung hin. Das ist vielleicht der Grund, warum am Anfang der theoretischen Tätigkeit vieler Revolutionärer immer Subversion stattfindet. So könnte man zum Beispiel sagen, daß in den Jugendschriften von Marx Subversives sich ankündigt: Die Revolution ist zwar bereits da, aber in seiner Wirksamkeit und Tätigkeit bleibt Marx zunächst subversiv. Und dies ist vielleicht – sehr konstruiert, das gebe ich zu – der Grund, warum in einer dem «Kapital» vorgelagerten Analyse der kapitalistischen Produktionsweise, in den «Grundrissen» nämlich, Marx als subversives Element auftritt. Toni Negri hat die «Grundrisse» als eine «Wissenschaft der Krisen und der Subversion bezeichnet» – ob das stimmt, darüber halte ich vielleicht einmal eine Vorlesung.

Doch ist eher die Frage Gegenstand unserer Verhandlung zum Schluß und als Beschluß, inwiefern heute die Subversion und ihre Wirkungsmöglichkeit sich als Problem wieder stellt, da die Revolution heute sozusagen im Büßergewand zu gehen gezwungen worden ist. Wie ist es also heute mit der gesellschaftlichen Negation bestellt in einer Gesellschaft, die sich nicht im revolutionären Prozeß befindet; wobei retrospektiv die Rede sein sollte von dem eigentümlichen, sehr brüchigen Verhältnis zwischen Revolution und Konterrevolution in Deutschland. Oder: Wie das negierende Element sich verhält in einer Gesellschaft, die eher charakterisiert wird von einer präventiven Konterrevolution. Die Karlsbader Beschlüsse vom August 1819 kamen ja vor der Revolution von 1830. Und Engels hat – zu Recht vielleicht – gesagt, das Kennzeichen der deutschen Geschichte liege darin, daß in Deutschland die Konterrevolution schon da sei, bevor überhaupt die Revolution das Land erreicht hat. Das bezog sich natürlich auf die Französische Revolution.

Gerade in Bezug zur Französischen Revolution aber scheint mir ein Nachtrag notwendig zu sein. Wie war die subversive Linie – ich habe mich daran gewöhnt, es so zu nennen, nach der Französischen Revolution und zunächst unmittelbar in Deutschland selber, später mit Metternich im Zeichen einer siegreichen Restauration und der Involution einer wieder stabil gewordenen Staatlichkeit? Da kündigt sich etwas an, was später zu einer feststehenden Redewendung werden sollte: das «andere Deutschland», das Deutschland, das immer so nebenher ein eigentümliches, eigenes Dasein geführt hat – ein anderes Deutschland, das übrigens jetzt wieder anfängt, sich zurückzuziehen von der öffentlichen Bühne. Hölderlin wies auf diese Spaltung hin. Modern gesprochen könnte man von der ewigen deutschen Spaltung zwischen Geist und Macht sprechen. Doch im Kontext der Französischen Revolution war diese Spaltung in den deutschen Landen viel konkreter; es war nicht etwa eine theoretisch erfaßbare Trennung von Intellektuellen und Volk, sondern die viel schlimmere Tatsache, daß es in Deutschland zwar auch Jakobiner gab – aber es waren Jakobiner ohne die Basis der Sansculotten.

Hölderlin, wie gesagt, wies auf diese Spaltung hin mit einer schönen Metapher in seinem Gedicht «An die Deutschen»: Die Deutschen seien tatenarm und gedankenvoll. Das bedeutet, daß die Subversion zweifellos da war, daß sie jedoch eine intellektuell-akademische Größe bildete – wahrscheinlich bis auf den heutigen Tag. Es handelt sich teils um bekannte, teils um unbekannte Gestalten, von denen ich nur ein paar herausgreife, um zu zeigen, daß auch da sich etwas tat, etwas, das inzwischen in Vergessenheit geraten ist. Ich denke zum Beispiel an den Freiherrn Adolph Knigge und an seinen Zeitgenossen Benjamin Erhard.

Zunächst zu Erhard: Er war eine eigentümliche Gestalt. Daß er ein subversives Element war, steht fest. Er selbst betrachtete sich als Revolutionär, obwohl er Kantianer war. Er orientierte sich am späteren Kant, am Kant des Streits der Fakultäten, am Kant der Parteilichkeit der Wissenschaft: «Eine Wissenschaft ist nur dann wahr, wenn sie dem gemeinen Manne zu seiner Würde verhilft», (Kant 1868, Bd. VIII: 625) wie auch der jüngere Fichte, der sich ebenfalls am späteren Kant orientierte.

Erhards sehr schwierig zu lesende Hauptschrift heißt: «Vom Recht des Volkes auf die Revolution» (Erhard 1970). Zum Teil ist er ein Opfer der Geschichtsschreibung geworden, der berühmten Geschichtsschreibung der Sieger. In keiner einzigen Geschichte der deutschen Philosophie habe ich seinen Namen gefunden, geschweige denn, daß er in irgendwelchen Lexika auftauchen würde. Damals aber war seine Schrift durchaus gelesen und bekannt – sie verfiel auch der Zensur –, sie wurde diskutiert, doch eben nur in akademischen Kreisen. Schuld daran ist zum Teil auch seine methodische Orientierung an der Kantschen Philosophie. Deshalb sagte ich, die Schrift sei schwierig zu lesen, vielleicht für viele von euch sogar langweilig, weil Erhard keineswegs im Sinne etwa der französischen Pamphlete, keineswegs mit flammenden Appellen zur Revolution auffordert, sondern ganz streng theoretisch das Recht auf Revolution ableiten will aus bestimmten Grundzügen der menschlichen Existenz. Dabei hat er zwei Ziele vor Augen: Einmal die Rechtfertigung der Französischen Revolution beim deutschen Publikum, genauso wie Fichte – Fichte forderte bekanntlich von den deutschen Fürsten im Namen der Französischen Revolution die Freiheit zurück –; zum zweiten soll die Aufforderung an das deutsche Volk ergehen, die Revolution zu machen: «So tut ein Volk recht», wenn es die Revolution macht. (Erhard 1970: 92) Doch ist es, wie gesagt, nur ein philosophisch-theoretisches Werk, das unmöglich die Wirksamkeit haben konnte, die in der damaligen Zeit die französischen Schriften hatten, und das vor allem unmöglich die Wirksamkeit haben konnte, die Sansculotten in Bewegung zu bringen, die zwar existierten, aber in bewußtlosem Zustand. Daß sie nicht ankam, hat zum Teil auch zu tun mit dem berühmt-berüchtigten Stand der sozioökonomischen Entwicklung in Deutschland. Deutschland war, wie ihr wißt, das Land der Dichter und Denker in einer Zeit, in der andere Länder sich bereits sehr in die Ökonomie begeben hatten.

Erhard ist also in Vergessenheit geraten. Dem Freiherrn von Knigge ist womöglich Schlimmeres widerfahren: Er ist nämlich zum Benimm-Knigge degradiert worden. Ich weiß nicht, ob dieser Benimm-Knigge bei der heutigen deutschen studierenden Jugend noch ein Begriff ist, doch nehme ich an, jeder weiß, was der Benimm-Knigge ist. Er läuft lexikalisch unter dem Namen «Über den Umgang mit Menschen» und erschien 1788, also ein Jahr vor der Französischen Revolution. Der eigentliche Titel allerdings lautet anders: «Das richtige Benehmen oder Ratschläge des Freien Herrn Knigge (nicht: des Freiherrn von Knigge, J. A.) für den Umgang mit dem Despotismus».[54]

Knigge hatte also eine völlig andere Intention. Er war ein höchst rigoroser Jakobiner, stärker als Erhard und viele andere, der sich eine eigentümliche Aufgabe gesetzt hatte, die wir heutzutage wiederfinden: dem Bürger, dem Bourgeois zu zeigen, daß man vor dem Despoten keine Angst zu haben brauche, weil der Despot andere Umgangsformen hat. Knigge fordert also den Bürger auf, sich diese Umgangsformen anzueignen, um dem Despoten Paroli zu bieten. Das ist im Grunde etwas sehr Modernes. Die deutschen Gewerkschaften organisieren Kurse für ihre Funktionäre, die anschließend in die Aufsichtsräte zu entsenden sind, Benimm-Kurse: Wie man mit einem Manager umgehen kann, damit man nicht von vornherein durch die Umgangsform ins Hintertreffen gerät.

Genau dies war auch die Absicht Knigges: dem Bürger die Ängstlichkeit zu nehmen im Umgang mit dem Despotismus. Doch ging Knigge nach der Französischen Revolution noch weiter. Er hat sie nicht nur begrüßt, sondern auch propagandistisch vertreten. Sicherlich war auch sein Stil nicht unbedingt dazu geeignet, volkstümlich zu werden. Seine wichtigste Revolutionsschrift von 1792 hat den wunderbar barocken Titel: «Josephs von Wurmbrand, kaiserlich abyssinischen Ex-Ministers, jezzigen Notarii caesarii publici in der Reichstadt Bopfingen, politisches Glaubensbekenntniss, mit Hinsicht auf die französische Revolution und deren Folgen» (Knigge 1968) — ich konnte nirgends finden, wo Bopfingen liegt. Hinter diesem so poetisch klingenden Titel verbergen sich ganz handfeste Forderungen, u.a. die Laternen einem anderen Zweck zuzuführen als dem, bloß die Straßen zu beleuchten.

Wenn Erhard vergessen wurde, so kann man sagen, wurde Knigge vereinnahmt – zum erwähnten reinen Benimm-Knigge.

Ebenso literarisch vereinnahmt wurde das in den letzten hundert bis zweihundert Jahren interessanteste Phänomen des anderen Deutschlands: Die Literatur des Vormärz. Der Vormärz wurde literarisch vereinnahmt, so daß die durchaus subversiven Gestalten wie Heine zwar nicht gerade zu Salondichtern degradiert, aber ihrer politischen Substanz beraubt wurden. Das Politische wurde beiseite geschoben, und die Sprengkraft dieser Literaten konnte einfach nicht zum Zuge kommen. Dabei ist, was das Verhältnis zum Volk betrifft, zu bedenken, daß diese Literaten keineswegs für das Volk schrieben – im Gegensatz zu der Schriftstellerei der Französischen Revolution. Ich erinnere an die Auseinandersetzung zwischen Diderot und Voltaire: Voltaire wollte ebenso nicht für das Volk schreiben, während für Diderot die Popularisierung des Wissens, daß man frei und gleich zu sein habe, gerade die Aufgabe der Enzyklopädie war. Dieser Sachverhalt, nicht in der Wirklichkeit zu stehen, wird daraus ersichtlich, daß der große Aufstand des Vormärz, der Weberaufstand (1844), erst stattfinden mußte, damit die Dichter sich dieses Aufstands annehmen konnten. Heine hat sein Weberlied erst nachträglich gedichtet*, der Aufstand selbst war eine spontane Revolte, die Ankündigung der proletarischen Bewegung, die kaum Berührung mit irgendwelchen literarischen, politischen oder sonstigen Schriften hatte.

Zweifellos einen Sonderfall stellt Georg Büchner (1813–1837) dar. Aber auch in der Bewertung Büchners muß man vorsichtig sein; nicht weil er nicht hätte wirken wollen – die anderen wollten im Grunde nicht wirken –, sondern weil er zu früh gestorben ist. Sein «Hessischer Landbote» von 1834 mit dem berühmten Aufruf: «Friede den Hütten! Krieg den Palästen!» – man hat ihn die erste sozialistische Flugschrift genannt – hat im Laufe der späteren revolutionären Wirren des Jahres 1848 zweifellos gewirkt. Eines ist für diese Schrift kennzeichnend: Büchner erreicht eine neue Qualität in der Aufforderung zur Rebellion, in der Aufforderung zur Emanzipation. Hier handelt es sich um etwas Neues, das später in der marxistischen Literatur wieder auftaucht. Büchner schafft es, in seinem «Hessischen Landboten» zwei Momente zu verbinden, die in der sonstigen Literatur auseinandergefallen waren: Appell zur Revolte einerseits, statistische Analysen andererseits. Er fordert nicht nur die Hütten auf, sich gegen die Paläste aufzulehnen, sondern er beschreibt und stellt statistisch dar, was das Elend ist, was die Armut ist.

Zwischen Subversion und Revolution finden wir noch eine andere literarische Gestalt, die aber, im Gegensatz zu Heine zum Beispiel, politisch

---

* «Das Weberlied, anonym, entstand schon vor oder während des Aufstands.» (J. A.)

tätig war; eine Gestalt, die wiederum nicht gerade Eingang gefunden hat in die Normalität der bürgerlichen Geschichtsschreibung, die aber dafür umso mehr – und zu Recht – von der Geschichte der Arbeiterbewegung berücksichtigt wurde: Wilhelm Weitling (1808–1871). Seine politische Mittäterschaft – im positiven Sinne verstanden – beschränkte sich nicht darauf, daß er beim «Bund der Geächteten» und später beim «Bund der Gerechten» arbeitete, sondern er war auch zusammen mit Blanqui am Aufstand von 1848 beteiligt. Die von ihm 1843 veröffentlichte Schrift «Das Evangelium des armen Sünders» (Weitling 1971) knüpft im Grunde an uns bereits bekannte chiliastische Gedanken an.

Ab 1848 tritt ein neues Subjekt auf die weltgeschichtliche Bühne, sowohl praktisch als auch in der Theorie: die proletarische Bewegung. Über die Praxis und die Theorie brauche ich hier nichts zu sagen. Lediglich zu erwähnen ist, daß in dieser inzwischen revolutionär gewordenen Bewegung keineswegs alle Widersprüche verschwanden. Wir wissen ja um die Auseinandersetzung zwischen der Anarchie und der organisierten Bewegung innerhalb der I Internationale, wobei die Sache selbst, die durchaus ernsthafter Überlegungen wert ist, verdeckt und zum Teil verschärft wurde durch die Reduzierung des gesamten Konflikts auf die berühmte Auseinandersetzung zwischen Marx und Bakunin. Dabei wurde so getan, als handelte es sich keineswegs um einen Kampf des antiautoritären Prinzips gegen das autoritäre Prinzip für die Gestaltung der Arbeiterbewegung, sondern nur um den persönlichen Streit zweier autoritärer Knochen, von denen keiner nachgeben wollte und von denen jeder den anderen beschimpfte: Der eine war ein «schmutziger Slawe», der andere ein «preußischer Jude».

In der Geschichte der Entwicklung der Arbeiterbewegung wichtig ist, daß tatsächlich um diese beiden Positionen herum, zwar nicht in Mitteleuropa, aber anderswo, die Emanzipation sich entfalten konnte. In Mitteleuropa besaß zwar die Sozialdemokratie auch einen Querkopf in John Most, der aber 1880 aus der Sozialdemokratie ausgeschlossen wurde und nach Amerika ging, um dort die anarchistische Bewegung mitzugestalten. Noch wichtiger war die Auseinandersetzung in den romanischen Ländern und im zaristischen Rußland. Metaphorisch gesprochen könnte man sagen, daß darin wirklich auch geschichtliche Unterschiede der beiden Arbeiterbewegungen zu finden sind: in der unterschiedlichen Intensität, in der Subversives und Revolutionäres sich innerhalb der Arbeiterbewegung vereinigen konnte. Es gab zwar auch in Deutschland eine revolutionär-syndikalistische Position, doch wurde sie durch die Übermacht der Sozialdemokratie an den Rand gedrängt.

Anders war es in den romanischen Ländern und in Rußland. Dort existierte nicht von vornherein eine einheitliche Arbeiterbewegung. Erstens gab es zunächst ohnehin weniger Arbeiter und zweitens war die Präsenz der Volksfreunde zunächst, und dann auch die der Anarchiker, viel stärker als in Deutschland. Man kann also sagen, daß gewisse Unterschiede in der Arbeiterbewegung daher kommen, daß in der deutschen Sozialdemokratie Marx und Lassalle zusammenkamen, während in der französischen, italienischen und spanischen Arbeiterbewegung, zum Teil auch in der russischen, eben Marx und Bakunin zwar widerwillig, aber sich doch zusammenfinden mußten – die Leute wollten es einfach.

Es ist also ein neues Subjekt auf die Weltbühne getreten. Nach 1848 begann dieses neue Subjekt sich zu Worte zu melden, zu organisieren, bis hin zur Oktoberrevolution. Und wir stehen nun vor einer ganz anders gearteten Situation: Presseberichten zufolge ist es so, daß dieses Subjekt und dessen von uns bei unserer Reise hier immer wieder festgestellte Verlötung zwischen Vernunft und Kommunismus, um Klartext zu sprechen, inzwischen abgetreten ist, so daß wir fragen könnten, ob wir in bezug auf die subversive Linie wieder zurückgeworfen sind in das Zeitalter der Restauration: das Subjekt erstens und dann wir alle auch. Am Ende unserer gemeinsam unternommenen Reise – in der wir doch einiges und einige aus der Versenkung, aus der Vergessenheit wieder herausgeholt haben, in die sie gedrängt und hinabgestürzt wurden, weil sie unbotmäßig waren, und es eben galt, das Negative auf jeden Fall zu verdrängen, müssen wir uns also fragen: Hat das, was wir aus der Versenkung hervorgeholt haben, nur historiographischen Wert oder hat es einen praktischen Wert? Besitzt das Ganze für uns nur den Wert einer Erinnerung, oder können wir darin – zumindest in der Perspektive, was man eigentlich tun soll, – nicht in den Einzelheiten – eine Anleitung suchen?

Ich erinnere daran, was ich in einer der Anfangssitzungen gesagt habe, daß wir diese subversiven Elemente in ihrer eigenen Substanz, in ihrer eigenen Qualität anerkennen müssen; daß wir also nicht etwa aus Thomas Müntzer einen Atheisten machen sollen, denn Thomas Müntzer war kein Atheist, vor allem nicht im modernen Sinn des Wortes. Doch bleibt immer noch die Frage, ob sie uns nicht etwas zu sagen haben – wie gesagt, nicht in ihrer zeitlich bedingten Anschauung und Theorie, sondern in der Perspektive.

Diese Perspektive wäre nicht einmal inhaltlicher Natur, dafür aber substantieller Natur, und sie wäre: daß die subversive Linie – da die Revolution ad acta gelegt zu sein scheint – weiterverfolgt werden soll. Das muß jeder von uns mit sich selber und mit anderen ausmachen.

Begonnen hatten wir, wie erinnerlich, mit zwei Definitionen. Ich lese sie nicht noch einmal vor – erstens sind sie sehr lang und zweitens will ich, wie gesagt, heute die «Aktuelle Kamera» sehen. Die beiden Definitionen stammen jeweils aus einem West- und einem Ostlexikon. Die Ostdefinition der Subversion kam aus dem «Kleinen Politischen Wörterbuch», Berlin/DDR 1984, die Westdefinition aus einem Westlexikon der Politik – leider muß ich gestehen, daß ich den Namen des Verfassers inzwischen vergessen habe, weil er auch gar nicht so bedeutsam ist. Ich habe darauf hingewiesen, wie verblüffend ähnlich die Definitionen der Subversion in beiden Lexika sind: Subversion als eine von außen gesteuerte, feindselige Tätigkeit – nur auf der einen Seite gegen die freiheitlich-demokratische Grundordnung und auf der anderen Seite gegen den realen Sozialismus. Jetzt stehen wir vor einer neuen Situation. Demnächst werden wir wahrscheinlich nur noch eine einzige Definition haben, eine gemeinsame, dem gemeinsamen Haus entsprechend. Diese Definition wird wahrscheinlich mit bestimmt werden von der Gestalt des Architekten dieses gemeinsamen Hauses – dieses Wort tauchte heute in der Presse auf: daß er der Architekt sei –, und diese Definition der Subversion wird sich richten nach dem Baustil des Architekten. Sie wird also sehr stabil sein, sie wird massiv angelegt sein, ästhetisch nicht so schön; vor allem aber wird sie unwirtlich sein. Das bedeutet also für diejenigen unter uns, die eine gewisse Sympathie für die subversive Linie haben, daß die subversive Linie sich jetzt auf unwirtliche Zeiten vorbereiten muß. Ihr steht – ganz gleich, ob Eva oder Prometheus – also eine gewisse Unwirtlichkeit bevor, und die Elemente, die sich dazu zählen, werden wieder lichtscheue, finstere Elemente sein, sofern das Licht von dem erneuerten Wertesystem herkommt.

Wenn aber das Licht des erneuerten Wertesystems in Wirklichkeit doch nur gekünstelt ist, wenn wir es nur mit der Geborgenheit des Dunkels zu tun haben und den Dunkelmännern, die zum Dunkel gehören, so wäre wiederum umgekehrt, ich habe es am Anfang vor ein paar Monaten gesagt, die Subversion das eigentliche Licht und, ich muß es noch einmal sagen, ein Licht, das zuweilen die Gestalt des Scheiterhaufens annahm.

Ich habe eingangs versucht, die Subversion auf einen Begriff zu bringen, gewissermaßen die Welt der üblichen Darstellungen zu überwinden, um zu einem Kriterium der Subversion zu gelangen; zu einem Begriff, von dem aus wir entscheiden können, ob Subversion, nämlich Umwälzung, wirklich stattfindet. Zwei Kriterien hatte ich vorgeschlagen: die Umwälzung und, daran gekoppelt, die berühmte Kantsche Formel. Was die Umwälzung sei, habe ich anhand des bekannten Kategorischen Imperativs angegeben – aber nicht von Kant, sondern von Marx: Alle Verhältnisse umzuwerfen, in denen der Mensch ein erniedrigtes, ein geknechtetes, ein verlassenes, ein verächtliches Wesen ist.

An dieser Stelle muß ich jedoch innehalten. Zwar bekomme ich keine Zweifel, aber ich bekomme Anwürfe, denn man könnte sagen, daß dieses berühmte Motto von Marx im Grunde den Kern des kommunistischen Projekts bildet. Was Marx da verkündet, ist also eigentlich das Projekt des Kommunismus und ein Satz, der gewissermaßen die Revolution einläuten soll. Und nun bekomme ich Schwierigkeiten: Nicht das Subjekt ist tot, sondern – ich habe es neulich in der «Bild-Zeitung» gelesen – beide sind tot, sowohl die Revolution wie auch der Kommunismus: Das ist übrigens eine Redewendung, die zur Zeit in ganz Europa verbreitet ist: «Der Kommunismus ist tot.»

Mein guter väterlicher Gegner – mehr als Freund – Norberto Bobbio, der große alte Mann der italienischen politischen Philosophie, hat in einem italienischen Zeitungsartikel diejenigen, die meinen, der Kommunismus sei tot, der Illusion bezichtigt. Er unterscheidet historischen Kommunismus und wirklichen Kommunismus. Beim historischen Kommunismus handelt es sich um die vielen Formen, denen wir im Laufe unserer Reise begegnet sind; viele Formen, denn es gibt nicht nur den Parteikommunismus der Sowjetunion, es gibt nicht nur den Marxschen Kommunismus, sondern es gibt auch den Kommunismus der linken Sophistik im alten Griechenland, ebenso wie diese falsche Form des Kommunismus bei Platon; wir haben den Kommunismus bei Campanella und bei Morus gefunden – das alles sind Formen, die zwar nicht tot sind, die aber historisch bedingt waren. Man kann also sagen, daß diese Formen als historische nicht mehr aktuell sind; doch hat das mit dem wirklichen Kommunismus oder mit der Realisierbarkeit eines derartigen Projekts nichts zu tun – wobei sich natürlich die Frage stellt, ob diese Realisierbarkeit auch wünschenswert ist. Bei der wünschenswerten Realisierbarkeit muß man sich immer zwei Punkte vor Augen halten: auf der einen Seite die in sich konsistente Form des Projekts und auf der anderen Seite, inwiefern dieses Projekt den Bedürfnissen der Leute, der Massen, tatsächlich entgegenkommt. Denn ein Projekt, das zwar schöne Ideen enthält, aber, um mit Marx zu sprechen, die Massen nicht ergreift, ist ein Projekt, das in sich selbst illusionär ist und auch eine Illusion bleiben will. Ihr kennt ja den Satz: Eine Idee wird zur materiellen Gewalt, wenn sie die Massen ergreift. Wir müssen also im Sinne der Subversion noch etwas anderes tun, als die deutschen Intellektuellen im Vormärz taten. Da ist es geboten, diese subversiven Gedanken nicht für sich zu behalten, auch nicht nur in schöner literarischer Form darzubieten, sondern dazu gehört wohl etwas mehr.

Warum sagt Bobbio, es sei eine Illusion, zu glauben, der Kommunismus sei tot? Im Grunde paraphrasiert er das Motto von Marx. Solange auf der Welt nicht nur Millionen, sondern Milliarden von Menschen im Zustand der Unterdrückung und Ausbeutung leben, meint Bobbio, kann der Kommunismus nicht tot sein. Und am Ende seines Artikels sagt er etwas Verblüffendes für einen bürgerlichen politischen Philosophen: Der Kommunismus könne nur dann tot sein, wenn er Wirklichkeit geworden ist – daher der Unterschied zwischen dem historischen und dem wirklichen Kommunismus.

Noch einmal: In der anbrechenden Kälte dieses vorläufig noch sommerlichen Winters müßte die subversive Theorie eigentlich ihre geschichtliche Aufgabe wiederfinden. Und diese geschichtliche Aufgabe liegt darin, daß sie dann entsteht, sich entfaltet und wirkt, wenn die Aktualität der Revolution vorläufig suspendiert worden ist.

Ich sagte, daß die Subversion Arbeit auf die Revolution hin ist — sie ist nicht selbst die Revolution —, und diese Arbeit ist notwendig, um der Revolution behilflich zu sein in der schwierigen Zeit der Überwinterung. Das ist nicht das erste Mal der Fall: Es hat im Laufe der Geschichte der letzten zweihundert Jahre in Europa ganze Perioden der Überwinterung gegeben. Eine uns sehr nahe Periode ist etwa die Adenauer-Ära, und manchmal habe ich den Eindruck, solches steht uns bevor. In solchen Zeiten muß eben die Revolution überwintern, und bei der Überwinterung hat die Subversion ihr behilflich zu sein. Ob also Kommunismus und Revolution und das historische Subjekt tot sind, das möchte ich dahingestellt sein lassen. Ich erinnere nur daran, daß Spinoza als tot betrachtet wurde und Hegel; Marx ist, glaube ich, ein halbes Dutzend mal für tot erklärt worden — das soll uns nicht weiter stören.

Was uns bevorsteht, ist eine sehr harte, mühselige Maulwurfsarbeit; die Maulwurfsarbeit ist alles, was wir heute zu tun haben. Natürlich ist die Maulwurfsarbeit eine sehr mühsame und vor allem eine Arbeit, die nicht sehr befriedigend ist, der Erfolgseffekt bleibt aus. Das ist eine Arbeit, die man auf sich nimmt, ohne zu wissen, ob sie überhaupt zu einem guten, das heißt: zu einem wirklichen Ende führt, ist eine Arbeit, die sich zwar an sich lohnt, aber lohnt sie sich auch in der geschichtlichen Perspektive der Entwicklung einer anderen Gesellschaft?

Aber man muß diese Arbeit auch dann wieder auf sich nehmen, wenn viele Illusionen zerstört worden sind. Vielleicht gibt es auch einige, die sich diese Illusionen nicht gemacht haben, einige, die entweder genau gewußt haben oder bloß meinten, daß man im Grunde bestimmte Dinge durchzuhalten hat, die sich aber nicht der Illusion hingaben, diese Dinge seien schon die angestrebte Wirklichkeit, die angestrebte Gesellschaft. Es sind Illusionen, die manchmal existenznotwendig sind, doch ab und zu ist es vielleicht nötig, sie zu reduzieren. Ich erinnere mich an eine schöne Illusion, die ich 1968 bei Rudi Dutschke zerstört habe. Wir trafen uns bei einer Party, und da stürmte er ins Zimmer — er war ein sehr stürmischer junger Mann —, kam auf mich zu und sagte: «Johannes, wenn wir uns verbinden, werden wir demnächst in Berlin die Räterepublik ausrufen.» Darauf habe ich seine Illusion mit einer ganz einfachen Bemerkung zerstört: «Was machen wir mit den Besatzungstruppen? Was macht die Berliner Räterepublik mit den amerikanischen, englischen und französischen Soldaten?»

Vielleicht ist das mit den Besatzungstruppen sogar ganz gut, wenn jetzt in der Zeitung steht, daß der Anschluß laut Artikel 23 GG gewünscht wird. Die westdeutschen Politiker wollen nämlich gar keine verfassungsgebende Versammlung mehr, die wollen das Grundgesetz verbreiten. Und Artikel 23 besagt, wenn das Land Sachsen per Abstimmung meint, sich der Bundesrepublik anzuschließen, dann sei die Sache verfassungsrechtlich in Ordnung.*

Die Sache mit den Illusionen kann man umkehren, und damit komme ich zu meinem Beschluß, der da wäre: Daß der Kommunismus tot sei, daß die berühmte Gesellschaft der Freien und Gleichen tot sei, daß die liberale Demokratie und der pure Kapitalismus den Endsieg in der Geschichte davongetragen habe, das ist die Illusion der bürgerlichen Jahrtausendwende.

Ich ende poetisch und sage in diesem Sinne mit Goethe und offiziell Abschied nehmend von der Akademie: Ich lasse euch hoffen.

13. Februar 1990

---

* «Doch was machen wir mit den sowjetischen Soldaten, die in Sachsen stationiert sind? Die beste Lösung wäre in der Tat, und jetzt werde ich ganz praktisch, die DDR fände Anschluß an die Bundesrepublik und zur Klärung der Friedensfrage sollten die 300.000 sowjetischen Soldaten auf dem Gebiet der DDR einfach in die NATO integriert werden. Damit wäre das Friedensprogramm verwirklicht, denn kein Sowjetsoldat würde auf einen Sowjetsoldaten schießen, und sie wären sowohl Gegner wie Verbündete. Eine bessere Lösung gibt es nicht. Mit anderen Worten: Die Illusionen sind nicht zerstört, aber die Weltlage ist in sich zerrissen – und das ist manchmal gut, nur muß man da eine gewisse Vorsicht walten lassen.» (J. A.)

Quellenangaben
von Johannes Agnoli zusammengestellt

Bernstein, Eduard: Sozialismus und Demokratie in der großen englichen Revolution. Stuttgart, 1908

Bubner, Rüdiger (Hg.): Geschichte der Philosophie in Text und Darstellung. 8 Bde., Stuttgart, 1978–1984

Bloch, Ernst: Das Prinzip Hoffnung. Frankfurt/Main, 1959

Bruno, Giordano: De la causa, principio e uno. 1584

ders.: De l'infinito, universo e mondo. 1584

Die zwölf Artikel der Bauern. In: Flugschriften aus der Reformationszeit 20. Halle, 1953

Diels, Hermann: Die Fragmente der Vorsokratiker. Hamburg, 1957

Fetscher, Iring; Herfried Münkler (Hg.): Pipers Handbuch der politischen Ideen. München, 1985–1988

Kautsky, Karl: Vorläufer des neueren Sozialismus. Bd. 2: Der Kommunismus in der deutschen Reformation. Stuttgart, 1919

ders.; Paul Lafargue: Vorläufer des neueren Sozialismus. Bd. 3: Thomas More – Thomas Campanella. Der Jesuitenstaat in Paraguay. Stuttgart, 1922

Knigge, Freier Herr: Das richtige Benehmen oder Ratschläge für den Umgang mit Despoten. 1788

ders; Josephs von Wurmbrand: Kaiserlich abyssinischen Ex-Militärs, jezzigen Notarii caesarii publici in der Reichstadt zu Bopfingen, politisches Glaubensbekenntnis, mit Hinsicht auf die französische Revolution und deren Folgen. 1794

Lange, Friedrich Albert: Geschichte des Materialismus. Frankfurt/Main 1974

Lingnau, Wiltrud; Matthias Mayer: Das richtige Benehmen oder Ratschläge des freien Herrn Knigge für den Umgang mit dem Despotismus. Seminararbeit, Berlin 1987

Machiavelli, Niccoló: Discorsi sopra la prima deca di Tito Livio. 1510

Manteuffel, Tedeusz: Nascita dell'eresia. Aus dem Polnischen von D. Bigalli. Firenze, 1975

Müntzer, Thomas: Die Fürstenpredigt und andere politische Schriften. Leipzig, 1956

Sabine, George H.: A History of Political Theory. New York, 1951

Spinoza, Baruch de (1670): Tractatus Theologicus-Politicus. Dt.: Theologisch politischer Traktat. Auf der Grundlage der Übersetzung von Carl Gebhardt neu bearbeitet, eingeleitet und herausgegeben von Günter Gawlick. Hamburg, 1984

ders. (1677): Tractatus Politicus. Dt.: Abhandlung vom Staate; übersetzt von Carl Gebhardt, eingeleitet von Klaus Hammacher, Hamburg, 1977

Tocco, Felice: Storia dell'eresia nel medioevo. Genova, 1989

Touchard, Jean: Histoire des idées politiques. Paris, 1959

Troteltsch, Ernst: Die Soziallehren der christlichen Kirchen und Gruppen. Tübingen, 1922

Ueberweg, Friedrich: Grundriß der Geschichte der Philosophie. Teil 1: Die Philosophie des Altertums. K. Praechter (Hg.), Basel/Stuttgart, 1957

Vico, Giambattista: De antiquissima italorum sapientia. 1790 ders.: Principi di scienza nuova d'intorno alla comune natura delle nazioni (1744); dt.: Die neue Wissenschaft von der gemeinschaftlichen Natur der Nationen. Auswahl, Übersetzung und Einleitung von Ferdinand Fellmann. Frankfurt/Main, 1981

Weitling, Wilhelm: Garantien der Harmonie und Freiheit (1824). Mit einem Nachwort herausgegeben von Ahlrich Meyer. Stuttgart, 1974

Windelband, Wilhelm: Lehrbuch der Geschichte der Philosophie. Tübingen, 1957

Anmerkungen

1 Ich denke, also bin ich.

2 Das Originalzitat lautet: «Eine andere, obzwar leicht zu durchschauende aber doch gesetzmäßig einem Volk befohlene Verheimlichung ist die von der wahren Beschaffenheit seiner Constitution.» (Kant: Streit der Fakultäten).

3 Vermutlich bezieht sich Agnoli hier auf die vorangegangenen Vorlesungen.

4 Agnoli zitiert hier offenbar Hegel: «Verachte nur Verstand und Wissenschaft, (...) so hast dem Teufel dich ergeben» (Hegel 1970, Bd. 7: 19). Bei Goethe heißt es: «Verachte nur Vernunft und Wissenschaft, / Des Menschen allerhöchste Kraft,/ ... / Und hätt er sich auch nicht dem Teufel übergeben, / Er müßte doch zugrunde gehn!» (Goethe 2011: 58).5 Diese Forderung wird 1795 im «Manifest der Gleichen» von Gracchus Babeuf erhoben: «Kein individuelles Landeigentum mehr: die Erde gehört niemandem. Wir verlangen, wir fordern den gemeinsamen Genuß der Früchte der Erde: die Früchte gehören allen.» (Babeuf 1988: 105) Siehe auch: Philippe Buonarotti (1828); Babeuf und die Verschwörung für die Gleichheit. Bonn, Bad Godesberg, 1975, 2. Aufl. Bei Max Weber und Werner Sombart wird Jean Paul Marat als Urheber der Forderung genannt. Weber schreibt über Marat: «Nicht nur Gleichheit der Rechte, auch Gleichheit der Genüsse will er haben.» (in: Arbeiterfrage und Arbeiterbewegung: Vorlesung 1895—1898, Bd.III/4, Tübingen, 2009, S. 140).

6 Horaz schrieb: «Im Himmel herrsche Jupiter, glaubte man den Donnern» (Horaz 1800, Bd. 2: 175).

7 Agnoli bezieht sich hier offenbar auf Giambattista Vico. Dieser spricht von drei Zeitaltern innerhalb derer sich die Menschen vernünftig entwickelten: das der Götter, der Heroen und der Menschen. Das Zeitalter der Heroen betrifft die aritstokratischen Republiken. Hier glaubten die Aristokraten, von höherer Natur zu sein als die Plebejer. Im Zeitalter der Heroen «begannen die ersten (...) Comemrica in der Welt, von welchen Mercurius selbst seinen Namen hat; und nachher für den Gott der Kaufmannschaft gehalten wurde; wie von dieser ersten Sendung eben dasselbe für die Gottheit der Abgesandten; und es mit sinnlicher Wahrheit von ihm hieß, er werden von den Göttern, (...) wie (...) sich die Heroen der ersten Städte genannt haben, zu den Menschen, homines, gesandt» (Vico 1822: 472).

8 «Kampf ist der Vater von allem» (Capelle 1968: 135) pólemos, altgr.: Streit, Gegensatz, Auseinandersetzung.

9 Zu Thales Auffassung, wonach die Erde auf Wasser beruhe: Capelle 1968: 69f.

10 «(...) das berühmte Wort des Demokrit (...), daß er lieber eine einzige Äthiologie finden möchte als König von Persien werden» (Capelle 1968: 414).

11 Dazu: Capelle 1968: 400; 405; 437.

12 Auch wenn dieser Satz mittlerweile (Stand: 7.1.2014) bei Wikipedia als Zitat von Phaleas zu finden ist: Es handelt sich hier um eine Interpretation Johannes Agnolis und nicht um eine Niederschrift von Aristoteles. Es gibt überhaupt kein wörtliches Zitat von Phaleas.

13 Dies ist kein wörtliches Zitat. Bei Platon heißt es: «Wenn wir also die Weiber zu demselben gebrauchen wollen, so müssen wir sie auch dasselbe lehren? – Ja. – Und jenen haben wir doch Musik und Gymnastik angewiesen? – Ja. – Auch den Weibern müssen wir also diese beiden Künste und die Kriegsübungen zuteilen und ebenso mit ihnen verfahren? – Natürlich». (Platon 1958: 174; 451e ff) Gymnastik wurde zu Platons Zeit immer nackt gemacht.

14 Aristoteles setzt Frauen <u>nicht</u> mit Sklaven gleich. Allerdings vertritt er die Auffassung, dass Frauen von Natur aus für politische Tätigkeiten nicht geeignet seien.

15 Dieses Zitat wurde lange Zeit Demosthenes zugeschrieben. Nach neuen Forschungen stammt es aber aus der Schriftklage des Apollodoros von Pasion gegen die Prostituierte Neaira. Vgl.: Brodersen, 2004.

16 «An einer Stelle bemerkt er [Ockham, A. O.-R.], dass die Akte von Haß, Diebstahl und Ehebruch u. ä. etwas, wenn sie von Gott geboten wären, verdienstliches sein könnten. (...)» [Man darf vermuten,] «daß Ockham wie Scotus die Gebote der zweiten Tafel des Dekalogs für dispensable durch Gott hält.» (Schröcker 2003: 114f).

17 «Nun, sagt' ich, so ersuch' ich Alexandern, Filipps Sohn von Macedonien, so gut zu seyn und mir aus der Sonne zu gehen.» (Wieland 1984, IV. Buch, Band 13: 148).

18 Diese Aussage ist nicht belegbar. Der erste Satz des Zwöftafelgesetzes lautet: «Wenn der Kläger vor Gericht lädt, soll der Beklagte gehen.» (Huchthausen 1983: 3).

19 Diese Aussage lässt sich bei Spinoza so nicht finden. Es besteht «Gehorsam gegen Gott bloß in der Liebe zum Nächsten. (...) die übrigen Spekulationen, die nicht unmittelbar dies zum Ziel haben (...) sind daher von der offenbarten Religion zu trennen.» (Spinoza 1979, Bd. 1: 415f) Dieser «Punkt», so Spinoza, ist «für die ganze Religion entscheidend» (ibid.: 416).

20 «(...) nur in Gott ist Freiheit» (Hegel 1971, Bd. 11: 388).

21 Es handelt sich hier um einen Bericht des Bischofs Optatuts von Mileve. Auf diesem Bericht wird in der Geschichtsschreibung über Circumcellionen und Donatisten immer wieder Bezug genommen. (vgl. Walchs 1768: 152f; Büttner 1959: 49ff) Das lateinische Original findet sich in: Corpus Scriptorum Ecclesiaticorum Latinorum. Wien 1866. Agnoli hat die Übersetzung vermutlich selbst besorgt. Die Circumcellionen nannte sich selbst «Agonistici» oder «milites Christi».

22 Gemeint ist hier die päpstliche Bulle «Unam Sanctam». Seit 1740 wurde statt der Bulle häufig die Form der Enzyklika gewählt.

23 Die Streitschrift des Aegidius Romanus heißt «De ecclesiastica potestate». (Fetscher/Münkler 1993, Bd. 2: 273) Sie kann «als inoffizielle, bzw. offiziöse Vorbereitung für die amtliche hochoffizielle Äußerung des Papstes verstanden werden» (ibid.). Bonifaz VIII habe «bei der Formulierung der wohl beühmtesten Bulle politischen Anspruchs, bei Unam sanctam, entweder auf Aegidius' Traktat zurück(gegriffen), oder Aegidius selbst an ihr maßgeblich mitwirken» lassen.

(ibid.: 376).

24 Gemeint ist die Enzyklika «Non Abbiamo Bisogno» von Pius XI aus dem Jahre 1931.

25 Dieses Zitat ist in Augustinus' 93. Brief an Vincentius nicht zu finden. Vermutlich handelt es sich hier um eine Gleichsetzung Johannes Agnolis von Luthers Verhältnis zu den aufständischen Bauern und Augustinus Verhältnis zu den Circumcellionen.

26 Franz zitiert Müntzer wie folgt: «das dye christenheyt sollt alle gleych werden (...) und sollten eynem idern nach seyner notdorft ausgeteylet werden nach gelegenheyt.» (Müntzer 1968: 548).

27 Meister Eckehart, Predigt 32: «wäre aber ich nicht, so wäre auch Gott nicht: daß Gott ‹Gott› ist, dafür bin ich die Ursache; wäre ich nicht, so wäre Gott nicht ‹Gott›.» (Quint 1978: 308).

28 «Ja, der Reiche, der den Armen von Haus, Hof, Acker, Matten und dem Seinen vertreibe, sei böser als ein Dieb und ein Mörder vor Gott dem Herrn.» (Zit. in: Kautsky 1920, Bd. 2: 141).

29 Dies ist kein wörtliches Zitat. Gemeint sein dürfte Luthers Text «Wider die räuberischen, mörderischen Rotten der Bauern». Darin verurteilt er Aufruhr, Mord, Plünderung von Klöstern und Burgen: «Denn Aufruhr ist nicht ein schlechter Mord, sondern wie ein groß Feuer, das ein Land anzündet und verwüstet. Also bringt Aufruhr mit sich ein Land voll Mords, Blutvergießen, macht Witwen und Waisen und zerstöret alles wie das allergrößte Unglück. Darum soll hier zerschmeißen, würgen und stechen, heimlich oder öffentlich, wer da kann, und gedenken, daß nichts Giftigeres, Schädlicheres, Teuflischeres sein kann, denn ein aufrührerischer Mensch, gleich als wenn man einen tollen Hund totschlagen muß: schlägst du ihn nicht, so schlägt er dich und ein ganz Land mit dir». (Wehr 1973: 206–210) Luther verlangt Treue zur Obrigkeit, gemäß der Bibelworte «So gebt dem Kaiser was dem Kaiser gehört, und Gott, was Gott gehört» (Mark. 12, 17) und «Jeder leiste den Trägern der staatlichen Gewalt den schuldigen Gehorsam. Denn es gibt keine staatliche Gewalt, die nicht von Gott stammt; jede ist von Gott eingesetzt» (Röm. 13. 1). (Wehr 1973: 206–210).

30 «(...) die Behörden beschäftigen die Bürger nicht gegen ihren Willen mit überflüssiger Arbeit, da die Wirtschaftsverfassung dieses Staates in erster Linie das eine Ziel vor Augen hat, (...) für alle Bürger möglichst viel Zeit frei zu machen von der Knechtschaft des Leibes für die freie Pflege geistiger Bedürfnisse. Denn darin, glauben sie, liege das wahre Glück des Lebens.» (Morus 1983: 72) Johannes Agnoli hatte offenbar eine andere Übersetzug.

31 Fetscher/Münkler zitieren Colonel Rainborough wie in der folgenden Passage: «Denn ich glaube wirklich, daß der ärmste Mann in England ein Leben zu leben hat wie der größte Mann, und deshalb glaube ich wirklich, Sir, daß jedermann, der unter einer Regierung leben muß sich zuerst selbst durch seine Zustimmung einer dieser Herrschaft begeben sollte.» (Fetscher/Münkler 1988, Bd. 3: 323).

32 «Der Gegenstand der Debatte von Putney war kein geringerer als die zukünftige Verfassung, und ihr Ausgangspunkt war das Agreement of the People, ein Dokument, das (...) eine höchste Verfassung sein [sollte], dem die Parlamente und die Regierungen untertan waren.» (Fetscher/Münkler 1988, Bd. 3: 321).

33 Bei diesem «Volksvertrag» handelt es sich um das «Agreement of the People». Wer die genauen Verfasser sind, ist nicht zu ermitteln.

34 «...ich glaube wirklich, daß der ärmste Mann in England ein Leben zu leben hat wie der größte Mann, und deshalb glaube ich wirklich, Sir, daß jedermann, der unter einer Regierung leben muß sich zuerst selbst durch seine Zustimmung einer diese Herrschaft begeben sollte.» (Fetscher/Münkler 1988, Bd. 3: 323) Johannes Agnoli verwendet dieses Zitat zum zweiten Mal, jeweils mit einem anderen Schlusssatz. Das Original lässt sich nicht ermitteln.

35 Der Titel lautet im englischen Original: «The Law of Freedom in a Platform: or True Magestracy Restored / Humbly presented to Oliver Cromwell, General of the Commanwealths Army in England, Scotland, and Ireland. An to all Englishmen my brethren whether in Church-Fellowship or not in Church-Fellowship, both sorts walking as they conceive according to the Order of the Gospel: and from them to all the Nations in the World. Wherein is Declared: What is Kingly Governement, and what is Commonwealth's Government. By Gerrard Winstanley» (Winstanley 1983: 152).

36 Nach neueren Forschungen starb Gerrard Winstanley im Jahr 1676.

37 Gemeint sein dürfte hier: «Dubito, ergo cogito, ergo sum.» (Descartes, in: Meditationen).

38 «Deus, seu natura» (Spinoza 1967: 382); «Die sive Naturae potentia» (ibid.: 392); oder: «Der Grund also oder die Ursache, wesshalb Gott oder die Natur handelt, und wesshalb er da ist, ist ein und dasselbe.» (ibid.: 383).

39 Das Zitat stammt aus einem Brief Spinozas an Jarig Jelles und lautet in deutscher Übersetzung: «Da also Gestalt nichts anderes ist als Bestimmung und Bestimmung Verneinung, so wird sie wie gesagt nichts anderes sein können als eine Verneinung.» (Spinoza 1977: 210).

40 Spinoza schrieb in seiner «Ethik»: «(...) hominem homini Deum esse.» (Spinoza 1967, Bd.2: 430) «Ein Mensch ist dem Anderen ein Gott.» (ibid: 431).

41 Vico schreibt: «Atque ex his, quae sunt hactemus dissertata, omnio colligere licet, veri criterium ac regulam ipsum esse fecisse.» (Vico 1979: 44).

42 «Wenn Locke sich den scholastischen Satz angeeignet hatte Nihil est in intellectu quod non fuerit in sensu, so fügte Leibniz hinzu: nisi intellectus ipse.» (Windelband 1957: 398).

43 Gemeint ist Friedrich Nicolai. Siehe: Rainer Falk, (Hg.): Friedrich Nicolai und die Berliner Aufklärung. Berlin, 2007.

44 Die Aussage stammt aus einem Brief an Voltaire vom 11. Juni 1749 und lautet: «Es ist also sehr wichtig, Schierling nicht mit Petersilie zu verwechseln, nicht im geringsten aber, an Gott zu glauben oder nicht.» (Diderot 1984: 16).

45 Traité sur la tolérance, à l´occasion de la mort de Jean Calas. Deutsch: Über die Toleranz, veranlaßt durch die Hinrichtung des Johann Calas im Jahre 1762. (Voltaire 1978).

46 Beide Abhandlungen sind zu finden in: Voltaire: Schriften zur Kulturkritik: Über Kunst und Wissenschaft (1750). Über den Ursprung der Ungleichheit unter den Menschen (1755). Französisch-Deutsch. Felix Meiner, Hamburg 1995.

47 «Es gibt nur wenige Geheimnisse, die man auf solche Weise nicht ergründen könnte. Nach ihrer Ergründung müßte man alle diese Geheimnisse – ohne Ausnahme – öffentlich machen.» (Diderot 1961: 224).

48 «Hört man sie [die ‹guten Staatsbürger›, A.O.-R.] reden, so könnte man meinen, daß eine fertige Enzyklopädie nichts anderen sein dürfte als ein großes

Manuskript, das in der Bibliothek des Monarchen fürsorglich eingeschlossen und nur seinen Augen, nicht aber anderen zugänglich ist: ein Buch für den Staat und nicht für das Volk. (...) Diese ‹guten Staatsbürger› sind die gefährlichsten Feinde, die wir gehabt haben. (Diderot 1961: 224f)

49 Ernst Cassierer schreibt: Condorcet «erklärt, daß alle Wissenschaft von der menschlichen Gemeinschaft zuletzt nur ein einziges Ziel haben könne: das Ziel, den Menschen die freie Ausübung ihrer Grundrechte in vollkommener Gleichheit und in größter Ausdehnung zu verbürgen». (Cassierer 2007: 264)

50 Kant bezieht sich auf den «scharfsinnigen Hudibras». Dieser war der Meinung, so Kant: «wenn ein hypochondrischer Wind in den Eingeweiden tobt, so kommt es darauf an, welche Richtung er nimmt, geht er abwärts, so wird daraus ein F—, steigt er aufwärts, so ist es eine Erscheinung oder eine heilige Eingebung.» (Kant 1766, Akademieausgabe, Bd. 2: 348)

51 Meslier bezieht sich auf Erganes, König von Äthopien, Meslier wörtlich: «Er [Erganes, A.O.-R.] wünschte, daß all die Großen der Erde und alle Adligen mit den Gedärmen der Priester erhängt und erwürgt werden sollen. Dieser Ausdruck (...) ist kurz, aber ausdrucksvoll, da er mit wenig Worten genug darüber aussagt, was solche Leute verdienten.» (Meslier 2005: 74)

52 Es handelt sich um ein Buch von Garcilaso de las Vegas. Siehe: Fetscher/Münkler 1985, Bd. 3: 517

53 «Die Freiheit ist ein leerer Wahn, solange eine Menschenklasse die andere ungestraft aushungern kann. Die Gleichheit ist ein leerer Wahn, solange der Reiche mit dem Monopol das Recht über Leben und Tod seiner Mitmenschen ausübt.» (Roux 1985: 147)

54 Dies lässt sich nicht belegen. Zu Knigges Intention und zu dem Werdegang seines Hauptwerkes siehe: Galliker, 1992

Personenregister

Sachverzeichnis

Literaturverzeichnis

Abaelard, Peter: Sic et non. Marburg 1851, Frankfurt/Main, 1981
ders.: Liebesbriefe an Heloise. Stuttgart, 2001
Aegidius Romanus: De ecclesiastica potestate. Richard Scholz (Hg.), Weimar, 1929
Aristoteles: Werke in deutscher Übersetzung. Darmstadt, 1991
ders.: Metaphysik. 2 Bd., Horst Seidl (Hg.), Hamburg, 1989
Augustinus: Confessiones Bekenntnisse. München, 1966, 3. Aufl.

Babeuf, Gracchus (1795): Die Verschwörung für die Gleichheit: Rede über die Legitimität des Widerstandes. John Anthony Scott (Hg.), Hamburg, 1988
Beauvoir, Simone de (1949): Das andere Geschlecht. Sitte und Sexus der Frau. Reinbek bei Hamburg, 1996
Bening, Manfred: Thomas Müntzer. Leipzig, 1989
Bernstein, Eduard (1908): Sozialismus und Demokratie in der großen englischen Revolution. Berlin / Bonn Bad-Godesberg, 1974, Nachdruck d. 4. Auflage von 1922
Bloch, Ernst: Thomas Münzer als Theologe der Revolution. Frankfurt/Main, 1959
ders.: Das Prinzip Hoffnung. Frankfurt/Main, 1980
Brecht, Bertolt: Leben des Galilei. Frankfurt/Main, 1967
Brodersen, Kai (Hg.): Antiphon, gegen die Stiefmutter und Apollodoros, gegen Neaira (Demosthenes 59). Frauen vor Gericht. Darmstadt, 2004
Bruno, Giordano (1584): Der Verkaufsladen der triumphierenden Bestien. Berlin, Leipzig, 1904, ital.: Spaccio de la bestia trionfanta.
ders. (1584): Von der Ursache, dem Prinzip und dem Einen. Hamburg, 1993, ital.: De la causa, principio e uno.
ders. (1584): Über das Unendliche, das Universum und die Welten. Ditzingen, 1994, ital.: De l'infinito, universo e mondo.
Brutus, Stephanus Junius (1579): Vindicae contra tyrannos. In: Dennert, Jürgen (Hg.): Beza, Brutus, Hotman. Calvinistische Monarchomachen. Strafgericht gegen die Tyrannen oder die legitime Macht des Fürsten über das Volk und des Volikes über den Fürsten. Köln und Opladen, 1968, S. 61–202
Bubner, Rüdiger (Hg.): Geschichte der Philosophie in Text und Darstellung. 8 Bde., Stuttgart, 1978–1984
Buchanan, George (1597): De jure regni apud Scotos. COPAC, Enc. Brit., 1960.
Büchner, Georg: Der hessische Landbote. Darmstadt, 1834
Büttner, Theodora; Ernst Werner: Circumcellionen und Adamiten. Zwei Formen mittelalterlicher Haeresie. Berlin, 1959

Campanella, Tommaso: Die Sonnenstadt. München, 1988
Capelle, Wilhelm: Die Vorsokratiker. Stuttgart, 1968
Cassierer, Ernst (1932): Philosophie der Aufklärung. Hamburg, 2007
Cohn, Norman (1970): Das neue irdische Paradies. Revolutionärer Millenarismus und mystischer Anarchismus im mittelalterlichen Europa. Reinbek, 1988
Condorcet, (1795): Entwurf einer historischen Darstellung der Fortschritte des menschlichen Geistes. Wilhelm Alff (Hg.), Frankfurt/Main, 1976

Dennert, Jürgen (Hg.): Beza, Brutus, Hotman. Calvinistische Monarchomachen. Köln und Opladen, 1968
Descartes, René (1642): Meditationen über die Grundlagen der Philosophie. Hamburg, 2008
Diderot, Denis; d´Alambert, Jean-Baptiste le Rond (Hg.): Encyclopédie, ou Dictionnaire raisonné des Sciences, des Arts et des Métiers. Genf 35 Bd., 1751–1780
Diderot, Denis: Briefe 1742–1781. Hans Hinterhäuser (Hg.), Frankfurt/Main, 1984
ders.: Philosophische Schriften. Berlin, 1961, 2. Bd.
ders.: Rameaus Neffe. Hamburg, 2011
Diogenes Laertius: Leben und Lehre der Philosophen. Stuttgart, 1998
Ditfurth, Hoimar von: Am Anfang war der Wasserstoff. Zürich, 1975
Duns Scotus, Johannes: Opera omnia. Reprograf. Nachdr. d. Ausgabe Lyon, Durand, 1639, Hildesheim, 1969, 16. Bd.

Eco, Umberto: Der Name der Rose. München, 1982
Engels, Friedrich: MEW. Berlin, 1976
Erasmus, Desiderius (auch Erasmus von Rotterdam) (1509): Lob der Torheit. München, 1968
Erhard, Johann Benjamin (1794): Über das Recht des Volkes zu einer Revolution. Helmut G. Haasis (Hg.), München, 1970

Fetscher, Iring, Herfried Münkler (Hg.): Pipers Handbuch der politischen Ideen. München, 1985–1988, 5 Bde.
Franz, Gustav (Hg.): Staatsverfassungen. Eine Sammlung wichtiger Verfassungen der Vergangenheit und Gegenwart in Urtext und Übersetzung. 2. Aufl., Darmstadt, 1964
Fukuyama, Francis: Das Ende der Geschichte. Wo stehen wir? München, 1992
Galliker, Mark; Margot Klein: Knigge lesen. Zur Bedeutung des «Umgangsbuches» für die Kommunikation in der bürgerlichen Gesellschaft. In: Psychologie und Geschichte. H 3/4, 3. Jg., 1992, S. 42-59
Goethe, Johann Wolfgang: Berliner Ausgabe. Kunsttheoretische Schriften und Übersetzungen [Band 17–22], Band 17, Berlin, 1960ff.
ders.: Werke. Hamburger Ausgabe in 14 Bänden. Hamburg, 1948
ders.: Faust – eine Tragödie. Darmstadt, 2011
Gramsci, Antonio: Gefängnishefte. Bochmann Klaus; Wolfgang Fritz Haug (Hg.), Hamburg, 1999, Bd. 7
Guillaume de Lorris; Jean de Meung: Le Roman de la Rose. 2 Teile, verfasst von ca. 1235 – etwa 1280 Paris, 2012, Deutsch: Der Rosenroman. Berlin, 1987

Hartenstein, Gustav (Hg.): Immanuel Kant‘s sämtliche Werke – in chronologischer Reihenfolge. Leipzig, 1868, mehrere Bände
Hebel, Johann Peter: Schatzkästlein des rheinischen Hausfreunds. Tübingen, 1811
Hegel, Friedrich Wilhelm: Werke in zwanzig Bänden, Frankfurt/Main, 1970.
Helvetius, Claude Adrien: Vom Menschen, seinen geistigen Fähgikeiten und seiner Erziehung. Frankfurt/Main, 1972
Holbach, Paul Henri Thiry d‘ (1772): Der gesunde Menschenverstand des Pfarrers Meslier. Zürich, 1976
ders.: Religionskritische Schriften. Berlin, 1970
Horaz: Oden. Wilhlem Ramler (Hg.), Berlin, 1800
Hölderlin, Friedrich: An die Deutschen. In: Werke und Briefe. Bd. 1, Frankfurt/Main, 1969

Horkheimer, Max; Theodor W. Adorno: Dialektik der Aufklärung. Frankfurt/Main, 1969
Hotman, Françoise (1573): Franco Gallia. In: Dennert, Jürgen (Hg.): Beza, Brutus, Hotman. Calvinistische Monarchomachen. Köln und Opladen, 1968, S. 203–327
Huchthausen, Liselot (Hg.): Römisches Recht. Berlin und Weimar, 1983

Kant, Immanuel: Kritik der reinen Vernunft. Theorie Werkausgabe. Bd. III–VI, Frankfurt/Main, 1968
ders.: Träume eines Geistersehers, erläutert durch Träume der Metaphysik. Theorie Werkausgabe. Bd. II, Frankfurt/Main, 1968
ders.: Immanuel Kant's sämmtliche Werke – in chronologischer Reihenfolge. Hartenstein, Gustav (Hg.), Leipzig, 1868
Kautsky, Karl: Vorläufer des neueren Sozialismus. Bd. 2, Stuttgart 1920, 5. Aufl.
ders.; Paul Lafargue: Vorläufer des neueren Sozialismus. Bd. 3: Thomas More, Stuttgart 1922
Knigge, Freiherrn von (1788): Über den Umgang mit Menschen. Hannover, 2. Bd.
Knigge, Adolph von (1794): Josephs von Wurmbrand, Kaiserlich abyssinischen Ex-Ministers, jezzigen Notarii caesarii publici in der Reichstadt Bopfingen, politisches Glaubensbekenntniss, mit Hinsicht auf die französische Revolution und deren Folgen. Gerhard Steiner (Hg.), Frankfurt/Main, 1968

Lafargue, Paul: Der Jesiutenstaat in Paraguay. Bremen, 1982
Lange, Friedrich Albert: Geschichte des Materialismus. Frankfurt/Main, 1974
Leibniz, Gottfried Wilhelm (1710): Die Theodicee. Leipzig, 1879
Lenin, Vladimir Illic: Werke. Berlin, 1974
Löwith, Karl: Weltgeschichte und Heilsgeschehen. In: Sämtliche Schriften, Bd. 2, Stuttgart, 1983
Lucretius Carus, Titus: Von der Natur. Berlin, 2013, Lat.: De rerum natura

Mably, Gabriel Bonnot de. In: Politische Texte 1751–1783. Baden-Baden, 2000
Machiavelli, Niccoló (1510): Discorsi: Gedanken über Politik und Staatsführung; 3. Aufl., Stuttgart, 2007. Ital.: Discorsi opra la prima deca di Tito Livio.
ders.: Der Fürst. Stuttgart, 1959
Macpherson, C.B.: Die politische Theorie des Besitzindividualismus. Frankfurt/Main, 1990
Margedant, Udo: Sozial- und Staatslehre des Abbé de Mably. Frankfurt/Main, 1968
Mariana, Juan (1599): De rege et regis institutione. Aalen, 1969
Marsilius von Padua (1324): Die Verteidigung des Friedens. Stuttgart, 1971, lat.: Defensor pacis.
Marx, Karl: MEW. Berlin, 1976.
May, Gerhard: Markion. Gesammelte Aufsätze. Mainz, 2005
Meslier, Jean: Das Testament des Abbé Meslier. Hartmut Krauss (Hg.), Osnabrück, 2005
Mettrie, Julian Offray de La (1748): Der Mensch eine Maschine. Leipzig, 1965
Milton, John (1644): Aeropagitica. A speech for the liberty of unlicenced printing, to the parlament of England. In: Ders.: Zur Verteidigung der Freiheit. Leipzig, 1987, S. 7–65
ders. (1674): Das verlorene Paradies. Ditzingen, 1986, engl.: Paradise lost
ders. (1651): Verteidigung des englischen Volkes, lat.: Pro popula anglicano defensio.
Morus, Thomas: Utopia. Stuttgart, 1983

Morelly, Ètienne-Gabriel (1755) : Gesetzbuch der natürlichen Gesellschaft oder der wahre Geist ihrer Gesetze zu jeder Zeit übersehen oder verkannt. Berlin, 1964, Frz.: Code de la nature
ders. (1753): Naufrage des Isles Flottantes, ou Basiliade du célébre Pilpai. 2 Bände, Paris
ders. (1751): Le Princes les Délices des Caeurs
Morus, Thomas (1516): Utopia. Stuttgart, 1983
Müntzer, Thomas: Die Fürstenpredigt und andere politische Schriften. Leipzig, 1956
ders.: Schriften und Briefe. Günther Franz (Hg.), Gütersloh, 1968

Naumann, Manfred (Hg.): Diderots Enzyklopädie. Eine Auswahl. Leipzig, 2001
Nicolini: Commento storico alla SECONDA SCIENZA NUOVA. 2 Bde, Roma, 1949/50
Nicolini, Fausto (Hg.): Vico, Opere. Bari, 1914-41, 5 Bd.
Negri, Antonio: Die wilde Anomalie. Baruch Spinozas Entwurf einer freien Gesellschaft. Berlin, 1982
Novalis (1800): Hymnen an die Nacht. In: Werke. Bd.1, München/Wien, 2002

Ockham, Wilhelm von: Texte zur Theorie der Ereknntnis und der Wissenschaft. Ruedi Imbach (Hg.), Stuttgart, 1984

Platon: Sämtliche Werke 3. Phaidon, Politeia. Hamburg, 1958
Plöse, Detlef; Günter Vogler (Hg.): Buch der Reformation. Eine Auswahl zeitgenössischer Zeugnisse (1476–1555). Berlin, 1989

Quint, Josef (Hg.): Meister Eckehart – Deutsche Predigten und Traktate. München, 1978

Radbruch, Gustav: Der Geist des englischen Rechts. Göttingen, 1946
Ranke, Leopold von: Über die Epochen der neueren Geschichte. München, 1971
Rota, Antonio: La Costituzione originaria del Comune die Roma. L'epoca del comune libero (luglio 1143 – dicembre 1145). In: BISI 64, S. 19–131
Rousseau, Jean-Jacques: Diskurs über die Ungleichheit unter den Menschen. Paderborn, 1984
ders.: Vom Gesellschaftsvertrag. Stuttgart, 1977, Frz.: Contrat Social
ders.: Schriften zur Kulturkritik. Hamburg, 1971
ders.: Émile oder: Über die Erziehung. Paderborn, 1981
ders.(1750 und 1755): Abhandlungen über die Politische Ökonomie. Politische Schriften, Bd.1, Paderborn, 1977
Roux, Jacques: Freiheit wird die Welt erobern. Reden und Schriften. Walter Markov (Hg.), Leipzig, 1985

Sabine, George H.: A History of Political Theory. New York, 1951
Schmitz-Esser, Romedio: In Urbe, quae caput mundi est. Die Entstehung der römischen Kommune (1143–1155). Über den Einfluss Arnolds von Brescia auf die Politik des römischen Senats. In: Insbrucker Historische Studien 23/24 (2004), S. 1–42
Schröcker, Hubert: Das Verhältnis der Allmacht Gottes zum Kontradiktionsprinzip nach Wilhelm von Ockham. Berlin, 2003
Smith, Adam (1776): Der Wohlstand der Nationen. Eine Untersuchung seiner Natur und seiner Ursachen. München, 1999
Spinoza, Baruch de (1670): Tractatus Theologico-Politicus. / Theologisch-politischer Traktat. Hamburg, 1984

ders.: Opera – Werke. Konrad Blumenstock (Hg.), Darmstadt, 1967, 4 Bd.
ders. (1677): Tractatus Politicus. Abhandlung vom Staate. Hamburg, 1977
ders.: Briefwechsel. Hamburg, 1977
Titus Livius: Als Künder der Virtus Romana. Carl Hoffmann (Hg.), Münster, 1960, 13. Aufl.
Tocco, Felice: Storia dell'eresia nel medioevo. Genova, 1989
Touchard, Jean: Histoire des idées politiques. Paris, 1959
Troeltsch, Ernst: Die Soziallehren der christlichen Kirchen und Gruppen. Tübingen, 1922

Ueberweg, Friedrich: Grundriß der Geschichte der Philosophie. Teil 1: Die Philosophie des Altertums. K. Praechter (Hg.), Basel/Stuttgart, 1957
Vico, Giambattista: Liber metaphysicus (De antiquissima Italorum sapientia liber primus) 1710, Risposte 1711–1712: Text und Übersetzung aus dem Lateinischen und Italienischen ins Deutsche. München, 1979
ders.: De nostri temporis studiorum rationale. Neapel, 1708 Dt.: Über den Sinn des Studierens in unserer Zeit.
ders. (1744): Grundzüge einer neuen Wissenschaft über die gemeinschaftliche Natur der Völker. Leipzig, 1822
Voegelin, Eric: Die Krise der Moderne. München, 2007
ders.: Autobiographische Reflexionen. München, 1994
Voltaire (1763): Über die Toleranz. In: Voltaire, Recht und Politik. Schriften 1, Frankfurt/Main, 1978, S. 94–257
ders.: Sämtliche Romane und Erzählungen. Frankfurt/Main, 1979
ders.: Abbé, Beichtkind, Cartesianer – Philosophisches Wörterbuch. Rodolf Noack (Hg.), Leipzig, 1985

Walchs, Christian Wilhelm Franz: Entwurf einer vollständigen Historie der Ketzereien, Spaltungen und Religionsstreitigkeiten, bis auf die Zeiten der Reformation. Leipzig, 1768
Wehr, Gerhard (Hg.): Thomas Müntzer Schriften und Briefe. Frankfurt/Main, 1973
Weitling, Wilhelm (1843): Das Evangelium des armen Sünders. Reinbek bei Hamburg, 1971
Werner, Ernst; Martin Erbstösser: Ketzer und Heilige. Das religiöse Leben im Hochmittelalter. Wien u.a., 1986
Wieland, Christoph Martin: Sämmtliche Werke IV. Hamburg, 1984
Windelband, Wilhelm: Lehrbuch der Geschichte der Philosophie. Tübingen, 1957
Winstanley, Gerrard (1652): Gleichheit im Reiche der Freiheit. Pamphlete und Traktate. Leipzig, 1983